188.

HISTOIRE
DES FRANÇAIS.

TOME XV.

Ouvrages du même Auteur, publiés par la Librairie Treuttel *et* Würtz.

Histoire des Français; in-8°. tomes 1 à 12. *Paris*, 1821 à 1828.................................. 96 fr.
— Le même ouvrage, sur papier vélin superfin.. 192 fr.

Histoire des Républiques Italiennes du moyen age; nouvelle édition, revue et corrigée. 16 vol. in-8°. *Paris*, 1826.................................. 112 fr.

De la Littérature du Midi de l'Europe; *nouvelle édition,* revue et corrigée. 4 vol. in-8°. *Paris*, 1829. 28 fr.

Julia Severa, ou l'An quatre cent quatre-vingt-douze (Tableau des Mœurs et des Usages à l'époque de l'établissement de Clovis dans les Gaules). 3 vol. in-12. *Paris*, 1822.......................... 7 fr. 50 c.

HISTOIRE
DES FRANÇAIS,

PAR

J. C. L. SIMONDE DE SISMONDI,

Correspondant de l'Institut de France, de l'Académie impériale de Saint-Pétersbourg, de l'Académie royale des Sciences de Prusse, Membre honoraire de l'Université de Wilna, de l'Académie et de la Société des Arts de Genève, de l'Académie Italienne, de celles des Georgofili, de Cagliari, de Pistoia; de l'Académie Romaine d'Archéologie, et de la Société Pontaniana de Naples.

TOME QUINZIÈME.

A PARIS,

CHEZ TREUTTEL ET WÜRTZ, LIBRAIRES,
RUE DE LILLE, N° 17.

A STRASBOURG et à LONDRES, même Maison de Commerce.

1831.

HISTOIRE DES FRANÇAIS.

SUITE DE LA SIXIÈME PARTIE.

CHAPITRE XXIII.

Administration d'Anne de Beaujeu. — Efforts du duc d'Orléans pour recouvrer le pouvoir. — Révolutions en Bretagne et en Angleterre. — Guerre en Flandre. — Ligue des princes contre Anne de Beaujeu. — Défaite et captivité du duc d'Orléans. — 1484-1488.

Pendant les premiers six mois qui suivirent la mort de Louis XI, l'autorité monarchique avoit été en quelque sorte suspendue en France. Depuis le 30 août 1483 qu'expira ce monarque redouté, jusqu'au 14 mars 1484, que les États-Généraux se séparèrent, un conseil sans chef, composé de princes opposés d'intérêts, et récemment persécutés, et de ministres en haine au peuple, se fit obéir au nom d'un roi à peine sorti de l'enfance, et parut agir de concert en présence des représentans du peuple. Une discussion solennelle sur les injustices, les abus, les violences d'un roi qui avoit excité tant de haine, sembloit être le dernier acte d'un règne qui avoit changé dans la monarchie toutes les conditions et la disposition de tous les esprits.

Une époque nouvelle commence le 14 mars 1484 à la dissolution des États-Généraux : un gouvernement en dehors des lois, auquel on ne sauroit même donner un nom, succède au pouvoir du despote et à celui des représentans de la nation. Une jeune femme, que son âge, son sexe, sa dépendance comme épouse, excluent également du pouvoir, s'empare à vingt-trois ans d'une autorité qui appartenoit à un frère de quatorze, sans avoir, pour elle, ni le testament de son père, ni la prédilection de son frère, ni les lois du royaume, ni la décision des États-Généraux, ni la puissance de son mari, ou celle d'une faction. Deux chefs avoient été donnés à la monarchie : le duc de Bourbon son beau-frère, l'aîné des princes du sang, avoit été reconnu, sous le titre de connétable et de lieutenant-général du royaume, comme chef de l'armée et de l'administration; et le duc d'Orléans, aussi son beau-frère, le premier des princes du sang, et l'héritier présomptif de la couronne, avoit été nommé par les États président du conseil. Dès le 9 octobre 1483, les princes l'avoient reconnu pour lieutenant-général, à Paris, dans l'île de France, la Champagne et la Picardie ; et lui-même regardoit son droit à la garde et au gouvernement du roi comme si incontestable qu'il avoit prié les États de ne point s'en occuper. Placée entre ces deux princes, dont le plus jeune étoit de son âge, Anne de Beaujeu n'avoit qu'un seul titre : les États avoient demandé qu'elle demeurât auprès de son frère, comme elle y étoit auparavant, pour veiller sur sa santé et sur son éducation.

L'adresse avec laquelle Anne de Beaujeu profita de ces influences domestiques, de la crainte qu'elle inspiroit à son frère, de la déférence qu'avoient pour elle les capitaines des gardes et tous les officiers du château, de la légèreté, de l'amour du plaisir du duc d'Orléans, de l'état valétudinaire du duc de Bourbon, et des querelles ou des bouderies des autres princes, pour s'emparer sans bruit de l'autorité, seroit sans doute digne d'étude. Mais nous rentrons dans une des périodes obscures de l'histoire de France ; les historiens du temps, comme s'ils avoient honte de ces intrigues de femme, les indiquent à peine, ou même arrivent de plein saut, de la mort de Louis XI aux guerres de Charles VIII, en Italie, dix ans plus tard (1), et le travail suffisant pour rétablir

_____
(1) Phil. de Comines, L. VII, c. 1, passe immédiatement

1484

1484. l'ordre chronologique des événemens durant ces dix années, ne fournit point assez de données pour les peindre ou pour les expliquer. (1)

Le duc d'Orléans et la dame de Beaujeu étoient à peu près du même âge; mais le premier poursuivoit à cet âge tous les plaisirs, et se livroit à toutes les passions de la jeunesse. Marié à une femme laide et contrefaite, qu'il ménageoit, comme fille et sœur de ses rois, mais qu'il n'aimoit pas; il s'occupoit de galanterie, de tournois; on le voyoit dans la cour du palais, dompter les chevaux les plus fougueux (2). Il s'étoit fait accorder une pension de 24,000 francs, et une compagnie de cent lances d'ordonnance; il avoit fait donner deux autres compagnies à ses cousins les comtes d'Angoulême et de Dunois, aussi avec de grosses pensions (3). Mais il ne vouloit prendre que les plaisirs et l'éclat du gouvernement; les affaires l'ennuyoient; il s'étoit laissé exclure de l'examen des cahiers des États; il n'assistoit presque jamais au conseil, quoi qu'il en fût président; et fort peu

aux préparatifs de la guerre d'Italie. — *Guaguini Compend.*, L. XI, f. 161, est plus court encore. — *Belcarius*, L. IV, p. 103-112, est plus prolixe sans être plus instructif. — *Paul. Æmilius* renferme ce récit dans trois pages, 358-360.

(1) Lancelot, Éclaircissemens sur les premières années de Charles VIII. Acad. des Inscrip. T. VIII, p. 712.

(2) Jean de Saint-Gelais, Hist. de Louis XII, p. 44; édit. de Godefroy. *Paris*, 1622, in-4°.

(3) Jean de Saint-Gelais, p. 49.

de jours après la séparation des États, il partit pour la Bretagne, afin d'y rendre visite au duc François II, son cousin-germain. A cette époque même, celui-ci avoit été alarmé, le 7 avril, par la visite des plus grands seigneurs de Bretagne, qui s'étoient introduits le soir dans son château, à Nantes, et qui en avoient parcouru tous les appartemens, les armes à la main, pour arrêter son ministre favori et son trésorier Landois. Cet homme intrigant et habile, qui venoit si récemment de faire périr misérablement Chauvin, chancelier de Bretagne, avoit excité la haine de toute la noblesse, bien plus par sa basse naissance que par ses vices. On auroit pu lui pardonner ses voleries dans l'administration des finances, ses intrigues avec les Anglais, les innocens qu'il avoit fait mettre à la torture, et ceux qu'il avoit fait mourir sans jugement ; mais on ne lui pardonnoit pas d'être fils d'un tailleur, et d'avoir été tailleur lui-même. Jean de Châlons, prince d'Orange, fils d'une sœur de François II, et arrivé depuis peu à sa cour, s'étoit associé avec le maréchal de Rieux, le sire de Rohan, et presque tous les grands seigneurs de Bretagne, pour attaquer Landois et le faire périr. Ils s'étoient divisés en deux bandes, dont l'une avoit été le chercher au château du duc, l'autre à sa maison de campagne. Landois avoit échappé à toutes deux, et la bourgeoisie de Nantes s'étant soulevée avoit

1484. délivré le duc, et forcé les conjurés à se retirer à Ancenis, où peu après ils furent assiégés. (1)

Le duc d'Orléans arriva auprès de son cousin le duc de Bretagne, comme celui-ci, encore effrayé de la conspiration de ses barons, achevoit de se brouiller avec toute sa noblesse, et s'abandonnoit toujours plus aux directions de son favori Landois. Celui-ci, qui sentoit que sa position devenoit plus dangereuse, cherchoit de l'appui à la cour de France; et, au milieu des fêtes qu'il donnoit chaque jour au duc d'Orléans (2), il excita sa jalousie contre Anne de Beaujeu, qui l'écartoit de toutes les affaires, lui, premier prince du sang et président du conseil; il lui offrit son aide pour recouvrer dans le gouvernement l'influence qui lui étoit due, et il lui demanda de le protéger à son tour contre les barons factieux de Bretagne. (3)

Le duc d'Orléans fut presque aussitôt rappelé à la cour par le sacre du roi, son beau-frère, qui avoit été fixé au 30 mai. Pierre de Laval, archevêque de Reims, officia à la cérémonie, où les six anciens pairs laïques furent représentés par les ducs d'Orléans et d'Alençon, le sire de Beau-

---

(1) Lobineau, Hist. de Bretagne. L. XX, p. 740. — Morice, Hist. de Bretagne. L. XIV, p. 145. — Daru, Hist. de Bretag. T. III, L. VII, p. 76.

(2) Saint-Gelais, p. 50.

(3) Morice, Hist. de Bretag. L. XIV, p. 146.

jeu, le dauphin d'Auvergne, le comte de Vendôme, et Philippe de Savoie, comte de Bresse, qui n'étoit pas même Français (1). Le 5 juillet, Charles VIII rentra à Paris avec tous ces princes, et il y passa les mois de juillet, août et une partie de septembre. La cour ne parut dès-lors plus occupée que de fêtes et de tournois : le duc d'Orléans brilloit dans ces jeux chevaleresques ; il donnoit à son beau-frère le goût du plaisir et de la dissipation ; il acquéroit ainsi sur lui un ascendant qui excitoit l'inquiétude de la dame de Beaujeu; pour l'y soustraire, pour veiller sur sa conduite morale et sur sa santé, elle emmena, vers la fin de septembre, Charles VIII à Malesherbes, puis à Montargis. (2)

Jusqu'alors, le conseil du roi avoit été presque toujours présidé par le sire de Beaujeu : les jeunes princes ne vouloient pas s'assujettir à l'ennui des affaires. D'ailleurs, la seule chose de quelque importance qui s'y fût traitée, étoit l'arrivée du cardinal de Balue, comme légat du pape. Le parlement, qui le soupçonnoit de venir pour travailler de nouveau contre les libertés de l'Église gallicane, avoit fait publier à son de trompe la défense de le reconnoître pour légat; le conseil,

---

(1) Saint-Gelais, p. 51. — Godefroy, Hist. de Charles VIII. Preuves, p. 428. — Ibid., p. 437. — Addit. à Monstrelet. T. III, p. 209. — Franc. Belcarii. L. IV, p. 104.

(2) Lancelot, Journal. Acad. des Inscrip. T. VIII, p. 719.

au contraire, lui en avoit fait rendre les honneurs, soit aux frontières, soit aux portes de Paris (1). La mort du pape Sixte IV, survenue le 12 août, ne laissa point à Balue le temps d'intriguer, comme on l'avoit craint; il repartit en toute hâte, pour se trouver à Rome au conclave qui élut Innocent VIII. (2)

Mais, lorsque Anne de Beaujeu eut emmené de Paris Charles VIII, en laissant dans cette capitale le duc d'Orléans et d'autres princes du sang, elle sentit que son pouvoir étoit d'autant plus près de lui échapper que le gouvernement restoit à Paris, et que son frère désiroit y retourner pour se rapprocher des joyeux compagnons de fêtes dont elle le séparoit. Elle rechercha donc des alliances pour le cas où elle devroit recourir aux armes. Le 29 septembre, elle signa un premier traité avec René II, duc de Lorraine, par lequel celui-ci s'engageoit, pour le bien du roi et du royaume, à défendre le sire et la dame de Beaujeu envers et contre tous ceux qui peuvent vivre et mourir (3). Peu après, le 22 octobre, elle signa un second traité avec les nobles Bretons soulevés contre Landois, et qui s'étoient alors réunis à Ancenis; ceux-ci lui promettoient

(1) Godefroy, Hist. de Charles VIII. Preuves, p. 440.
(2) *Raynaldi Annal. eccles.* 1484, §. 20, 21.
(3) Godefroy, Charles VIII. Preuves, p. 451. — D. Calmet, Hist. de Lorraine. L. XXX, p. 1089.

de reconnoître Charles VIII pour leur souverain, après la mort du duc François II, sous condition que rien ne fût changé dans les libertés et priviléges de la province, après sa réunion à la France (1). Par un troisième traité signé à Montargis, le 25 octobre, Pierre et Anne de Beaujeu s'unirent avec les États de Flandre, agissant au nom de leur prince, le duc Philippe d'Autriche, encore enfant. Les Beaujeu promettoient d'aider les Flamands contre quiconque prétendroit entreprendre sur la garde et le gouvernement de leur prince contre leur volonté, tout comme les Flamands promettoient d'aider le sire et la dame de Beaujeu contre tous ceux qui voudroient porter préjudice à leurs biens, leurs honneurs, leur personne ou leur état. (2)

De son côté le duc d'Orléans annonça au duc de Bretagne qu'Anne de Beaujeu avoit enlevé de Paris le roi son frère contre sa volonté; qu'elle avoit exigé de ses capitaines des gardes et archers le serment de n'obéir qu'à elle; que les princes du sang, conseillers légitimes du monarque, n'avoient point osé le suivre pour ne pas se trouver aux mains de sa sœur (3). En

_(1) Godefroy, Charles VIII. Preuves, p. 457, 458. — Lobineau. L. XX, p. 741, 742. — Actes de Bretagne. T. III, p. 441, 444.

(2) Godefroy, Charles VIII. Preuves, p. 460.

(3) Lobineau, Preuves de l'Hist. de Bret., p. 1421.

1484. conséquence le comte de Dunois, envoyé par le duc d'Orléans, signa à Rennes, le 23 novembre, avec François II, un traité par lequel celui-ci s'engageoit à concourir à mettre le roi hors des mains de ceux qui le détenoient prisonnier, à lui rendre sa liberté, et à remettre les affaires de l'Etat où elles devoient être (1). D'autre part, le duc d'Orléans voulant prendre des mesures légales pour conserver l'autorité qui lui avoit été dévolue par les Etats, comme président du conseil, se présenta au parlement

1485. de Paris le 17 janvier 1485, accompagné par le comte de Dunois, et Denis le Mercier son chancelier, qu'il chargea de porter la parole.

Le Mercier exposa au parlement que les Etats-Généraux ayant été assemblés à la demande du duc d'Orléans et des autres princes, avoient déclaré le roi majeur et avoient voulu que tout le gouvernement fût entre ses mains et celles de son conseil; que le duc d'Orléans, quoique son plus prochain parent, et institué par lui pour être son lieutenant et gouverneur de Paris, de l'île de France et de Champagne, ne vouloit être que son très humble serviteur, et ne demandoit pas même à demeurer autour du roi. Mais que la dame de Beaujeu prétendant que par la coutume de certaines pro-

(1) Lobineau, Hist. de Bret. L. XX, p. 742. Preuves, p. 1420. — Actes de Bretagne. T. III, p. 450.

vinces, la sœur aînée a le droit d'administrer pour son frère mineur, jusqu'à ce que celui-ci ait vingt ans, « a mis en ses mains tout le fait « des finances, a pris le serment des gardes qui « ne devoit être prêté qu'au roi, et a ôté audit « roi ses chambellans qui lui avoient été baillés « par le feu roi son père et par la reine sa « mère. » Pour s'attacher des créatures par des pensions et des gratifications, elle avoit excédé l'année précédente de 300,000 livres les recettes qui avoient été fixées par les États, et elle seroit obligée cette année de les excéder de dix à douze cent mille livres. Enfin le sire Du Lait avoit même déposé qu'il avoit été chargé par la dame de Beaujeu de tuer le duc d'Orléans. Celui-ci cependant ne demandoit point à gouverner à sa place; si la dame de Beaujeu vouloit s'éloigner de dix lieues de la cour, il s'en éloigneroit volontiers de quarante lieues. Tout ce qu'il demandoit c'étoit que le roi gouvernât par lui-même, comme les États-Généraux l'avoient voulu, avec l'aide de son conseil, de la cour du parlement, et des Etats-Généraux qu'il seroit convenable d'assembler de nouveau. (1)

Mais le premier président, Jean de la Vacquerie, n'avoit point assez d'énergie pour ré-

(1) Extrait des registres du Parlement. Godefroy, Charles VIII. Preuves, p. 466.

clamer, comme il étoit invité à le faire, l'observation des lois politiques du royaume. Il répondit en exhortant le duc d'Orléans à faire que la maison de France soit par lui maintenue sans division, que, quant au parlement : « il « étoit institué par le roi pour administrer jus- « tice, non pour avoir l'administration de guerre, « de finances, ni du fait et gouvernement du « roi et des grands princes; et que venir faire « des remontrances à la cour, et faire autres « exploits sans le bon plaisir et exprès com- « mandement du roi ne se doit pas faire. » Le surlendemain, le premier président se rendit, avec quelques conseillers, auprès du roi pour lui communiquer les remontrances du duc d'Orléans, avant de faire à celui-ci d'autre réponse (1). Le duc d'Orléans et le comte de Dunois firent le 22 janvier une démarche semblable auprès de l'université, et celle-ci observa la même réserve (2). Le duc de Bretagne adressa un manifeste aux bonnes villes du royaume; le comte de Dunois écrivit aux différens princes du sang pour leur dénoncer à tous cette usurpation. Partout, le royaume montra la même indifférence (3). Le jeune homme et

(1) Godefroy, Charles VIII. Preuves, p. 468, 469.
(2) Hist. de l'Université de Paris. L. VIII, p. 418, — Lancelot, Mémoires. T. VIII, p. 720.
(3) Lobineau, Preuves de Bret. T. II, p. 1421. — Preuves de Charles VIII, p. 506.

la jeune femme qui se disputoient le pouvoir étoient à peu près également inconnus, et personne ne vouloit encourir les chances d'une guerre pour donner l'avantage à l'un plutôt qu'à l'autre.

Pendant ce temps, Anne de Beaujeu, au lieu de s'adresser comme son beau-frère aux tribunaux et aux autorités constituées, s'assuroit d'hommes hardis et entreprenans pour un coup de main : elle donnoit satisfaction à Jacques comte de Romont quant aux fiefs qui devoient lui être rendus par le traité d'Arras (1). Elle promettoit à Philippe comte de Bresse le gouvernement de Dauphiné, dont le comte de Dunois étoit alors en possession (2). Elle rappeloit à Melun où elle revint, le duc René II de Lorraine, en lui faisant espérer la restitution de la Provence; puis, poussant tout à coup dans Paris une bande d'aventuriers, elle leur donna ordre d'enlever le duc d'Orléans et de le lui amener. Le duc dans ce moment étoit aux halles, où il jouoit à la paume avec le comte de Dunois, Gui Pot et Jean de Louan ; ils n'eurent que le temps de se jeter sur les premiers chevaux qu'ils trouvèrent, et de s'enfuir à toute bride vers Pontoise, d'où ils se rendirent par Verneuil à Alençon. (3)

(1) Ses lettres, Melun, 28 janv. Charles VIII. Preuv. p. 469.
(2) Guichenon. T. II, p. 170.
(3) Lancelot, Mém. de l'Acad. T. VIII, p. 722. — Mém. de

1485. La fuite du duc d'Orléans étoit peut-être ce qu'Anne de Beaujeu désiroit le plus : elle se hâta de ramener, le 5 février, le roi à Paris; elle le conduisit au parlement le 14 février, pour y faire enregistrer une ordonnance par laquelle elle exemptoit les conseillers au parlement du ban et de l'arrière-ban. Le registre fait mention du duc de Lorraine, des comtes de Clermont, de la Marche, de Bresse, de Vendôme, du chancelier, des prélats et des seigneurs qui accompagnèrent le roi; mais il ne nomme ni le sire de Beaujeu, ni madame Anne, qui, comme femme, n'avoit point d'existence légale et ne devoit paroître nulle part (1). Toutefois, dès qu'elle eut ramené le roi à Paris, elle se trouva en possession de la puissance suprême, et le duc d'Orléans fugitif ne fut plus qu'un rebelle. Elle lui ôta ses gouvernemens pour les donner à Chabannes, comte de Dammartin, comme elle avoit ôté le Dauphiné à Dunois pour le donner au comte de Bresse. C'étoit le roi qui donnoit tous les ordres, et par une fatale fiction de la loi, ce roi de quinze ans étoit reconnu par tous, comme

---

Louis de la Trémouille. T. XIV, c. 6, p. 137. — Observations, *ibid.*, p. 278. — Hist. latine de Louis XII, dans Godefroy, Charles VIII, p. 260.

(1) Godefroy, Charles VIII. Preuves, p. 473. — Lancelot, Mém., p. 723.

majeur et souverain. Les ducs de Bourbon, d'Alençon, de Bretagne et le comte d'Angoulême, qui avoient d'abord levé des soldats pour maintenir l'organisation du conseil qu'avoient fixée les Etats-Généraux, ne voulurent pas s'exposer aux peines de la rébellion, en faisant la guerre au roi. D'après le conseil de Dunois, le duc d'Orléans lui-même se soumit; il alla rejoindre à Evreux sa belle-sœur et le roi son beau-frère; il les suivit à Rouen, et se montra avec eux, ainsi que les ducs de Bourbon, de Lorraine et le seigneur de Beaujeu au lit de justice qu'on fit tenir à Charles VIII le 27 avril 1485, pour présider son échiquier de Normandie. (1)

On ne sait point si le duc d'Orléans avoit fait aucune condition en revenant auprès de la dame de Beaujeu et du roi son frère, et si elles ne lui furent pas observées, ou s'il céda à l'impatience qu'il ressentit en se voyant dépouillé de tout pouvoir et de tout crédit à la cour. Il étoit revenu à Paris avec le roi au commencement de juin; il en repartit bientôt après pour Blois, où il se prépara à la guerre civile. Mais en même temps, oubliant ses devoirs de Français et de premier prince du sang, son intérêt même d'héritier présomptif de la couronne, il rechercha l'alliance des ennemis de la France, et il demanda l'appui des étrangers pour do-

---

(1) Mém. de Lancelot. Acad. des Inscrip. T. VIII, p. 725.

miner dans sa patrie : aucun sentiment de devoir ou d'honneur n'apprit jamais aux princes français combien une telle conduite étoit coupable ; aucune manifestation de l'opinion publique ne les flétrit quand ils conjuroient ainsi contre la France.

La ligue que Louis XI avoit constamment combattue se composoit, à la fin de son règne, du souverain des Pays-Bas, héritier de la maison de Bourgogne, du duc de Bretagne, qui affectoit vis-à-vis de la France une indépendance absolue, et du roi d'Angleterre : ce fut cette ligue que le duc d'Orléans se proposa de faire revivre et d'armer contre Charles VIII. Il se tenoit déjà pour assuré du duc de Bretagne son cousin, et de son trésorier et favori Landois, qui lui avoient seuls envoyé deux cent cinquante lances et un corps d'archers, lorsqu'il s'étoit tout récemment retiré à Alençon ; les Pays-Bas et l'Angleterre avoient été, durant les deux dernières années, le théâtre de beaucoup de révolutions : cependant le duc d'Orléans pouvoit alors se flatter d'y trouver de l'appui.

Maximilien d'Autriche, demeuré veuf le 25 mars 1483, n'avoit plus trouvé les Pays-Bas disposés à lui obéir : la souveraineté avoit passé à son fils Philippe, âgé seulement de cinq ans; mais les peuples, blessés de son manque de respect pour leurs priviléges, fatigués de sa légèreté, de sa prodigalité, de son inconstance, ou n'avoient pas voulu le reconnoître pour tuteur de son fils, ou ne lui avoient laissé, à ce titre, qu'un pouvoir très limité. Anne de Beaujeu avoit fait alliance contre Maximilien, avec les Etats de Flandre, auxquels elle avoit envoyé le maréchal d'Esquerdes, et quatre ou cinq mille hommes. Elle avoit en même temps suscité contre lui Guillaume de la Marck, le farouche sanglier des Ardennes, qui répandoit le trouble dans tout le pays. La campagne de 1484 fut peu favorable à Maximilien ; celle de 1485 le fut davantage : le 22 mai, les Flamands furent battus devant Oudenarde (1) : le 17 juin, le sanglier des Ardennes fut arrêté en trahison par un lieutenant de Maximilien, et conduit à Maëstricht, où il eut la tête tranchée (2). Les Flamands effrayés, et mal secondés par la France, reconnurent Maximilien pour tuteur de son fils, et lui ouvrirent les portes de Gand le 28 juin, moyennant une amnistie générale et la garantie de tous leurs priviléges. (3)

(1) J. Molinet. T. XLIV, c. 108, p. 427.
(2) *Ibid.*, c. 113, p. 439.
(3) J. Molinet, c. 114, p. 442. — Olivier de la Marche. T. IX, P. II, c. 11 et 12, p. 271 et 284. — *Der Weiss Kunig*; édit. de Vienne, 1775, in-fol., p. 162.

En Angleterre, Édouard IV, mort avant Louis XI, le 9 avril 1483, avoit laissé deux fils, dont l'aîné, âgé de moins de treize ans, avoit été reconnu pour roi sous le nom d'Édouard V; tandis que Richard, duc de Glocester, son oncle, lui avoit été donné pour régent et protecteur du royaume. Richard ne s'étoit pas contenté long-temps de ce titre précaire : accusant sa propre mère d'impudicité, il avoit prétendu que ses deux frères aînés étoient nés d'un adultère, qu'il étoit seul l'héritier légitime de la maison d'York. A ce titre, il s'étoit fait proclamer roi le 22 juin 1483, sous le nom de Richard III. Il avoit enfermé à la Tour les deux princes ses neveux, et bientôt après il les y avoit fait étouffer dans leur lit. Forcé ensuite à défendre, par des crimes toujours plus atroces, une couronne déjà acquise par tant de crimes, il avoit fait périr, dans une succession rapide, tous ceux à qui il croyoit du crédit, tous ceux qui lui inspiroient de la jalousie (1). Pour se délivrer de ce monstre, les chefs des deux factions qui avoient si long-temps divisé l'Angleterre avoient songé à unir, par un mariage, les représentans des deux roses ou des deux maisons de Lancaster et

---

(1) J. Molinet. T. XLIV, c. 100, p. 400. — Amelgard. *Ludov. XI*, L. VII, c. 2, f. 486. — Rapin Thoyras. T. V, p. 154. — Hume. T. IV, c. 23, p. 246-260.

d'York. Il ne restoit, pour chef de la première, qu'un jeune homme réfugié en Bretagne, Henri, comte de Richmond, fils de Marguerite de Beaufort, petite-fille elle-même de Jean de Beaufort, l'un des fils légitimés de Jean de Gand, troisième fils d'Édouard III. On résolut de lui faire épouser Élisabeth, fille aînée d'Edouard IV, et seule héritière de la maison d'York. Henri de Richmond s'étoit embarqué le 2 octobre 1484, sur une flotte de quinze vaisseaux, portant cinq mille hommes de débarquement. Il étoit arrivé jusqu'en vue de Plymouth, mais la tempête l'avoit empêché de prendre terre, et bientôt il apprit que tous ses partisans, dénoncés au farouche Richard, avoient été livrés au supplice, que le trône de celui-ci étoit plus affermi que jamais, et il étoit revenu en Bretagne. (1)

Richard III sembloit désormais pouvoir disposer de toutes les forces de l'Angleterre, et c'étoit lui que le trésorier Landois, le chef de toutes les intrigues en Bretagne, songeoit à faire entrer dans la ligue contre la France, avec le duc d'Orléans, le duc de Bretagne et Maximilien. Pour prix de sa coopération, Richard

---

(1) Rapin Thoyras. T. V, L. XIII, p. 171. — Rymer. T. XII, p. 204. — Hume. T. IV, c. 23, p. 266. — Lobineau, Histoire de Bretagne. L. XX, p. 752. — *Polydori Vergilii.* L. XXV, p. 553.

demandoit qu'on lui livrât le comte de Richmond, qui étoit réfugié à Vannes, avec beaucoup d'Anglais. Landois le promit, et en même temps il flattoit Richmond de l'aider à faire une nouvelle tentative en Angleterre. Il lui envoyoit, sous ce prétexte, beaucoup de capitaines et de soldats : c'étoient ceux-là mêmes qui étoient chargés de l'arrêter pour le livrer à Richard. Richmond eut le bonheur d'en être averti; il s'échappa au travers des bois, et vint chercher un refuge en Anjou. (1)

Il étoit d'une bonne politique, pour la dame de Beaujeu, de seconder Richmond, puisque ses ennemis comptoient sur l'alliance de Richard III ; mais d'autres dangers lui laissoient alors peu de forces disponibles ; elle ne put mettre sous les ordres du comte que mille huit cents mauvais soldats, avec une somme de soixante mille francs (2). L'horreur que Richard III inspiroit aux Anglais fit le reste. Le 31 juillet 1485, Henri de Richmond s'embarqua à Harfleur, avec cette petite troupe, et les émigrés anglais que la haine de la tyrannie avoit rassemblés autour de lui ; le 6 août, il prit terre à Milford, dans le pays de Galles : de nombreux soulèvemens manifestèrent bientôt le vœu

(1) Lobineau, Hist. de Bret. L. XX, p. 753. — D. Morice, Hist. de Bret. L. XIV, p. 151.
(2) Comines. T. XII, L. VI, c. 9, p. 84.

de la nation ; cependant son armée ne se composoit encore que de six mille combattans, lorsqu'il se trouva, le 22 août, à Bosworth, en présence de Richard III, qui en avoit treize mille. Mais au milieu du combat, lord Stanley et son frère, sir William Strange, passèrent, avec leur troupe, du côté de Henri, et assurèrent sa victoire. Richard III fut tué en combattant ; son vainqueur fut reconnu, sous le nom de Henri VII, pour roi d'Angleterre. La nation, qui s'étoit délivrée d'un monstre, ne s'étoit pas donné un bon roi dans le petit-fils d'Owen Tudor et de Catherine de Valois. Il fut jaloux, cruel, avare. Malgré son mariage avec Élisabeth d'York, le 18 janvier suivant, il se regarda toujours comme chef de la faction des Lancaster. Il retint dans une captivité qui finit par un supplice Édouard, comte de Warwick, fils du duc de Clarence, et le dernier mâle de la race des Plantagenets. Cependant l'union des deux roses, par son mariage, mit fin aux guerres civiles d'Angleterre, et releva la puissance de ses rois (1). Cette révolution fut suivie d'un traité en date du 17 décembre, par lequel Charles VIII et Henri VII convenoient d'une trêve de trois ans entre la

(1) Jean Molinet, c. 101, p. 405. — Rapin Thoyras. T. V, L. XIII, p. 188, 195 ; L. XIV, p. 202, 205, 218. — Hume. T. IV, c. 23, p. 271, et T. V, c. 24, p. 1-15.

France et l'Angleterre, avec pleine liberté de commerce. (1)

La révolution d'Angleterre avoit ébranlé la ligue sur laquelle comptoit le duc d'Orléans. Une révolution presque simultanée en Bretagne, la désorganisa davantage encore. Landois, trésorier de Bretagne, le correspondant habituel du comte de Dunois, le directeur de toutes les intrigues, et l'homme qui, depuis qu'il étoit parvenu au pouvoir, avoit mis le plus d'acharnement à combattre la France, étoit impatient de punir les nobles bretons qui avoient voulu l'enlever dans le palais même de son souverain, et qui, s'étant engagés envers Anne de Beaujeu à priver de leur héritage les filles de leur duc, méritoient d'être poursuivis comme coupables de haute trahison. Il avoit convoqué à Nantes la noblesse et les francs-archers du pays, avec quatre mille hommes de milice, et il les dirigea, le 24 juin 1485, vers Ancenis, dont il chargea le sire de Coetquen, grand maître d'hôtel, de faire le siége avec cette armée. Mais la noblesse qu'il avoit ainsi rassemblée n'avoit pas moins de haine pour le favori que celle qu'il vouloit punir. A peine fut-elle sortie de Nantes qu'elle entra en pourparlers avec celle qu'elle devoit combattre.

(1) Dumont, Corps diplom. T. III, P. ii, p. 149. — Godefroy, Charles VIII. Preuves, p. 501.

Bientôt les deux armées se fondirent en une seule, et se présentèrent devant les murs de Nantes pour demander le supplice du favori. Landois fit dresser, le 25 juin, des lettres-patentes pour déclarer les chefs de cette défection criminels de lèse-majesté; mais le chancelier François Chrétien refusa de les enregistrer; au contraire, dès qu'il fut averti qu'un soulèvement éclatoit dans Nantes, et qu'une foule d'ennemis de Landois assiégeoit le château, il lança un décret de prise de corps contre lui, et se rendit bientôt après, en personne, au château pour l'exécuter. Landois venoit de se réfugier dans la chambre même du duc, et il s'y étoit blotti dans une armoire. Le cardinal et le comte de Foix, qui étoient restés auprès du duc, lui persuadèrent qu'il étoit lui-même dans le plus grand danger, s'il ne livroit pas son favori. « Je « vous jure Dieu, disoit le second, que j'aime-« rois mieux être prince d'un million de san-« gliers, que de tel peuple comme sont vos « Bretons. » Le duc effrayé ouvrit l'armoire, prit lui-même Landois par la main et le remit au chancelier, en lui recommandant « qu'il ne « souffrît aucun grief ou déplaisir lui être fait « hors justice. » Mais on connoissoit assez le foible prince pour faire peu de cas de ces recommandations. Une commission extraordinaire, toute composée des ennemis de Landois, fut nommée pour le juger. Tous les actes de son administration furent transformés en délits, qu'on lui fit avouer par une torture rigoureuse. Après quoi Landois fut pendu, le 14 juillet, sans qu'on donnât communication au duc du procès, si ce n'est après que la sentence eut été exécutée. Le duc montra d'abord un peu de colère à son compère le sire de Lescun, qui lui avoit caché l'exécution. Cependant l'attachement d'un prince à son favori est rarement de l'amitié; il l'oublie dès qu'il ne le voit plus; et le 13 août François II rendit un édit par lequel il approuvoit la conduite des gentilshommes qui s'étoient armés contre Landois, et confessoit qu'il avoit été constamment trompé par ce mauvais ministre. (1)

Une des premières conséquences de la mort de Landois fut la réconciliation du duc François II avec Anne de Beaujeu; par un traité signé à Bourges avant la fin de juillet, le duc de Bretagne renonça à toute alliance préjudiciable au service de Charles VIII. Il le confirma par serment le 9 août, et Charles VIII le 2 novembre. Le duc nomma en même temps le prince d'Orange et le maréchal de Rieux ses

(1) Lobineau, Hist. de Bret. L. XX, p. 744-750. — Preuves. T. II, p. 1426. — D. Morice, Histoire de Bretagne. L. XIII, p. 153. — Actes de Bretagne. T. III, p. 471. — Daru. L. VII, p. 95-100.

lieutenans-généraux, se détachant ainsi complétement du parti du duc d'Orléans. (1)

1485.

Ce parti ne se composoit pas seulement d'étrangers; tous les princes du sang étoient jaloux de l'autorité que s'étoit arrogée la dame de Beaujeu. Le duc de Bourbon son beau-frère étoit lui-même blessé de ne compter plus pour rien, quoique connétable et lieutenant-général du royaume; il adressa des ordres aux provinces pour convoquer l'arrière-ban de la noblesse; il se concerta avec le comte d'Angoulême pour marcher au secours du duc d'Orléans, qui rassembloit à Beaugency trois ou quatre cents hommes d'armes : mais la dame de Beaujeu ne leur donna pas le temps d'aller plus avant : vers le milieu d'août, elle fit surprendre Orléans par Imbert de Bastarnay, sire du Bouchage : elle y arriva elle-même, avant la fin du mois, avec le duc René de Lorraine : le duc d'Orléans effrayé, et déjà abandonné par plusieurs des soldats qu'il avoit assemblés à Beaugency, fit de nouveau sa soumission; il consentit à envoyer à Asti en Piémont son cousin Dunois, qu'Anne accusoit de l'avoir sans cesse excité contre elle, et, dans les premiers jours d'octobre, il revint auprès du roi. (2)

(1) Dumont, Corps diplom. T. III, P. II, p. 146. — Lobin., Hist. de Bret., L. XX, p. 754.

(2) Lancelot, Mém. Acad. des Inscr. T. VIII, p. 730.—Saint-

1485. De tous ceux que le duc d'Orléans avoit voulu armer contre sa belle-sœur, il ne restoit plus que Maximilien qui ne se fût pas réconcilié à elle : mais ce prince, qui visoit à la réputation de grand politique, faisoit consister surtout la science du gouvernement dans le secret profond dont il couvroit ses desseins, et dans la surprise qu'il causoit par ses résolutions. C'étoit pour lui une raison suffisante de s'éloigner des frontières de France que d'avoir annoncé à ses alliés qu'il les attaqueroit. En effet, à l'époque où le duc d'Orléans comptoit encore sur sa coopération, Maximilien partit pour l'Allemagne ; le 21 décembre, il étoit avec son père, le vieux empereur Frédéric III, à Aix-la-Chapelle, et il sollicitoit les électeurs de l'Empire de lui accorder la couronne de roi des Romains. Les électeurs se rassemblèrent en effet à Francfort au

1486. commencement de l'année 1486, et ils se laissèrent persuader que la sûreté de l'Empire, sans cesse harcelé par les Turcs, demandoit qu'ils donnassent un coadjuteur à l'indolent et avare Frédéric III. Maximilien fut élu à Francfort le 16 février, et couronné à Cologne le 9 avril. (1)

Gelais, p. 56. — *Hist. Ludov. Aurelian. in Godefroy*, p. 262-265. — Mémoires de La Trémoille. T. XIV, c. 6, p. 138. — Preuves de Godefroy, Charles VIII, p. 450, 451, 500.

(1) J. Molinet. T. XLV, c. 119, p. 5, et c. 145, p. 79. —

Le nouveau roi des Romains revint ensuite attaquer, sans déclaration de guerre, la Picardie, après que les alliés sur lesquels il avoit pu compter à l'intérieur se furent dissipés ou eurent fait leur soumission. Le sire de Montigny, qui commandoit pour lui en Hainaut, surprit Mortagne et Hennecourt; il fut repoussé devant l'Écluse, mais il s'empara par escalade, dans la nuit du 9 juin 1486, de Thérouane, qu'il livra au pillage (1). Le roi des Romains se mit ensuite à la tête de son armée, qui se trouva forte de quatorze ou quinze mille hommes, la plupart Suisses et Landsknechts; il ravitailla Thérouane, et il prit Lens en Artois. Le maréchal d'Esquerdes étoit chargé de défendre la Picardie : il n'étoit pas assez fort pour tenir la campagne; mais, en même temps qu'il approvisionnoit les places de guerre, il se ménageoit des intelligences parmi les soldats suisses de Maximilien pour les faire déserter, tandis que madame de Beaujeu, pour le soutenir, avoit amené, au mois de mai, son frère Charles VIII à Troyes en Champagne (2). Maximilien, toujours court d'argent, et dissipant en fêtes ou en présens à son père les subsides que ses sujets

---

Schmidt., Hist. des Allem. T. V, L. VII, c. 26, p. 333. — Coxe, Maison d'Autriche. T. I, c. 18, p. 463.

(1) J. Molinet, c. 146, 147, p. 83, 87.

(2) Mémoires de Lancelot. T. VIII, p. 732. — Godefroy, Charles VIII. Preuves, p. 521.

lui avoient fournis pour la guerre, ne put pas retenir les Suisses à son service; et, quoiqu'il eût encore beaucoup plus de monde que ses adversaires, il ne remporta aucun avantage sur les maréchaux d'Esquerdes et de Gié, qui lui tenoient tête avec un millier de lances. (1)

La dame de Beaujeu, par ses succès, justifioit toujours plus la réputation qu'on lui avoit faite, de la plus habile femme du royaume, de celle qui avoit hérité de toute la dextérité de son père Louis XI (2). Mais elle ne pouvoit exercer un pouvoir si contraire aux lois de l'État, aux habitudes des Français, aux prétentions des princes du sang, sans exciter une jalousie universelle. Si le duc d'Orléans cessoit un moment de réclamer ses prérogatives de premier prince du sang et de président du conseil, le duc de Bourbon faisoit valoir les siennes de frère aîné du sire de Beaujeu et de connétable de France. Le sire de Culant et Philippe de Comines, sire d'Argenton, tous deux dévoués au duc d'Orléans, s'étoient rendus auprès de Bourbon pour exciter son orgueil et son ressentiment : à leur suggestion, il écrivit au roi pour se plaindre de ce

(1) J. Molinet, c. 153, p. 130. — Guill. de Jaligny, Histoire de plusieurs choses mémorables sous Charles VIII, dans Godefroy, p. 7.

(2) Notes de Lancelot sur un poëme fait à sa louange, intitulé l'Aînée fille de Fortune. Acad. des Inscr. T. VIII, p. 582.

qu'on ne l'avoit point consulté, lui connétable de France, sur la disposition de l'armée et son augmentation, ou sur la guerre qu'on avoit commencée contre Maximilien. Charles VIII lui répondit, avec beaucoup d'égards, qu'il avoit été attaqué par le roi des Romains sans déclaration de guerre, et forcé à augmenter le nombre de ses soldats. Il l'invitoit en même temps à venir le rejoindre, avec autant d'argent et d'hommes qu'il en pourroit fournir, pour la défense du royaume (1). Le duc de Bourbon arriva en effet auprès du roi, à Beauvais, au commencement de septembre. Les sires de Comines et de Culant étoient toujours avec lui, et l'excitoient à exiger qu'on eût pour lui les égards qu'ils prétendoient lui être dus; mais la dame de Beaujeu réussit bientôt à soumettre son beau-frère à son ascendant : elle lui fit disgracier les sires de Comines et de Culant, et elle lui promit de suivre ses conseils en toute chose, bien sûre qu'une attaque de goutte ne tarderoit pas à le confiner de nouveau au lit, et à lui faire abandonner les rênes du gouvernement. Sur ces entrefaites, Maximilien licencia son armée au Quesnoy; la dame de Beaujeu fit aussi licencier celle de Charles VIII, et elle ramena, le 9 octobre, ce jeune roi, avec les princes, à Paris. (2)

(1) Inst. dans Godefroy; Charles VIII. Preuves, p. 531.
(2) G. de Jaligny, p. 9 et 10.

Les ennemis d'Anne de Beaujeu ne savoient point agir de concert ; mais ils ne se résignoient point à sa domination, et l'un d'eux n'avoit pas plus tôt promis de lui obéir qu'un autre reprenoit les armes. Pendant la campagne de Maximilien, le duc d'Orléans avoit vécu dans ses terres, puis à la cour, et il étoit auprès du roi, à Compiègne, au mois d'octobre 1486, lorsque Charles VIII rendit une ordonnance qui réunissoit définitivement à la couronne les comtés de Provence et de Forcalquier, en promettant aux sujets de ces deux comtés la conservation de tous leurs priviléges. Les ducs d'Orléans et de Bourbon, les comtes de Clermont, de Montpensier et de Vendôme, le chancelier, l'archevêque de Bordeaux, les sires de la Trémoille, de Graville, de l'Isle et de Grimault; Sacierges et Potaux, maîtres des requêtes, et G. Briçonnet, général des finances, avoient signé cette ordonnance (1). Mais cette résolution offensoit cruellement le duc René II de Lorraine, auquel Anne de Beaujeu avoit toujours fait espérer la restitution de la Provence. Sur la nouvelle qu'il avoit eue que les États de Provence demandoient d'être réunis à la couronne, il avoit déjà protesté contre cette réunion, et, se regardant comme joué par madame de Beaujeu, il cher-

---

(1) Isambert, Anciennes Lois franç. T. XI, p. 166. — Godefroy, Charles VIII. Preuves, p. 537.

choit l'occasion de la faire repentir de sa mauvaise foi (1). Le comte de Dunois, qui étoit retiré à Asti, fort mécontent d'être éloigné de France par la défiance de la dame de Beaujeu, fut averti de la colère qu'éprouvoit le duc de Lorraine; et il jugea que le moment étoit favorable pour former une nouvelle ligue contre Madame : il revint au château de Parthenay, qui lui appartenoit, et il entra aussitôt en correspondance avec le duc de Lorraine, les seigneurs de Foix et d'Albret, Maximilien, le duc d'Orléans, qui étoit à Blois, et le duc de Bretagne. (2)

Ce dernier, qui s'étoit réconcilié avec la dame de Beaujeu après le supplice de Landois, n'avoit pas tardé à découvrir des raisons nouvelles pour se défier d'elle. Il avoit appris qu'elle avoit engagé Nicole de Bretagne, après la mort de son mari Jean de Brosse, à céder au roi tous les droits que prétendoit la branche de Penthièvre sur l'héritage de Bretagne (3). Il connoissoit également le traité qu'elle avoit conclu auparavant, à Montargis, avec les seigneurs révoltés contre lui, par lequel ceux-ci prépa-

---

(1) Sa protestation dans Dumont, Corps diplom. T. III, P. ii, p. 450. — D. Calmet, Histoire de Lorraine. L. XXX, p. 1094.

(2) Guill. de Jaligny, p. 12.

(3) Actes du 20 octobre 1485. — Lobineau, Hist. de Bretag. L. XX, p. 755. — Preuves. T. II, p. 1439.

roient aussi la réunion de la Bretagne à la couronne, en ne réservant qu'une dot à ses filles (1). Il étoit évident que le projet étoit formé de dépouiller ses filles, encore en bas-âge, de leur héritage. Quoique âgé seulement de cinquante et un ans, il étoit usé par l'intempérance; il se sentoit vieux, et sa vie venoit d'être mise en danger par une grave maladie. Mais, autant il désiroit assurer la succession de ses filles; autant ses sujets désiroient conserver l'indépendance de leur patrie; et ceux même qui, dans leur haine contre Landois, avoient voulu la sacrifier à la France, étoient prêts, depuis qu'ils s'étoient défaits de lui, à tout hasarder pour la sauver. En instituant un parlement sédentaire à Vannes, pour l'administration de la justice, le duc avoit déclaré « qu'attendu que, de toute
« antiquité, lui et ses prédécesseurs, les rois,
« ducs et princes de Bretagne, n'ont reconnu
« créateur, instituteur ne souverain, fors Dieu
« tout-puissant, il lui appartenoit de régler l'ordre
« de la justice dans ses États » (2). Et en parlant ainsi de l'antique indépendance de la Bretagne, quoique l'histoire le démentît à plusieurs reprises, il ne faisoit qu'exprimer les sentimens

(1) Actes du 22 octobre 1484. — Actes de Bretagne. T. III, p. 441, 444.
(2) Actes de Bret. T. III, p. 478. — Preuves de Lobineau, Hist. de Bret. T. II, p. 1435, en date du 22 septembre 1485.

de ses sujets. Pour affermir cette indépendance, il fit porter aux États de Bretagne, assemblés à Rennes, une déclaration équivalente à un testament, par laquelle il régloit que, s'il mouroit sans enfans mâles, ses deux filles lui succéderoient par ordre de primogéniture. Il promit de les marier d'après l'avis des États; il fit jurer à sa fille aînée de ne jamais consentir à l'assujettissement de sa patrie, et tous les députés aux États jurèrent de respecter l'ordre de succession qu'il avoit fixé. (1)

1486.

Le comte de Dunois n'eut pas de peine à faire sentir au duc de Bretagne que ce réglement de sa succession avoit besoin d'une garantie, puisque, d'une part, le roi de France annonçoit déjà l'intention de réunir la Bretagne à sa monarchie; que, d'autre part, plusieurs descendans, par les femmes, des princes ses prédécesseurs, prétendoient avoir des droits supérieurs à ceux de ses filles. Jean de Châlons, prince d'Orange, étoit fils d'une sœur du duc régnant; le sire d'Albret étoit veuf d'une arrière-petite-fille de Jeanne la Boîteuse; le vicomte de Rohan étoit mari d'une fille de François Ier, et chacun d'eux faisoit déjà valoir ces titres. Pour éviter une guerre civile en Bretagne, il falloit en allu-

(1) Du 9 février 1486. — Lobineau. L. XX, p. 757. — Morice. L. XV, p. 159. — Daru. L. VII, p. 105, 106. — Actes de Bretagne. T. III, p. 500.

mer une en France, il falloit réunir, par un même lien, plusieurs de ceux qui songeoient à disputer le droit de ses filles. Le comte de Dunois avoit pour les intrigues autant de talent que son père en avoit eu pour la guerre. Il avoit réussi à répandre partout ses émissaires, à entretenir une correspondance suivie avec tous les princes et tous les grands, et, le 13 décembre 1486, il parvint à faire signer une ligue, qui comprenoit Maximilien, roi des Romains; Madelaine de France, sœur de Louis XI, agissant pour le roi et la reine de Navarre; les ducs d'Orléans et de Bourbon, de Bretagne et de Lorraine; le comte et le cardinal de Foix, frères de la duchesse de Bretagne; les comtes d'Angoulême, de Nevers, de Dunois et de Comminges; le prince d'Orange, le sire d'Albret, le maréchal de Rieux, la comtesse de Laval; les sires de Lautrec, de Pons, d'Orval, et beaucoup de seigneurs bretons. Le but des confédérés étoit, disoient-ils, « de faire entretenir les ordonnances
« des trois États, violées par l'ambition et con-
« voitise de ceux qui entourent le roi, qui en
« ont déchassé et débouté les princes et sei-
« gneurs de son sang et autres grands person-
« nages, ordonnés par les États pour être au-
« tour de sa personne, et qui ont émeu la guerre
« entre lui et le roi des Romains. Au cas, di-
« soient-ils encore, que nous fassions au con-

« traire de ces présentes, nous voulons que
« tous les autres nous courent sus, et puissent
« traîner nos armes à la queue de leurs che-
« vaux. » (1)

Plusieurs de ceux qui signèrent cette ligue se ménageoient cependant en même temps avec Anne de Beaujeu, et lui donnoient secrètement avis de ce qui se tramoit contre elle. Celle-ci voulut d'abord arrêter le duc d'Orléans, et elle en donna la commission au maréchal de Gié, qui se rendit à Blois auprès de lui, et l'engagea à partir pour la cour le 11 janvier 1487. Mais le duc ne feignit d'obéir que pour tromper la vigilance du maréchal de Gié; tout à coup il lui échappa en prenant la route de Château-Regnault, et il arriva le 13 à Nantes auprès du duc de Bretagne (2). Le ressentiment de la dame de Beaujeu tomba sur les partisans du duc d'Orléans qu'elle avoit encore autour d'elle. Elle fit arrêter un messager qui se trouva porteur de lettres des évêques de Périgueux et de Montauban, des sires de Bussy et de Comines pour le duc d'Orléans : ils furent tous mis en prison. L'évêque de Montauban, George d'Am-

---

(1) Actes de Bretagne. T. III, p. 527. — Lobineau, Preuves, p. 1465. — Daru. L. VII, p. 121.
(2) Guill. de Jaligny, p. 13. — Lancelot, Mémoire. T. VIII, p. 736. — Lobineau, Hist. de Bret. L. XX, p. 763. — Morice. Hist. de Bret. L. XV, p. 163. — Daru. L. VII, p. 121.

1487. boise, si puissant ensuite sous Louis XII, étoit frère de Bussy et d'un évêque d'Albi que Madame tenta en vain de faire arrêter. Leur complot n'alloit à rien moins qu'à favoriser l'évasion de Charles VIII, qui, fatigué de l'autorité de sa sœur, désiroit vivement rejoindre son cousin le duc d'Orléans. Le roi avoit alors dix-sept ans, et sa volonté étoit, légalement du moins, la seule autorité souveraine. Si Charles VIII avoit réussi à se rendre auprès du premier prince du sang, que les États avoient déclaré président de son conseil, Anne de Beaujeu n'auroit plus même eu un prétexte pour lui désobéir. Elle contraignit son ressentiment quant aux prélats, en qui elle respecta le caractère ecclésiastique; mais reconnoissant sans doute dans Comines le plus habile des conjurés, elle fut surtout sévère envers lui, et elle lui fit passer huit mois dans une de ces cages de fer que Louis XI avoit inventées. (1)

Au lieu d'attaquer la Bretagne, où ses principaux ennemis s'étoient réunis, Madame préféra leur enlever d'abord les alliances sur lesquelles ils comptoient dans le reste du royaume. Le comte de Comminges étoit maître presque absolu de la Guienne, dont il étoit gouverneur, et où il étoit représenté par son frère Odet

(1) Guill. de Jaligny, p. 14. — Saint-Gelais, p. 57. — Comines. L. VI, c. 12. T. XII, p. 101.

d'Aydie, sénéchal de Carcassonne; il étoit appuyé par le sire d'Albret et par la maison de Foix; le comte d'Angoulême retenoit dans le même parti tous les pays autour de la Charente; et le duc de Bourbon, gouverneur de Languedoc, étoit aussi le maître du Bourbonnais, de la Marche, du Limosin, et de l'Auvergne. Par une marche rapide dans le midi, elle résolut de les déconcerter, de les amener à l'obéissance, avant qu'ils se fussent décidés à la rébellion. Son mari, le sire de Beaujeu, étoit toujours prêt à lui obéir; mais elle comptoit plus encore sur Louis Mallet, sire de Graville, son plus habile conseiller, qu'elle venoit de faire grand amiral à la mort du bâtard de Bourbon, et sur Louis de la Trémoille, jeune capitaine qui s'étoit dévoué à elle (1). Avec ces seigneurs, et le roi, qu'elle se gardoit de perdre un moment de vue, elle partit de Tours, le 9 février, pour Chinon, Châtellerault et Poitiers, où elle entra le 17. Elle avoit envoyé devant elle le sire de Saint-André avec quatre cents lances et deux cents archers, et elle s'étoit assurée que les villes de Bordeaux et de Bayonne se déclareroient pour elle (2). Odet d'Aydie, averti de sa marche, arriva avec cent lances au pont de Saintes, où il comptoit arrêter l'armée royale

1487.

(1) Guillaume de Jaligny, p. 14.
(2) *Ibid.*, p. 19.

et donner ainsi le temps au comte d'Angoulême de rassembler ses forces; mais la présence du roi étonnoit les capitaines, la résistance à sa personne leur sembloit un crime de lèse-majesté. Le capitaine du pont de Saintes refusa de laisser entrer dans sa petite forteresse Odet d'Aydie, tandis qu'il l'ouvrit à Saint-André : le premier fut alors forcé à évacuer Saintes et à se retirer précipitamment sur Blaye : à peine y fut-il arrivé qu'il y fut assiégé par le roi; ses soldats venoient lui déclarer qu'ils ne vouloient pas se rendre coupables de haute-trahison; plusieurs désertoient, la terreur étoit dans le parti, et Odet d'Aydie consentit à acheter son pardon en remettant au roi toutes les forteresses dont son frère, le comte de Comminges, lui avoit confié la garde. Il livra Château-Trompette, Fronsac, la Réole, Saint-Sever, Dax et le château de Bayonne, et il perdit sa charge de sénéchal de Carcassonne et ses autres gouvernemens ; le comté de Comminges fut saisi et mis sous la main du roi, et la dame de Beaujeu n'éprouva aucun obstacle pour arriver jusqu'à Bordeaux, où elle fit son entrée le 7 mars avec le roi son frère. (1)

Les autres seigneurs, déconcertés par ces succès, se hâtèrent de faire leur soumission. Le

---

(1) Guill. de Jaligny, p. 21, 22. — Hist. de Languedoc. T. V, L. XXXV, p. 76. — Lobineau, Hist. de Bretagne. L. XX, p. 764. — Morice, Hist. de Bretagne. L. XV, p. 163.

comte d'Angoulême, qui avoit mis en état de défense ses villes d'Angoulême et de Cognac, au lieu de s'y enfermer, vint à Bourg s'humilier devant le roi; le sire de Pons demanda et obtint également son pardon; le comte de Dunois quitta Parthenay pour se retirer en Bretagne, et Parthenay ouvrit le 28 mars ses portes à l'armée royale. Quant au duc de Bourbon, quoiqu'il eût signé la ligue, il n'avoit plus fait aucun mouvement pour la seconder. Il étoit alors retenu à Moulins par des chagrins domestiques. Sa femme, fille du duc de Nemours, accoucha d'un fils dans ce même mois de mars, mais elle mourut des suites de ses couches, et ce fils, le premier qu'eût eu le duc de Bourbon, mourut peu de jours après elle. Toutefois, sa naissance avoit renouvelé l'espérance du duc de Bourbon d'avoir un héritier, à laquelle son âge avancé et l'état de sa santé l'avoient depuis long-temps fait renoncer; trois mois après la mort de sa seconde femme, il se remaria une troisième fois avec Jeanne de Vendôme, et ce mariage lui fut fatal. (1)

Anne de Beaujeu fit donner par le roi à son mari le gouvernement de la Guienne, et elle députa le sire de Candale pour y être son lieutenant : elle revint en Poitou au mois d'avril,

---

(1) Guill. de Jaligny, p. 23 et 26.

1487. et le 4 mai elle s'établit avec son frère à Laval, tandis que la Trémoille et Saint-André, à la tête de l'armée royale, se dirigeoient sur Vannes. De nouvelles intrigues en Bretagne avoient préparé sa marche. Beaucoup de Bretons s'étoient joints à la ligue qui se proposoit de rendre au duc d'Orléans l'administration du royaume : mais les affaires de France n'excitoient que foiblement l'intérêt des Bretons, tandis que l'intervention des étrangers dans l'administration de leur duché suffisoit pour les aveugler de colère. Leur duc François II, foible d'esprit et valétudinaire, leur étoit devenu suspect; depuis la mort de Landois, il s'étoit entièrement livré au duc d'Orléans, au comte de Dunois, au prince d'Orange et au comte de Comminges, qui aux yeux des Bretons étoient tous des étrangers. Les deux premiers, que Landois avoit fidèlement servis, protégeoient la famille qu'avoit laissée ce favori, et avoient fait rappeler par le duc son neveu, Jacques Guibé, auquel François II accordoit une grande confiance. On crut qu'il se préparoit à punir les conspirateurs qui avoient fait mourir son favori; le vicomte de Rohan, le maréchal de Rieux, le comte de Laval, réunirent presque toute la noblesse bretonne à Chateaubriand, et lui firent signer une association pour chasser de Bretagne les étrangers. La dame de Beaujeu traita avec eux : elle promit de faire entrer quatre mille hommes de troupes françaises seulement dans leur province, pour atteindre le but qu'ils se proposoient. Celles-ci ne devoient commettre aucun ravage et n'assiéger aucune ville, et elles devoient évacuer la Bretagne dès qu'Orléans, Dunois, Orange et Comminges en seroient sortis (1). Anne de Beaujeu promit sans difficulté tout ce qu'on lui demanda : elle savoit bien qu'entre ces confédérés aucun n'auroit le pouvoir de lui faire observer ses promesses, et en effet, au lieu de quatre mille hommes elle en fit entrer douze mille en Bretagne sous les ordres de la Trémoille et de Saint-André ; ils prirent d'assaut Ploermel, et mirent le siége devant Vannes, d'où le duc et le prince d'Orange se sauvèrent avec peine, après quoi la ville se rendit à composition. (2)

Le duc d'Orléans et les autres seigneurs qui avoient cherché un refuge chez le duc de Bretagne, voyoient avec une vive inquiétude dans quel danger ils l'avoient précipité. Toute la noblesse de Bretagne, dirigée par le baron d'Avaugour, fils naturel du duc, s'étoit déclarée contre lui ; tous leurs confédérés dans le

---

(1) Lobineau. L. XX, p. 765. — Morice. L. XV, p. 165. — Daru. L. VII, p. 123.

(2) Guill. de Jaligny, p. 25 et 26. — Lobineau. L. XX, p. 767. — Morice. L. XV, p. 167.

royaume les avoient abandonnés et avoient fait leur soumission au roi. Le comte de Dunois, toujours fertile en intrigues, proposa de recourir aux étrangers ; il représenta que la princesse Anne de Bretagne, fille aînée du duc, et alors âgée de dix ans, portoit pour dot l'héritage d'une belle souveraineté; que sa main seroit vivement recherchée, et qu'en la promettant en même temps à des princes trop éloignés pour s'entendre on les feroit concourir à la défense de son père. En effet des négociateurs furent envoyés au vicomte de Rohan pour chercher à le détacher des barons conjurés contre François II, en promettant Anne de Bretagne à son fils ; d'autres furent envoyés à Alain d'Albret en Béarn, pour lui faire la même promesse, et d'autres encore à Maximilien roi des Romains qui, après avoir acquis par un mariage l'héritage de Bourgogne, n'avoit pas moins d'empressement pour gagner celui de Bretagne par le même moyen. Dunois se chargea de passer lui-même en Angleterre pour faire sentir à Henri VII combien il étoit intéressé à maintenir la Bretagne indépendante. (1)

La négociation avec le vicomte de Rohan ne produisit quelques effets qu'au mois de mars

(1) Guill. de Jaligny, p. 27. — Lobineau. L. XX, p. 766. — Morice. L. XV, p. 168. — Daru. L. VII, p. 133.

de l'année suivante : celle avec le sire d'Albret 1487.
le détermina aussitôt à assembler trois ou
quatre mille hommes de troupes ; on lui avoit
remis des promesses par écrit du duc de Bretagne, des comtes de Dunois et de Comminges et
de la comtesse de Laval, pour lui assurer la
main de la jeune princesse et l'héritage de la
Bretagne. Mais lorsqu'il voulut s'avancer avec
sa petite armée par l'Angoumois et le Limousin,
il fut arrêté à Nantron par le sire de Candale,
qui avoit rassemblé la noblesse du Poitou ; il fut
obligé de capituler, de renoncer à son alliance
avec les ducs de Bretagne et d'Orléans, et de
donner des otages pour répondre de sa fidélité (1). Dunois ne parvint qu'avec difficulté à
Saint-Malo, où il fut retenu par des vents con-
traires qui ne lui permirent point de passer en
Angleterre, et un maître d'hôtel du duc d'Orléans qui l'avoit précédé ne put obtenir aucun
secours de Henri VII. Mais Maximilien montra, comme il faisoit toujours, le plus grand
empressement pour une entreprise nouvelle : il
lui sembloit qu'il se déroboit ainsi aux soucis
de celles qu'il avoit déjà sur les bras. Les hostilités continuoient toujours entre lui et la France
sur la frontière de Flandre, et il venoit d'y
perdre son meilleur capitaine, Montigny, mor-

---

(1) Guill. de Jaligny, p. 36.

tellement blessé devant Guise. Il fit embarquer quinze cents de ses meilleurs soldats sous les ordres du bâtard Baudouin de Bourgogne. Ceux-ci vinrent prendre terre à Saint-Malo au mois de juin, comme Dunois y étoit encore, attendant un vent favorable. En même temps Dunois fut averti que les Français avoient mis le 19 juin le siége devant Nantes, où François II étoit enfermé avec ses deux filles : beaucoup de places fortes, beaucoup de châteaux, étoient déjà tombés en leur pouvoir, et l'indépendance de la Bretagne étoit fortement menacée. Dunois prit aussitôt son parti de renoncer au voyage d'Angleterre; il rassembla beaucoup de paysans bretons qui avoient pris les armes pour marcher au secours de leur duc, et les joignit aux quinze cents hommes arrivés de Flandre; avec eux il rentra dans Nantes, sans que les Français pussent leur fermer le passage. Ceux-ci, après avoir perdu assez de monde par la fatigue et la maladie pendant un siége qui avoit duré six semaines, furent obligés de le lever le 6 août. (1)

Gilbert, comte de Montpensier, fils du doyen des princes du sang, qui étoit mort au mois de mai de l'année précédente, commençoit alors à se distinguer dans l'armée royale. Celle-ci,

(1) Guillaume de Jaligny, p. 37. — Mém. de La Trémoille. T. XIV, c. 6, p. 139. — Lobineau. L. XX, p. 770. — Morice. L. XV, p. 169. — Daru. L. VII, p. 129.

quoique forcée de lever le siége de Nantes, avoit fait la guerre en Bretagne avec succès : elle venoit encore de prendre Dôle, Vitri et Saint-Aubin du Cormier, lorsque la Trémoille et Montpensier la mirent en quartier d'hiver ; de son côté, madame de Beaujeu emmena le roi son frère en Normandie : il fit son entrée à Rouen le 14 novembre, et seulement à la fin de décembre il revint à Paris. (1)

Les Bretons se sentoient en même temps ruinés et humiliés par la guerre : c'étoit contre leurs intérêts, contre leur goût que leur duc s'y étoit engagé, pour soutenir les projets ambitieux de quelques princes français qu'ils détestoient. Mais, d'autre part, la dame de Beaujeu ne leur avoit tenu aucune des promesses qu'elle leur avoit faites par le traité de Chateaubriand. Servant à contre-cœur des alliés qui les trompoient, ils attribuoient tous leurs malheurs à leurs divisions, et ils avoient encore trop de rancune dans le cœur pour pouvoir se réunir. Toute la bourgeoisie de Nantes, si récemment délivrée par Dunois, lui conservoit plus de ressentiment pour l'avoir précipitée dans le danger d'une guerre avec la France, que de gratitude pour l'en avoir tirée ensuite. Elle se souleva le 30 novembre pour chasser de Bretagne Orléans, Dunois, Orange et Comminges. Si les insurgés, qui atta-

(1) Guill. de Jaligny, p. 38, 40.

quèrent le château avec des arbalétriers et de l'artillerie, avoient pu saisir quelqu'un de ceux qu'ils nommoient les étrangers, ils les auroient massacrés. Ils furent repoussés cependant, et le duc fit informer contre eux par les tribunaux. D'autre part, le comte de Comminges, en son nom et celui des trois autres princes, se rendit au mois de décembre au Pont-de-l'Arche, auprès de Charles VIII, pour lui demander de permettre que tous quatre pussent rentrer dans leurs foyers et s'y tenir tranquilles, et de vouloir bien, à cette condition, retirer ses troupes de Bretagne. Charles VIII lui fit un accueil très gracieux, mais madame de Beaujeu rejeta cette offre. Enfin le maréchal de Rieux fit dire à son tour à Madame, que la retraite des princes hors de Bretagne atteignoit le but que les barons bretons s'étoient proposé par le traité de Chateaubriand; il demandoit en conséquence que cette retraite leur fût permise, et que le traité fût mieux observé par l'armée royale qu'il ne l'avoit été jusqu'alors. La dame de Beaujeu répondit séchement à son messager : « Mon ami, dites à « mon cousin de Rieux, votre maître, que le « roi n'a point de compagnon (personne qu'il « fût tenu de consulter), et que puisque l'on « s'est mis si avant, il faut continuer. » (1)

(1) Guill. de Jaligny, p. 41. — Lobineau. L. XXI, p. 778. — Morice. L. XV, p. 174. — Daru. L. VII, p. 131.

Cette hauteur, ce mépris de la dame de Beau- 1487.
jeu pour les traités qu'elle avoit souscrits, achevèrent de dégoûter les barons bretons qui s'é-
toient alliés à elle. Avant la fin de décembre, le
maréchal de Rieux demanda et obtint son pardon du duc de Bretagne : il lui remit son château d'Ancenis; il surprit celui de Chateaubriand, et il ramena au parti du duc la plupart
des seigneurs bretons qui s'en étoient détachés.
Au commencement de l'année 1488, les châ- 1488.
teaux de Montcontour et de Ploermel furent
aussi repris par les Bretons ; et le 3 mars le maréchal de Rieux se rendit maître de Vannes,
après un siége de huit jours. (1)

L'arrivée en Basse-Bretagne d'Alain d'Albret,
avec quatre mille soldats gascons qu'il avoit embarqués à Fontarabie, parut encore devoir relever les affaires du duc de Bretagne. Il manquoit
aux engagemens qu'il avoit pris envers le roi
l'année précédente, par l'espoir d'épouser Anne
de Bretagne et de succéder à son père. Cependant les ducs qui lui en avoient fait solennellement la promesse, se trouvèrent fort embarrassés quand il leur en demanda l'exécution. Ils ne
pouvoient faire ce mariage sans mécontenter les
Rohan et Maximilien, qui y prétendoient aussi.
L'on a dit encore que le duc d'Orléans aspiroit

(1) Guillaume de Jaligny, p. 45. — Lobineau. L. XXI,
p. 780. — Morice. L. XV, p. 178. — Daru. L. VII, p. 132.

1488. lui-même à épouser Anne de Bretagne, et de graves historiens ont parlé de l'amour de ce prince de vingt-six ans pour une enfant de dix ans. La souveraineté de la Bretagne valoit mieux peut-être que la dot de Jeanne de France, avec qui Louis d'Orléans étoit depuis long-temps marié; mais l'on comprend à peine qu'il eût pu espérer d'obtenir un divorce d'avec une princesse fille et sœur de rois, tant que Charles VIII seroit sur le trône : on comprend moins encore qu'il voulût renoncer à la garantie que lui donnoit le titre de beau-frère du roi et d'Anne de Beaujeu, dans un temps où il étoit accusé par eux du crime de trahison. Quoi qu'il en soit, les princes qui dirigeoient le duc de Bretagne firent naître des difficultés pour l'accomplissement du mariage d'Anne. Il seroit trop cruel, disoient-ils, de donner une enfant de dix ans à un homme déjà âgé de quarante-cinq ans, père de sept enfans, et dont le visage étoit tout couperosé. Le sire d'Albret conçut de cette opposition un profond ressentiment, et les affaires de Bretagne en souffrirent. (1)

Pendant ce temps, la dame de Beaujeu, résolue à profiter des avantages qu'elle avoit obtenus, pour empêcher le duc d'Orléans de lui disputer désormais le pouvoir, fit tenir par son

(1) Guill. de Jaligny, p. 46. — Lobineau. L. XXI, p. 783. — Morice. L. XV, p. 179.

frère, au mois de février, un lit de justice au parlement de Paris. Elle y avoit fait ajourner les princes qu'elle nommoit rebelles, à comparoître au premier jour plaidoyable après la Saint-Martin d'hiver (1). Les seigneurs du sang et les pairs de France avoient été convoqués en même temps pour y siéger en jugement. Philippe d'Autriche, comte de Flandre, seul représentant des anciens pairs, fut le premier invité à siéger à la cour, quoiqu'il n'eût encore que dix ans; il s'en dispensa pour sa jeunesse, comme le comte de Nevers pour sa vieillesse, et le duc de Bourbon pour l'état de sa santé. Le comte d'Angoulême, qui venoit d'épouser Louise de Savoie fille du comte de Bresse (2), se dispensa aussi de siéger en jugement pour condamner le chef de sa maison, en raison du commandement qu'il exerçoit alors dans le midi de la France. Mais le duc d'Alençon, le sire de Beaujeu, le comte de Vendôme, le comte de Laval, Louis d'Armagnac et Louis de Luxembourg, dont plusieurs appartenoient, par les femmes seulement, à la famille royale, et le vieux bâtard Antoine de Bourgogne, prirent rang en parlement, comme princes du sang; après eux les pairs ecclésiastiques de France, et les autres prélats. L'avo-

(1) Godefroy, Charles VIII, Preuves, p. 573.
(2) Le 16 février 1488. — Dumont, Corps diplom. T. III, P. II, p. 192.

cat du roi, maître Jean Magistri, accusa le duc d'Orléans et le duc de Bretagne de récidive dans la rébellion et de lèse-majesté. Il demanda qu'il lui fût donné défaut contre eux; qu'il lui fût également donné défaut contre Philippe de Flandre et les autres pairs qui ne s'étoient pas trouvés au jugement. Après que le prévôt de Paris eut appelé les princes absens à la table de marbre, la cour donna défaut contre eux (1). On les assigna de nouveau pour le 14 avril, mais ce ne fut que le 23 mai, après quatre défauts, que Dunois fut déclaré criminel de lèse-majesté, et ses biens confisqués. Lescun, comte de Comminges, avec plusieurs serviteurs du duc d'Orléans, fut également condamné à mort. Philippe de Comines fut condamné à dix ans de relégation. Quant aux deux ducs d'Orléans et de Bretagne, il ne paroît pas qu'aucune sentence fut prononcée contre eux. (2)

La dame de Beaujeu avoit fait partir le roi de Paris, le 28 février, et l'avoit conduit à Tours, où elle vouloit rassembler l'armée qui devoit achever la conquête de la Bretagne. Tout le mois de mars fut employé aux préparatifs de la campagne. Louis de la Trémoille, premier chambellan, âgé alors de vingt-sept ou vingt-huit

---

(1) Jaligny, p. 43, 44. — Preuves de Godefroy, p. 574.
(2) Godefroy, Charles VIII, Preuves, p. 575, 576. — Lobineau. L. XXI, p. 780. — Morice. L. XV, p. 178.

ans, et auquel Anne de Beaujeu accordoit la plus grande confiance, fut mis à la tête de l'expédition. Il étoit secondé par Baudricourt, gouverneur de Bourgogne, Gaston du Lion, sénéchal de Toulouse, le vicomte d'Aunoy et Saint-André. Douze mille combattans et une formidable artillerie furent mis sous ses ordres. (1)

Sur ces entrefaites, l'entrée de l'armée royale en Bretagne fut retardée par la nouvelle que reçut madame de Beaujeu de la mort de son beau-frère Jean II, duc de Bourbon et connétable de France, survenue à Moulins le 1er avril. Il étoit âgé de plus de soixante ans, fort goutteux, fort infirme, quand neuf mois auparavant il s'étoit remarié pour la troisième fois, avec Jeanne de Vendôme. Il ne laissoit point d'enfans légitimes, et son riche héritage revenoit au sire de Beaujeu. Il consistoit dans les duchés de Bourbonnais et d'Auvergne, les comtés de Forez et de Lille-en-Jourdain, et beaucoup de moindres seigneuries. Pierre II de Beaujeu, qui possédoit déjà, outre le Beaujolais, les comtés de Clermont, de la Marche et de Gien, devenoit par cet héritage le plus grand seigneur du royaume. La succession du duc de Bourbon lui fut, il est vrai, d'abord contestée par son frère

1488.

(1) Guill. de Jaligny, p. 46, 48. — Mém. de L. de La Trémoille, c. 7, p. 140. — Lobineau. L. XXI, p. 781. — Morice. L. XV, p. 180.

aîné, Charles, cardinal et archevêque de Lyon, mais la dame de Beaujeu, qui partit immédiatement pour le Bourbonnais, réussit à faire renoncer ce prélat vieux et infirme à ses prétentions, en lui assurant jusqu'à sa mort, survenue le 13 septembre suivant, les revenus dont avoit joui jusqu'alors son plus jeune frère. Le sire et la dame de Beaujeu prirent dès-lors le nom de duc et duchesse de Bourbon; ils ne voulurent donner à personne l'office de connétable, pour ne point se faire de rivaux. Le jeune roi approchoit de dix-huit ans, mais il étoit foible, maladif, sans résolution et sans caractère; et Anne et son mari se croyoient sûrs de le gouverner désormais sans partage, surtout si Louis de La Trémoille les délivroit du duc d'Orléans. (1)

Le 15 avril, La Trémoille vint mettre le siège devant Chateaubriand : la place étoit bonne, et la garnison, de douze cents hommes, étoit bien suffisante pour sa défense. Mais la nouvelle artillerie française, plus perfectionnée que celle d'aucun autre peuple, abattoit en peu d'heures les fortifications qu'on avoit crues jusqu'alors inexpugnables. Une large brèche fut ouverte, les Bretons durent capituler le 21 avril, et les fortifications de Chateaubriand furent rasées. Ancenis fut pris de même au mois de mai, par la

---

(1) Jaligny, p. 47.

supériorité de l'artillerie française, qui, dès le quatrième jour, fit brèche dans cette forte place. Des tentatives de négociation suspendirent ensuite les hostilités du 1er au 26 juin : le roi Henri VII d'Angleterre offroit sa médiation, et la dame de Beaujeu ne vouloit pas en la refusant, le pousser à envoyer sur le continent une armée (1). Il ne lui fut pas difficile cependant d'empêcher un arrangement; La Trémoille recommença les hostilités, et en peu de jours il s'empara de Fougères, une des plus fortes places du duché.

Cependant les États de Bretagne s'étoient assemblés à Nantes le 12 juillet, ils avoient accordé un fouage considérable à leur duc, pour la défense de l'indépendance nationale; et l'armée bretonne assemblée à Rennes se trouva forte de quatre cents lances, huit mille hommes de pied, huit cents Allemands et sept cents archers anglais que lord Scales avoit amenés comme volontaires. N'étant point encore instruite de la prise de Fougères, elle se mit en mouvement pour délivrer cette ville : elle n'apprit sa chute que le 26 juillet, à son arrivée à Andouillé, sur le chemin de Rennes à Saint-Aubin du Cormier. Dans la nuit qui avoit précédé, les gens du sire d'Albret s'étoient jetés dans le quartier du duc

(1) Jaligny, p. 49, 50. — Lobineau. L. XXI, p. 782. — Morice. L. XV, p. 180.

1488. d'Orléans, et y avoient répandu l'alarme. Le matin, Orléans accusa Alain d'Albret d'avoir voulu le faire assassiner; Albret, de son côté, cherchoit à persuader aux Bretons et aux Gascons qu'Orléans et le prince d'Orange étoient vendus aux Français, et déserteroient au plus fort du combat. Ceux-ci, pour dissiper de tels soupçons, déclarèrent qu'ils combattroient à pied au milieu des fantassins. L'approche de l'armée française les contraignit les uns et les autres à promettre qu'ils mettroient cette querelle en oubli. (1)

Les Bretons avoient d'abord résolu d'attaquer Saint-Aubin du Cormier, mais arrivés à Orange, à deux lieues de ce château, ils apprirent que l'armée française se préparoit à la bataille : ils convinrent alors de l'attendre, et de passer la nuit où ils étoient. Le lendemain dimanche 27 juillet, ils employèrent encore partie de la matinée à se confesser et communier, pour se préparer aux chances du combat. L'armée se rangea ensuite en bataille en avant du village d'Orange, couvrant une de ses ailes par ses charrois, appuyant l'autre contre une forêt. Des Bretons auxquels on fit arborer la croix rouge, se mêlèrent aux Anglais, pour que les Français

---

(1) *Ludovici Aurel. vita*, p. 271. — Mém. de La Trémoille, c. 7, p. 141. — Lobineau. L. XXI, p. 784. — Morice. L. XV, p. 182. — Daru. L. VII, p. 135.

crussent le nombre de ces auxiliaires plus considérable. Le maréchal de Rieux, commandoit l'avant-garde, Albret le corps de bataille, et Chateaubriand l'arrière-garde; Orléans et Orange s'étoient mêlés à pied parmi les fantassins allemands, et Dunois et Comminges étoient retournés auprès du roi à Angers, pour chercher à renouer les négociations. (1)

Les Français ne croyoient point les Bretons si près, et ils s'avançoient en désordre; aussi ils auroient probablement été défaits s'ils avoient été attaqués au moment où les coureurs des deux armées se rencontrèrent. Mais les Bretons se confièrent dans la force de leur position, et ne voulurent pas en sortir. La Trémoille eut bientôt remis ses gens en ordre, et fit jouer sur l'ennemi sa puissante artillerie. Un capitaine allemand, nommé Blaise, qui se trouvoit en face, fit fléchir un peu sa troupe sur le côté, pour éviter le feu, et laissa un vide dans la ligne de bataille. La gendarmerie française, qui venoit de faire sans succès une charge sur le maréchal de Rieux, l'aperçut et en profita aussitôt : elle se précipita dans cette ouverture, et coupa la ligne de l'armée bretonne. D'autre part, Giacomo Galéotto, condottiere napolitain au service de France, avoit tourné l'armée bretonne, avec cent

(1) Lobineau. L. XXI, p. 785. — Morice. L. XV, p. 182.

chevaux bardés, sans en être aperçu, et il vint charger l'infanterie par-derrière : il fut tué au premier choc; mais ses soldats continuèrent à hacher les rangs de ceux qui leur étoient opposés. La cavalerie bretonne, qui étoit sur les ailes, prit la fuite après une légère résistance ; l'infanterie combattit avec plus de valeur ; mais elle souffrit bien davantage. Tous les Anglais et tous les Bretons qui s'étoient mêlés dans leurs rangs en prenant la croix rouge furent tués. Trois ou quatre mille morts restèrent sur le champ de bataille, et le nombre des prisonniers fut tout aussi grand. Lord Scales fut tué, Albret et Rieux prirent la fuite. Le duc d'Orléans fut arrêté dans le bois, où il cherchoit à rallier les fuyards; le prince d'Orange, qui avoit arraché de ses habits la croix noire des Bretons, fut reconnu comme il cherchoit à se cacher entre les morts, et l'arrestation de ces deux illustres prisonniers acheva la ruine du parti vaincu à Saint-Aubin du Cormier. (1)

(1) Guill. de Jaligny, p. 52, 53. — *Ludov. Aurel. vita*, p. 272. — La Trémoille, c. 7, p. 143. — Saint-Gelais, p. 61. — *Pauli Æmilii Veron. Carol. VIII*, p. 360. — *Guaguini.* L. XI, f. 161. — *Fr. Belcarii.* L. IV, p. 109. — J. Molinet. T. XLV, c. 192, p. 394. — J. Boucher, Ann. d'Aquit., P. iv, f. 170. — Lobineau. L. XXI, p. 785. — Morice. XV, p. 183.

CHAPITRE XXIV.

Mort du duc de Bretagne. — Captivité de Maximilien à Bruges. — Nouvelle guerre en Bretagne. — Paix de Francfort. — Mariage de Maximilien avec Anne de Bretagne. — Les Français rentrent en Bretagne. — Le duc d'Orléans mis en liberté. — Mariage de Charles VIII avec Anne de Bretagne. 1488-1491.

La fille de Louis XI, madame Anne de Beaujeu, avoit réussi à gouverner cinq ans la monarchie française, en dépit des lois de cette monarchie, de la décision des États-Généraux, des goûts de son jeune frère, le souverain de nom, et des efforts de tous les princes du sang. Son administration n'avoit point excité les murmures du peuple, qui étoit demeuré fort indifférent dans toutes ces luttes pour le pouvoir. Elle avoit usé de peu de violences; on ne parla plus sous son gouvernement du prévôt Tristan l'Ermite; on ne voit point de commissions judiciaires remplacer les tribunaux; et la victime la plus à plaindre, comme la plus illustre, de son pouvoir usurpé, avoit été jusqu'alors Philippe de Comines, sire d'Argenton, qu'elle avoit retenu

1488.

huit mois dans une cage de fer. Son administration avoit été assez prospère : quoiqu'elle ne fût pas en paix avec les princes voisins, les frontières de France n'avoient été entamées d'aucun côté, tandis qu'Anne paroissoit sur le point d'annexer le duché de Bretagne à la monarchie. Ce grand fief, dont les souverains refusoient depuis quelque temps au roi l'hommage lige, et dédaignoient la dignité de pair de France, mettoit dans toutes les guerres étrangères la couronne en danger. Les ducs de Bretagne, pour affermir leur indépendance, n'avoient cessé de s'allier aux ennemis du nom français; et, si des vues d'ambition personnelle avoient conduit d'abord Anne de Beaujeu à attaquer les Bretons, la guerre qu'elle continuoit dès-lors à leur faire, pour les contraindre à redevenir Français, étoit dans les intérêts de la monarchie. Cette guerre, du reste, avoit fait oublier les bornes que les États-Généraux avoient voulu imposer à la puissance royale. Le nombre des compagnies d'ordonnance avoit été de nouveau fort augmenté; les tailles, pour les payer, avoient été élevées; la princesse n'avoit tenu aucun compte de ce que les États les avoient fixées à 1,500,000 livres pour la première année; à 1,200,000 pour la seconde, et avoient déclaré qu'après ce terme elles ne pourroient être perçues sans être votées de nouveau. Les États-Généraux n'avoient point été assemblés au printemps de 1486, comme le roi en avoit pris l'engagement; ils ne l'étoient pas davantage au printemps de 1488; et l'obligation si positive de les assembler tous les deux ans, étoit complétement mise en oubli.

Charles VIII, à l'époque de la bataille de Saint-Aubin du Cormier, avoit dix-huit ans depuis un mois; il étoit toujours soumis et craintif avec sa sœur; cependant ses courtisans et ses valets ne pouvoient lui laisser ignorer long-temps que la loi le tenoit pour majeur, et que la France le regardoit comme son seul souverain. La domination d'Anne de Beaujeu approchoit nécessairement de son terme. Toutefois, les circonstances avoient été aussi favorables que possible à la conservation de son pouvoir. La mort du duc de Bourbon avoit transmis à son mari toute la puissance qui, entre les mains de son frère aîné, avoit été souvent rivale de la sienne. Le 29 avril 1488, elle l'avoit fait nommer gouverneur de Languedoc (1); et dès l'année précédente, elle l'avoit fait gouverneur de la Guienne. La bataille de Saint-Aubin du Cormier avoit mis entre ses mains ses plus redoutables ennemis; et son général, Louis de la Trémoille, lui avoit épargné la haine attachée à une vengeance rigoureuse, en devançant ses ordres. En rentrant

(1) Hist. génér. de Languedoc. L. XXXVI, p. 77.

à son logis, après la bataille, ce général fit inviter à sa table le duc d'Orléans, qu'il fit placer au-dessus de lui; le prince d'Orange, qu'il mit à ses côtés, et les autres chevaliers ses captifs. A la fin du repas, il fit entrer deux Franciscains dans la salle : la frayeur saisit tous ses hôtes, qui comprirent bien que c'étoient des confesseurs auxquels ils devoient adresser leurs paroles dernières. Ils demeurèrent en silence, et la Trémoille se levant leur dit : « Pour vous, princes,
« mon pouvoir ne s'étend pas jusqu'à vous; et,
« si vous y étiez soumis, encore ne l'exerce-
« rois-je pas. Je renvoie votre jugement au roi.
« Mais vous, chevaliers, qui, autant qu'il étoit
« en vous, avez donné occasion à cette guerre,
« en rompant votre foi, et faussant votre ser-
« ment de chevalerie, vous payerez aujourd'hui
« de votre tête votre crime de lèse-majesté. Si
« vous avez quelque remords sur la conscience,
« voilà des moines pour vous confesser. » A peine eut-il fini, que la chambre retentit des cris, des sanglots et des prières de ceux dont il venoit d'ordonner la mort. Ils invoquoient les princes; ils leur rappeloient que c'étoit pour eux qu'ils s'étoient mis en péril; ils les supplioient d'intercéder pour eux, d'obtenir qu'on les épargnât. Les princes, tremblant encore pour eux-mêmes, ne trouvoient ni pensées ni paroles pour leurs amis. Ceux-ci furent entraînés dans la cour et

mis à mort. Le duc d'Orléans et le prince 1488.
d'Orange furent conduits sous sûre garde en
France. (1).

Le premier, beau-frère du roi, et héritier
présomptif du trône, fut enfermé d'abord à Sablé, puis à Lusignan, à Meun-sur-Yèvre, et enfin
à Bourges. Le but du duc de Bourbon, en le faisant passer de prisons en prisons, étoit d'empêcher que le roi ne le vît. Charles VIII aimoit
son beau-frère bien plus que sa sœur; et, s'il
avoit vu sa misère, il se seroit prononcé si fortement pour le faire remettre en liberté, qu'on
n'auroit pu s'opposer à sa volonté. Quant au
prince d'Orange, il fut enfermé au château d'Angers (2). Une lettre écrite par Marie de Clèves,
mère du duc d'Orléans, à Anne de Beaujeu, au
commencement de l'année 1487, nous montre
que ceux qui vouloient flatter cette princesse
l'excitoient contre le duc d'Orléans; et que la
mère de ce duc descendoit elle-même à ce lâche
manége. Elle recommande à la dame de Beaujeu
Marie sa fille, épouse de Jean de Foix, vicomte
de Narbonne. « Je vous prie, lui dit-elle, d'en
« avoir pitié, n'ayant que boire, que manger,
« et que vêtir, qui m'est dure chose à porter;

(1) *Ludov. Aurel. vita*, p. 274. — Lobineau. L. XXI,
p. 786. — Morice. L. XV, p. 183.
(2) Guill. de Jaligny, p. 54. — Lobineau. L. XXI, p. 786.
— Morice. L. XV, p. 184.

« car je n'aime qu'elle seule; et plût à Dieu que
« les autres deux (le duc d'Orléans et l'abbesse
« de Fontevrault) fussent en paradis, et qu'elle
« fût par-deçà. » Elle finit sa lettre ainsi : « Or,
« madame, prenez courage, et montrez-vous
« vertueuse; punissez ceux qui font contre le
« roi, plus âprement que vous n'avez fait jus-
« qu'ici, ou ils vous feront mourir, et le roi s'ils
« peuvent. Et on dit déjà que êtes bien lâche
« et les craignez, parce que avez laissé passer les
« équipages du duc pour aller en Bretagne » (1).
On doit savoir gré à Anne de Beaujeu de s'être
abstenue du crime que cette mère dénaturée
étoit si prête à approuver.

Le parti des princes étoit abattu; mais Madame étoit résolue à pousser ses succès pour subjuguer la Bretagne. Le duc, accablé par une vieillesse prématurée, étoit si près du radotage, qu'il ne prenoit plus nul intérêt à ses affaires. Une partie de ses barons étoient conjurés contre lui; la plupart des membres de son conseil étoient morts ou captifs. La Trémoille se présenta devant Rennes, et somma cette ville de lui ouvrir ses portes. Le duc étoit alors à Nantes; mais les bourgeois firent éclater ce vif sentiment d'indépendance bretonne qu'on ne trouvoit plus dans leurs chefs. Ils répondirent que le roi n'avoit

(1) Mém. de Lancelot. T. VIII, p. 738. — D'après les Preuves de l'Hist. de Blois, p. 33, 34.

aucun droit sur eux; qu'ils avoient dans leur ville vingt mille hommes en état de porter les armes; et qu'ils feroient repentir ceux qui les attaqueroient. (1)

Au lieu de les mettre à l'épreuve, La Trémoille tourna vers Dinan, qui se rendit à composition; puis vers Saint-Malo, ville qu'on croyoit inexpugnable, et où les marchands bretons avoient déposé toutes leurs richesses comme en un lieu de sûreté. Mais la garnison, quoique forte de douze cents hommes, fit une capitulation honteuse, pour obtenir de pouvoir sortir de la place librement quoique sans armes, et abandonna au pillage des armées du roi toutes les richesses des bourgeois et toutes celles du commerce. (2)

Le sire d'Albret, le maréchal de Rieux, les comtes de Dunois et de Comminges, demeurés à la tête des affaires en Bretagne, convinrent d'envoyer une ambassade au roi à Angers, pour tâcher de sauver le pays: les deux derniers s'y rendirent eux-mêmes avec le vicomte de Coetmen, le grand-maître d'hôtel et quelques autres. Charles VIII leur fit l'accueil le plus prévenant; mais quand ils s'adressèrent ensuite à

(1) Lobineau. L. XXI, p. 787.— Morice. L. XV, p. 184. — *Fr. Belcarii.* L. IV, p. 109.

(2) Guill. de Jaligny, p. 55.— Lobineau. L. XXI, p. 788. — Morice. L. XV, p. 184.

son conseil, ils trouvèrent qu'Anne de Bourbon, qui s'étoit déjà fait donner le comté de Nantes par son frère, étoit résolue à ne poser les armes qu'après que la Bretagne auroit été en entier subjuguée. L'opposition de Gui de Rochefort, chancelier de France, aux vues de la duchesse, montra que le conseil recouvroit vis-à-vis d'elle quelque indépendance. Rochefort déclara que le roi n'avoit aucun droit légitime à l'héritage de Bretagne ; que la cession que lui avoit faite Nicole de Penthièvre étoit invalide et ses prétentions injustes. Les seigneurs du conseil voyoient avec défiance la couronne s'emparer d'un des plus grands fiefs du royaume ; chacun d'eux craignoit que son tour ne vînt ensuite, et l'avis d'accorder la paix aux Bretons l'emporta. (1)

Le traité fut signé en effet à Sablé le 20 août, ou au verger d'Angers le 21. Mais tel étoit l'empressement des Bretons à se soumettre, même aux conditions les plus dures, que ce traité n'assuroit point l'avenir ; le duc de Bretagne s'engageoit à renvoyer tous les étrangers qui avoient fait la guerre au roi, et à ne jamais recevoir chez lui ses ennemis ; il promettoit de ne point marier ses filles sans l'avis et le consentement du roi, qui, de son côté, s'engageoit à les traiter favorablement et en proches parents. Les États de

---

(1) Lobineau. L. XXI, p. 789. — Morice. L. XIV, p. 185. — *Fr. Belcarii.* L. IV, p. 110.

la province souscrivoient une obligation de deux cent mille écus d'or en garantie de ses promesses : les Français gardoient en dépôt les quatre places de Saint-Malo, Fougères, Dinan et Saint-Aubin du Cormier : ils promettoient d'évacuer tout le reste de la province. (1)

Mais le souverain au nom duquel ce traité venoit d'être signé ne lui survécut pas trois semaines. François II, duc de Bretagne, âgé seulement de cinquante-trois ans, étoit si affoibli d'intelligence, qu'il ne s'informoit même plus de ce qui se passoit. Il se laissa tomber de cheval à Coiron, le 8 septembre ; il fit le même jour un testament par lequel il mettoit ses deux filles, dont Anne, l'aînée, avoit près de douze ans, et Isabeau sept, sous la tutèle du maréchal de Rieux et de Françoise de Dinan, comtesse douairière de Laval. Il mourut le lendemain 9 septembre. (2)

Cette mort rendoit illusoire le traité qui venoit d'être conclu. Le maréchal de Rieux et le chancelier de Montauban, qui se trouvoient à la tête des affaires en Bretagne, s'y voyoient associés

---

(1) Le traité se trouve dans Jaligny, p. 57-61. — Dumont, Corps diplom. T. III, P. II, p. 209. — Actes de Bretagne. T. III, p. 598. — Lobineau. L. XXI, p. 789. — Morice. L. XV, p. 186.

(2) Saint-Gelais, p. 63. — Lobineau. L. XXI, p. 790. — — Morice. L. XV, p. 187. — Daru. L. VII, p. 145.

1488. avec Alain d'Albret et les comtes de Dunois et de Comminges, dont le dernier traité avoit exigé l'expulsion. Une maladie contagieuse désoloit Nantes, et les deux filles du duc avoient dû se retirer à Guérande; c'est là qu'une ambassade de Charles VIII vint les chercher pour demander la garde noble de ces deux princesses et de leur fief pendant leur minorité, et la soumission de leurs droits et des droits du roi au jugement de commissaires. Jusqu'à ce qu'ils eussent prononcé, Charles VIII exigeoit qu'Anne de Bretagne et sa sœur ne prissent point le titre de duchesses. En attendant, les troupes françaises, loin d'évacuer la Bretagne comme elles l'avoient promis, recommençoient les hostilités, et s'emparoient de Chateaubriand, Pontrieu, Guingamp, Concarneau et Brest (1). Ces diverses conquêtes les occupèrent jusqu'à la fin du mois de janvier.

Les circonstances paroissoient de nouveau favorables pour soumettre la Bretagne à la France, d'autant plus que Maximilien, qui, l'année précédente, avoit envoyé des secours aux Bretons, ne paroissoit plus en état de le faire. La guerre s'étoit continuée pendant toute l'année 1487 sur la frontière de Flandre, sans donner d'inquiétude aux Français que com-

(1) Lobineau. L. XXI, p. 791. — Morice. L. XVI, p. 190. — Daru. L. VIII, p. 147.

mandoit le maréchal d'Esquerdes. Il s'étoit emparé de Saint-Omer par escalade le 27 mai, et de Thérouane le 26 juillet; le lendemain il avoit battu et fait prisonniers le duc de Gueldre et le comte de Nassau, qui vouloient entrer dans Béthune (1). Maximilien, quoique personnellement brave, se montroit incapable de conduire avec succès une guerre que tous les Flamands lui reprochoient d'avoir rallumée sans aucun motif. Il passoit son temps dans les fêtes; il dissipoit pour ses plaisirs des sommes énormes, qu'il levoit sur ses peuples, sous prétexte d'entretenir son armée; ses soldats allemands pilloient la campagne, ses courtisans étoient logés chez les bourgeois de Bruges; ils les forçoient à leur tenir une table splendide; ils cherchoient à séduire leurs femmes et leurs filles, souvent ils les maltraitoient, et quand on les menaçoit de porter plainte au roi des Romains, ils répondoient que le temps approchoit où celui-ci leur permettroit de baigner leurs bras dans le sang des bourgeois (2). Les Flamands voyoient bien que Maximilien ne leur avoit pas pardonné leurs précédens efforts pour l'exclure de la tutèle de ses enfans; ils se sentoient haïs et méprisés par lui, et ils le lui rendoient avec usure. Dans l'hiver de 1487 à

1488.

───────

(1) Molinet. T. XLV, c. 155-161, p. 141-166. — Guill. de Jaligny, p. 24-35.
(2) J. Molinet, c. 162, p. 176.

1488 la patience leur échappa. Les Gantois prirent les premiers les armes, et voyant que la ville de Courtrai ne vouloit pas se joindre à leur mouvement, ils s'en emparèrent par surprise, ainsi que du château, le 9 janvier 1488 (1). Maximilien, qui étoit à Bruges, crut intimider le peuple en mettant sa garde sous les armes. Le comte de Sornes l'exerçoit sur la place, le matin du 1er février : tout à coup il donna l'ordre *abaissez les piques*, auquel les Allemands répondirent par le cri de *vive le roi!* Les bourgeois crurent que c'étoit le signal de charger sur eux; ils s'enfuirent, mais ce fut pour s'armer et revenir plus en force. Cinquante-deux bannières furent déployées, la place du marché fut occupée, quarante-neuf pièces d'artillerie furent dirigées contre l'hôtel du roi des Romains, et celui-ci se trouvant bloqué avec sa garde, s'estima heureux d'éviter des hostilités qu'il avoit voulu provoquer. (2)

Les bourgeois de Gand vinrent bientôt offrir leur aide à ceux de Bruges; ils les excitèrent à punir sévèrement les ministres du roi, qui avoient violé tous leurs priviléges. Maximilien fut conduit à l'hôtel nommé *Cranenburg*, sur la place du marché, où il fut gardé étroitement, tandis que ceux de ses serviteurs qu'on put saisir

(1) J. Molinet, c. 163, p. 201. — G. de Jaligny, p. 35.
(2) J. Molinet, c. 164, p. 206. — G. de Jaligny, p. 42.

furent partagés entre les magistrats de Bruges et ceux de Gand, pour leur faire leur procès. Aucun sentiment de compassion ou de protection pour les prévenus n'avoit encore adouci le système des procédures, et les magistrats populaires croyoient de leur dignité de l'emporter encore par l'horreur des tortures qu'ils infligeoient sur les magistrats royaux. Les ministres de Maximilien furent soumis, pour leur arracher la confession de leurs concussions, à d'effroyables douleurs, au milieu desquelles ils invoquoient la mort (1). Le roi des Romains, séparé de tous les siens, transféré de maison en maison à mesure que la défiance du peuple s'accroissoit, et que de plus grandes précautions étoient prises pour l'empêcher de s'échapper, se regardoit comme perdu; il offroit aux bourgeois qui le gardoient de leur accorder toutes les conditions qu'ils pourroient souhaiter, de se lier à leur observation par les sermens les plus solennels, et comme chevalier et comme chrétien. Il faisoit arriver en même temps des recommandations de l'empereur son père, des princes d'Allemagne et du pape, tandis qu'un petit corps de soldats qui s'étoit formé à six lieues de Gand, commençoit à menacer les Flamands. (2)

Les insurgés croyoient pouvoir compter sur

(1) J. Molinet, c. 167, p. 227.
(2) *Ibid.*, c. 170, 173, p. 242, 257.

l'appui de la France. Plusieurs soldats du maréchal d'Esquerdes étoient arrivés à Gand. Le traité d'Arras avoit été renouvelé, et publié de nouveau à son de trompe le 27 février, les Flamands déclarant que c'étoit contre leurs intentions que Maximilien l'avoit violé (1) : toutefois ils sentirent eux-mêmes la convenance d'accepter les offres de Maximilien, et de traiter avec lui. Celui-ci promettoit de faire évacuer la Flandre par tous ses gens de guerre quatre jours après avoir été remis en liberté ; de leur faire évacuer également tous les Pays-Bas dans les quatre jours suivans ; il délivroit les Flamands du serment qu'ils lui avoient prêté comme mainbourg ou régent de Flandre ; il confirmoit tous leurs priviléges, leur pardonnoit sa captivité, leur livroit toutes les forteresses de leur pays, et se contentoit d'une pension de six mille livres pour son entretien. Ce traité ayant été signé à Bruges le 16 mai, et juré en présence de tout le peuple par Maximilien, celui-ci engagea le sire de Volkestein, le comte de Hanau et Philippe de Clèves, qui étoient dans son armée, à venir à Bruges pour se livrer comme otages à sa place, et il fut remis lui-même en liberté. (2)

Mais les peuples doivent être bien avertis, toutes les fois qu'ils se sont armés contre leurs

---

(1) J. Molinet, c. 168, p. 230.
(2) Le traité est dans Molinet, c. 182, p. 318-334.

souverains, qu'aucune promesse, aucun serment, quelque solennel qu'il soit, ne peut garantir leur amnistie ; qu'aucun engagement ou d'honneur ou de religion, qu'aucune sympathie pour des otages qui se sont dévoués eux-mêmes, ne peuvent agir sur des hommes qui se croient au-dessus de la race humaine, et qui regardent l'honneur et la conscience comme destinés seulement à seconder leur pouvoir. Maximilien avoit déclaré à Philippe de Clèves, en dehors des portes de Bruges, comme celui-ci se livroit pour lui en otage, qu'il tiendroit infailliblement et sans infractions le traité de paix tel qu'il l'avoit juré ; et Philippe de Clèves, en se livrant pour son souverain, avoit juré à son tour, que s'il advenoit que le roi y manquât, « il aideroit à « résister aux infracteurs et de corps et de biens, « jusqu'à la mort » (1). Cependant, Maximilien ne fut pas plus tôt remis en liberté, qu'il commença les hostilités contre les Flamands. Son père, Frédéric III, avoit suscité tout l'Empire en sa faveur, et lui avoit amené jusqu'à Enreghen, près de Gand, une armée de vingt mille Allemands. De leur côté, les Flamands sommèrent Philippe de Clèves de tenir le serment qu'il venoit de leur prêter, et celui-ci s'étant mis loyalement à leur service, fut reconnu pour

---

(1) J. Molinet, c. 184, p. 348.

1488. leur général. Le traité entre la France et les trois États de Flandre ayant été en même temps confirmé, le maréchal d'Esquerdes fit passer des secours à Philippe de Clèves, et l'aida à tenir la campagne contre les Allemands; il fit alors reconnoître son autorité dans tout le Brabant aussibien que dans la Flandre. (1)

Le gouvernement de Charles VIII s'affermissoit au-dedans, l'ordre se rétablissoit, l'obéissance étoit universelle, la puissance de la France l'emportoit toujours plus sur celle de ses voisins, et la guerre que faisoit Maximilien sur les frontières ne causoit aucune inquiétude; aussi le conseil que dirigeoit la duchesse de Bourbon résolut-il de pousser plus vivement les hostilités en Bre-

1489. tagne à l'ouverture de la campagne de 1489. Les conseillers de la jeune duchesse de Bretagne, attaqués par des forces supérieures, n'étoient pas même d'accord entre eux. La main de cette princesse, à laquelle sembloit attachée la possession du plus grand des fiefs de France, étoit l'objet de leur rivalité. Le sire d'Albret, malgré son âge et ses nombreux enfans, vouloit presser un mariage qui lui avoit été promis par le feu duc. Sa sœur, la comtesse de Laval, gouvernante des jeunes princesses, le secondoit de tout son pouvoir. Enfin, le maréchal de Rieux

(1) J. Molinet, c. 187-195, p. 370-405. — G. de Jaligny, p. 61.

le favorisoit aussi, probablement parce qu'il
jugeoit que c'étoit lui qui pouvoit le mieux
sauver l'indépendance de la Bretagne. D'autre
part, le vicomte de Rohan faisoit valoir de
nouveau les prétentions de son fils : mais,
comme il étoit alors à la tête de l'armée française qui ravageoit le pays, il n'inspiroit que
de l'indignation : Dunois enfin, soit qu'il songeât
réellement à faire épouser Anne au duc d'Orléans, comme l'ont répété tous les écrivains
qui virent long-temps après s'effectuer ce mariage, soit qu'il la destinât à Maximilien, ou
enfin qu'il entrevît la chance de la faire épouser
à Charles VIII, et de procurer à ce prix sa
propre réconciliation, travailloit à empêcher le
mariage d'Alain d'Albret; et il étoit secondé par
le chancelier Montauban, comme aussi par la
jeune duchesse elle-même, à qui le visage
bourgeonné d'Albret, son âge et sa rudesse
inspiroient de l'aversion et de l'effroi. Le mariage ne pouvoit se célébrer sans une dispense
de Rome, à cause de la proche parenté d'Albret
et d'Anne. Ce fut un moyen de gagner du temps.
Le vice-chancelier la Rivière fabriqua une procuration de la princesse, pour demander une
dispense au pape, tandis que le chancelier
adressa au pape une protestation de la même
princesse contre cette demande. Albret et Rieux,
qui étoient maîtres de Nantes, avoient invité

1489. la duchesse de Bretagne à y revenir : Dunois, pour éviter la guerre civile, avoit promis de l'amener, et avoit même donné pour otage Jean de Louhan, gentilhomme du duc d'Orléans; mais celui-ci découvrit qu'Albret avoit pris ses mesures pour la forcer à l'épouser dès qu'elle seroit entrée dans la ville; et, au péril de sa vie, il en avertit Dunois, qui attendit, avant de conduire la princesse à Nantes, que les bourgeois consentissent à l'y recevoir lui-même (1). Le vicomte de Rohan, qui s'étoit avancé jusqu'à Montfort avec l'armée française, se proposoit d'enlever Anne de Bretagne à Redon. De tous côtés elle étoit menacée, de tous côtés cette personne, qui apportoit pour dot une souveraineté, voyoit s'avancer des ravisseurs, et elle n'avoit pas un asile où reposer sa tête. Dunois la fit monter en croupe derrière lui, et s'avança jusqu'aux faubourgs de Nantes; mais le maréchal de Rieux, qui pressoit la duchesse d'entrer dans la ville, ne vouloit y recevoir ni Dunois ni le chancelier Montauban. Quinze jours se passèrent en négociations inutiles : enfin Dunois remmena la duchesse à Vannes, puis à Rennes, où elle fut reçue en grande pompe et reconnue par les États. (2)

(1) Saint-Gelais, p. 65. — Lobineau. L. XXI, p. 795. — Morice, L. XVI, p. 195. — Daru. L. VIII, p. 149-156.

(2) Lobineau. L XXI, p. 797. — Morice. L. XVI, p. 194.

Cependant les espérances de la duchesse de Bretagne et de ses serviteurs furent un peu relevées par l'assurance que l'Angleterre leur enverroit enfin des secours. Henri VII, avare, soupçonneux, tout occupé d'écraser le parti d'York sous celui de Lancaster, au lieu de confondre ses droits avec ceux de sa femme, redoutoit une guerre étrangère loin de la désirer; mais les Anglais étoient animés par un sentiment tout contraire : leurs victoires en France, dans le siècle précédent, les avoient remplis d'orgueil ; ils ne doutoient pas qu'une nouvelle guerre ne leur procurât de nouveaux triomphes, et ils voyoient avec une extrême jalousie l'accroissement de puissance du roi français. Ils témoignèrent si vivement l'intérêt qu'ils prenoient à la Bretagne, que Henri VII fut obligé de signer, le 10 février 1489, un traité par lequel il s'engageoit à faire passer six mille hommes de troupes en Bretagne, et à les y maintenir à ses frais jusqu'au 1ᵉʳ novembre, moyennant que la duchesse lui livrât deux places de sûreté, à son choix, comme gage de ses avances, et s'engageât à le seconder, s'il entreprenoit la conquête de la Normandie ou de la Guienne; elle lui promettoit également de ne point se marier sans son consentement. (1)

(1) Rymer. T. XII, p. 362. — Actes de Bret. T. III, p. 613, 617. — Rapin Thoyras. T. V, L. XIV, p. 259.

Ces secours seroient peut-être arrivés trop tard, si les Français avoient poussé la guerre avec la même ardeur que l'année précédente. On s'y étoit attendu, en voyant le roi, dès le mois de février, arriver en Touraine pour en presser les préparatifs ; mais la duchesse de Bourbon sa sœur ne l'y avoit pas accompagné, et, sans elle, les opérations n'avoient plus ni la même vigueur ni le même ensemble. Son frère grandissoit ; il montroit plus de goût pour d'autres conseils que pour les siens, et il ne pouvoit tarder long-temps à ressaisir l'autorité pour la donner à d'autres qu'elle. Aussi s'intéressoit-elle bien plus désormais aux belles provinces dont elle venoit d'hériter par la mort de son beau-frère, qu'au royaume dont l'administration alloit lui échapper. Elle avoit laissé l'amiral de Graville pour soigner ses intérêts à la cour, et elle étoit partie pour Riom avec son mari, pour prendre possession de ses terres et seigneuries. Le comte d'Angoulême l'y envoya complimenter à son arrivée, en la faisant solliciter en même temps en faveur de son cousin le duc d'Orléans. La duchesse de Bourbon ne lui répondit que par des paroles évasives (1). Mais, dans le même temps, elle avoit rendu la liberté au prince d'Orange arrêté avec lui. Ce prince avoit épousé une

(1) Saint-Gelais, p. 66. Ce fut lui-même qui fut chargé de cette mission.

sœur du duc de Bourbon; d'ailleurs elle croyoit que sa présence en Bretagne diviseroit les Bretons au lieu de les réunir (1). Les capitaines français n'y avoient fait aucun progrès, et déjà, sur la nouvelle de la prochaine arrivée des Anglais, ils s'étoient renfermés dans les forteresses de Brest, Saint-Malo, Dinan, Saint-Aubin, Vitré, Fougères et Clisson. (2)

De nouveaux auxiliaires ne tardèrent pas à arriver en Bretagne, et il paroît que Dunois, qui embrassoit toute l'Europe dans ses intrigues et ses négociations, fut celui qui réussit à les attirer. Deux mille Espagnols vinrent débarquer à Vannes, au mois de mai, sous les ordres de don Diego Perez Sarmiento, et de don Pedro Carillo d'Albornoz (3). Ferdinand et Isabelle étoient alors engagés dans la guerre contre les Maures, qui se termina par la conquête de Grenade : déjà la plus grande partie de la péninsule étoit soumise à leur domination, et ils aspiroient à conquérir le reste. Une monarchie rivale de la France, et qui l'égaloit alors en étendue et en population, s'étoit élevée tout à coup au-delà des Pyrénées. Dès le commencement du règne de Charles VIII, Ferdinand avoit ré-

(1) Guill. de Jaligny, p. 71.
(2) Lobineau. L. XXI, p. 798.
(3) Mariana, *Hist. de Esp.* T. IX, L. XXV, c. 13, p. 127.
— Morice, Hist. de Bret. L. XVI, p. 197.

clamé la restitution du Roussillon et de la Cerdagne, engagés par son père, pour 300,000 écus, à Louis XI (1), quoiqu'il n'eût probablement pas l'argent nécessaire pour payer cette dette. Dès-lors une petite guerre de brigandages et de surprises de postes s'étoit obscurément continuée sur la frontière, sans que les historiens du temps l'aient jugée digne d'être racontée avec détail. Alain d'Albret avoit fait visite, l'année précédente, à Ferdinand et Isabelle, à Valence : son fils Jean étoit fiancé, déjà depuis quatre ans, avec Catherine, reine de Navarre, et il recherchoit l'appui des monarques espagnols en même temps pour ce fils et pour lui-même (2). Cependant les Espagnols qui arrivèrent en Bretagne offrirent leurs services à la faction contraire à la sienne. D'une part, le maréchal de Rieux et le comte de Comminges, qui vouloient faire épouser Alain d'Albret à leur duchesse, étoient secondés par les Anglais; d'autre part, le chancelier de Montauban, Dunois et le prince d'Orange, qui déclaroient qu'ils réservoient sa main pour un souverain plus puissant, avoient l'appui des Espagnols. La Bretagne étoit dans l'état le plus déplorable; occupée en même temps par des troupes françaises, an-

(1) *Ælii Antonii Nebrissensis Decas* II, Lib. III, *Script. Hisp.* T. I, p. 895.
(2) Mariana, *Hist. de Esp.* T. IX, L. XXV, c. 11, p. 113.

glaises, espagnoles, et par les soldats des barons bretons de factions opposées, qui tous pilloient le pays, tous tentoient des surprises, tous punissoient, par des supplices, la résistance à leurs volontés. Aucun cependant aussi ne concevoit l'espérance de demeurer le maître, ou ne faisoit des efforts qui pussent le mener à ce but. La guerre se faisoit partout, mais pour se conserver plutôt que pour envahir; aucun parti n'acquéroit l'ascendant, et l'on n'entrevoyoit point de terme à l'anarchie. (1)

1489.

L'arrivée d'un corps d'Espagnols en Bretagne avoit offensé les Français et donné un peu plus d'activité aux hostilités entre les deux peuples le long des Pyrénées. Le nouveau duc de Bourbon avoit succédé à son frère dans le gouvernement du Languedoc; il avoit envoyé le comte de Montpensier, avec quelques seigneurs du Languedoc et du Dauphiné, en Roussillon, pour tenir tête aux milices que Ferdinand assembloit en Catalogne : en même temps le comte d'Angoulême avoit été nommé gouverneur de Guienne, et il avoit envoyé Pierre de Rohan, maréchal de Gié, vers les Basses-Pyrénées, pour surveiller la Navarre et faire respecter la frontière (2). Du reste, les historiens

(1) Guill. de Jaligny, p. 72, 74. — Lobineau. L. XXI, p. 800. — Morice. L. XVI, p. 197. — Daru. L. VIII, p. 158.
(2) Guill. de Jaligny, p. 78.

français considéroient à peine ces deux provinces comme françaises, et ne prenoient pas la peine de raconter ce qui s'y passoit. Les Espagnols, à la même époque, donnent moins de renseignemens encore ; leurs historiens appartiennent à l'école nouvelle des rhéteurs latins, qui ne se proposent d'autre but que de flatter leurs maîtres, qui ne connoissent d'autre mérite que d'employer les tournures romaines pour exprimer les sentimens les moins romains. Les noms propres, les dates, les détails, leur paroissent trop étrangers à la belle latinité pour qu'ils veuillent jamais s'y abaisser. (1)

Cependant la politique de l'Europe se lioit toujours plus en un seul système. Les Italiens s'étoient long-temps attachés à maintenir un équilibre entre les puissances d'Italie. Cette attention à soutenir les plus foibles, à empêcher les empiétemens des plus considérables, commençoit à devenir la règle générale de la chrétienté : le roi d'Espagne, le roi d'Angleterre, le roi des Romains Maximilien, et son père l'empereur Frédéric, se persuadoient qu'ils avoient un intérêt commun dans les affaires de France, dans l'indépendance de la Bretagne. Comme les idées de chaque souverain sur la géographie,

(1) Tels sont, dans le tome I, *Hispaniæ illustratæ*, Lucius Marinœus Siculus, *de Rebus hispanicis*, et Ælius Antonius Nebrissensis *rerum Hispan.*

sur la statistique des pays éloignés, étoient encore confuses ; comme il n'existoit point de gazettes, point de communications régulières par la poste, ces combinaisons de politique étrangère étoient encore le plus souvent fausses ; et, déjouées par les événemens, elles compliquoient, elles embarrassoient les peuples, et il est d'autant plus difficile de les comprendre, que souvent elles sont fondées sur des illusions que nous n'aurions pu supposer : elles préparoient cependant le système de la balance de l'Europe qu'on vit éclore dans le siècle suivant.

Les troubles de la Savoie ouvrirent à cette époque aux Français une porte pour entrer, quand ils le voudroient, en Italie. Les États de Savoie étoient alors gouvernés par le duc Charles, né le 29 mars 1468, et qui par conséquent atteignoit à peine à sa majorité. Il régnoit depuis l'âge de quatorze ans, et le pouvoir avoit été disputé entre ses favoris, et souvent arraché de force par l'un à l'autre. Louis II, marquis de Saluces, avoit pris part dans ces intrigues ; et comme il s'étoit attaché au parti qui avoit succombé, le duc de Savoie, pour l'en punir, avoit envahi son marquisat, en 1487, et pris sa capitale (1). Les marquis de Saluces, placés entre des seigneurs plus puissans qu'eux,

(1) Guichenon. T. II, p. 149-153.

avoient tour à tour fait hommage de leur fief à la maison de Savoie et à celle des dauphins de Viennois, les opposant l'une à l'autre selon le besoin, et cherchant, par cette clientelle même, à maintenir leur indépendance. La maison de France avoit hérité des droits des dauphins, et le marquis de Saluces recourut à Charles VIII, comme à son seigneur direct, pour le défendre contre le duc de Savoie. Il nous seroit impossible aujourd'hui, comme il fut dès-lors impossible aux jurisconsultes qui traitèrent de cette matière, de mettre en évidence à qui le droit devoit demeurer, à qui appartenoit l'hommage du marquisat de Saluces. Mais le roi de France étoit trop supérieur en forces au duc de Savoie, pour que celui-ci osât faire valoir tous ses moyens de défense. Il commença par demander une trêve d'une année; à son expiration, les hostilités recommencèrent, et le marquisat de Saluces fut saisi en entier par les Savoyards. Alors le duc de Bourbon et l'archevêque d'Auch firent avancer des troupes. Le duc effrayé remit en dépôt, entre les mains d'arbitres approuvés par le roi, les villes de Saluces et de Carmagnole; puis il se rendit, avec une suite brillante et nombreuse, à Tours, où il demeura depuis la fin d'avril jusqu'au mois de juillet 1489. Charles VIII lui fit une réception flatteuse : le temps fut employé, par ces deux jeunes souverains, en fêtes et en tournois. La décision sur l'hommage du marquisat de Saluces fut ajournée, sous prétexte que, d'une ou d'autre part, on n'avoit pas produit toutes les pièces qu'on pouvoit faire valoir. Le duc Charles de Savoie revint à Turin plein d'espérance pour l'avenir ; mais il y étoit à peine arrivé qu'il tomba malade au mois d'octobre : il languit dès-lors jusqu'au 13 mars 1490, qu'il expira, laissant pour lui succéder un fils âgé de moins d'une année. La décision sur l'hommage de Saluces fut en conséquence ajournée indéfiniment. (1)

La guerre enfin avoit aussi recommencé en Flandre, et c'étoit sur cette frontière que les armées françaises obtenoient le plus de succès. La profonde irritation des Flamands contre Maximilien les avoit rendus d'utiles auxiliaires du maréchal d'Esquerdes, qui commandoit pour Charles VIII en Picardie. Les villes et châtellenies de Lille, Douai et Orchies s'étoient engagées à lui donner libre passage, et à observer une franche neutralité (2) ; celles de Gand, Ypres et Bruges, ayant donné le commandement de leurs milices à Philippe de Clèves, sire de Ravestein, s'efforçoient de chasser des Pays-Bas les lieutenans de Maximilien, qui

---

(1) Guill. de Jaligny, p. 74. — Guichenon, Hist. de Savoie. T. II, p. 154, 155.
(2) J. Molinet. T. XLV, c. 199, p. 421.

avoient obtenu quelques avantages dans la West-Flandre, tandis que ce prince lui-même étoit retourné en Allemagne. Des négociations étoient entamées à Tournai avec les villes de Mons et de Valenciennes, pour faire révolter le Hainaut contre le roi des Romains. Toutefois les Français furent étonnés, sur ces entrefaites, par la perte de la ville de Saint-Omer, qui leur fut enlevée, par escalade, le 11 février 1489. Quelques bourgeois de cette ville, qui se vantoient de leur affection héréditaire à la maison de Bourgogne, s'étoient réunis déjà dix mois auparavant pour se confier leur douleur, et leur haine contre les Français. Ces passions s'étoient exaltées en eux, et avoient pris tout le dévouement, toute la générosité du patriotisme : ils avoient résolu d'exposer leur fortune, leur vie, celle de tous les objets de leur affection, pour rendre leur ville natale à un prince peu digne d'un si grand sacrifice, mais qu'ils considéroient comme le représentant de leurs anciens souverains. Ils s'adressèrent à Jacques de Fourquerol, commandant pour Maximilien à Gravelines, en lui indiquant la partie foible des murailles par laquelle ils vouloient l'introduire ; mais Fourquerol, attaché à Philippe de Clèves, changea de parti en même temps que lui, vint à Saint-Omer, répara la muraille dont on lui avoit indiqué la foiblesse, et cependant ne dénonça point les conspirateurs. Ceux-ci, qui s'étoient crus perdus, reprirent courage ; leur secret étoit déjà confié à des centaines de personnes ; dix mois il avoit été religieusement gardé : ils s'adressèrent au commandant de Dunkerque, qui leur fournit des soldats : ceux-ci entrèrent dans Saint-Omer aux cris de *vive Bourgogne!* et la conspiration réussit, grâce à une hardiesse, un dévouement et une prudence, un héroïsme enfin dans ceux qui la conduisirent, qui semble tout-à-fait disproportionné avec le but qu'ils se proposoient. (1)

Après la perte de Saint-Omer, les Français eurent de nouveau quelques revers dans la West-Flandre, et d'Esquerdes fut blessé au siége de Niewport, qu'il fut obligé de lever le 28 juin (2). Mais, d'autre part, leur allié Philippe de Ravestein avoit rattaché au parti des Flamands armés pour leur liberté, les villes de Louvain, Bruxelles, Nivelle et Liedkerke. Albert, duc de Saxe, lieutenant-général de Maximilien dans les Pays-Bas, sembloit peu en état de prolonger une défense qui ruinoit toujours plus cette contrée. (3)

Charles VIII étoit fatigué de la guerre et Maximilien l'étoit également : les deux princes se re-

(1) J. Molinet. T. XLV, c. 201, p. 438-456. — Guill. de Jaligny, p. 67.
(2) J. Molinet. T. XLVI, c. 213, p. 15, et c. 215, p. 29. — Jaligny, p. 79.
(3) J. Molinet. T. XLV, c. 202, p. 456, à c. 207, p. 489.

gardoient toujours comme beau-père et gendre; la fille de Maximilien, Marguerite d'Autriche, étoit toujours élevée auprès de Charles VIII comme reine de France, et les Français étoient le plus souvent disposés à traiter les affaires d'État comme des affaires de famille qui ne concernoient que leurs rois. L'empereur Frédéric III avoit convoqué une diète à Francfort, pour engager les princes d'Allemagne à donner des secours à son fils Maximilien, dans la guerre qu'il soutenoit aux Pays-Bas, et il n'en avoit pas moins besoin lui-même pour résister en Autriche, à Matthias Corvinus, roi de Hongrie (1). La cour de France envoya comme ambassadeurs à cette diète l'évêque de Lombez, le sire de Rochechouart et Pierre de Sacierges. Soit que ceux-ci se laissassent effrayer par les menaces des princes allemands qui parloient d'envahir la France avec une puissante armée, soit qu'ils eussent des ordres du conseil de France d'abandonner les intérêts de leurs alliés, ils conclurent leur négociation avec une rapidité inattendue, et ils écrivirent, le 22 juillet, à Charles VIII, qu'ils venoient le jour même de signer la paix. (2)

Le traité d'Arras de 1482 avoit été pris pour base du traité de Francfort. Cependant quelques

---

(1) Schmidt, Hist. des Allem. T. V, L. VII, c. 26, p. 349.
— Coxe, Hist. de la Maison d'Autriche. T. I, c. 18, p. 470.
(2) Leur lettre dans Guill. de Jaligny, p. 81-83.

unes des questions les plus importantes avoient été laissées en suspens, et ne devoient être décidées que dans une entrevue des deux rois. Ainsi Maximilien continuoit à réclamer la restitution du duché de Bourgogne et du comté de Charolais, et Charles VIII promettoit de décider cette question selon la justice, dans son entrevue avec son beau-père; de son côté, Charles demandoit la restitution de la ville de Saint-Omer, qui fut laissée en suspens jusqu'à la même entrevue. Quant aux États de Flandre, que Charles VIII s'étoit engagé par plusieurs traités solennels, à maintenir dans leurs justes droits et priviléges, et qui l'avoient jusqu'alors secondé avec tant de zèle, il les abandonna sans aucune pudeur. « Le « roi très chrétien désire de tout son cœur, porte « le traité, qu'ils soient rendus en bonne obéis- « sance, et qu'ils se conduisent honnêtement et « révéremment envers ledit seigneur roi des « Romains, ainsi qu'il appartient; et à ce faire les « induira par toutes manières dues et possibles; « et promet de bonne foi, autant qu'il peut pro- « mettre, de faire loyalement et diligemment pour « ledit seigneur roi des Romains tout ainsi qu'il « voudroit être fait pour lui en cas pareil; et il « gardera de son pouvoir l'honneur et profit dudit « seigneur roi des Romains, car ils réputent do- « rénavant leur fortune être commune. » (1)

(1) Le traité est rapporté dans Molinet. T. XLVI, c. 220,

1489. Les deux rois eurent plus d'égards pour les seigneurs qui s'étoient armés contre eux que pour les peuples dont ils envahissoient les droits. Charles VIII obtint que Maximilien pardonneroit pleinement à Philippe de Clèves, sire de Ravestein, qui, après le traité de Bruges, avoit accepté le commandement des Flamands. De son côté, il promit de pardonner aux sires d'Albret, de Dunois, de Comminges ; il annonça même qu'il remettroit en liberté le duc d'Orléans, si, dans l'entrevue qu'il devoit avoir avec Maximilien, celui-ci ne convenoit pas qu'il étoit nécessaire de le retenir prisonnier. Le roi des Romains avoit également traité pour Anne de Bretagne; il avoit promis en son nom que les Anglais évacueroient son duché ; tandis que Charles s'engageoit à la remettre en possession de toutes les places dont son père étoit maître au moment de la signature du traité de Sablé ; tandis qu'il laisseroit en gage entre les mains du duc de Bourbon et du prince d'Orange, pour demeurer neutres, les villes de Saint-Malo, Fougères, Dinan et Saint-Aubin du Cormier. (1)

Le traité de Francfort fut exécuté dans les Pays-Bas avant de l'être en Bretagne. La peste

---

p. 54; et dans Jaligny, p. 84. — Traités de Paix. T. I, p. 743. — Dumont, Corps diplom. T. III, P. II, p. 237.

(1) Morice, Hist. de Bret. L. XVI, p. 200. — Actes de Bret. T. III, p. 655.

les désoloit, on assuroit qu'elle avoit enlevé à Bruxelles trente-trois mille personnes; les Brabançons, se voyant abandonnés des Français, se détachèrent à leur tour des Flamands; et le 17 septembre, ils ouvrirent les portes de Bruxelles au duc de Saxe, au prince de Chimay et au comte de Nassau, lieutenans de Maximilien : Louvain et Nivelle suivirent cet exemple (1). Les Flamands de leur côté, ignorant la nature précise des engagemens pris par Charles VIII envers Maximilien, s'en remirent à l'arbitrage du roi de France, et envoyèrent à Montils-lès-Tours des ambassadeurs chargés de pleins-pouvoirs pour les réconcilier au roi des Romains. Charles VIII émit son prononcé le 30 octobre 1489. Il étoit signé par le duc de Bourbon, le cardinal de Bordeaux, le comte de Bresse, Vendôme, l'archevêque de Sens, Rohan, Rothelin, d'Orval, la Trémoille, d'Esquerdes et plusieurs autres. Il accomplissoit le sacrifice des Flamands. Il condamnoit les trois villes de Gand, Ypres et Bruges, à payer en trois ans 300,000 écus d'or, ou 525,000 livres à Maximilien, sans faire supporter la moindre partie de cette somme aux villes qui étoient demeurées fidèles au roi des Romains, et qui n'avoient point contracté d'alliance avec la France. Il obligeoit les magistrats

(1) J. Molinet, c. 221, p. 61.

1489.
de ces villes à demander pardon à Maximilien, à genoux et la tête nue, et à lui rendre toutes les prérogatives de mainbourg ou régent de son fils. Tous les prisonniers devoient être remis en liberté en payant une rançon qualifiée par le traité de *gracieuse*; tous les exilés devoient être rappelés, et toutes les sentences prononcées de part et d'autre au sujet des différends précédens devoient être abolies (1). C'étoit aux yeux des gentils-hommes une chose si naturelle que de trahir des bourgeois, qu'aucun d'eux ne parut sentir la honte d'une pareille transaction, et qu'aucun historien français ne songe qu'elle ait besoin d'excuse.

La duchesse de Bretagne avoit envoyé au roi le comte de Dunois et le chancelier Montauban pour accepter le traité de Francfort; bientôt après, les États de Bretagne, assemblés à Redon, y accédèrent; cependant, la paix n'étoit point encore rétablie en Bretagne. Le maréchal de Rieux ne renonçoit point au projet de faire épouser Alain d'Albret à la duchesse; Henri VII croyoit aussi y voir son intérêt; Ferdinand d'Aragon ne vouloit pas que le sort de la Bretagne se décidât sans lui; et jusqu'à la fin de l'année, les partis du chancelier et du maréchal en vinrent fréquemment aux mains. (2)

(1) J. Molinet, c. 222, p. 64. — Traités de Paix. T. I, p. 745.
(2) Lobineau, Hist. de Bretagne. L. XXI, p. 801-806. — Morice. L. XVI, p. 201.

Mais, dans le même temps, le chancelier pressoit le mariage qui flattoit le plus l'orgueil de la jeune duchesse. Le comte de Nassau, qui avoit été employé par Maximilien pour négocier le traité de Francfort, étoit ensuite venu à Tours, pour recevoir la ratification du roi. Il étoit porteur d'une procuration en date du 20 mars 1489, signée par Maximilien à Inspruck, pour épouser, en son nom, Anne de Bretagne. Wolfgang de Polhain, maréchal de Maximilien, avec son secrétaire et son maître-d'hôtel, lui étoient associés pour cette commission (1). L'année 1490 ne commençoit, en France, que le 11 avril, jour de Pâques, et il est probable que, pour cette pièce qui devoit être employée en France, Maximilien avoit adopté l'ère française. En effet, il étoit à Inspruck, le 16 mars 1490, jour où son oncle Sigismond lui céda son comté de Tyrol (2). la maladie de Matthias Corvinus, qui mourut le 4 avril 1490, l'y avoit appelé ; d'ailleurs, Maximilien se piquoit de s'éloigner des affaires qu'on supposoit lui tenir à cœur ; il quittoit les Pays-Bas pendant la guerre ; il alloit jusqu'à l'autre extrémité de l'Europe pendant qu'on traitoit de son mariage avec l'héritière de Bretagne, et il croyoit avoir atteint à la plus haute habileté po-

(1) Godefroy, Hist. de Charles VIII. Preuves, p. 604. — Dumont, Corps diplom. T. III, P. II, p. 218.

(2) J. Molinet, c. 225, p. 90.

litique, quand il avoit rendu impossible à tout le monde de le deviner.

Le mariage de Maximilien avec Anne de Bretagne fut la circonstance de sa vie que ce roi des Romains entoura de plus de mystère : les domestiques même de la princesse n'en eurent aucune connoissance, et jusqu'à ce jour on n'en a pu découvrir la date. Cependant, comme il vouloit que l'union fût indissoluble, et elle ne le devient qu'après la consommation, on mit la jeune mariée au lit, et l'ambassadeur autrichien tenant à la main la procuration de son maître, introduisit sa jambe nue jusqu'au genou dans la couche nuptiale. Toutefois les théologiens, dans la suite, ne voulurent point tenir compte de cette consommation du mariage par procureur, et les courtisans n'en firent que rire. (1)

Si au lieu de se contenter de ce mariage mystérieux par procureur, Maximilien étoit venu lui-même en Bretagne, et s'il avoit réellement épousé la duchesse Anne, ce mariage n'auroit jamais été rompu, et l'indépendance de la France auroit été exposée au plus grand danger, lorsque l'empereur, souverain des Pays-Bas, se seroit trouvé en même temps souverain d'une

---

(1) Rapin Thoyras. T. V, L. XIV, p. 265. — Lobineau. L. XXI, p. 808. — Morice. L. XVI, p. 200. — Daru, L. VIII, p. 161. — *History of king Henry VII, by Franc. Bacon*, p. 42. *Works of F. Bacon*. T. III, édit. in-4. Lond. 1745.

province forte et belliqueuse au cœur de la France. Mais Maximilien sembla prendre à tâche de se tenir le plus loin possible de sa jeune épouse, et de ne révéler son mariage que lorsqu'il ne put plus le cacher. Le dernier acte que nous connoissions, dans lequel Anne prenne le seul titre de duchesse de Bretagne, est du 10 novembre 1490, et le premier dans lequel elle soit qualifiée du titre de reine des Romains, acte destiné à rester secret, et qui le fut peut-être quelque temps, est du 28 décembre de la même année (1). Il est probable que dans l'intervalle quelqu'un des courtisans, qu'on avoit été forcé de mettre dans le secret, l'avoit laissé échapper. A cette époque l'histoire ne repose presque que sur des conjectures; Guillaume de Jaligny, secrétaire du duc de Bourbon, termine sa narration avec l'année 1489 (2), et les autres historiens gardent un silence absolu sur les années qui suivirent. Peut-être un des premiers auxquels le chancelier de Montauban révéla le mariage de sa maîtresse, fut le maréchal de Rieux, chef du parti qui lui étoit contraire, et qui vouloit la faire épouser à Alain d'Albret. Le prince d'Orange fut chargé, dès le mois de mars, d'entrer en négociation avec lui; le plus sûr moyen

---

(1) Actes de Bretagne, T. III, p. 681 et 682.
(2) Guill. de Jaligny. *Apud* Godefroy, Charles VIII, p. 89 et 90.

de le faire renoncer au mariage de la duchesse avec Alain d'Albret, étoit de lui confier qu'elle étoit déjà mariée : son traité de réconciliation fut conclu seulement le 9 août. Les historiens des monarchies, oubliant toujours l'âge des souverains auxquels ils attribuent des volontés, nomment rebelles ceux qui disputent le pouvoir qu'une faction exerce au nom d'un enfant, et s'étonnent que, dans le traité d'Anne avec le maréchal de Rieux, le nom de pardon ne se trouve pas. Montauban, qui dirigeoit la jeune duchesse, jugeoit mieux l'opposition de son adversaire; Anne déclara qu'elle approuvoit sa conduite passée, et qu'elle le rétablissoit dans tous ses droits. (1)

Le traité de Francfort n'étoit nullement exécuté en Bretagne; l'amiral de Graville étoit arrivé sur les côtes, avec vingt-cinq vaisseaux français pour ravitailler Brest; les Français n'avoient rendu à la duchesse aucune des places qu'ils devoient lui restituer; ils continuoient à vivre aux dépens du pays. De leur côté, les Anglais et les Espagnols ne s'étoient point retirés, et la duchesse n'avoit point d'argent pour payer à Henri VII, comme elle y étoit obligée, les frais de son expédition. Des ambassadeurs bretons visitoient tour à tour la France, l'An-

---

(1) Lobineau, Hist. de Bret. L. XXI, p. 807. — Morice. L. XVI, p. 201. — Actes de Bretagne. T. III, p. 674.

gleterre, l'Espagne : jamais les négociations n'avoient été plus actives; cependant, tout ce que le maréchal de Rieux et le comte de Dunois purent obtenir, fut que l'armée française se retireroit, sans évacuer les places fortes, et que toutes hostilités seroient suspendues pendant sept mois entre les Français et les Bretons. Ce traité, signé au mois de mai, ne fut exécuté qu'au mois d'août. Le 24 du même mois, mourut Isabelle de Bretagne, sœur cadette de la duchesse Anne, qui demeura seule héritière de la maison qui avoit si long-temps gouverné ce duché. (1)

Le roi avoit vingt ans : l'autorité de la duchesse, sa sœur, s'étoit fort affoiblie. Dans les ordonnances, en très petit nombre, qui nous restent de cette époque, on voit seulement les signatures de l'amiral de Graville et des sires de Myollans et de Piennes, qu'on commençoit à regarder comme ses favoris; mais on n'y voit pas celle du duc de Bourbon (2). Il est même probable que celui-ci vivoit le plus habituellement avec sa femme en Bourbonnais, où déjà son prédécesseur avoit préféré tenir un état royal, plutôt que de s'attacher à la cour. Le roi étoit allé voir Anne de Bourbon à Moulins, au

---

(1) Lobineau. L. XXI, p. 809, 810. — Morice. L. XVI, p. 204. — Actes de Bretagne. T. III, p. 667.

(2) Isambert, Anc. Lois franç. T. XI, p. 187, 190.

mois de décembre 1490, et il y appela auprès de lui les députés des États de Languedoc, auxquels il accorda diverses grâces (1). Graville, cependant, en qui la duchesse avoit mis toute sa confiance, commençoit à se rapprocher des partisans du duc d'Orléans. George d'Amboise, évêque de Montauban, qui étoit tout dévoué à ce dernier, demandoit à Graville sa fille en mariage pour son neveu Chaumont d'Amboise. En même temps, le comte d'Angoulême ne cessoit de solliciter le roi de rendre la liberté à son cousin le duc d'Orléans; il s'adressoit également à la duchesse de Bourbon, qui étoit alors à Riom (2). De son côté, Jeanne de France, duchesse d'Orléans, pressoit sa sœur de lui rendre son mari. « Ma sœur, je vous prie, lui écrivoit-elle, « qu'ayez le fait de monsieur mon mari pour re- « commandé, et qu'en veuillez écrire à mon « frère, nonobstant qu'il s'y acquitte bien ; dont « sommes bien obligés à lui et à vous »(3). Mais quoique la duchesse de Bourbon n'essayât plus de retenir son frère dans sa dépendance, elle ne permettoit point au commandant de la tour de Bourges, qui n'obéissoit qu'à elle, de remettre le duc d'Orléans en liberté.

Le duc et la duchesse de Bourbon condui-

---

(1) Hist. de Languedoc. T. V, L. XXXVI, p. 80.
(2) Saint-Gelais, p. 68.
(3) *Voyez* ses deux lettres. Preuves de Godefr., p. 584, 585.

soient alors même une négociation importante avec Alain d'Albret, qui leur avoit envoyé à Moulins un agent secret pour leur offrir de livrer à Charles VIII le château de Nantes, dont les Bretons lui avoient confié le commandement, pourvu que le roi lui payât cent dix mille écus comptant, et lui fît rendre sa seigneurie d'Albret, et tous les biens qui lui avoient été confisqués. Non seulement le roi s'y engagea, mais il acheta encore au prix de 25,000 livres de rente le droit qu'Albret prétendoit avoir au tiers de la Bretagne; il lui promit de seconder ses prétentions à la main d'Anne de Bretagne; il promit en même temps à ses fils et à tous ses partisans, des pensions et des compagnies de gendarmes, avec tant de prodigalité, qu'il est probable que dèslors il avoit résolu de ne point tenir toutes ces promesses. Le traité fut signé à Moulins le 2 janvier 1491, et la ville de Nantes fut ouverte aux Français le 19 février. Le duc de Bourbon y entra le premier, et Charles VIII y arriva à son tour le 4 avril. (1)

De la part du sire d'Albret la reddition de Nantes étoit une odieuse trahison : cette ville lui avoit été confiée par les Bretons, pour défendre leur indépendance, non pour favoriser

---

(1) Lobineau, L. XXII, p. 812. — Preuves. T. II, p. 1530. — J. Molinet, c. 233, p. 141. — Morice, L. XVI, p. 205. — Actes de Bretagne. T. III, p. 686.

ses projets de grandeur personnelle ; de la part de la cour de France, l'achat de cette ville n'étoit pas beaucoup plus honorable : c'étoit une violation du traité de Francfort et de ceux qui étoient intervenus depuis. Il est vrai que d'une part comme de l'autre aucun traité n'étoit observé, et les conseillers d'Anne avoient de leur côté contrevenu à leurs obligations envers la France en signant au nom de la duchesse, dès le 22 mai 1490, un traité d'alliance et de défense mutuelle avec les rois des Romains, d'Angleterre, de Castille et d'Aragon. Par des actes postérieurs, ces diverses puissances s'étoient engagées à attaquer la France dans le terme de trois ans (1). Ces négociations, qu'on cherchoit à tenir secrètes, finissoient toujours par être connues. Il en étoit de même du mariage de la duchesse de Bretagne, qu'elle s'étoit engagée à ne point contracter sans le consentement du roi. Le chancelier de Bretagne n'espérant pas pouvoir le cacher plus long-temps, le publia au mois de mars 1491, et fit prendre à Anne de Bretagne le titre de reine des Romains. (2)

Maximilien, cependant, ne songeoit point à secourir la jeune épouse qui se paroit de son

---

(1) Rymer. T. XII, p. 397, 400. — Dumont, Corps diplom. T. III, P. II, p. 256.

(2) Rymer. T. XII, p. 438. — Actes de Bretagne. T. III, p. 694.

nom, et qui en même temps invoquoit sa protection. Depuis la mort de Matthias Corvinus, il faisoit la guerre sur la frontière de Hongrie, ne songeant plus qu'à conquérir ce royaume auquel il n'avoit aucun droit; il s'empara d'Albe royale, mais il ne put empêcher Ladislas, roi de Bohême, d'être proclamé roi par les Hongrois (1). Pendant ce temps, les Pays-Bas lui échappoient de nouveau ; Bruges s'étoit révoltée en novembre 1490, Gand au mois de mai 1491. Ne respectant jamais aucun de ses engagemens, ne tenant aucun compte des priviléges de ses peuples, dissipant leurs subsides sans jamais pourvoir aux dépenses les plus nécessaires, il devoit être sans cesse en lutte avec ses sujets. (2)

Au lieu de secourir lui-même sa jeune épouse, il la recommandoit aux princes étrangers. Le chancelier Montauban écrivoit, le 24 mai, en son nom et en celui de la reine Anne, à Henri VII pour lui demander avec instances des secours contre les Français, qui s'avançoient dans son pays (3). Mais Henri VII étoit trop prudent ou trop avare pour porter la guerre hors de l'Angleterre. Il profitoit seulement des embarras de ses alliés pour demander des subsides à son parlement. Il vendoit, dit son historien, le grand

---

(1) Coxe, Maison d'Autriche. T. I, c. 19, p. 473.
(2) J. Molinet. T. XLVI, c. 231 et 236, p. 133, 163.
(3) Rymer. T. XII, p. 443.

Bacon, la guerre à ses sujets, puis la paix à ses ennemis. (1)

La Trémoille commandoit l'armée française qui étoit entrée en Bretagne, et qui s'approchoit de Rennes : Adrien de l'Hôpital, Saint-André et le vicomte de Rohan, étoient sous ses ordres. La plus grande partie de la province étoit déjà soumise, et Charles VIII rassembloit au Plessis-lès-Tours de nouvelles troupes qu'il comptoit y conduire aussi. Il commençoit à nourrir son imagination des rêves de gloire qu'il poursuivit bientôt après : il songeoit à la conquête du royaume de Naples, à celle de la Grèce et de l'empire turc. Deux jeunes favoris, Myollans, son chambellan, et René de Cossé, son premier pannetier, l'entretenoient dans ces illusions, lui reprochoient de demeurer toujours subjugué par sa sœur, et lui proposoient, pour marquer son indépendance, de délivrer de sa prison, sans la consulter, le duc d'Orléans, son cousin. Charles VIII, qui avoit toujours aimé ce prince, accueillit cette idée avec empressement. Un soir, au mois de mai 1491, il partit du Plessis-lès-Tours comme pour aller à la chasse, avec une suite peu nombreuse ; il alla coucher à Montrichart : le matin suivant il s'avança jusqu'au pont de Barangon, d'où il envoya d'Au-

---

(1) Bacon, *Hist. of Henry the VII*, p. 49.

bigny à la tour de Bourges, avec l'ordre de se faire livrer le duc d'Orléans, et de le lui ramener aussitôt. Il l'attendit au pont de Barangon, l'y reçut avec la plus grande tendresse, partagea avec lui sa chambre et son équipage, et ne se sépara de lui que le mois suivant pour l'envoyer mettre en état de défense la Normandie, dont il lui confia le gouvernement. (1)

Charles VIII fit bientôt après un usage également généreux du pouvoir royal qu'il ressaisissoit, en restituant dans leurs biens et leurs honneurs ses cousins, Jean et Louis d'Armagnac, fils de Jacques d'Armagnac, duc de Nemours; « abolissant, disoit-il, autant que métier seroit, « toute macule et incapacité qu'ils pourroient « avoir encourue, au moyen de certain prétendu « arrêt, que l'on dit avoir été donné et exécuté « à l'encontre du feu dit Jacques d'Armagnac, « leur père. » (2)

Le duc de Bourbon ni sa femme n'avoient plus aucun titre pour retenir le gouvernement qu'un roi de vingt-un ans vouloit reprendre; ils sentirent donc la nécessité de céder de bonne grâce et de se réconcilier loyalement avec le duc d'Orléans, leur beau-frère, ce que le roi lui-même prit à tâche de faciliter. Nous avons

---

(1) Saint-Gelais, p. 69, 70. — Godefroy, Preuves de Charles VIII, p. 613, 614.

(2) Godefroy, Preuves de Charles VIII, p. 614.

un traité signé à la Flèche, le 4 septembre, entre le duc d'Orléans et le duc de Bourbon, par lequel ils s'engagent à mettre à néant toutes les rancunes, haines et malveillances qui pourroient exister entre eux, à s'aimer, se favoriser, se maintenir en la grâce du roi, pour l'avancement de son service et de celui du royaume; enfin à admettre dans la même amitié et compagnie le comte de Dunois, le sire de Baudricourt, les évêques d'Alby et de Montauban, les sires de Myollans, de l'Isle, du Bouchage, et Étienne de Vesc, sire de Grimault, chambellans du jeune roi. (1)

Il est probable que dès-lors Dunois, de concert avec le duc d'Orléans et le prince d'Orange, préparoit un dénoûment des troubles de Bretagne, qui peut-être entroit depuis long-temps dans leurs projets, mais qui demandoit un grand secret pour en assurer la réussite. C'étoit le mariage de Charles VIII avec Anne, duchesse de Bretagne. Leur âge étoit assorti : Charles avoit accompli sa vingt-unième année le 30 juin, Anne sa quatorzième le 26 janvier. Mais l'un et l'autre étoit marié. Charles, en présence de son père, et dans la dernière année de la vie de celui-ci, avoit été fiancé, le 23 juin 1483, à Marguerite d'Autriche, qui dès-lors vivoit à la

(1) Godefroy, Preuves de Charles VIII, p. 616. — Mém. de Lancelot, Acad. des Inscr. T. VIII, p. 670.

cour, et portoit le titre de reine de France. Ce
n'étoit, il est vrai, qu'une enfant de onze ans,
car elle étoit née en 1480. D'autre part, Anne
de Bretagne étoit mariée au moins depuis une
année à Maximilien, quoiqu'elle ne l'eût jamais
vu, et elle prenoit le titre de reine des Romains.
Son âge rend absurde la fable de ses amours
avec le duc d'Orléans; Maximilien, alors âgé
de trente-deux ans, et doué d'une fort belle
figure, nous est représenté comme le second
objet de ses amours; il pouvoit plaire à son imagination, mais elle ne connoissoit que son portrait. Nous entrons cependant dans une période
où le roman se mêle sans cesse à l'histoire, et où
les écrivains des cours cherchent à animer par
les sentimens du cœur des récits où n'entrent aucune des passions plus élevées des citoyens; aussi
les amours d'Anne et de Maximilien sont à leurs
yeux le plus grand obstacle qu'avoit à vaincre
la politique (1). Anne, cependant, tenoit au
titre de reine, à l'espérance d'être impératrice;
on assure que la cour de France lui proposa
d'abord, ou Louis de Luxembourg, cousin germain du roi, ou le comte d'Angoulême, ou le duc
de Nemours, et qu'elle répondit qu'elle étoit
mariée au roi des Romains, « et que s'il alloit
« de vie à trépas, et qu'elle fût résolue de se re-

(1) Il paroît que d'Argentré, Hist. de Bret., L. XIII, c. 58,
a le premier donné cours à toutes ces fables romanesques.

« marier, si n'auroit-elle d'autre à mari que roi
« ou fils de roi. » (1)

Pour presser cependant sa détermination et celle des Bretons, le roi faisoit entrer sans cesse de nouvelles troupes en Bretagne, et il occupoit déjà la plus grande partie de la province. Le 4 août, son armée étoit à Saint-Aubin du Cormier, et elle commença le siége de Rennes, où la duchesse se trouvoit enfermée avec son chancelier Montauban, le prince d'Orange, le maréchal de Rieux et ses autres conseillers. Au commencement d'octobre, le roi s'approcha; il vint à Baugé, puis à Laval. Le prince d'Orange vint l'y joindre, et signa pour la duchesse sa nièce, au mois d'octobre, un traité qui ne s'est point conservé, et dont on ne connoît les conditions que par les événemens qui suivirent. Le 27 du même mois, le roi, comme s'il étoit déjà souverain de la Bretagne, convoqua les États de la province à Vannes pour le 8 novembre, afin qu'ils lui accordassent un fouage extraordinaire, ou impôt de six livres six sous par feu, « à l'occasion de la nouvelle réduction d'icelui « pays en son obéissance » (2). Cette réduction parut accomplie par un autre traité signé dans

---

(1) J. Molinet. T. XLVI, c. 238, p. 174.

(2) Lobineau, Histoire de Bretagne. L. XXII, p. 814. — Preuves, *ibid.* T. II, p. 1534. — D. Morice, L. XVI, p. 209. — Actes de Bretagne. T. III, p. 705.

le faubourg de Rennes le 15 novembre. Les droits du roi et ceux de la duchesse, sur la Bretagne, étoient soumis à l'arbitrage de commissaires nommés douze de chaque part ; mais l'on prévoyoit si bien leur décision en faveur du vainqueur que l'on stipuloit d'avance une pension de quarante mille écus pour la duchesse Anne ; que l'on faisoit évacuer la Bretagne par tous les soldats étrangers, à la réserve de quatre cents, qui resteroient pour la garde de la duchesse, et que l'on faisoit déposer en gage la ville de Rennes, sous la garde des ducs d'Orléans et de Bourbon. Par le même traité, madame Anne de Bretagne, c'est le seul titre qu'on lui donnoit, avoit stipulé qu'elle pourroit traverser librement l'armée du roi avec sa suite, pour se rendre en Allemagne, auprès du roi des Romains, et que le roi lui avanceroit 120,000 francs pour ce voyage. (1)

1491.

Le maréchal Wolfgang de Polhain, favori de Maximilien, et l'un de ceux qui avoient été chargés de sa procuration pour épouser Anne, étoit toujours auprès d'elle, et ne soupçonnoit point que le traité qu'il voyoit signer servoit à en cacher un autre beaucoup plus important. Charles VIII fit payer leur solde pour trois mois aux soldats bretons, allemands, espagnols et anglais qui étoient à Rennes, et il les renvoya. Il

(1) Actes de Bretagne. T. III, p. 707.

prétexta un pélerinage à Notre-Dame, près de Rennes, et Molinet assure « que, sa dévotion « faite, accompagné de cent hommes d'armes « et de cinquante archers de sa garde, il entra « dedans Rennes, salua la duchesse, et parle- « menta long-temps avec elle. Trois jours après, « se trouvèrent en une chapelle, où, en pré- « sence du duc d'Orléans, de la dame de Beau- « jeu, du prince d'Orange, du seigneur de Du- « nois, du chancelier de Bretagne et d'autres, « le roi fiança ladite duchesse » (1). Même après cette cérémonie, on chercha à dérober la connoissance du mariage qui venoit de se conclure au sire de Polhain. Le roi repartit pour le château de Langeais en Touraine ; mais, quinze jours après, la duchesse vint l'y joindre, et son mariage y fut célébré en présence de toute la cour, le 6 décembre 1491. (2)

Ce mariage, si contraire aux lois de l'Église, entre deux personnes déjà légalement mariées, et qui ne fut sanctionné qu'après coup par une dispense du pape, en date du 14 décembre (3),

(1) J. Molinet. T. XLVI, c. 238, p. 176.
(2) J. Molinet, c. 238, p. 172. — Lobineau, L. XXII, p. 817. — Preuves, *ibid.* T. II, p. 1539. — Morice, L. XVI, p. 212.—Actes de Bret. T. III, p. 711, 715.—Dumont, T. III, P. II, p. 271. — Daru, L. VIII, p. 175.
(3) Du 18 des calendes de janv. —Lobin., Preuves, p. 1546. —Actes de Bret. T. III, p. 718. — Dumont. T. III, P. II, p. 274.

accomplit la réunion de la Bretagne à la France; 1491.
car les conseillers de la duchesse, désormais
reine de France, ne pouvant résister aux armes
du vainqueur, ou peut-être à ses promesses,
avoient abandonné tous ses droits par le contrat
de mariage. Les deux époux se cédoient réciproquement tous leurs titres et leurs prétentions
au duché de Bretagne, sous la réserve cependant que si la duchesse survivoit au roi, et n'avoit pas d'enfans de lui, « la dite dame ne con-
« volera à autres noces, fors avec le roi futur,
« si faire se peut, ou autre plus présomptif
« futur successeur de la couronne. » La donation réciproque étant entière, et Charles et ses
successeurs rois de France, acquérant irrévocablement par héritage la seigneurie de Bretagne,
elle auroit dû passer à l'héritier mâle, encore
qu'il fût provenu des filles de ce mariage. Le
prince d'Orange, en approuvant cet acte, fit
cession de tous ses droits prétendus sur la Bretagne. Dans ce contrat, il n'étoit pas fait mention des priviléges de la province, mais ils furent
confirmés le 7 juillet 1492, par une déclaration
du roi aux États de Bretagne. (1)

(1) Lobineau, Preuves. T. II, p. 1543. — Actes de Bretagne.
T. III, p. 715. — Daru, L. VIII, p. 175, 191. — Mém. de
Lancelot, Acad. des Inscr. T. XIII, p. 666, sur le mariage
de Charles VIII.

CHAPITRE XXV.

Traités de paix de Charles VIII avec l'Angleterre, l'Espagne et le roi des Romains ; ses projets sur l'Italie ; son alliance avec Louis Sforza. — Mort de Ferdinand de Naples. — Marche de l'armée française des Alpes jusqu'à Rome. 1492-1494.

1492.

Le mariage de Charles VIII avec Anne de Bretagne, en réunissant à la France une province qui s'étoit affectionnée chaque année davantage à son indépendance, et qui, pour la maintenir, s'étoit constamment alliée à tous les ennemis du royaume, donna de la sécurité à la France entière, et augmenta surtout la tranquillité et le bien-être des provinces qui lui servoient de frontières, la Normandie, le Maine, l'Anjou et le Poitou. Les Anglais et les Bretons, depuis un siècle, les avoient souvent dévastées, les premiers avec l'acharnement d'ennemis héréditaires, les derniers avec la haine que les sauvages ressentent presque toujours contre des hommes dont la civilisation est plus avancée que la leur ; haine augmentée encore par la différence de langue, la leur étant inconnue à tous leurs voisins. Les

villes cependant de la Bretagne, et même les
campagnes plus rapprochées de l'Anjou et du
Maine, avoient depuis long-temps adopté la
langue et la civilisation françaises; aussi s'ac-
commodèrent-elles aisément de leur réunion,
d'autant plus que le gouvernement de Charles VIII n'épargna aucun moyen de séduction
pour plaire aux Bretons et les attacher à la
couronne. La nouvelle reine Anne étoit d'une
grande beauté; son caractère étoit altier, ferme
dans ses desseins jusqu'à l'opiniâtreté; son esprit
étoit prompt et facile, et il avoit été orné par la
meilleure éducation qu'on sût donner dans ce
siècle. On assure, entre autres, qu'elle savoit le
grec et le latin; sa prétention étoit d'adresser à
tous les ambassadeurs qui lui étoient présentés
quelques mots dans leur langue maternelle; il
est vrai qu'elle se les faisoit suggérer auparavant
par quelqu'un de ses courtisans, au risque
d'exprimer quelquefois tout autre chose que ce
qu'elle avoit voulu dire (1). Son mari Charles VIII, au contraire, étoit un être presque
difforme, d'un esprit borné, et dont l'éducation
avoit été si négligée qu'il est douteux s'il savoit
lire. Depuis qu'il avoit secoué le joug de sa sœur,
il ne s'occupoit que d'idées romanesques, de
fêtes et de chevalerie. Il sembla peu sensible à

(1) Brantôme, Dames illustres, Anne de Bret. T. V, p. 1.
— Daru, Hist. de Bret. T. III, L. VIII, p. 174.

1492. la beauté et à la supériorité d'esprit de sa femme, et il ne lui laissa point prendre sur lui l'ascendant qu'elle exerça sur son successeur. Cependant il consulta ses vœux quant à l'administration de la Bretagne. Anne, par orgueil de sa naissance, par affection pour ceux qui avoient entouré son enfance, peut-être par le sentiment qu'elle seroit considérée à la cour en raison de son influence sur le duché de ses pères, ne sépara jamais son intérêt de celui des Bretons. Le prince d'Orange, qui avoit été marié à Catherine d'Étampes, sœur de son père, et qui l'avoit mariée elle-même avec le roi, en fut généreusement récompensé, non seulement par le don de plusieurs seigneuries, mais encore par la part qu'il eut dès-lors au gouvernement de la Bretagne. Ce fut lui qui présida les États de la province, que Charles VIII avoit convoqués à Nantes pour le 8 novembre 1492, afin de leur demander un subside, et en même temps de confirmer plus solennellement sa déclaration du 7 juillet, en faveur des libertés de la Bretagne. Charles VIII promit aux Bretons, représentés par les États, qu'aucun fouage, aide ni subside ne seroit levé sur eux que de la manière qu'on le faisoit du temps des ducs, c'est-à-dire avec le consentement des États; qu'aucun Breton ne seroit appelé en jugement ailleurs que devant les juges du pays; qu'il n'y auroit appel du parlement de Bretagne, qu'on nommoit alors les *grands jours*, au parlement de Paris, qu'en cas de déni de justice ou de faux jugement; qu'enfin la juridiction du prévôt des maréchaux ne s'étendroit que sur les gens de guerre, et durant le temps qu'ils seroient à l'armée. (1)

La ville de Rennes, qui de toutes s'étoit montrée la plus fidèle à la duchesse Anne dans son adversité, en fut récompensée par les plus importans priviléges; ses bourgeois eurent, entre autres, celui de pouvoir posséder des fiefs nobles sans être tenus à l'arrière-ban. La ville de Saint-Malo, il est vrai, ne fut pas moins bien traitée par un motif tout contraire, pour récompenser son attachement à la France (2). Alain d'Albret, qui, par sa trahison et la surprise de Nantes, avoit forcé la duchesse à capituler, fut regardé de mauvais œil également par le roi et par la reine. On lui avoit promis, pour récompense, un comté en Bretagne qui devoit lui rapporter 25,000 livres de rente, et on lui offrit seulement le comté de Gavres en Languedoc, qui n'en valoit pas plus de 6,000; encore la

(1) Lobineau, Hist. de Bret., L. XXII, p. 818, et Preuves. T. II, p. 1549. — Morice, L. XVI, p. 216. — Actes de Bret. T. III, p. 728.

(2) Charte de Rennes du 21 décembre 1492, et de Saint-Malo, du 13 octobre 1493. — Lobineau, L. XXII, p. 818. — Actes de Bret. T. III, p. 737.

chambre des comptes de Paris et le parlement de Toulouse s'opposèrent-ils également à ce qu'il fût mis en possession de ce dernier comté. Ces deux tribunaux affirmoient qu'Alain d'Albret avoit trompé le roi ; qu'il lui avoit cédé les droits qu'il prétendoit avoir au duché de Bretagne, comme descendant de Guillaume, quatrième fils de Marguerite de Clisson, et que ces droits n'avoient aucune valeur. (1)

Depuis que Charles VIII commençoit à monter à cheval, et qu'il savoit manier une lance, il se croyoit appelé à imiter les anciens paladins, dont on lui lisoit ou dont on lui racontoit les exploits. C'étoit à Charlemagne qu'il aimoit à être comparé, et c'étoit la gloire de cet empereur qu'il se flattoit d'effacer par ses conquêtes. Pour renouveler les héros de l'ancienne chevalerie, il donna le nom de Charles Roland, ou Orland, à son premier fils, né le 10 octobre 1492. Sa santé s'étoit fortifiée, et, quoique son apparence fût presque monstrueuse, avec sa grosse tête, sa poitrine gonflée, son petit corps et ses jambes grêles, il supportoit assez bien la fatigue. Les jeunes gens qui l'entouroient ne lui laissoient songer qu'à des joûtes, des tournois et des combats à la barrière. « Monseigneur « d'Orléans, dit Saint-Gelais, y étoit toujours

---

(1) Lobineau, L. XXII, p. 819, 820.

« des premiers, et des entrepreneurs, comme « celui qui, de tout son pouvoir, désiroit autant « obéir et donner du passe-temps au roi que nul « qui fût en la compagnie » (1). Outre les jeunes gens qui partageoient ces jeux chevaleresques, Charles VIII accordoit encore sa confiance à deux hommes seulement. L'un, Étienne de Vesc, avoit été son valet de chambre, ensuite son chambellan; il le nomma sénéchal de Beaucaire, et il le combla de biens : l'autre, Guillaume Briçonnet, étoit commis, dès le temps de Louis XI, à la généralité de Languedoc, et on le distinguoit par le titre de *général*, qui, à cette époque, se donnoit aux financiers lorsqu'ils étoient à la tête d'une généralité (2). D'autre part, l'amiral de Graville étoit tombé dans une complète disgrâce ; la duchesse de Bourbon voyoit avec plaisir que le roi épuisoit sur cet homme, qui avoit été sa créature, mais qui ne lui étoit pas demeuré fidèle, tout le ressentiment qu'il conservoit pour la dépendance où elle l'avoit tenu (3). Le comte de Dunois, qui avoit passé pour le plus habile négociateur de cette époque et pour l'âme des intrigues des princes,

---

(1) Saint-Gelais, Hist. de Louis XII, p. 78.

(2) Introduction au VIIe livre de Comines. T. XII, p. 127. — Le Laboureur, Addition aux Mémoires de Castelnau. T. II, p. 472, in-fol. Bruxelles, 1731. — *Fr. Belcarii*, L. V, p. 113.

(3) Lobineau, Hist. de Bret., L. XXII, p. 817.

étoit mort le 25 novembre 1491, onze jours avant le mariage de la reine, auquel il avoit travaillé, et par lequel il auroit probablement acquis un grand crédit dans le royaume. (1)

La cour de France devoit s'attendre à ce que le mariage de Charles VIII avec Anne de Bretagne excitât un profond ressentiment dans le cœur de Maximilien, roi des Romains, et fût le signal d'une guerre terrible. En effet, le roi de France lui infligeoit ainsi un double affront; il répudioit sa fille et il lui enlevoit sa femme. Mais Maximilien, toujours entraîné par des caprices inattendus, entreprenoit de préférence celle de ses affaires que les autres jugeoient la moins pressée, et fixoit son séjour dans celui de ses nombreux États dont il auroit le mieux pu s'absenter. Il poursuivoit alors son projet d'asservir la Hongrie à la maison d'Autriche; pour cela, il vouloit détruire l'armée avec laquelle le grand Matthias Corvinus avoit défendu l'indépendance de sa patrie contre les Turcs et contre les Allemands; il faisoit périr ces vieux soldats dans d'horribles supplices : les uns étoient brûlés sur le bûcher, d'autres écorchés vivans, et Maximilien prétendoit ainsi donner seulement un exemple aux perturbateurs de la paix (2). Il se présenta ensuite à la diète de Coblentz, à

---

(1) Saint-Gelais, p. 72.
(2) *Mutii chron. Germ. in Struvio.* T. II, p. 958, L. XXIX.

laquelle il demanda que l'Empire l'aidât à se venger de la France et à rétablir son autorité dans les Pays-Bas (1). Ces États, qui appartenoient à son fils l'archiduc Philippe, étoient la scène d'une guerre civile qu'il ne s'étoit donné aucun soin pour étouffer. La ville de Liége s'étoit soulevée contre Jean de Horne, qu'il avoit fait pourvoir de cet évêché par le pape (2). Celle de Gand n'ayant pu obtenir que les lieutenans de Maximilien reconnussent ses priviléges, avoit repris les armes ; les Gantois avoient surpris Grandmont, et pillé et brûlé cette bourgade (3). Des soldats débandés, et chassés de France, s'étoient emparés par surprise de Cateau-Cambrésis, et, de ce lieu de refuge, ils étendoient leurs brigandages dans toute la contrée (4). D'autres troubles éclatoient en même temps dans la Basse-Frise (5) ; les villes de Harlem et d'Alckmaer se soulevoient contre les lieutenans du roi des Romains (6). Dans cet état d'anarchie, il ne pouvoit attendre beaucoup de succès de ses négociations. Le comte de Nassau, avec une ambassade nombreuse, se rendit à

1492.

---

(1) Schmidt, Hist. des Allem. T. V, p. 354.
(2) J. Molinet. T. XLVI, c. 239, p. 180.
(3) *Ibid.*, p. 183.
(4) *Ibid.*, c. 241, p. 191.
(5) *Ibid.*, c. 246, p. 249.
(6) *Ibid.*, c. 248, p. 263.

Senlis auprès du roi de France, pour lui demander, au nom de l'archiduc Philippe, qu'on lui rendît sa sœur Marguerite d'Autriche et les provinces de l'héritage de Bourgogne qu'elle apportoit en dot à la France. Le chancelier lui répondit assez crûment que, touchant ses demandes, on ne se conduiroit que par de bons avis. Le comte de Nassau se présenta ensuite à Marguerite d'Autriche; il la trouva « richement entre-
« tenue, fort bien accoutrée, et notablement
« accompagnée de quatre-vingt-dix à cent nobles
« femmes, et il en fut reçu honorablement » (1). Cette jeune princesse, qui, tout récemment encore, portoit le titre de reine de France, étoit alors âgée de douze ans. Maximilien n'avoit pas eu plus de succès à la diète de l'Empire, à Coblentz, que l'ambassadeur de son fils à Senlis; on ne lui avoit accordé qu'une aide tout-à-fait insuffisante.

Mais, à la même époque, un puissant allié, Henri VII, roi d'Angleterre, annonçoit que, pour le seconder, il alloit entrer en France avec une armée. Quoique des traités le liassent, soit avec l'héritière de Bretagne, pour protéger son indépendance, soit avec Maximilien, roi des Romains, et Ferdinand et Isabelle, rois d'Aragon et de Castille, pour attaquer la France, il

(1) J. Molinet, c. 242, p. 199.

ne désiroit point la guerre, il ne l'aimoit pas, et il n'avoit réellement aucune raison pour la faire (1). Sans doute il convenoit à l'Angleterre, dans son but d'affoiblir la France, de maintenir la Bretagne dans un état habituel d'hostilité et de révolte contre cette couronne ; mais cet intérêt de jalousie ne pouvoit pas constituer un droit. Jamais on n'avoit méconnu que la Bretagne ne fût, si ce n'est un fief immédiat de la couronne de France, comme le prétendoient les Français, du moins un arrière-fief, comme les Bretons en convenoient : toutes les guerres des derniers contre la France étoient donc des guerres civiles ; ils étoient heureux de les terminer d'une manière aussi équitable qu'ils l'avoient fait par le mariage de leur duchesse ; tout sujet de querelle avoit disparu entre les deux maisons souveraines et les deux peuples ; tous les droits et même tous les préjugés des Bretons avoient été satisfaits : des contrées jusqu'alors ruinées par la guerre et le brigandage avoient été rendues à la paix et à la sécurité ; et Henri VII, qui n'avoit de droit à se mêler des affaires de la province que comme allié des Bretons, ne pouvoit se plaindre lorsque ceux-ci, tout près d'être subjugués par leur ennemi, obtenoient par la paix tout ce qu'ils auroient pu désirer après la

1492.

(1) Lord Bacon, *History of Henry the VII*, p. 49.

guerre la plus prospère. Toutefois, non seulement les Anglais n'en jugeoient point ainsi, mais leurs historiens modernes n'ont cessé de reprocher à Henri VII la prudence ou l'avarice qui lui avoient fait éviter la guerre. (1)

Henri VII devoit de la reconnoissance à Charles VIII, qui l'avoit placé sur le trône : on peut douter que ce motif pour le ménager eût autant d'influence sur lui qu'il cherchoit souvent à le faire croire par son langage (2). Mais Henri VII, qui, au lieu de réunir, comme il l'auroit pu, les partisans des deux maisons d'York et de Lancaster, favorisoit uniquement les derniers; qui étoit un homme de parti plutôt qu'un roi, et qui s'étoit attiré la haine d'un parti plus puissant que le sien, ne se sentoit point affermi sur son trône : il avoit eu déjà plusieurs rébellions à combattre, et Marguerite de Bourgogne, veuve de Charles-le-Téméraire et sœur d'Édouard IV, prenoit à tâche d'en préparer d'autres. Déjà un imposteur, qui avoit cherché à se faire passer pour le fils du duc de Clarence et le dernier des Plantagenets, avoit été vaincu, fait prisonnier, et attaché, comme marmiton, à la cuisine du

(1) Rapin Thoyras. T. V, L. XIV, p. 284. — Hume, *Hist. of Engl.* T. V, c. 24, p. 41.

(2) *Polydori Vergilii Angliæ historia*, Lib. XXV, p. 585. *Editio Basileæ, folio* 1570. — Lord Bacon's *Hist. of Henry the VII*, p. 46.

roi qu'il vouloit détrôner (1). Un autre étoit alors élevé par Marguerite ; c'étoit un fils naturel de son frère Édouard IV, Perkin Waerbeck, qu'elle vouloit faire passer pour le cadet de ses fils légitimes, égorgés par Richard III. Henri VII étoit assez clairvoyant pour reconnoître qu'il seroit à peine engagé dans une guerre avec la France qu'une rébellion éclateroit en Angleterre. Il connoissoit le continent, où il avoit long-temps vécu, et il savoit que le temps des victoires de Crécy, Poitiers et Azincourt, dont on entretenoit sans cesse les Anglais, étoit passé. L'art militaire avoit fait en France de très grands progrès. Charles VIII disposoit d'une superbe artillerie, supérieure à celle de toute l'Europe, d'un corps de gendarmerie aussi constamment exercé pendant la paix que pendant la guerre, de francs-archers que depuis trente ans ses prédécesseurs avoient formés aux armes, et des vaillantes bandes des Suisses, toujours prêts à accourir sous les étendards français. Les Anglais au contraire, depuis deux générations, ne s'étoient exercés aux armes que dans les ébullitions subites de leurs guerres civiles, qui ne duroient que quelques jours ; ils n'avoient point de troupes de ligne, et ils n'avoient point perfectionné leur artillerie. D'ailleurs ils étoient

---

(1) *Lord Bacon's Hist. of Henry the VII*, p. 23.

peu prodigues de leurs subsides, et ils n'auroient pas nourri long-temps une guerre qui ne pouvoit se poursuivre sans des dépenses prodigieuses, puisqu'il falloit transporter par mer leur armée avec tous ses approvisionnemens.

Henri VII est entaché de l'accusation d'une extrême avarice; peut-être la politique lui avoit-elle rendu ce vice nécessaire : il avoit reconnu que la possession d'un trésor toujours disponible étoit la meilleure garantie de son pouvoir en Angleterre et de son influence en Europe. Il avoit feint de céder lui-même à l'ardeur militaire dont il voyoit brûler sa nation ; il avoit demandé à son parlement de le seconder généreusement dans son attaque contre la France ; il avoit représenté comme un manque de foi et une insulte envers sa couronne la cessation du subside ou du tribut stipulé par Louis XI, et il avoit annoncé qu'il reprenoit les armes, non pour recouvrer ce tribut ou quelques provinces, mais pour reconquérir la couronne de France elle-même, qui avoit appartenu à ses ancêtres (1). Les Anglais, chez lesquels la haine de

---

(1) Son discours est rapporté par lord Bacon, p. 48 ; mais il ne faut pas que le nom de ce grand homme nous fasse illusion. Il vouloit imiter les historiens romains, et le langage qu'il a mis dans la bouche de ses personnages n'est pas seulement de son invention, souvent il leur fait dire ce qu'ils ne pouvoient savoir, ce qui n'existoit pas encore.

la France et le mépris pour ses armées avoient été entretenus comme des vertus populaires, acceptèrent avec passion les espérances de gloire et de pillage que leur roi leur offroit. Le parlement accorda deux quinzièmes à Henri VII, et beaucoup de gentilshommes vendirent ou engagèrent leurs domaines pour se mettre en état de le suivre. Ce fut à Londres que l'armée, où l'on comptoit vingt-cinq mille hommes de pied et seize cents chevaux, se rassembla, sous les ordres du duc de Bedford et du comte d'Oxford, que le roi avoit choisis pour être ses lieutenans, et qui furent entourés de tous les plus grands seigneurs d'Angleterre. (1)

Mais, après avoir obtenu les subsides de son peuple, le premier objet que se proposa Henri VII fut de dégoûter ce peuple de la guerre pour laquelle on les avoit accordés. Le 9 de septembre il partit de Greenwich, pour présider à l'embarquement de son armée : cet embarquement ne put se terminer cependant à Sandwich que le 6 octobre. Les officiers de Henri lui firent alors observer avec inquiétude que la saison étoit bien avancée pour commencer la guerre; mais il leur répondit que comme il entreprenoit la conquête de la France, qui lui demanderoit plu-

---

(1) Lord Bacon, p. 53. — *Polydori Verg.*, L. XXVI, p. 584. — Rapin Thoyras. T. V, L. XIV, p. 277. — Hume. T. V, c. 25, p. 42.

sieurs campagnes : peu importoit à quelle époque il la commenceroit, d'autant plus qu'il avoit de bons quartiers d'hiver à Calais (1). Il laissa à peine quelques jours de repos dans cette ville à son armée, et il en sortit le 15 octobre pour mettre le siége devant Boulogne. Il ne pouvoit prendre un plus sûr moyen pour fatiguer ses soldats de la guerre : l'ennui, les difficultés du siége et le mauvais temps eurent bientôt fait comprendre aux Anglais que la conquête de la France n'étoit pas une œuvre si facile qu'ils se l'étoient figuré (2). Le bâtard Cardon avoit été chargé, par Charles VIII, de la défense de Boulogne ; il y commandoit une garnison de dix-huit cents bons soldats, dont la paie étoit assurée pour un an; la ville étoit approvisionnée de vivres pour deux ans ; elle étoit pourvue d'une bonne artillerie, et de tout ce qui pouvoit rendre sa défense efficace.

Henri VII avoit eu soin d'annoncer à son parlement et à son armée qu'il étoit assuré de la puissante coopération du roi des Romains Maximilien; et, quoique les ambassadeurs qu'il avoit envoyés à celui-ci l'eussent prévenu qu'il ne devoit rien en attendre, il leur avoit donné ordre de rester à sa cour, et de cacher soigneusement la connoissance qu'ils avoient acquise de sa foi-

---

(1) *Lord Bacon's History of king Henry the VII*, p. 54.
(2) Rapin Thoyras. T. V, L. XIV, p. 280. — Hume. T. V, c. 25, p. 45.

blesse (1). Mais, le 22 octobre, Charles de Sa-
veuse, lieutenant du gouverneur de Saint-Omer,
arriva à l'armée anglaise avec six cents chevaux,
et l'on sut bientôt que c'étoit là tout le secours
que Henri VII pouvoit attendre du roi des Romains (2), que celui-ci étoit toujours à l'extrémité la plus éloignée de l'Allemagne, et qu'il
donnoit bien rarement de ses nouvelles à ses
lieutenans. Le duc Albert de Saxe s'étoit chargé
de faire rentrer les Pays-Bas sous l'obéissance de
l'archiduc Philippe, fils de Maximilien, qui résidoit alors à Malines. En effet il avoit engagé
au milieu de l'été les Gantois, fatigués d'une
guerre civile qui les ruinoit, à se soumettre à
leur souverain (3). Il avoit entrepris le siége de
l'Écluse dès le 18 juin : sir Edward Poyning étoit
venu le seconder avec douze vaisseaux anglais
pourvus d'artillerie. Philippe de Ravenstein, qui
défendoit cette ville, après la plus vaillante résistance, fut contraint de capituler le 12 octobre,
sous condition que Maximilien lui rendroit son
ancienne amitié (4). Ces succès étoient plus grands
que Maximilien n'auroit dû l'espérer d'après sa
négligence : la Flandre étoit à peu près soumise

(1) *Lord Bacon's History of Henry the VII*, p. 53.
(2) J. Molinet. T. XLVI, c. 257, p. 325.
(3) J. Molinet, c. 252, p. 284.
(4) J. Molinet, c. 253, 255, p. 287, 307. — Lord Bacon,
Hist., p. 51. — Dumont, Corps diplom. T. III, P. II, p. 289.

à son fils; mais le duc de Saxe n'avoit tout au plus que cinq ou six mille hommes, et le maréchal d'Esquerdes, qui lui étoit opposé sur la frontière française, étoit bien assez fort pour ne pas se laisser entamer.

Henri VII, pour dégoûter les Anglais de la guerre, avoit jugé utile de les flatter des plus hautes espérances, et de leur en faire sentir ensuite tout à coup le néant. Il avoit fait connoître à toute son armée le traité qu'il avoit conclu avec le roi et la reine d'Espagne, pour qu'ils attaquassent la France par le midi, en même temps qu'il envahiroit la Picardie (1). Henri VII savoit bien cependant que les rois d'Espagne avoient moins encore que lui l'envie de s'engager dans une guerre difficile et dispendieuse. Depuis l'année 1481 ils avoient poursuivi avec acharnement la conquête du royaume de Grenade. Ils avoient fomenté des dissensions et des guerres civiles parmi les princes maures; et à force de travaux, de dépenses et de sang, ils avoient enfin contraint la capitale de ce royaume à capituler le 2 janvier 1492 (2). Cet événement avoit rempli l'Europe de leur gloire. Ferdinand n'avoit pas négligé de faire pompe dans toutes les cours de ce qu'il avoit montré, à cette occasion, de piété, de dévotion à l'apôtre saint Jacques et à la

(1) Rymer. T. XII, p. 413, 417, 460.
(2) Mariana, *Hist. de Esp*. T. IX, c. 16 et seq., p. 149-179.

Vierge, d'horreur pour la souillure musulmane. Le pape Innocent VIII avoit, en conséquence, conféré à Ferdinand et Isabelle le titre de rois catholiques, qui leur fut confirmé la même année par Alexandre VI, son successeur; et Henri VII en Angleterre, Maximilien en Allemagne, avoient pris à tâche de publier leur triomphe (1). Mais cette conquête avoit laissé les rois d'Espagne épuisés d'hommes et d'argent. Leurs différends avec Charles VIII tenoient seulement à la possession de la Cerdagne et du Roussillon, que Jean II, roi d'Aragon, avoit engagés à Louis XI par le traité de Bayonne, du 21 mai 1462, pour la somme de 200,000 écus d'or (2). Dès-lors, les Espagnols avoient, à plusieurs reprises, cherché à ressaisir ces deux provinces, sans offrir de rendre l'argent pour lequel ils les avoient données en échange. Charles VIII, qui désiroit dissoudre la ligue formée contre lui, pour avoir une plus grande liberté de poursuivre les expéditions chevaleresques qu'il méditoit, qui, d'ailleurs, étoit ébloui de la gloire acquise par les rois catholiques à la conquête de Grenade, et qui croyoit, en se montrant généreux envers eux, concourir à une bonne œuvre, chargea Louis d'Amboise, évêque d'Alby, de se rendre à Bar-

---

(1) *Lord Bacon's History*, p. 52.—J. Molinet, c. 240, p. 184.

(2) D'autres disent 300,000, selon les différentes évaluations des monnoies.

celonne, pour contracter non seulement un traité de paix, mais d'alliance avec Ferdinand d'Aragon. Les ambassadeurs de France arrivèrent dès le 7 septembre à Perpignan. Leurs offres étoient si avantageuses qu'ils furent bientôt d'accord avec les monarques espagnols, et que la nouvelle de la paix et le détail de ses conditions se répandirent dans l'armée anglaise. Le traité ne fut cependant signé à Barcelonne que le 19 janvier 1493 (1). Charles VIII rendoit au roi d'Aragon les comtés de Roussillon et de Cerdagne, sans compensation et comme gage de leur alliance ; mais, d'autre part, les roi et reine de Castille et d'Aragon lui promettoient de le seconder contre ses ennemis les Anglais et le roi des Romains, de ne jamais unir leurs enfans en mariage à ceux de Maximilien ou de Henri VII, et de préférer l'alliance de la France à toute autre qu'ils auroient déjà contractée ou qu'ils contracteroient à l'avenir. Les droits de la France sur le Roussillon et la Cerdagne étoient cependant réservés pour être examinés par des commissaires, et les provinces devoient retourner à la France si l'Espagne manquoit à ses engagemens. On assure que ce fut en corrompant à prix d'argent deux moines franciscains, dont l'un étoit confesseur d'Anne de Bourbon, et l'autre

---

(1) Il est rapporté par Denys Godefroy, Preuves de Charles VIII, p. 664. — Traités de Paix. T. I, p. 771. — Dumont, Corps diplom. T. III, P. II, p. 297.

avoit acquis, par son éloquence, beaucoup de crédit sur Charles VIII, que Ferdinand obtint des conditions aussi avantageuses. Ces moines affirmoient que Louis XI souffriroit en purgatoire des tourmens cruels, jusqu'à ce que son fils eût restitué aux rois d'Espagne des biens qu'il avoit mal acquis. (1)

1492.

Henri VII eut soin de faire savoir à son armée que les rois d'Espagne, sur la coopération desquels il avoit compté, s'étoient déclarés contre lui, vendant en quelque sorte leur alliance pour le gage d'une dette de 200,000 écus. Il annonça, d'autre part, que le maréchal d'Esquerdes lui faisoit, au nom de Charles VIII, des offres de paix très avantageuses; il les communiqua en détail à vingt-quatre de ses capitaines, en leur demandant leur avis. Ceux-ci, déjà fatigués des pluies et de la mauvaise saison, rebutés des difficultés que présentoit le siége de Boulogne, découragés par l'abandon de tous leurs alliés, opinèrent tous, d'un commun accord, que les conditions offertes par le roi de France étoient honorables et avantageuses; et ils signèrent une *requête et supplication* adressée à leur roi pour l'engager à les accepter. (2)

(1) *Arnoldi Ferronii Burdigalensis*, L. I, p. 2, 3. — *Franc. Belcarii Commentar.* L. IV, p. 111. — Cont. de Monstrelet, f. 211. — Hist. de Langued. T. V, L. XXXVI, p. 83. — Mariana, *Hist. de Esp.* L. XXVI, c. 1, p. 187, et c. 4, p. 212.

(2) Elle est imprimée dans Rymer. T. XII, p. 490.

Henri VII, se regardant ainsi comme justifié envers son peuple, signa à Étaples, le 3 novembre, un traité dont, selon toute apparence, les bases étoient, depuis long-temps, arrêtées entre lui et la France; car, dès le 12 juin, il avoit donné des pouvoirs suffisans à l'évêque de Bath et au lieutenant de Calais, pour conclure la paix; et ceux-ci n'avoient pas cessé de négocier, dans le temps même où Henri entretenoit son peuple de ses projets belliqueux (1). Le roi de France avoit consenti à acheter la paix par un sacrifice énorme d'argent. Il avoit reconnu la dette de la reine Anne sa femme, comme duchesse de Bretagne, pour 620,000 écus d'or, et la sienne propre, comme arrérages de la pension que son père s'étoit engagé à payer à l'Angleterre, pour 125,000 écus d'or, en total 745,000 écus, qu'il s'étoit engagé à payer en quinze ans, à Calais, à raison de 50,000 écus par année. Cette obligation faisoit l'objet d'un article séparé, annexé au traité d'Étaples (2). Le traité lui-même ne portoit autre chose que l'obligation d'observer une paix sincère entre les deux couronnes, jusqu'à un an après la mort du dernier survivant entre les deux rois. Un terme de quatre mois étoit accordé au roi des Romains, pour s'y faire com-

---

(1) Rymer. T. XII, p. 481. — Dumont, Corps diplomat. T. III, P. II, p. 291.

(2) Rymer. T. XII, p. 506.

prendre (1). Presque tous les souverains de l'Europe étoient nommés comme alliés de Charles ou de Henri, et souvent de tous deux. La paix d'Étaples fut ratifiée par Charles VIII, le 6 novembre, à Tours, où il étoit toujours demeuré; Henri VII, qui s'apercevoit, aux quolibets de ses soldats et au mécontentement des pairs de son royaume, que sa politique avoit été devinée, et que la paix qu'il venoit de signer étoit regardée comme honteuse, ne se pressa pas de retourner en Angleterre; il n'arriva à Londres que le 17 décembre. (2)

Pendant que la nouvelle de la signature de la paix d'Étaples répandoit la joie dans les provinces voisines de Calais, quelques bourgeois d'Arras profitèrent de la sécurité qu'elle inspiroit, pour livrer leur ville au lieutenant du roi des Romains. Les Artésiens s'étoient montrés si passionnément dévoués à la maison de Bourgogne, que nous avons vu que Louis XI avoit cru nécessaire de chasser tous les anciens habitans d'Arras, et de les remplacer par des gens appelés de toutes les provinces de France. Cependant quelques uns

___

(1) Rymer. T. XII, p. 497-510. — Traités de Paix. T. I, p. 758. — Molinet en donne un extrait fort inexact. T. XLVI, c. 258, p. 328. — Flassan, L. II, p. 259.

(2) Lord Bacon's *History of Henry the VII*, p. 55. — Polyd. Vergil., *Hist. angl.*, L. XXVI, p. 586. — Rapin Thoyras, L. XIV, p. 284. — Hume. T. V, c. 25, p. 46.

des anciens bourgeois étoient rentrés dans Arras, surtout depuis la mort de Louis XI. Parmi eux, un maçon, un peintre, et quelques autres gens de métier, exposèrent leur vie pour soumettre de nouveau leur patrie au petit-fils de leurs anciens maîtres. Leur complot duroit depuis plusieurs années. Ils les avoient employées à se procurer les empreintes de toutes les clefs qui fermoient les divers guichets des portes de la ville, et de la cloche du beffroy. Il y en avoit quinze ou seize; ils les portèrent dans les villes bourguignones, où ils firent fabriquer de fausses clefs. Ils s'entendirent en même temps avec Robert de Melun et Louis de Vauldrey, qui commandoient les forteresses du Hainaut les plus rapprochées. Les conjurés n'étoient que treize; ils convinrent cependant que dans la nuit du dimanche 4 novembre, ils s'empareroient, à l'aide de leurs fausses clefs, de la porte nommée Hagerue; les chefs bourguignons devoient arriver jusque sous les murs avec une force suffisante, sans se laisser apercevoir; quelques uns d'entre eux chanteroient une chanson populaire qui étoit alors en vogue; s'ils entendoient les gardes de la porte en répéter le refrain, ils pourroient compter que c'étoient leurs amis. En effet, Louis de Vauldrey arriva à onze heures du soir devant la porte Hagerue, avec quatorze cents Allemands, cent Suisses et des Hennuyers et Bourguignons qui portoient sa troupe à quatre mille hommes ; les signaux furent donnés et reçus ; toutes les serrures, toutes les portes furent ouvertes en silence, la cloche d'alarme avoit été mise hors d'état de sonner, et les Bourguignons arrivèrent jusqu'à la place du marché sans être aperçus : les bourgeois, qui avoient passé la journée dans l'ivresse pour célébrer la paix, dormoient profondément, ainsi que le breton Kerkelevant, commandant de la forteresse. Le cri terrible de *vive Bourgogne et ville gagnée* les réveilla en sursaut : ce cri étoit une annonce trop fidèle du traitement qui leur étoit réservé. Les soldats sans compassion pour de malheureux bourgeois qui ne leur avoient jamais fait de mal, non seulement pillèrent tout ce qu'ils purent atteindre dans le premier moment, mais ils continuèrent leurs vexations et leurs cruautés pendant des mois entiers ; ils ne respectèrent pas plus les richesses des autels que celles des bourgeois, les personnes de l'évêque et des chanoines que celles des particuliers ; les uns après les autres étoient mis à la torture pour les forcer de confesser où ils avoient caché leurs trésors ; et les insensés conspirateurs qui avoient livré leur patrie à ces barbares ne furent pas plus épargnés que les autres. Kerkelevant, qui, à la première alarme, avoit voulu s'enfuir du côté de la campagne, fut arrêté et fait prisonnier, avec environ cent vingt cavaliers qu'il avoit sous ses ordres (1). Le maréchal d'Esquerdes, qui commandoit dans la province, tenta vainement de recouvrer cette ville importante, et ne put y réussir; au contraire, il se laissa encore enlever celle de Bapaume, puis celle de Lens en Artois. Il reprit cependant la dernière, et Robinet Ruffin, qui la lui avoit enlevée, demeura son prisonnier. (2)

Malgré ces avantages remportés par les lieutenans de Maximilien, celui-ci ne tarda pas à rechercher la paix avec la France. Il y avoit alors quatre ans qu'il n'étoit point rentré dans les Pays-Bas; il n'avoit pris personnellement aucune part à la guerre de Bretagne ou à celle de Picardie. La vieillesse et la maladie de son père l'empereur Frédéric III, qui étoit parvenu à l'âge de soixante-dix-huit ans, et qui mourut le 19 août 1493, l'avoient retenu constamment en Allemagne, soit pour faire la guerre contre les Hongrois, soit pour rétablir quelque ordre dans les provinces d'Autriche qui avoient été ruinées pendant l'invasion de Matthias Corvinus (3). On doit croire que Maximilien n'avoit pas été insensible au double affront qui lui avoit été fait

---

(1) J. Molinet. T. XLVI, c. 259, p. 332-351. — *Arnoldi Ferronii*, L. I, p. 2. — *Fr. Belcarii Comment.*, L. IV, p. 111. — Cont. de Monstrelet, p. 212.

(2) J. Molinet, c. 261, 262, p. 351, 355.

(3) Coxe, Maison d'Autriche. T. I, c. 19, p. 489.

par la France; cependant on ne voit pas qu'il ait envoyé à Charles VIII ni lettres, ni défi, ni ambassade pour exprimer son ressentiment, ni armée pour se venger. (1)

Au contraire, dès qu'il fut informé que Charles VIII étoit désireux de terminer leurs différends par une bonne paix et de lui rendre sa fille, il envoya à Senlis Guillaume, évêque d'Aichstadt, le marquis de Bade, les comtes de Nassau et de Solre, et quelques autres, munis de pleins-pouvoirs, en son nom et au nom de l'archiduc son fils, pour négocier avec les conseillers de Charles VIII, qui étoit alors lui-même dans cette ville. Charles, toujours occupé de l'expédition d'Italie, qui devoit, selon lui, le conduire à renverser l'empire turc, étoit disposé à de grandes concessions pour avoir la paix avec les princes ses voisins; d'ailleurs, il se sentoit lié par le droit des traités. En rompant son mariage avec Marguerite d'Autriche, il ne pouvoit garder les provinces qui, par le traité d'Arras, lui avoient été assignées pour dot. Ses négociateurs le reconnurent, et ils signèrent, le 23 mai 1493, le traité de Senlis, par lequel le roi de France s'engageoit, 1°. à renvoyer honorablement la princesse Marguerite à Maximilien son père, lequel déchargeoit Charles VIII de toutes les clauses du traité

---

(1) J. Molinet. T. XLVII, c. 271, p. 3.

précédent qui se rapportoient au mariage alors projeté; 2°. à poursuivre par voie amiable ou de justice, et non autrement, contradictoirement avec l'archiduc Philippe, ceux de ses droits à la succession de Charles-le-Téméraire qui n'étoient pas réglés par le présent traité; 3°. à rendre au roi des Romains, comme père et mainbourg de son fils l'archiduc Philippe, les comtés de Bourgogne, d'Artois, de Charolais et la seigneurie de Noyers, sauf les droits de ressort et de souveraineté. Toutefois le maréchal d'Esquerdes devoit garder en dépôt les villes de Hesdin, Aire et Béthune, pendant quatre années, ou jusqu'à ce que l'archiduc eût accompli vingt ans, et pût faire au roi son hommage. En garantie de cette paix, Charles VIII donna au roi des Romains des lettres et scellés des ducs d'Orléans, de Bourbon, de Nemours, des comtes d'Angoulême, de Montpensier, de Vendôme, du prince d'Orange, des maréchaux et de l'amiral de France, ainsi que des villes de Paris, Rouen, Lyon, Poitiers, Tours, Angers, Orléans, Amiens et Tournai. Maximilien et l'archiduc fournissoient également les scellés des principaux seigneurs et des premières villes de leur domination. (1)

(1) J. Molinet. T. XLVI, c. 263, p. 358-386. — Traités de Paix. T. I, p. 763. — Dumont. T. III, P. II, p. 303. — Godefroy, Preuves de Comines. T. V, p. 426-453. — L'extrait dans Flassan, Diplom. franç. T. I, L. II, p. 261.

Dans le vrai, Charles VIII ne faisoit aucune concession par ce traité, qui lui a été cependant fort reproché. Il retenoit entre les mains de son lieutenant les seules villes de l'Artois qui fussent encore en sa puissance; le reste étoit déjà conquis par les lieutenans de Maximilien. Il en étoit de même de la Franche-Comté. Après la surprise d'Arras, le sire de Vauldrey avoit tourné ses armes vers la Haute-Bourgogne; les Comtois, qui ne s'étoient jamais regardés comme Français, et qui étoient toujours dévoués à la famille de leurs princes, voyant que Marguerite, petite-fille de leur dernier duc, ne montoit pas sur le trône de France, et sentant que Charles n'avoit plus aucun droit à les retenir en sujétion, s'étoient de toutes parts soulevés. Les Français n'avoient pu se maintenir dans la province contre un vœu si unanime, et la ville impériale de Besançon avoit été elle-même contrainte d'ouvrir ses portes aux Autrichiens (1). La paix de Senlis, qui ne faisoit que confirmer ce que la justice exigeoit et que le sort des armes avoit résolu, fut publiée le 26 mai, et la jeune archiduchesse Marguerite fut ramenée en grande cérémonie, par les dames françaises qui avoient formé sa cour, à Valenciennes, où elle fut consignée à ses parens. (2)

1493.

(1) Hist. de Bourgogne. T. IV, L. XXII, p. 527.
(2) J. Molinet, c. 264, p. 387.

1493. La pacification de la Bretagne, par sa réunion avec la France, et les traités de paix avec l'Angleterre, l'Espagne et le roi des Romains, assuroient la tranquillité de la France sur toutes ses frontières, et favorisoient, soit les projets chevaleresques de son jeune roi pour une guerre sacrée contre les Turcs, soit les vues moins extravagantes de ses conseillers, pour étendre sa domination sur l'Italie. Depuis long-temps l'Italie étoit pour les Français un objet d'admiration, d'envie et de cupidité. Pendant toute la durée des deux maisons d'Anjou, ou dès le règne de Saint-Louis, une branche de la maison de France avoit possédé le royaume de Naples, ou y avoit prétendu. A chaque génération, tout au moins, de nouveaux essaims d'aventuriers français étoient partis de Provence ou de France pour faire la guerre dans ces belles provinces. La terre avoit bientôt recouvert les os de ceux qui y avoient péri : ils étoient oubliés, tandis que leurs compagnons, plus fortunés, excitoient l'admiration ou l'envie. Ils revenoient couverts des brillantes armures fabriquées en Lombardie, ou des somptueuses étoffes de Florence, enrichis par le pillage, accoutumés à des jouissances nouvelles, et plus avides encore des biens qu'ils avoient vus étalés sous leurs yeux, que satisfaits de ceux qu'ils s'étoient appropriés. Les guerres d'Italie étoient populaires en France, comme les guerres de France étoient populaires en Angleterre, et pour les mêmes raisons. On n'avoit transmis le souvenir que des victoires gagnées, on se taisoit sur les revers ; le vieux soldat, de retour dans sa patrie, vantoit les délices d'un plus doux climat, les vins exquis qu'il trouvoit à foison, les récompenses accordées à la bravoure par les femmes, qui savoient reconnoître combien ses compatriotes étoient plus vaillans que les habitans du midi. Lors même qu'il n'y avoit point de guerre nationale entre la France et l'Italie, de nombreux aventuriers continuoient à descendre chaque année dans cette dernière contrée, pour se mettre au service des princes de Lombardie, des républiques de Toscane, de l'Église, ou des barons napolitains. Rome, reconnue comme la capitale de la religion, attiroit en même temps tous les regards des prêtres et des fidèles. Dans aucun temps, enfin, les rois de France n'avoient perdu l'Italie de vue. Louis XI, si désireux de conserver la paix, si prêt à l'acheter par d'immenses sacrifices, si persuadé qu'il ne pourroit s'éloigner de France sans perdre son trône, tant il se sentoit entouré de haine, avoit cependant cherché à acquérir des droits sur cette contrée, dont il suivoit avec intérêt toutes les révolutions. Lorsqu'il apprit, en 1478, la conjuration des Pazzi contre les Médicis, il envoya à Florence Co-

1493. mines, sire d'Argenton, le plus habile des politiques qu'il eût à son service (1). Il lui donna commission d'engager le duc de Milan à secourir Laurent de Médicis, et en même temps il le chargea de recevoir l'hommage de la république de Gênes. Comme, d'autre part, le duc d'Orléans, son gendre, avoit hérité de la seigneurie d'Asti, donnée en dot à Valentine Visconti, et comme le marquis de Saluces avoit fait hommage de son fief au roi, en sa qualité de dauphin de Viennois, Louis XI se trouvoit maître des portes de l'Italie.

En suivant le projet d'étendre sa domination sur l'Italie, Louis XI avoit pris à tâche d'acquérir tous les droits de la maison d'Anjou sur le royaume de Naples. Il avoit commencé par se faire céder par la reine Marguerite d'Angleterre toutes ses prétentions à la succession du roi René son père, et en particulier ses droits sur le duché de Bar, la Lorraine, la Provence, Forcalquier et le Piémont (2). Il engagea ensuite le roi René à choisir pour son successeur, non point le fils de sa fille aînée, René II, duc de Lorraine, selon le droit de représentation établi dans les fiefs féminins, mais son frère Charles

---

(1) Phil. de Comines, L. VI, c. 5, p. 40.

(2) *Voyez* les deux donations de Marguerite, des 7 mars 1475 et 19 octobre 1480, dans les Preuves de Godefroy sur Comines. T. IV, p. 340 et 350.

du Maine, en faveur duquel René l'Ancien testa 1493.
le 22 juillet 1474 (1). Charles, souverain reconnu
de Provence, et prenant le titre de roi de Sicile,
appela à son tour Louis XI, par son testament du
10 décembre 1481, à être son héritier universel. (2)

Tout étoit donc préparé dès le temps de Louis XI
pour faire valoir des prétentions qui, dans le
fait, n'avoient aucune solidité. Le gouvernement
des nations ne se transmet pas par testament, au
mépris des droits des successeurs légitimes; aussi
le testament de Jeanne Ire, ou celui de Jeanne II,
en faveur de la seconde maison d'Anjou, n'a-
voient-ils pas été reconnus par les peuples dont
ils disposoient; et le testament de Charles III,
qui déshéritoit René II, duc de Lorraine, seul
descendant de la seconde maison d'Anjou, n'a-
voit pas plus de validité. De tels scrupules n'auroient point arrêté Louis XI, si l'occasion s'étoit
montrée favorable. Il s'étoit assuré l'entrée de
l'Italie par Saluces, par Asti et par Gênes; il
avoit cultivé soigneusement l'amitié des ducs de
Milan, François, et ensuite Galeaz Sforza; la
veuve du dernier, Bonne de Savoie, étoit sa
belle-sœur, et elle avoit été régente pour son fils
Jean Galéas. Les princes mineurs qui s'étoient
succédé en Savoie étoient doublement ses neveux, et il avoit réussi tantôt par leur mère,

(1) Comines de Godefroy, Preuves. T. V, p. 27.
(2) *Ibid.* T. V, p. 43.

qui étoit sa sœur, tantôt par leurs oncles, qui étoient ses beaux-frères, à tenir la Savoie et le Piémont dans l'obéissance. Louis avoit en même temps resserré son alliance avec les Médicis et la république florentine ; il courtisoit la faveur des papes, enfin il attiroit à sa cour les mécontens du royaume de Naples.

Ferdinand d'Aragon, fils naturel d'Alphonse-le-Magnanime, et qui lui avoit succédé en 1458 sur le trône de Naples, avoit gouverné ce royaume avec tant de cruauté et de perfidie, que de fréquentes révoltes avoient éclaté contre lui, et qu'une partie de la noblesse n'avoit cessé de travailler à rendre la couronne aux princes français, qui, s'ils n'y avoient pas un meilleur titre, montroient du moins plus de vertu. Tour à tour René d'Anjou et son fils le duc de Calabre avoient été appelés par eux. Après la mort de Louis XI, en 1485, ils avoient aussi appelé à Naples René II, duc de Lorraine; Innocent VIII, qui régnoit alors, avoit reconnu son titre, et une révolte universelle avoit éclaté contre Ferdinand. René II, qui, alors même, commençoit à se détacher d'Anne de Beaujeu, qu'il avoit d'abord servie contre les autres princes du sang, ne put obtenir d'elle d'autre secours, pour cette entreprise, qu'une promesse de 60,000 francs, dont il toucha seulement 20,000, et sa compagnie de cent lances d'ordonnance. Il s'achemina vers le midi, pour passer en Italie, mais si lentement, qu'il étoit encore à Moulins lorsque, le 11 août 1486, Ferdinand fit la paix avec ses barons révoltés, et peu après les fit tous périr en trahison (1). La lenteur de René II et les funestes conséquences de sa foiblesse lui firent dès-lors perdre tout crédit auprès des barons angevins; au lieu de s'adresser à un prince si peu puissant et si éloigné, ils mirent désormais tout leur espoir dans le roi de France; ils s'adressèrent à Charles VIII, et tous les courtisans de celui-ci s'empressèrent de lui dire que c'étoit à lui, non à René, qu'appartenoit le royaume de Naples, et que la gloire de le reconquérir étoit réservée à son adolescence. (2)

Parmi les émigrés napolitains qui cherchoient à engager Charles VIII à faire valoir les droits de la maison d'Anjou sur le royaume de Naples, deux des plus distingués étoient les princes de Salerne et de Bisignano, de la maison San Severino; ayant échappé aux proscriptions de Ferdinand, ils s'étoient réfugiés à la cour de France. Ils y furent joints, en 1493, par le comte de Cajazzo, chef de la branche bâtarde de la même maison, qui, durant la seconde moitié du quinzième siècle, s'étoit distinguée dans les guerres de la Lombardie. Celui-ci étoit envoyé au roi

---

(1) Républ. ital. T. XI, c. 89, p. 262-280.
(2) Phil. de Comines. T. XII, L. VII, c. 1, p. 135.

de France par Louis-le-Maure, administrateur du duché de Milan, conjointement avec Charles de Barbiano, comte de Belgiojoso. Louis-le-Maure, fils du grand Francesco Sforza, s'étoit emparé, en 1479, de la régence du duché de Milan; il avoit supplanté Bonne de Savoie, mère du jeune duc Jean Galéas, qui s'étoit montrée fort peu digne de gouverner l'État. Jean Galéas, en avançant en âge, avoit laissé voir qu'il avoit hérité seulement de l'incapacité et des vices de sa mère; et quoi qu'il eût alors vingt-cinq ans, il étoit aussi hors d'état que durant son enfance de comprendre les affaires ou de les diriger. Louis-le-Maure, qui l'avoit marié à une petite-fille du roi Ferdinand de Naples, lui laissoit le titre et la pompe d'un souverain, mais il s'en réservoit à lui-même toute l'autorité. Toutefois depuis peu, Isabelle d'Aragon, femme de Jean Galéas, avoit cherché à ressaisir pour elle-même le pouvoir qui auroit dû appartenir à son mari. « Elle étoit, dit Comines, fort courageuse, et « eût volontiers donné crédit à son mari, si elle « eût pu; mais il n'étoit pas guère sage, et ré- « véloit ce qu'elle lui disoit » (1). Elle avoit engagé les ambassadeurs du roi Ferdinand à demander à Louis-le-Maure qu'il laissât désormais Jean Galéas gouverner lui-même ses États. Jusqu'alors Louis-le-Maure avoit cherché à réunir

---

(1) Phil. de Comines. L. VII, c. 2, p. 143.

l'Italie en un seul corps, pour faire mieux respecter aux étrangers son indépendance ; mais il s'aperçut alors qu'il étoit l'objet de la jalousie de tous les États d'Italie, qui s'accordoient pour le dépouiller de son pouvoir : c'étoit l'objet d'une alliance que venoit de contracter Ferdinand avec Pierre de Médicis. Ce dernier avoit succédé le 8 avril 1492, par la mort de Laurent-le-Magnifique son père, au crédit que celui-ci exerçoit sur la république florentine, mais non à ses talens. Le 11 août 1492, le scandaleux Roderic Borgia s'étoit assis sur la chaire de saint Pierre, par une élection simoniaque, sous le nom d'Alexandre VI, et on savoit qu'il étoit prêt à se vendre à celui qui l'achèteroit. Les Vénitiens enfin n'avoient point pardonné à la famille de Sforza d'avoir assujetti la Lombardie, à la domination de laquelle ils prétendoient eux-mêmes. Louis-le-Maure se voyant entouré d'ennemis, chercha à se procurer un appui au-delà des monts, et appela lui-même les étrangers dans la Péninsule, que jusqu'alors il avoit voulu défendre. C'étoit le but de l'envoi de ses deux ambassadeurs à Charles VIII. En excitant le roi français à venir disputer à Ferdinand sa couronne, il croyoit tout au plus inquiéter ce vieux politique, et il ne prévoyoit point qu'il pût le renverser. (1)

Louis-le-Maure avoit recherché l'alliance des

---

(1) Républ. ital. T. XII, c. 92, p. 78.

Allemands en même temps que celle des Français : il avoit offert sa nièce, Blanche Sforza, sœur du jeune duc, en mariage à Maximilien roi des Romains, avec une dot de quatre cent mille ducats, et les noces furent célébrées à Milan le 1er décembre 1493 (1). Mais il ne trouva que peu d'appui dans ce prince, plus noté encore pour son inconséquence que pour sa bravoure. Charles VIII, au contraire, quoiqu'il eût moins de talent, de vaillance et de jugement que Maximilien, se trouva être un allié bien plus puissant, plus actif et plus zélé que lui. Il le fut beaucoup plus que Louis-le-Maure n'avoit songé à le désirer. A peine ses ambassadeurs l'eurent-ils invité à faire passer quelques troupes en Italie, que les courtisans et le roi saisirent cette demande avec empressement. On ne parloit à la cour de France que de la richesse infinie de ces souverainetés d'Italie, de cette Lombardie, où le seul duc de Milan levoit par année de six cent cinquante à sept cent mille ducats (2); des fiefs que chaque courtisan obtiendroit dans le royaume de Naples, lorsque le roi confisqueroit ceux des nobles dévoués à la maison d'Aragon ; des bénéfices ecclésiastiques que le pape accorderoit aux prélats que lui recommanderoit un roi vainqueur. En même temps on entretenoit le roi

(1) J. Molinet. T. XLVI, c. 269, p. 409.
(2) Phil. de Comines. L. VII, c. 3, p. 156.

de croisades et de conquêtes chevaleresques, on l'assuroit que le trône du sultan, à Constantinople, seroit bientôt renversé par la vigueur de son bras, et le tombeau du Christ délivré à Jérusalem.

La présence en France d'un prince ottoman, qui étoit venu y chercher un refuge, avoit contribué à exciter le désir de Charles VIII de conquérir l'empire turc. Lorsque Mahomet II mourut, le 3 mai 1481, ses deux fils, Bajazet II et Gem ou Zizim, se disputèrent son héritage. Le second fut vaincu le 16 juin 1482 à Serviza, près d'Iconium, et ne trouvant point de sûreté sur le continent de l'Asie, il étoit venu chercher un refuge à Rhodes. (1)

Le grand-maître, Pierre d'Aubusson, et les chevaliers ne comprirent point qu'un devoir d'hospitalité ou de charité pouvoit les lier, même envers un Turc; ils ne virent dans ce malheureux prince qu'un objet de marchandise. « Incontinent ils se
« saisirent de sa personne, dit Guillaume de Ja-
« ligny, étant fort joyeux de l'aventure qui leur
« étoit advenue, et espérant d'en bien faire leur
« profit ; ils donnèrent bon et sûr ordre pour la
« garde de sa personne. Aussitôt que le frère,
« qui usurpoit la seigneurie, sut comme son dit
« frère étoit ainsi échappé, il en fut très dé-

(1) *Demetrius Cantemir*, L. III, c. 2, §. 1 à 5, p. 124. — *Annales Turcici Leunclavii*, p. 259.

« plaisant. Toutefois, incontinent après, il en-
« voya une grande et solennelle ambassade devers
« le grand-maître de Rhodes, pour pratiquer
« s'il seroit possible de ravoir son frère, ou, à
« tout le moins, d'être assuré qu'il ne lui pût
« nuire à l'avenir. Enfin, il fut conclu entre eux
« que ledit frère jouissant donneroit par chacun
« an une bonne et grande pension au grand-
« maître de Rhodes, et en outre, qu'il four-
« niroit autre grande somme d'argent pour la dé-
« pense de son frère spolié et pour sa garde. »(1)

Ce paiement annuel que faisoit la Porte devint ensuite l'objet de honteux traités entre les puissances de l'Europe. Le grand-maître, qui ne croyoit pas Gem assez en sûreté dans l'île de Rhodes, où un empoisonneur auroit pu mettre un terme à sa pension comme à sa vie, le fit conduire en France, dans la commanderie du sire de Bocalamy son parent, dans le comté de la Marche : puis, au mois de janvier 1489, il consentit à le céder, avec les pensions que lui faisoit Bajazet, au pape Innocent VIII, qui, en retour, le fit cardinal. Pendant son séjour en France, Gem avoit repoussé les offres de Louis XI, qui lui offroit son assistance s'il vouloit se faire chrétien ; à Rome, et jusqu'à la fin de sa vie, il demeura également fidèle à la foi

---

(1) Guill. de Jaligny, Hist. de Charles VIII, p. 63.

musulmane. Un ambassadeur turc étoit venu à Paris, pendant cette négociation de d'Aubusson, pour engager Charles VIII à livrer Gem au sultan, lui offrant en compensation toutes les reliques qu'il avoit conquises à Constantinople. Charles ne crut pas pouvoir, même pour un but qu'il jugeoit si pieux, disposer de la vie d'un prince qui appartenoit au grand-maître ; il le laissa donc partir pour Rome, mais en se proposant de le redemander au pape quand il conduiroit son armée contre les Turcs. (1)

Louis-le-Maure avoit supposé que Charles VIII, assuré de son alliance, feroit passer dans le royaume de Naples quelques milliers de soldats français seulement, comme avoient fait, à plusieurs reprises, les princes de la maison d'Anjou. Mais les ambassadeurs qu'il lui avoit envoyés, intéressés eux-mêmes à une révolution, le poussèrent à accomplir les projets romanesques qu'il avoit formés, pour marcher sur les traces de Charlemagne et de ses paladins. Le financier Briçonnet s'étoit fait donner, en 1490, l'évêché de Saint-Malo ; les ambassadeurs de Milan lui conseillèrent de se faire ordonner prêtre, l'assurant que le crédit du roi, lorsqu'il seroit une fois arrivé à Rome, le feroit bientôt cardinal : ils flattèrent en même temps Étienne de Vesc, sé=

---

(1) Guill. de Jaligny, p. 63-65.

néchal de Beaucaire, de l'espérance d'obtenir un duché dans le royaume de Naples. (1)

Lorsqu'ils se furent ainsi assurés de l'appui des deux favoris du roi, ils engagèrent celui-ci à signer un traité, qui fut tenu fort secret, par lequel le duc de Milan, et Louis-le-Maure, en son nom, promettoient de livrer passage aux Français, tant par les villes de la Lombardie que par celles de l'État de Gênes, de leur payer deux cent mille ducats, et de mettre à leur disposition cinq cents hommes d'armes et toute la flotte des Génois. De son côté, Charles promettoit de laisser deux cents lances françaises dans Asti, prêtes à seconder Louis-le-Maure, et de donner à celui-ci le duché de Tarente, dès que lui-même auroit conquis le royaume de Naples. (2)

Tout sembloit résolu pour l'invasion de l'Italie; mais ceux qui la désiroient ne tenoient rien encore. Charles VIII, dans sa jeune tête, se représentoit la guerre telle qu'il la voyoit décrite dans les romans de chevalerie. Il croyoit n'avoir autre chose à faire qu'à monter à cheval et se faire suivre de sa noblesse. Aussi ne se préparoit-il à son expédition que par des tournois et des fêtes, où il dépensoit l'argent qu'il auroit dû

---

(1) Phil. de Comines. L. VII, c. 3, p. 150.
(2) *Franc. Guicciardini*, Lib. I, p. 19, édit. de 1645, in-4. — Républ. ital. T. XII, c. 92, p. 90. — *Fr. Belcarii*, L. V, p. 123.

amasser pour la guerre. « Il n'étoit point pour-
« vu, dit Comines, ni de sens, ni d'argent, ni
« d'autre chose nécessaire à telle entreprise. Il
« n'avoit que vingt-deux ans, ne faisoit que
« saillir du nid, et ceux qui le conduisoient, à
« savoir : Étienne de Vesc, sénéchal de Beau-
« caire, et le général Briçonnet, de présent car-
« dinal de Saint-Malo, étoient deux hommes de
« petit état, et qui de nulle chose n'avoient eu
« expérience » (1). L'un d'eux ne tarda pas à
s'effrayer et à songer à retourner en arrière,
quand le projet soumis aux délibérations du conseil rencontra une forte opposition de la part du
duc et de la duchesse de Bourbon. « Le cœur
« faillit au dit général, voyant que tout homme
« sage et raisonnable blâmoit l'allée de par-delà,
« par plusieurs raisons, et par être là sur les
« champs au mois d'août, sans argent et sans
« toutes autres choses nécessaires. Et demeura
« la foi au dit sénéchal seul, dont j'ai parlé ; et
« fit le roi mauvais visage au dit général, trois ou
« quatre jours ; puis il se remit en train. Si mou-
« rut à l'heure un serviteur du dit sénéchal,
« comme l'on disoit, de peste, par quoi il n'osoit
« aller autour du roi, dont il étoit bien troublé ;
« car nul ne sollicitoit le cas. Monsieur de Bour-
« bon et madame étoient là, cherchant de rom-

(1) Phil. de Comines. T. XII, L. VII, c. 5, p. 163.

1493. « pre le dit voyage à leur pouvoir; et leur en
« tenoit propos le dit général; et l'un jour étoit
« l'allée rompue, et l'autre renouvelée. A la fin,
« le roi se délibéra de partir. » (1)

Il y avoit pourtant déjà chez les Français cette aptitude aux affaires, cette activité et cette intelligence qui préparent le succès de presque tout ce qu'ils entreprennent. Tandis que les chefs entroient étourdiment dans le projet d'une campagne si difficile, sans songer aux mesures qu'elle exigeoit d'avance, leurs subordonnés combinèrent les moyens de connoître le pays où ils alloient s'engager, d'y trouver de l'appui, et de s'y préparer des ressources suffisantes. Sur
1494. leur proposition, il fut donc arrêté d'envoyer une ambassade à tous les États d'Italie, pour leur demander d'aider la maison de France à recouvrer ses justes droits; de préparer une flotte à Gênes pour assurer par mer le passage de l'armée; enfin de rassembler l'artillerie, qui, perfectionnée en France sous le règne de Charles VII, donnoit dès-lors aux armées françaises l'avantage sur toutes celles de l'Europe. Les quatre ambassadeurs choisis pour visiter les États d'Italie furent Éberard Stuard, sire d'Aubigny, parent des rois d'Écosse et petit-fils du connétable d'Écosse, tué à la bataille des Harengs,

(1) Phil. de Comines. T. XII, L. VII, c. 5, p. 165.

au service de Charles VII; Briçonnet, évêque de Saint-Malo; le président du parlement de Provence, et Perron de' Baschi, originaire d'Orviéto et serviteur du roi René, qui devoit initier les trois autres dans la politique italienne. L'année précédente, il avoit déjà parcouru l'Italie avec une mission secrète. (1)

1494.

Ces ambassadeurs se rendirent d'abord à Venise, et ils demandèrent au sénat de cette puissante république aide et conseil pour l'expédition du roi. Les Vénitiens n'aimoient ni le duc de Milan ni le roi de Naples; mais, loin de prévoir l'ascendant que les Français étoient sur le point d'acquérir en Italie, ils ne vouloient point s'allier à eux, de peur que tout le fardeau de la guerre où ils s'engageroient de concert ne retombât sur leurs seules épaules. Ils répondirent, à ce qu'assure Comines, « que aide ne lui pourroient-ils faire « pour la suspicion des Turcs; et que de con- « seiller à un si sage roi, et qui avoit si bon « conseil, ce seroit trop grande présomption à « eux; mais que plutôt lui aideroient que de lui « faire ennui » (2). Les mêmes ambassadeurs se présentèrent ensuite à Florence dans les premiers jours de mai 1494. Pierre de Médicis, qui étoit à peu près du même âge que Charles VIII, étoit tout aussi dénué de talens que lui. Son père

(1) *Fr. Belcarii*, L. V, p. 125.
(2) Mém. de Comines, L. VII, c. 5, p. 158.

avoit contracté une alliance intime avec la maison d'Aragon, et Pierre étoit résolu de lui demeurer fidèle. Cependant la république, où il commandoit en maître, se contenta aussi de donner une réponse évasive aux ambassadeurs du roi. Celle de Sienne allégua sa foiblesse, comme motif d'observer une exacte neutralité. Le pape Alexandre VI enfin protesta contre la tentative du roi de France, d'établir par les armes son droit au trône de Naples. C'étoit un fief du saint-siége, dit-il, et le pape seul, comme suzerain, devoit juger entre les compétiteurs. Déjà ses prédécesseurs avoient accordé l'investiture du royaume à la maison d'Aragon; une sentence apostolique pouvoit seule réformer ce jugement en faveur des représentans de la maison d'Anjou. (1)

Les rapports de ces ambassadeurs n'étoient pas faits pour donner beaucoup d'encouragement à la cour de France; cependant les paroles qu'on leur avoit données étoient beaucoup plus pacifiques que la disposition réelle des esprits. L'Italie se préparoit de toutes parts à la résistance; Ferdinand avoit donné une fille naturelle de son fils aîné en mariage au quatrième fils du pape, avec la principauté de Squillace pour dot; et Alexandre VI, qui songeoit surtout à établir richement sa famille, lui avoit dès-lors

---

(1) Républ. ital. T. XII, c. 92, p. 93. — *Guicciardini*, L. I, p. 26, 29. — *Raynaldi Annal. eccles.*, 1494, §. 18.

promis de le défendre de tout son pouvoir. Ferdinand avoit aussi fait des avances à Louis-le-Maure ; il lui avoit annoncé qu'au printemps il se rendroit par mer à Gênes, qu'il iroit ensuite chercher lui-même à Milan sa petite-fille Isabelle, et que l'ayant délivré de cet objet de jalousie, il ne doutoit point de recouvrer son ancienne amitié, par une condescendance entière à ses désirs (1). Mais Ferdinand, qui étoit déjà d'un âge avancé, fut atteint, au retour de la chasse, d'une maladie subite qui l'emporta le 25 janvier 1494. Il laissoit deux fils dans la force de l'âge et de l'expérience, et déjà distingués dans la carrière militaire, Alphonse II, qui lui succéda, et Frédéric (2). Alphonse II, plus orgueilleux et plus dur que son père, et se croyant irrésistible à la guerre depuis sa victoire sur les Turcs à Otrante, rompit les négociations avec Louis-le-Maure, et ne songea plus qu'à fermer tous les passages aux Français pour arriver jusqu'à lui. Il donna à son frère don Frédéric le commandement d'une flotte de trente-cinq galères, dix-huit grands vaisseaux et douze bâtimens plus petits, qui se rendit à Livourne pour attendre les Français au passage, s'ils tentoient de venir

1494.

---

(1) *Fr. Belcarii*, L. V, p. 124.

(2) Républ. ital. T. XII, c. 92, p. 102. — *Gio. Anton. Summonte Hist. della città e regno di Napoli.* T. III, L. VI, p. 481.

par mer; Pierre de Médicis s'étoit engagé à leur fermer les routes de l'Apennin avec les troupes de Florence, de Lucques et de Sienne, s'ils songeoient à prendre cette direction ; mais, comme Charles d'Anjou, Conradin, Louis de Hongrie, Charles de Duraz et Louis Ier d'Anjou avoient tous conduit par la Romagne et la Marche d'Ancône les armées avec lesquelles ils avoient envahi le royaume de Naples, et que c'étoit en effet la route qui sembloit convenir le mieux à une armée encombrée par un grand train d'artillerie et de cavalerie pesante, Alphonse destina son fils Ferdinand, duc de Calabre, déjà âgé de vingt-cinq ans, à commander l'armée, de cent escadrons de cavalerie et de trois mille arbalêtriers, qui défendroit cette route; il l'envoya en Romagne. Tous les petits princes de cette contrée, jusqu'à Bologne, s'étoient engagés dans son alliance, et s'étoient mis à sa solde, avec leurs compagnies d'aventuriers. (1)

Les conseillers de Charles VIII, effrayés de la longueur et de la difficulté des chemins, et avertis des obstacles que l'armée auroit à rencontrer en Romagne, songèrent en effet à la transporter par mer jusqu'à Naples. Pierre d'Urfé, grand-écuyer du roi, fut envoyé à Gênes avec tout l'argent qu'on put rassembler, pour faire armer

(1) Républ. ital., c. 93, p. 114. — *Fr. Guicciardini*, L. I, p. 31-38.

une flotte puissante : des transports furent préparés pour quinze cents chevaux et pour toute l'infanterie ; trente galères devoient les escorter. D'autres vaisseaux étoient préparés en même temps à Villefranche et à Marseille pour le reste de la cavalerie. Les palais des Doria et des Spinola avoient été retenus pour le roi et les seigneurs de sa cour, et une galère royale, dont la poupe étoit dorée, et qu'un pavillon de soie recouvroit tout entière, étoit destinée à le recevoir. (1)

On ne sait point ce qui fit abandonner ce projet, auquel on avoit consacré des sommes d'argent considérables. Ce ne fut que lorsque Charles VIII partit lui-même pour se mettre à la tête de l'armée de terre qu'il envoya son beau-frère le duc d'Orléans à Gênes, prendre le commandement de cette flotte. Le duc visita d'abord Asti, ville qui lui appartenoit, mais qu'il n'avoit point encore vue ; quand de là il se rendit à Gênes, la flotte napolitaine de don Frédéric menaçoit déjà les côtes de la Ligurie. (2)

Au commencement de l'année, Charles habitoit encore le château de Montils, près de Tours, d'où sont datées quelques unes de ses ordon-

---

(1) *Barthol. Senaregæ de Rebus Genuensium.* T. XXIV, *Scr. Ital.* p. 539. — *Uberti Folietæ Genuens. Hist.* L. XII, p. 663. — Républ. ital., c. 93, p. 120.

(2) Saint-Gelais, Hist. de Louis XII, p. 80.

nances, au mois de janvier (1). C'est là que les Parisiens lui envoyèrent une députation pour le supplier de ne pas s'éloigner de son royaume autant qu'il avoit annoncé vouloir le faire. Le roi leur avoit demandé un prêt de 100,000 écus pour son expédition, et la ville crut sans doute que cet intérêt si tendre qu'elle paroissoit prendre à sa personne étoit un moyen de faire mieux agréer son refus : Charles n'en fut pas la dupe; il refusa durement de donner audience à la députation parisienne, disant qu'il n'avoit pas besoin de tant de conseillers (2). Il partit de là pour Moulins, et ensuite Lyon, où il étoit arrivé avant le milieu d'avril. Mais là les voluptés lui firent oublier tous ses projets. A son arrivée à Lyon, dit Arnold Ferron, « il ne parut plus
« occupé que de son amour pour les plus belles
« femmes : il les invitoit à ses festins ; il leur dé-
« signoit des retraites secrètes, où ces femmes,
« qu'il avoit séduites, devoient le rencontrer;
« et il trouvoit des hommes, parmi la noblesse,
« qui se faisoient, avec empressement, ses mes-
« sagers et les ministres de ses plaisirs. Ainsi il
« abrégeoit les jours par des repas, et les nuits
« se prolongeoient pour les voluptés. De là, il
« passa à Vienne, ville située sur les confins du

(1) Isambert, Anc. Lois françaises. T. XI, p. 261.
(2) *Arnoldi Ferroni Burdigalensis.* L. I, p. 5. — Histoire de la ville de Paris. T. II, L. XVII, p. 891.

« Dauphiné; et là, sa sœur Anne, femme douée
« d'un grand esprit, lui adressa des remontrances
« qui commencèrent à le rappeler à la raison : il
« chercha dès-lors, par des pensées et des occu-
« pations militaires, à éviter l'occasion des vo-
« luptés. En même temps, il désigna Pierre de
« Bourbon, le mari de sa sœur Anne, pour vi-
« caire et recteur du royaume pendant son ab-
« sence; il nomma aussi des gouverneurs à toutes
« les provinces; mais tous devoient obéir à
« Bourbon. Ce ne fut pas sans faire verser beau-
« coup de larmes aux plus belles femmes de son
« royaume, auxquelles il s'arrachoit, qu'il se
« prépara ensuite à partir pour Naples. » (1)

L'ordre du départ ayant été donné à Vienne, Philippe de Comines se mit en route des premiers pour Briançon, afin de passer les montagnes avant la foule. Il avoit fait peu de chemin quand on le rappela pour lui dire que tout étoit rompu. Charles VIII avoit dissipé tout l'argent préparé pour son voyage; les caisses étoient vides, et l'on ne savoit comment pourvoir aux besoins les plus pressans. Déjà il avoit adressé aux diverses provinces, et même au Languedoc, pays d'États, qui savoit mieux faire respecter ses priviléges, des demandes d'emprunt forcé

---

(1) *Arnoldi Ferroni.* L. I, p. 3 et 4. — L'auteur, qui a écrit l'Histoire de 1494 à 1546, étoit conseiller au parlement de Bordeaux, et est mort en 1563.

dont il payoit l'intérêt au dix pour cent; il avoit aussi envoyé des mandemens pour presser tous les comptables en retard (1). Enfin un banquier de Milan avança 50,000 ducats, pour lesquels Louis-le-Maure lui donna sa caution. De son côté, Antonio Sauli, un des plus riches banquiers de Gênes, avança 100,000 écus d'or, qui coûtèrent il est vrai 14,000 francs d'intérêt pour quatre mois. Ces sommes suffisant aux besoins des premiers jours, le roi partit (2). Ce fut le 22 août 1494 qu'il se mit en route de Vienne pour Grenoble. Il y fit son entrée en grande solennité le 23, avec la reine et toute sa cour, et il y passa six jours, pendant lesquels on expédia les derniers ordres pour faire avancer la gendarmerie. Les seigneurs qui l'entouroient, et qui commandoient les divers corps de son armée, étoient les comtes de Montpensier, de Foix, de Luxembourg et de Vendôme; Engelbert de Clèves, le milanais Trivulzio, le prince de Salerne, Myollans, Pienne; les marquis de Saluces, de Vienne, de Rothelin; les maréchaux de Gié et de Rieux; les sénéchaux de Beaucaire et de Normandie (3). Le maréchal d'Esquerdes

(1) Isambert, Lois franç. T. XI, p. 261, 263.
(2) Comines. L. VII, c. 5, p. 165. — *Barthol. Senaregæ de rebus Genuens.*, p. 539.
(3) Pierre des Rey de Troyes, Voyage de Charles VIII, éd. de Godefroy, p. 194.

avoit dû aussi être du voyage, et le roi l'avoit appelé à Lyon; mais il y tomba malade, et il mourut à Bourg en Bresse (1). Baudricourt fut chargé, en l'absence du roi, de la lieutenance de Bourgogne; le baron d'Avaugour, frère naturel de la reine, eut avec Rohan le gouvernement de la Bretagne; la Champagne fut donnée au baron d'Orval; le pays de Caux, la Normandie et la Picardie à Graville. Le comte d'Angoulême garda le commandement de l'Angoumois et de la Guienne. Tous étoient également soumis aux ordres d'Anne, sœur du roi, et de son mari le duc Pierre de Bourbon (2). La reine Anne étoit encore auprès du roi; la présence de cette jeune personne de dix-huit ans ne l'avoit point arrêté dans les excès auxquels il s'étoit livré à Lyon; il ne lui montra aucune confiance et ne lui attribua aucune part au gouvernement; il prit congé d'elle à Grenoble, et il chargea son beau-frère le duc de Bourbon de l'emmener avec lui à Moulins, après quoi il partit de Grenoble le 29 août, se dirigeant vers le mont Genève pour entrer en Piémont. (3)

Le duc d'Orléans étoit, à cette époque, déjà arrivé à Gênes, où il s'étoit logé dans le palais

---

(1) Voyage de Charles VIII, éd. de Godefroy, p. 192.
(2) *Ibid.*
(3) André de la Vigne, Journal du Voyage de Charles VIII, p. 115, dans Godefroy.

du cardinal de Saint-Pierre *ad vincula*. Il s'étoit arrêté quelque temps à Alexandrie avec Louis-le-Maure, et il étoit convenu avec lui de son plan de campagne. Il avoit appris que don Frédéric venoit d'être repoussé de Porto-Venere, dont il avoit voulu s'emparer avec la flotte napolitaine. Antoine de Bissey, bailli de Dijon, venoit de lui amener trois mille soldats Suisses, avec lesquels il fit son entrée à Gênes (1). Il y avoit moins d'un mois que le duc d'Orléans étoit à Gênes lorsqu'il fut averti que don Frédéric, après s'être ravitaillé à Livourne, avoit paru de nouveau avec la flotte napolitaine dans la rivière de Levant. Il avoit débarqué à Rapallo, le 4 septembre, trois mille hommes d'infanterie, qui s'entourèrent à la hâte de quelques retranchemens. Le duc d'Orléans fit aussitôt monter partie des Suisses sur sa flotte pour reprendre Rapallo, en même temps qu'Anton Maria San-Séverino, un des lieutenans de Louis-le-Maure, s'y rendoit par terre avec sa gendarmerie italienne. Don Frédéric n'osa pas attendre la flotte française dans le golfe de Rapallo, et se retira. Le 8 septembre, le duc d'Orléans débarqua ses Suisses tout près de Rapallo, tandis que San-Séverino arrivoit de Recco : le combat s'engagea le soir même avec les trois mille Napolitains qui

---

(1) *Barth. Senaregæ de Reb. Genuens.*, p. 540.

s'étoient fortifiés dans la bourgade. Il fut acharné, mais enfin les ultramontains triomphèrent. C'étoit le premier sang versé dans cette guerre terrible qui ne devoit se terminer que par la ruine de l'Italie. Il effraya la péninsule entière, bien plus par la férocité des Suisses que par leur valeur. Les guerres de France étoient depuis long-temps plus sanglantes que celles d'Italie, justement parce qu'elles étoient décidées plutôt par une valeur brutale que par l'habileté des chefs : mais les Français et les Suisses transportés en Italie, s'y montrèrent bien plus féroces que chez eux. Ils sembloient s'acharner d'autant plus qu'ils avoient moins de sujet de ressentiment contre ceux qu'ils combattoient. Une haine aveugle leur tenoit lieu de cette rivalité réfléchie qui les animoit dans leurs précédens combats. Les Suisses mercenaires, qui n'avoient aucun intérêt à la guerre, prenant le carnage comme un plaisir, comme une ivresse, tuèrent d'abord tous les prisonniers qui s'étoient rendus à eux, puis s'emparant de ceux qu'avoient faits les soldats italiens de San-Séverino, ils les tuèrent tous également ; ils pillèrent Rapallo sans miséricorde, sans distinction de parti, et ils poussèrent la férocité jusqu'à égorger une cinquantaine de malades qui étoient depuis long-temps dans l'hôpital. L'indignation fut extrême à Gênes contre eux : à leur retour, dans un premier mouvement populaire, une vingtaine de Suisses furent tués, et peu s'en fallut que la ville entière ne se soulevât et ne se déclarât contre la France. Le duc d'Orléans, comme il travailloit à la pacifier, tomba malade, et se fit rapporter à Asti, où il rejoignit le roi de France. (1)

Charles VIII avoit choisi pour le diriger dans sa route Pierre de Valetant, qui connoissoit bien l'Italie; il l'avoit fait grand-maréchal-des-logis. Celui-ci, qui régloit les gîtes et les campemens, avoit donné des ordres sévères pour empêcher tout pillage, et pour que les vivres fussent payés à un prix raisonnable par les maréchaux, maîtres d'hôtel et prévôts. Il conduisit l'armée par Gap, Embrun et Briançon, et ayant passé le mont Genève, il descendit par Césanne, Oulx et Suse, à Turin, où Charles VIII fit son entrée le 5 septembre. (2)

La cour de Savoie étoit alors dans une absolue dépendance de celle de France, et Charles entroit en Piémont comme il auroit pu le faire dans une de ses propres provinces. La duchesse mère, Blanche de Montferrat, régente au nom de son fils, se para de ses plus beaux joyaux

(1) *Barth. Senaregœ, Annal. Genuens.* T. XXIV. *In Muratori*, p. 541. — *Agost. Giustiniani Annali di Genova*, L. V, f. 249. — Saint-Gelais, Vie de Louis XII, p. 81. — *Arnoldi Ferroni*, L. I, p. 4. — Comines, L. VII, c. 5, p. 162. — Républ. ital., c. 93, p. 123.

(2) Pierre de Rey, p. 193, 195.

pour le recevoir, et employant la formule de politesse qui étoit alors en usage, elle lui dit qu'elle s'offroit à son service avec ses biens et ses serviteurs. Charles VIII la prit au mot, et lui demanda ses bijoux, qu'il mit en gage pour 12,000 ducats. Un mois après, il en usa de même à Casal, où il mit en gage les joyaux de Marie, mère et tutrice de Guillaume-Jean, marquis de Montferrat. (1)

Charles ne s'arrêta que vingt-quatre heures à Turin, et ayant couché à Chieri et à Villeneuve, le 9 septembre il entra dans Asti, où Louis-le-Maure, avec sa femme et Hercule d'Este, duc de Ferrare, son beau-père, étoient venus l'attendre de Milan. Le duc d'Orléans les y joignit bientôt aussi, et beaucoup de fêtes signalèrent leur séjour ensemble. On n'auroit pu soupçonner alors que le duc d'Orléans accusoit la maison Sforza de lui avoir enlevé le duché de Milan, et se préparoit à le lui ravir à son tour. Louis-le-Maure avoit amené avec lui à Asti les dames milanaises les plus jeunes, les plus belles et les moins sévères; plusieurs voulurent plaire au monarque jeune et libéral qui récompensoit leurs complaisances par des bagues de grand prix. Il recommença la vie qu'il avoit menée à Lyon, avec le même abandon et le même oubli

(1) Phil. de Comines. L. VII, c. 6, p. 166.

de toute décence : mais ses débauches furent tout à coup interrompues par une maladie qui le mit aux portes de la mort (1). Les excès qui amenèrent cette attaque peuvent faire soupçonner qu'il fut dès-lors atteint du mal terrible qui, cette année même, se montra pour la première fois en Italie à la suite de l'armée française. Les compagnons de Christophe Colomb l'avoient rapporté, l'année précédente, d'Amérique. On a peine à comprendre la rapidité extrême avec laquelle ce fléau s'étoit répandu partout. Le 15 mars 1493, Colomb avoit débarqué à Palos, de retour de son premier voyage, et l'on assure que, le 25 juin suivant, le prévôt de Paris fit publier un ordre *aux malades de la grosse vérole de sortir incontinent de la ville et fauxbourgs de Paris, sous peine d'être jetés en la rivière* (2). La maladie, qui avoit éclaté d'abord dans l'Espagne et le Portugal, eut bientôt fait le tour de l'Europe (3). Les compagnons de Colomb, en abordant au rivage de leur patrie, s'étoient hâtés de se rendre aux plus célèbres sanctuaires de l'Espagne, pour accomplir les vœux qu'ils avoient

---

(1) P. des Rey, p. 198. — *Barth. Senaregæ*, p. 543. — Roscoë, Vie de Léon X. T. I, c. 3, p. 186. — *Pustulis e toto corpore erumpentibus*, dit *Fr. Belcarius*. L. V, p. 133.

(2) Isambert, Anc. Lois franç. T. XI, p. 213. Je crois cependant qu'il y a erreur de date quant à l'année. Dulaure met l'ordonnance au 6 mars 1497, Hist. de Paris. T. II, p. 515.

(3) *Barth. Senaregæ*, p. 534 et 558.

faits au moment du danger. De là, les pèlerins et les moines mendians, seuls voyageurs de cette époque, portèrent en tous lieux le mal arrivé d'Amérique.

Charles VIII se rétablit : l'armée qui avoit passé les monts grossissoit autour de lui ; mais la noblesse, qui avoit d'abord joyeusement pris les armes, commençoit à se plaindre de l'extrême chaleur de l'air, et de ce que tous les vins d'Italie étoient aigres (1). Ce climat, disoit-elle, avoit toujours été funeste aux Français : l'argent manquoit dès le commencement de l'expédition ; et dans un conseil de guerre assemblé à Asti, presque tous opinèrent qu'il falloit repasser les Alpes, et abandonner un projet dont il n'y avoit point de succès à attendre. Louis-le-Maure presque seul combattit une proposition qui l'auroit livré lui-même à la vengeance de ses ennemis, et la repoussa comme indigne de la majesté royale. « Que croyez-vous, ô roi, dit-il, que diroient « Alphonse d'Aragon, les autres princes et les « peuples, si, ayant à peine franchi les limites de « l'Italie, et n'ayant pas tiré du fourreau une « seule épée, ils vous voyoient repartir ? Que « deviendroient ceux dont vous avez excité les « espérances ? Du moins si vous n'aviez pas passé « les Alpes. Mais quoi ! venir seulement pour

(1) Phil. de Comines. L. VII, c. 6, p. 167.

« vous en retourner? — Le seigneur Louis a « raison, reprit Charles ; je veux aller au moins « jusqu'à Rome. Et se tournant vers une image « de la Vierge qui étoit dans la salle du conseil, « il fit vœu de ne pas faire un pas en arrière « qu'il ne fût entré dans la capitale de la chré- « tienté » (1). Louis suggéra alors la route qui lui paroissoit la plus courte et la plus facile, celle au travers de la Toscane, où l'on entreroit par les passages de l'Apennin dont il disposoit : d'ailleurs il ne désiroit point que l'armée française traversât toute la Lombardie ou s'approchât de Milan.

Charles VIII se mit en effet en route d'Asti le 6 octobre, et s'arrêtant aux gîtes que Louis-le-Maure lui avoit indiqués, il se reposa trois jours à Casal chez le jeune marquis de Montferrat ; il visita aux Granges, près de Vigévano, les superbes établissemens d'agriculture de Louis-le-Maure, et, le 14 octobre, il entra à Pavie, où il demanda à être logé dans la citadelle (2). C'étoit la demeure du malheureux Jean Galéas Sforza, qui portoit toujours le titre de duc de Milan, et qui, presque dépourvu de sens, épuisé par la débauche, languissoit atteint d'une maladie que le poison avoit peut-être causée. Char-

---

(1) *Barth. Senaregœ*, *Annal. Genuens.*, p. 543. — Phil. de Comines. L. VII, c. 7, p. 175.
(2) Pierre des Rey, p. 200.

les VIII et lui étoient cousins germains, fils de deux sœurs de la maison de Savoie. Charles ne pouvoit éviter de le voir; mais pour ne point déplaire à Louis-le-Maure, l'entrevue eut lieu en présence de celui-ci. La conversation n'avoit point dépassé les banalités du langage des cours, lorsqu'Isabelle d'Aragon, femme de Jean Galéas, entra tout à coup, et se jeta aux pieds de Charles, « lui priant qu'il eût pitié de son père et de « son frère. Il lui répondit qu'il ne se pouvoit « faire. Mais elle avoit meilleur besoin de prier « pour son mari et pour elle, qui étoit encore « belle dame et jeune. » (1)

1494.

Quoique les larmes d'Isabelle ne pussent rien obtenir de Charles VIII, la douleur de cette belle personne, et le triste état de son jeune mari, qu'on voyoit mourant, excitèrent vivement l'intérêt des capitaines français et celui de toute l'armée. Louis-le-Maure, au contraire, qui avoit engagé leur roi à marcher en avant lorsqu'ils le pressoient de s'en retourner, leur étoit devenu odieux et suspect. C'étoit déjà leur défiance qui avoit engagé Charles à demander l'entrée de la citadelle de Pavie. Le duc d'Orléans avoit été laissé à Asti encore malade, mais ses partisans ne cessoient de dire que ce duché de Milan, qu'ils traversoient, étoit l'héritage de

---

(1) Comines. L. VII, c. 7, p. 177.

1494. Valentine Visconti, sa grand'mère, que les Sforza lui avoient injustement ravi. Les Français, humiliés de ce que les Italiens leur étoient supérieurs en civilisation, étoient toujours prêts à les accuser de fraude et de perfidie : dans toute maladie, ils croyoient voir les effets du poison. Ils répétèrent tous que Jean Galéas étoit empoisonné par son grand-oncle. Celui-ci avoit engagé Charles à repartir, le 17 octobre, pour Plaisance; peut-être en effet, alarmé des symptômes de haine qui se manifestoient contre lui, termina-t-il la longue agonie de Jean Galéas, peut-être celui-ci succomba-t-il naturellement à ses maux; quoi qu'il en soit, pendant que Charles et Louis se reposoient à Plaisance, ils y reçurent un courrier qui leur annonçoit que Jean Galéas étoit mort de dysenterie le 20 octobre. Louis-le-Maure repartit à l'instant pour Milan, et n'eut pas de peine à s'y faire reconnoître pour duc, de préférence à l'enfant qu'avoit laissé Jean Galéas. L'état où se trouvoit l'Italie demandoit en effet un souverain effectif, et non point une minorité qui succédât à une autre minorité. Cependant la haine et la défiance des Français contre Louis-le-Maure éclatèrent à cette nouvelle, et quoiqu'ils continuassent leur marche au travers de ses États, et que toutes les forteresses leur fussent ouvertes comme à des amis, la plupart emportoient dans leur cœur la résolution de le punir à leur retour. (1)

Le 23 octobre, le roi partit de Plaisance, et vint coucher à Firenzuola. Ses gîtes furent ensuite Borgo San-Donnino, Fornove, San-Terenzio, Bercelli, et le mardi matin, 28 octobre, il arriva à Pontrémoli, petite ville sur le versant des Apennins, du côté de la Ligurie ou de la Toscane, et la dernière de celles qui appartenoient au duc de Milan. Il avoit traversé la chaîne de ces montagnes dans une partie pauvre, rude et presque déserte, mais peu élevée. L'alliance de Louis-le-Maure, et les vivres qu'il avoit fait préparer facilitèrent la marche des Français, qui n'éprouvèrent pas plus de difficultés à franchir les Apennins que les Alpes, étant partout secondés par les habitans, qui abaissoient pour eux les barrières naturelles du pays. (2)

De Pontrémoli, l'armée, pour se rendre à Lucques, devoit suivre la plage étroite qui sépare le pied des Apennins des bords de la mer. Ce pays, qu'on nomme la Lunigiane, est riant, enrichi de la plus belle culture en oliviers et en

---

(1) Pierre des Rey, p. 201. — André de la Vigne, p. 115. — *Fr. Belcarii.* L. V, p. 136. — Comines. L. VII, c. 7, p. 178. — *Barth. Senaregœ*, p. 543. — Roscoë, Léon X, c. 3, p. 188. — Républ. ital., c. 93, p. 137.

(2) P. des Rey, p. 202.

vignes, et jouissant du plus beau climat. Mais il est absolument dépourvu de céréales, et il ne produit pas des vivres de quoi nourrir un mois ses habitans. De place en place, les montagnes se rapprochent de la mer, ou bien des marais occupent toute la plaine; et partout où il ne reste aux voyageurs qu'un étroit passage, celui-ci est défendu par une forteresse. Aussi dans plusieurs guerres d'Italie avoit-il fallu plus d'un mois à une armée pour traverser la Lunigiane. L'armée française, en entrant en pays ennemi, après avoir passé Pontrémoli, se trouvoit composée de trois mille six cents hommes d'armes, six mille archers à pied, levés en Bretagne, six mille arbalétriers des provinces du cœur de la France, huit mille fantassins gascons, armés d'arquebuses et d'épées à deux mains, et huit mille Suisses ou Allemands armés de piques et de hallebardes (1). Un nombre considérable de valets suivoit ces trente-deux mille soldats, et pour peu que cette multitude eût été arrêtée dans la Lunigiane, ayant à dos l'Apennin, que des convois un peu lourds ne pouvoient franchir, elle y auroit péri de faim.

Mais la république florentine, qui, de concert avec le pape Alexandre VI, s'étoit engagée envers Alphonse II à fermer ce passage aux Français, n'étoit plus gouvernée par des hommes ou

---

(1) La Trémoille, Mém. T. XIV, c. 8, p. 148.

de talent ou d'énergie. Elle avoit eu le malheur d'être asservie par les Médicis, et son chef Pierre, fils de Laurent-le-Magnifique, étoit un jeune homme aussi incapable que présomptueux. Il vint à Sarzane, au-devant du monarque français, comme ambassadeur de sa république. En arrivant, il fut effrayé du nombre et de la puissance de l'armée qui s'avançoit; deux petits faits d'armes ajoutèrent encore à sa terreur : de Pontrémoli pour arriver jusqu'à la mer, les Français avoient dû descendre le long de la Magra, au travers des fiefs de la maison Malaspina. Ils rencontrèrent sur leur chemin la bourgade de Fivizzano, appartenant aux Florentins; ils y entrèrent de vive force, puis ils en massacrèrent toute la garnison et presque tous les habitans. Un peu plus loin, Gilbert de Montpensier, qui commandoit l'avant-garde française, surprit, sur le bord de la mer, un petit corps florentin prêt à entrer à Sarzane, et le passa au fil de l'épée (1). Pierre de Médicis perdit la tête en voyant l'effet que faisoit sur les soldats italiens cette manière si barbare de faire la guerre. Conduit en présence du roi, il consentit immédiatement, et sur la première demande qui lui fut faite, à livrer aux Français Sarzane et sa citadelle Sarzanello; puis

1494.

---

(1) *Franc. Guicciardini*, L. I, p. 51. — *Jacopo Nardi Hist. Fior.* L. I, p. 17. — *Pauli Jovii Histor. sui tempor.* L. I, p. 31. — *Barth. Senaregœ de Reb. Genuens.*, p. 544.

1494. aussitôt après, Piétra-Santa, Librafratta, Pise et Livourne. Il n'étoit point autorisé par sa république à faire des concessions si démesurées, et que les Français ne s'attendoient pas à obtenir. Dans un autre ouvrage, nous avons exposé en détail et les motifs de sa conduite et ses conséquences. Ici, nous nous proposons de n'accorder aux événemens purement italiens, que l'attention strictement nécessaire pour faire comprendre l'histoire des Français. Médicis, de retour à Florence, trouva le peuple soulevé d'indignation contre lui. Après avoir ravi la liberté à sa patrie, il venoit encore de compromettre son indépendance. L'insurrection étoit universelle ; il s'enfuit le 8 novembre à Bologne avec ses deux frères ; et, presque aussitôt après, il passa à Venise. La république florentine reconstitua son gouvernement selon ses anciens principes de liberté. (1)

Mais les Français ne comprenoient pas, et ne se soucioient pas de comprendre les révolutions dont ils étoient les témoins. Ils crurent seulement que « Pierre de Médicis se soumit à l'obéissance « et sauvegarde du roi, pour se mettre aussi à « couvert d'aucuns mutins » (2). Ils séjournèrent six jours à Sarzane, puis ils s'avancèrent par Massa et Piétra-Santa vers Lucques, où le roi fit son entrée le 8 novembre, prenant toujours

---

(1) Républ. ital. T. XII, c. 93, p. 141.
(2) Pierre des Rey, p. 202.

les honneurs qu'on lui rendoit pour des marques de soumission et d'obéissance. A Pise, où il entra le dimanche 9 novembre, les acclamations du peuple lui firent une plus vive illusion encore. Les Pisans, soumis depuis quatre-vingt-sept ans aux Florentins, conservoient un ardent désir de recouvrer leur ancienne liberté. D'après le conseil de Galéaz San-Séverino, lieutenant du duc de Milan, qui suivoit les Français, ils tentèrent de profiter de cette occasion pour secouer un joug odieux. San-Séverino comptoit qu'après la retraite des Français, Pise, trop foible pour se maintenir seule, se donneroit au duc de Milan, comme elle l'avoit fait déjà dans le siècle précédent. Le cri de liberté, mêlé au cri de vive Charles VIII, accueillit donc les Français : une députation des citoyens de Pise vint adresser au monarque un discours dans lequel on lui exposoit tout ce que cette ville avoit souffert sous le joug de ses voisins et de ses rivaux. Charles, qui croyoit moins être entré en vertu d'un traité dans un pays allié, qu'avoir marché déjà de conquêtes en conquêtes, qui, d'ailleurs, ne comprenoit point leur harangue, et croyoit seulement qu'ils se félicitoient d'avoir recouvré la liberté sous son empire, leur répondit : *Qu'il les retenoit à soi, et les assuroit de les conserver dans leurs franchises;* violant ainsi, sans presque le savoir, le traité qu'il venoit de faire avec Pierre de Médicis, par lequel il avoit été introduit jusqu'au cœur de l'Italie. (1)

Le roi ne comprenoit pas mieux la révolution que son approche avoit causée à Florence; aussi ne donnoit-il aucune réponse aux nouveaux ambassadeurs que lui avoit envoyés la république, pour renouer ses anciens liens avec la maison de France, en rejetant sur les Médicis toute la faute de les avoir abandonnés pour l'alliance de la maison d'Aragon. Charles, après avoir mis garnison française dans la citadelle neuve de Pise, et avoir livré la vieille aux Pisans, vint coucher, le 10 novembre, à Empoli, et, le 11, à Ponte à Signa, d'où il envoya un courrier à Bologne, à Pierre de Médicis, pour lui proposer de le ramener à Florence; mais Médicis étoit déjà parti pour Venise. Charles VIII, sans l'attendre davantage, entra dans Florence, le 17 novembre, à la tête de toute son armée, en grand appareil de guerre. Il paroît que le roi étoit toujours plus persuadé qu'il s'avançoit au milieu de peuples vaincus par sa valeur, tandis que les Florentins le regardoient comme l'ancien allié et l'hôte de leur nation. Toutefois ne se fiant pas complétement à lui, ils avoient garni leurs maisons de

(1) Pierre des Rey, p. 203. — André de la Vigne, p. 117. — La Trémoille, c. 8, p. 147. — Phil. de Comines. L. VII, c. 8, p. 188. — *Fr. Belcarii.* L. V, p. 139.

gens de guerre, de manière à pouvoir se défendre, même après l'avoir reçu chez eux. (1)

Charles VIII avoit été logé dans le palais des Médicis ; et c'est là qu'il donna, de nouveau, audience aux ambassadeurs de la république, qui étoient déjà venus le trouver à Pise. Il leur annonça qu'il hésitoit seulement pour savoir s'il feroit gouverner leur ville, en son nom, par les Médicis, ou bien, s'il en chargeroit des conseillers de robe longue, français, qu'il adjoindroit à leur seigneurie. L'étonnement fut grand, et l'indignation des Florentins fut extrême. « S'il en est ainsi, s'écria Pierre Capponi, le chef de la députation florentine, sonnez vos trompettes et nous sonnerons nos cloches », et il déchira les propositions que lui avoit transmises par écrit le secrétaire royal. Toutefois les Français ne voyoient pas sans alarmes ces palais massifs remplis de soldats, dont chacun sembloit une forteresse, et au milieu desquels ils se sentoient comme perdus. Les conseillers du roi comprenoient aussi combien il importoit de se hâter vers le but de leur voyage. Ils rappelèrent Capponi, qui sortoit, et ils convinrent avec lui que la république paieroit, en trois termes, cent vingt mille florins au roi, pour l'aider dans son

(1) *Fr. Guicciardini.* L. I, p. 58. — *Jacopo Nardi Histor. Fiorent.*, L. I, p. 23. — *Storia di Gio. Cambi.* T. XXI, p. 80. — André de la Vigne, p. 118.

entreprise, et que celui-ci, à la fin de la guerre, rendroit aux Florentins les forteresses qui lui avoient été livrées par Pierre de Médicis. A ces conditions, la paix fut publiée le 26 novembre, et, le 28, le roi ressortit de la ville à la tête de son armée, se dirigeant vers Sienne, où il entra le 2 décembre. Il en repartit le surlendemain pour continuer sa route par Montefiascone, Viterbo, Ronciglione et Népi, et il arriva enfin le 31 décembre 1494 devant les portes de Rome sans avoir eu, dans ce long voyage, un seul combat à livrer. (1)

Un autre corps d'armée avoit, pendant le même temps, suivi la route de Romagne, sur laquelle Alphonse II avoit rassemblé tous ses moyens de défense. Charles VIII en avoit donné le commandement au sire Éberard d'Aubigny, de la maison Stuart d'Écosse, qui commençoit à se faire remarquer parmi les meilleurs capitaines de France. Celui-ci avoit sous ses ordres deux cents lances françaises et plusieurs bataillons d'infanterie suisse, descendus par le Saint-Bernard et le Simplon. Il avoit été joint par Francesco San-Séverino, comte de Cajazzo, lieutenant du duc de Milan, qui lui avoit amené six cents hommes d'armes et trois mille fantassins vétérans. D'Aubigny et Cajazzo étoient de-

___
(1) Républ. ital., c. 93, p. 162. — Pierre des Rey, p. 201, 205. — André de la Vigne, p. 117, 120.

meurés long-temps en position sur les frontières du Ferrarais, vis-à-vis du prince Ferdinand de Naples. Celui-ci, qui, au commencement, avoit eu sur eux la supériorité du nombre, s'étoit abstenu de les attaquer, d'après les conseils trop prudens du comte de Pitigliano, son lieutenant. Plus tard, la retraite des troupes de l'Église l'avoit affoibli. Celles-ci avoient été rappelées sous les murs de Rome par Alexandre VI, au moment où les Colonna, ses ennemis personnels, maîtres, par leurs divers fiefs, de la campagne de Rome, avoient tout à coup arboré les étendards de France en signe de leur révolte contre lui. Bientôt l'entrée des Français en Toscane rendit dangereuse la position du prince Ferdinand : les petits princes de Romagne commencèrent à traiter avec les Français et à leur ouvrir leurs forteresses. Enfin Ferdinand, se trouvant débordé, se vit contraint de faire sa retraite sur Rome, en même temps que don Frédéric ramenoit sa flotte dans les ports du royaume de Naples. D'Aubigny, au lieu de suivre Ferdinand par la Marche d'Ancône, avoit rejoint Charles VIII en Toscane ; en sorte que, le dernier jour de l'année, il se présenta devant Rome avec lui. (1)

(1) Républ. italiennes, c. 93, p. 127, 129, 162. — Phil. de Comines. L. VII, c. 8, p. 179.

CHAPITRE XXVI.

Entrée de Charles VIII à Rome, puis à Naples. — Mécontentemens qu'il cause. — Ligue formée contre lui. — Sa retraite. — Bataille de Fornovo. — Traité de Verceil. — Il repasse les Alpes. — Le royaume de Naples perdu par son lieutenant Gilbert de Montpensier. — 1495-1496.

1495. Charles VIII, qui se croyoit victorieux de toute l'Italie, n'avoit réellement point commencé à entrer en lutte avec cette contrée. Il se trouvoit devant les murs de son ancienne capitale, de la capitale du monde chrétien, sans avoir rencontré autre chose que des États qui se disoient ses amis. Le duc de Savoie, les marquis de Montferrat et de Saluces étoient d'avance dans une sorte de dépendance à son égard. Le duc de Milan et la république de Gênes l'avoient appelé en Italie, l'avoient secondé de leurs troupes, de leurs vaisseaux, et lui avoient ouvert toutes leurs places fortes ; les républiques de Toscane avoient accusé le chef que Florence avoit exilé, de leurs démonstrations hostiles, et en changeant de gouvernement à son approche, elles étoient rentrées dans l'alliance de la France, pour laquelle elles avoient une affection héréditaire. Tous les États de l'Italie étoient donc jusqu'alors bien disposés envers les Français; mais en même temps ils étoient dans l'étonnement et dans la crainte. Non seulement chacun séparément, mais même tous ensemble, ils étoient inférieurs en étendue de territoire et en population au royaume qui obéissoit à Charles VIII. On n'avoit pas vu depuis des siècles, en Italie, une armée à comparer à la sienne : trente-deux mille soldats étoient descendus dans la Lunigiane; mais lorsqu'Éberard d'Aubigny étoit venu rejoindre le roi en Toscane, avec l'armée de Romagne et les contingens des alliés du roi en Italie, l'armée qui étoit entrée à Florence s'étoit trouvée forte de soixante mille hommes; en comptant il est vrai tout le train de ses lourds équipages, et ses nombreux valets. La guerre que, depuis un siècle, les Français n'avoient cessé de faire, surtout aux Anglais, étoit pour eux devenue un art, moins savant peut-être que pour les capitaines italiens, mais éclairé par une expérience plus variée. Ils ne leur étoient point inférieurs en habileté pour les marches, les campemens, pour la vigilance, la rapidité des mouvemens et la promptitude de l'obéissance; ils leur étoient fort supérieurs par la puissance de leur superbe artillerie, qui frappoit les peuples de terreur et d'étonnement; ils se faisoient plus redouter encore par les dispositions qu'eux et les Suisses leurs auxiliaires portoient au combat : ils y étoient animés d'une fureur, d'une soif de sang, que les Italiens n'étoient point accoutumés à rencontrer ; ils s'acharnoient à tout tuer, à tout détruire, et après avoir accordé peu de quartier dans le combat, ils massacroient souvent encore, après la bataille, les prisonniers qu'ils avoient d'abord épargnés. Quelques petits faits d'armes à Rapallo, à Fivizzano, à Sarzane, à Mordano, dans le territoire d'Imola, où les Français avoient égorgé d'abord leurs prisonniers, ensuite les habitans paisibles des lieux où ils avoient combattu, avoient glacé d'horreur les soldats italiens, accoutumés à une manière plus humaine de faire la guerre, et qui peut-être même étoit accompagnée de trop peu de dangers personnels. Les gouvernemens italiens entendoient en général beaucoup mieux la politique que Charles VIII : ils étoient sages, précautionneux, bien instruits ; mais l'impétuosité et l'ignorance de celui-ci les déroutoient complétement. Ils ne pouvoient ni se faire comprendre de lui, ni prévoir ses caprices. Leurs États contenoient toujours un assez grand nombre de mécontens empressés de chercher un appui au-dehors, pour fournir aux Français des auxiliaires, et faire éclater des révolutions dans chaque pays qu'ils traversoient, sans que le roi se donnât la peine d'apprendre dans quel but on s'étoit rallié à lui, et qui il devoit épargner. Il n'avoit qu'une seule pensée, celle d'avancer; et par sa simplicité, son ignorance brutale, il déjouoit tous les artifices de la politique.

Louis-le-Maure, qui avoit appelé les Français en Italie, qui les avoit secondés avec fidélité, et qui pouvoit s'attribuer la plus grande part dans leurs succès, étoit complétement leur dupe. Loin d'avoir obtenu par eux aucun des avantages qu'il croyoit devoir en attendre, il s'apercevoit qu'on se défioit de lui, qu'on le regardoit en ennemi, qu'on proposoit dans le camp même où il s'étoit rendu, de saisir ses États pour les donner au duc d'Orléans, et qu'en même temps on l'accusoit de *brasser sa trahison*. Immédiatement après avoir été à Milan recueillir l'héritage de son neveu, il étoit revenu à Sarzane, auprès de Charles VIII; mais il ne l'avoit pas suivi plus loin, et dès-lors il avoit commencé à prendre ses mesures pour se mettre en sûreté contre les attaques de ses alliés victorieux. (1)

Le pape Alexandre VI n'étoit pas moins dupe de sa politique. Se mettant au-dessus de tout principe et de toute pudeur, et incapable de tout scrupule, il avoit passé pour habile, parce qu'il ne songeoit qu'à son intérêt. Mais il ne se faisoit

(1) Pierre des Rey, p. 202.

pas une idée assez juste de la puissance avec laquelle il se mesuroit, et pour de petits profits, il se hasardoit à un jeu qui pouvoit devenir trop ruineux. Il avoit commencé par intriguer avec la France pour faire peur au roi Ferdinand; il avoit ensuite vendu son amitié à ce dernier au prix des grâces qu'il en avoit obtenues pour ses enfans naturels. Il avoit promis de joindre ses escadrons à ceux du duc de Calabre, mais auparavant il avoit voulu profiter de la présence de celui-ci, pour détruire ses ennemis personnels. Aucun ne ressentoit pour lui plus de haine ou plus de défiance que Julien de la Rovère, cardinal de Saint-Pierre *ad vincula*, déjà connu à la cour de France, où il avoit été légat du temps de Louis XI, et gouverneur d'Avignon. La Rovère s'étoit d'abord retiré au château qu'il avoit bâti dans son évêché d'Ostie, mais lorsqu'il vit qu'il alloit y être assiégé, il s'embarqua le 23 avril 1494, sur un petit brigantin qui venoit d'entrer dans le Tibre, et passa à Savonne, sa patrie, puis à Lyon, où Charles VIII étoit encore, et par sa haine et son impétuosité, il hâta les résolutions du roi (1). Les Colonna avoient ensuite excité la jalousie d'Alexandre VI; cette famille puissante et belliqueuse, qui fournissoit d'excellens capitaines aux armées d'Italie,

(1) *Franc. Guicciardini*. L. I, p. 26 et 42. — *Barth. Senaregæ, de Rebus Genuens.*, p. 539.

possédoit à peu près tous les lieux forts de la campagne de Rome. Le pape, pour les leur enlever, rappela toutes ses troupes de l'armée de Ferdinand, duc de Calabre, et il lui demanda en même temps trente escadrons de cavalerie napolitaine ; par là il l'affoiblit si fort, qu'il lui fit perdre la Romagne, et en même temps il poussa les Colonna à une révolte déclarée, dans laquelle ils arborèrent les étendards de France. (1)

Ferdinand, prince brave, généreux, aimé du peuple, qui étoit entouré des meilleurs généraux et des meilleurs soldats de l'Italie, fut réduit par les fautes et la lâcheté de ses alliés, les Médicis et le pape, à une retraite longue et désastreuse. Il recula, sans avoir même la consolation d'avoir combattu, des frontières de la Lombardie, par la Romagne, la Marche d'Ancône et l'Ombrie, jusque sur Rome, et à mesure qu'il perdoit du terrain, il étoit abandonné par les troupes des seigneurs de Bologne, de Pésaro, d'Urbin, et des autres petits princes qui s'étoient d'abord engagés à son service, mais qui tous faisoient la paix avec son ennemi (2). Bientôt il fut averti que le pape négocioit lui-même, qu'il avoit envoyé des ambassadeurs à Charles, qu'il en avoit

(1) *Franc. Guicciardini*. L. I, p. 36. — Républ. italiennes, c. 93, p. 117.

(2) *Franc. Guicciardini*. L. I, p. 54. — *Pauli Jovii Histor. sui temporis*. L. II, p. 37.

reçu de lui. Craignant que sa retraite ne lui fût coupée, il rentra à Rome, au lieu de défendre Viterbo, comme il en avoit eu d'abord la pensée. Le pape reprenant courage en voyant l'armée encore formidable qu'il lui ramenoit, fit arrêter, le 9 décembre, quatre ambassadeurs que Charles VIII venoit de lui envoyer; il remit cependant presque aussitôt en liberté la Trémoille et le président de Gannay, parce qu'ils étoient Français, mais il enferma dans les cachots du château Saint-Ange le cardinal Ascagno Sforza, frère de Louis-le-Maure, et Prosper Colonna, en les menaçant de la mort, pour qu'ils lui fissent livrer le château d'Ostie. Les Français avançoient cependant; ils étoient entrés dans le patrimoine de Saint-Pierre, province où les Orsini exerçoient le même pouvoir que les Colonna, leurs rivaux, exerçoient dans la campagne de Rome; et les Orsini, malgré leur étroite liaison avec le roi de Naples, avoient traité avec Charles. Dès-lors la capitale de la chrétienté ne pouvoit plus se défendre; ses murailles étoient entr'ouvertes; sa population, rare et peu belliqueuse, ne pouvoit suffire à garnir son immense enceinte, et la campagne environnante étoit révoltée contre elle de l'un et de l'autre côté du Tibre. Il fallut traiter; il fallut profiter du respect que le roi conservoit pour le Saint-Siége, du désir avide de ses courtisans d'entrer en partage des dignités de l'Église, et malgré son extrême répugnance à cet acte de soumission, Alexandre VI reçut de nouveau le maréchal de Gié, le sénéchal de Beaucaire et Jean de Gannay, premier président du parlement de Paris, avec lesquels il convint que l'armée française entreroit dans Rome par la porte du Peuple le 31 décembre 1494, en même temps que Ferdinand, duc de Calabre, en sortiroit avec l'armée napolitaine par la porte de San-Sébastiano. (1)

Pendant ce temps, Alexandre VI s'étoit enfermé au château Saint-Ange avec six cardinaux, les seuls qui eussent voulu s'attacher à sa fortune. Les autres, secondant Julien de la Rovère et Ascagne Sforza, pressoient Charles VIII de délivrer eux et l'Église du pape simoniaque, incestueux et empoisonneur, qui déshonoroit la chaire de Saint-Pierre. La ville de Rome, frappée de terreur par l'entrée de cette armée, la plus puissante qu'elle eût vue de long-temps dans ses murs, étoit prête à obéir à tout; les motifs plausibles ne manquoient pas pour déposer Alexandre; le château Saint-Ange, où il étoit enfermé, n'auroit pu faire une longue résistance, et deux fois

---

(1) *Franc. Guicciardini.* L. I, p. 63. — *Pauli Jovii.* L. II, p. 40. — Phil. de Comines. L. VII, c. 12, p. 204. — *Franc. Belcarii.* L. V, p. 143. — *Arnoldi Ferronii.* L. I, p. 9. — *Raynaldi Annal. eccles.*, 1494, c. 30, p. 435.

l'artillerie française fut braquée contre lui. Mais Charles VIII ressentoit des scrupules à s'armer contre le pape, et de l'impatience d'en venir aux mains avec les Napolitains. Parmi ses courtisans, plusieurs convoitoient les dignités de l'Église, et Briçonnet surtout, évêque de Saint-Malo, vouloit être cardinal : tous leurs efforts tendoient donc à réconcilier Charles VIII avec Alexandre VI; ils réussirent en effet à faire signer la paix le 11 janvier 1495. (1)

Par ce traité, Alexandre VI livra au roi français les citadelles de Civitta-Vecchia, Terracine et Spolète, pour les tenir jusqu'à la fin de la guerre ; il lui remit le sultan Gem, pour l'employer contre les Turcs ; il nomma légat auprès de l'armée le cardinal César Borgia, son fils, pour qu'il fût en même temps le gage de sa fidélité; il pardonna aux Colonna, aux Savelli et à tous les autres qui avoient suivi le parti de France; enfin il accorda le chapeau de cardinal, mais sans en faire un article du traité, à Briçonnet, évêque de Saint-Malo, et à Philippe de Luxembourg, évêque du Mans (2). Après avoir signé ce traité, le pape se rendit au Vatican, pour admettre au baisement des pieds le roi et toute sa cour. Celui-ci resta encore douze jours

---

(1) Républ. ital., c. 94, p. 187. — *Franc. Guicciardini.* L. I, p. 64. — Phil. de Comines. L. VII, c. 15, p. 219.

(2) Traités de Paix. T. I, p. 778.

à Rome après cette entrevue, mais pendant ce temps son armée avançoit ; une division sous les ordres de Robert de Lénoncourt, bailli de Vitry, étoit entrée dans les Abruzzes ; Fabrice Colonna et Antonello Savelli dirigeoient sa marche, et en peu de temps elle eut fait déclarer pour les Français toute cette province, qui étoit demeurée attachée à la maison d'Anjou. (1)

A la nouvelle de tant de calamités, d'un abandon si général de tous ses alliés, Alphonse II, roi de Naples, perdit la tête. Ses armées se fondoient devant les Français, sans avoir seulement donné un coup de lance ; ses ennemis domestiques éclatoient de toutes parts, ils appeloient les Français, et se montroient empressés à leur livrer ses provinces et ses forteresses ; une terreur panique avoit saisi l'Italie entière et gagné jusqu'à ses capitaines les plus braves. Les remords de sa conscience achevèrent en même temps de l'accabler. Il se vit entouré des ombres de tous ces barons napolitains qu'il avoit fait périr contre la foi jurée ; une terreur superstitieuse le saisit et ne l'abandonna plus jusqu'à la fin de sa courte vie ; elle le délivra de plusieurs de ses vices plus honteux, l'ambition, la cruauté, la luxure, l'orgueil, mais elle ne put triompher de l'avarice.

(1) *Pauli Jovii Histor.* L. II, p. 45. — Phil. de Comines, Mémoires. L. VII, c. 16, p. 226. — *Arnoldi Ferronii*, p. 9. — *Fr. Belcarii.* L. V, p. 143.

1495. Alphonse désespéra de tout moyen de défense; il sacrifia son peuple et sa couronne, il ne songea plus qu'à sauver son trésor et sa conscience. Ses coffres, dans son château de Naples, contenoient encore trois cent mille ducats, partie en argent monnoyé, partie en pierreries; il les fit charger précipitamment sur quatre galères, puis, le 23 janvier, il signa un acte d'abdication, qui avoit été rédigé par le célèbre Jovianus Pontanus, en faveur de son fils Ferdinand, et il monta sur sa flotte. Dès que le vent le permit, il cingla vers la ville de Mazari en Sicile, dont Ferdinand d'Espagne lui avoit donné la seigneurie; il s'y enferma dans la maison des religieux Olivétans, et passant dès-lors son temps dans les jeûnes et les prières, il y mourut le 19 novembre de la même année. (1)

Le jour même où Alphonse signoit son abdication, le 23 janvier, Charles VIII sortoit de Rome à la tête de la seconde division de son armée. Il prit la route de Cépérano, Aquino et San-Germano, qui est un peu plus éloignée de la mer que celle qu'on suit aujourd'hui, pour aller de

---

(1) *Pauli Jovii.* L. II, p. 49. — *Franc. Guicciardini.* L. I, p. 66. — *P. Bembi Hist. Veneta.* L. II, p. 29. — Mém. de Phil. de Comines. L. VII, c. 14, p. 215. — *Fr. Belcarii.* L. VI, p. 145. — *Arnoldi Ferronii.* L. I, p. 9. — *Summonte Hist. di Napoli.* L. VI, c. 1, p. 500. — Républ. ital. T. XII, c. 94, p. 203.

Rome à Naples. Deux châteaux-forts, Monte-Fortino, à peu de distance de Palestrina, et Monte San-Giovanni, à la gauche d'Aquino, fermèrent leurs portes aux Français ; tous deux furent pris d'assaut : dans tous deux, Charles VIII ordonna d'égorger non seulement toute la garnison, mais tous les habitans. L'horreur de cette action, exécutée sous les yeux du roi, ajouta encore à la terreur universelle, et fut, pour un temps, utile aux Français, en faisant abandonner aux Italiens toute idée de résistance. D'autre part, elle augmenta la haine des peuples, et força les puissances neutres à songer à se mettre à couvert des attaques d'un ennemi si barbare (1). Ce fut le dernier combat que livrèrent les Français avant de se présenter devant Naples. Ferdinand s'étoit placé à San-Germano, dans un défilé resserré entre des montagnes âpres et impraticables, et des marais qui s'étendent jusqu'au Garigliano. Il occupoit aussi le Pas de Cancello, défilé également fort, à six milles de distance. Il avoit sous ses ordres deux mille six cents gendarmes et cinq cents chevau-légers, avec une infanterie nombreuse, mais peu aguerrie. Ce fut parmi celle-ci que la nouvelle des

(1) *Franc. Guicciardini.* L. I, p. 66. — *Pauli Jovii.* L. II, p. 50. — *Fr. Belcarii.* L. VI, p. 149. — *Diario Ferrarese,* p. 293. — André de la Vigne, p. 129. — Républ. ital., c. 94, p. 197.

massacres de Monte-Fortino et Monte San-Giovanni jeta le plus de désordre. Aucun de ces nouveaux soldats n'eut le courage d'affronter un ennemi qui ne faisoit pas de quartier. Lorsque, le 13 février, Jacques de Guise et Jean, sire de Rieux, maréchal de Bretagne, parurent dans le lointain, à la tête de l'avant-garde française, tous les fantassins napolitains prirent la fuite; la cavalerie, se voyant abandonnée, fut obligée de les suivre, et d'évacuer également San-Germano et le Pas de Cancello; elle se retira à Capoue, tandis que, le même soir, Charles VIII coucha à San-Germano. (1)

Capoue, couverte par le Vulturne, rivière profonde, et qu'on ne peut passer à gué, auroit encore pu arrêter les Français, si Ferdinand avoit trouvé moyen d'inspirer à ses soldats le courage qui l'animoit toujours lui-même : mais à peine avoit-il pris ses premières dispositions pour la défense de cette ville qu'il reçut la nouvelle qu'une sédition venoit d'éclater à Naples, et pouvoit lui faire perdre sa capitale. Il courut l'apaiser, recommandant à Jean-Jacques Trivulzio, condottiere milanais, d'une fidélité jusqu'alors sans tache, le soin de son armée pen-

(1) *Fr. Guicciardini.* L. I, p. 67. — *Pauli Jovii.* L. II, p. 50. — *Fr. Belcarii.* L. VI, p. 150. — Phil. de Comines. L. VII, c. 16, p. 224. — André de la Vigne, p. 150. — Républ. ital., c. 94, p. 206.

dant une absence qui ne devoit pas durer plus de vingt-quatre heures. Sa présence à Naples suffit en effet pour faire rentrer les insurgés dans le devoir; mais l'armée, dont il s'étoit écarté un moment, ne pouvoit être retenue ensemble que par sa présence. Dès que les capitaines sous ses ordres le virent parti, ils jugèrent tout perdu, et ils ne songèrent plus qu'à se tirer eux-mêmes du danger. Trivulzio fit un traité honteux avec Charles, par lequel il passoit au service de France avec ses gendarmes; Pitigliano et Virginio Orsini, qui n'y voulurent pas participer, se retirèrent en désordre vers Nola; et quand Ferdinand, de retour au bout de quelques heures, arriva au galop devant les murailles de Capoue, il y vit flotter les drapeaux français. (1)

Après avoir supplié les gardes de la porte de l'admettre dans cette ville, où les Français n'étoient pas encore entrés, il reprit tristement la route de Naples. La nouvelle de la trahison de Trivulzio et du soulèvement de Capoue l'y avoit devancé; la sédition avoit éclaté de nouveau, la porte de Naples lui fut fermée, et il fut contraint de faire par-dehors le tour de la ville pour rentrer dans le château. Il ne restoit plus alors autour de lui qu'environ cinq cents soldats alle-

(1) *Pauli Jovii.* L. II, p. 51. — *Fr. Guicciardini.* L. I, p. 68. — *Fr. Belcarii.* L. VI, p. 151. — *Arnoldi Ferronii.* L. I, p. 10. — *Républ. ital.*, c. 94, p. 209.

mands, encore surprit-il entre eux des propos qui lui firent comprendre qu'ils songeoient à le livrer aux Français. Aussitôt il leur indiqua les richesses qui étoient encore accumulées dans son palais, et les invita à les partager : pendant qu'ils étoient occupés à ce pillage, il monta sur les vaisseaux qui étoient à l'ancre devant le palais, avec son oncle don Frédéric, la veuve de son aïeul et la sœur de son père. Il mit le feu aux vaisseaux qu'il ne pouvoit pas emmener, et, avec les vingt meilleurs, il fit voile, le 21 février, pour l'île d'Ischia. (1)

Le lendemain même du départ de Ferdinand, le 22 février, Charles VIII fit son entrée triomphale dans la capitale du royaume qu'il venoit de conquérir. Une députation avoit été jusqu'à Averse lui porter les clés de Naples. Tous les ordres, tous les partis, s'empressèrent à l'envi de faire éclater leur joie ; les Angevins, parce qu'ils la ressentoient en effet ; les Aragonais, pour qu'on ne les soupçonnât pas du contraire. L'armée française, qui avoit eu ordre de déployer, ce jour-là, tout l'éclat de sa pompe militaire, avoit en même temps revêtu des sentimens de fête : elle se montroit bienveillante pour ce peuple inconnu qu'elle venoit dominer, et le

(1) *Fr. Guicciardini.* L. I, p. 70. — *Pauli Jovii.* L. II, p. 52. — *Summonte Storia di Napoli.* L. VI, p. 511. — Républ. ital., c. 94, p. 213.

roi s'étoit empressé de confirmer les priviléges de sa nouvelle capitale. Il vint loger au château de Capuana, ancienne demeure des rois angevins. Les deux autres châteaux de Naples étoient encore gardés par les soldats de don Ferdinand. Il en fit aussitôt entreprendre le siége. Le Château-Neuf capitula le 6 mars, et le château de l'OEuf le 15. Les provinces se soumirent aussi rapidement que ces deux forteresses. Virginio Orsini et Pitigliano, qui, en évacuant Capoue, s'étoient retirés à Nola avec les restes de l'armée, y furent dévalisés et faits prisonniers (1). Barthélemi d'Alviano et André-Matthieu d'Aquaviva, qui, avec un autre débris de l'armée, se retiroient vers la Pouille, y furent poursuivis par Fabrice Colonna, et chassés de poste en poste jusqu'à Brindes. Perron de' Baschi et d'Aubigny s'avancèrent, presque sans soldats, en Calabre, et reçurent en peu de semaines la soumission de toute la contrée : il ne resta plus dans tout le royaume que les trois villes de Bari, Gallipoli et Reggio, et les forteresses de Tropéa, Amantéa et Scilla qui demeurassent fidèles à Ferdinand (2). A leur tour, les Turcs,

---

(1) *Fr. Guicciardini.* L. I, p. 71. — *Pauli Jovii.* L. II, p. 54. — *Fr. Belcarii.* L. VI, p. 152. — *Arnoldi Ferronii*, p. 11.

(2) *Barth. Senaregæ de Rebus genuens.* T. XXIV, p. 547.

dans l'Épire et dans l'Albanie, apprenant par les fuyards une révolution si rapide, et les menaces que les Français proféroient contre eux, furent atteints d'une terreur panique, et abandonnèrent les côtes, tandis que les Grecs se soulevèrent de toutes parts. Les démonstrations belliqueuses de ceux-ci leur coûtèrent cher, il est vrai ; leur correspondance avec l'archevêque de Durazzo, qui travailloit pour la France à les faire insurger, fut saisie à Venise, et livrée à Bajazet; et celui-ci fit abattre des milliers de têtes, pour punir les Grecs d'avoir mis leur espoir dans les victoires des Français. (1)

Cependant personne ne songeoit plus dans l'armée française, et le roi, pas plus que ses soldats, à ces conquêtes lointaines qui avoient d'abord séduit l'imagination de Charles VIII. Les guerriers, enivrés de leur gloire, mesurant leur valeur à la terreur qu'ils inspiroient, et, méprisant des ennemis qui ne savoient pas résister, ne songeoient qu'à jouir de leur triomphe, à s'enrichir rapidement, et à retourner non moins rapidement en France, pour étaler leurs trophées aux yeux des dames de la cour. Ils avoient demandé au roi les premières dignités et les fiefs les plus importans du royaume,

---

(1) *Pauli Jovii.* L. II, p. 55. — *Petri Bembi Hist. Venetœ.* L. II, p. 31. — Phil. de Comines. T. XII, L. VII, c. 17, p. 232. — *Fr. Belcarii.* L. VI, p. 154.

et Charles VIII ne savoit rien leur refuser. Il ne connoissoit point la noblesse napolitaine ; il oublioit les noms des barons angevins auxquels il devoit de la reconnoissance, et ceux des barons aragonais qu'il lui convenoit de ménager : il offensoit les uns et les autres, et souvent il accordoit aux Français ce qu'il n'avoit ni droit ni motif d'enlever aux Napolitains. A peine y eut-il parmi ces derniers un gentilhomme auquel le roi n'ôtât quelque chose, et qu'il ne jetât ainsi dans le parti des mécontens. Il rendit toutefois deux ordonnances destinées à se concilier ses nouveaux sujets : par l'une, il maintenoit les confiscations prononcées contre les partisans de la maison d'Anjou, et les ventes de biens qui, depuis soixante ans, en avoient été la conséquence ; par l'autre, il diminuoit de 200,000 ducats les contributions du royaume. Mais, quoique la première fût juste et prudente, puisqu'on n'auroit pu, sans bouleverser toutes les fortunes, revenir sur des jugemens prononcés depuis si long-temps par l'autorité souveraine, elle offensa vivement les Angevins, qui accusèrent d'ingratitude les Français, auxquels ils avoient tout sacrifié ; et elle ne donna guère de satisfaction aux Aragonais, parce qu'ils ne l'avoient obtenue qu'en corrompant, par des présens considérables, le sénéchal de Beaucaire et le président de Gannay ; d'ailleurs elle ne les mettoit point à l'abri de spoliations journalières (1). La seconde ordonnance ne donna guère plus de satisfaction, parce qu'on vit qu'elle avoit été accordée avec légèreté, sans calculer ni les revenus ni les besoins du royaume, et que les prodigalités de la cour et la rapacité des agens du trésor annonçoient assez qu'elle ne seroit pas exécutée. (2)

Pendant que les Français assiégeoient les châteaux de Naples, Charles VIII essaya d'engager la maison d'Aragon à abandonner ses droits sur un royaume qu'elle paroissoit avoir perdu; il admit deux fois de suite à des conférences don Frédéric, qui venoit d'Ischia traiter au nom de son neveu, tandis qu'on lui remettoit, comme otages, Louis d'Armagnac, Jacques de Guise, ou le comte de Ligny. Frédéric proposoit que don Ferdinand rentrât à Naples, mais qu'il tînt désormais sa couronne comme feudataire de Charles VIII, auquel il rendroit foi et hommage, et auquel il paieroit un tribut. Mais Charles VIII ne voulut se relâcher en rien de ses droits de conquête; tout ce qu'il consentit à offrir à Ferdinand, pour obtenir sa résignation au trône, fut de lui donner un duché dans l'intérieur de la France : aussi la négociation fut bien-

(1) Phil. de Comines. L. VII, c. 17, p. 230.
(2) Phil. de Comines. *Ibid.* — *F. Belcarii.* L. VI, p. 158. — Républ. ital., c. 95, p. 279.

tôt rompue (1). Cependant Charles VIII ne
songeoit ni à s'affermir dans sa conquête, ni à
poursuivre son rival à Ischia. Dans le journal
que tenoit, par son ordre, André de la Vigne,
secrétaire de la reine, on trouve l'emploi de
toutes ses journées : il pourroit seul suffire à
prouver la futilité de son esprit. Le matin, le
roi entendoit la messe, tour à tour dans diverses
églises ; puis il dînoit de bonne heure, et, après
dîné, il alloit jouer, tantôt au Poggio réale, tantôt chez l'un ou l'autre de ses courtisans. Quelquefois seulement, pendant les trois premières
semaines, après la messe et son dîner, il visitoit
le siége des châteaux ; et plus tard, lorsqu'ils
furent pris tous deux, il alloit voir la douane,
l'arsenal ou quelque autre des établissemens publics (2). Quelquefois aussi il recevoit l'hommage
des grands seigneurs napolitains, qui arrivoient
successivement à sa cour. Quant à ses conseils,
il n'en est jamais question dans ce journal ; ceux
qui avoient affaire à lui ne pouvoient obtenir
qu'il prêtât son attention aux choses sérieuses (3). Bientôt le tournoi auquel il invita tous
les chevaliers d'Italie, et qui fut célébré dans

(1) André de la Vigne, p. 135. — Phil. de Comines. L. VII,
c. 17, p. 228. — Fr. Guicciardini. L. II, p. 84. — Arn. Ferronii. L. I, p. 11. — Républ. ital., c. 94, p. 224.

(2) André de la Vigne, p. 139 et suiv.

(3) *Guicciardini*. L. II, p. 89.

la grande rue de Naples, près du Château-Neuf, du 22 avril au 1ᵉʳ mai, occupa seul toute son attention. (1)

La nation italienne, que Charles VIII avoit étonnée par sa marche rapide, et dont il avoit dissipé les armées par une terreur panique, n'étoit cependant pas vaincue ; elle se réunissoit de toutes parts pour lui résister et recouvrer son indépendance. Louis-le-Maure le premier, étonné de ne trouver que des ennemis dans ces Français auxquels il avoit ouvert l'Italie, cherchoit les moyens de les en faire ressortir. Avant de prendre congé du roi, à Sarzane, il avoit pu remarquer combien il inspiroit de défiance et de haine. Il avoit en vain demandé que les places de Sarzane et de Pietra-Santa fussent rendues aux Génois ses vassaux, qui prétendoient qu'elles étoient à eux, non aux Florentins. De nouveau, après la conquête du royaume de Naples, Charles VIII lui avoit refusé de le mettre en possession de la principauté de Tarente, qu'il lui avoit promise, comme sa part dans la conquête. Il l'avoit offensé davantage encore en prenant à son service les ennemis personnels du duc de Milan, Jean-Jacques Trivulzio, chef des émigrés milanais ; le cardinal Frégose et Hibletto de' Fieschi, chefs des émigrés

(1) André de la Vigne, p. 142.

de Gênes. Enfin le duc d'Orléans, demeuré à Asti, s'étoit engagé dans une hostilité ouverte; il s'arrogeoit le titre de duc de Milan, et il sollicitoit constamment le roi son beau-frère de dépouiller les Sforza d'un duché qui, disoit-il, lui appartenoit, et dont il demandoit la restitution, au préjudice de ces usurpateurs (1). Louis-le-Maure se voyant menacé dans son existence même, proposa aux Vénitiens de s'unir à lui pour assurer l'indépendance de l'Italie.

Les Vénitiens n'avoient jamais prévu les bouleversemens dont ils venoient d'être témoins. Ils avoient cru pouvoir demeurer tranquilles, se reposant dans leur force et leur dignité, tandis que des rivaux dont ils étoient également jaloux s'épuisoient par leurs efforts mutuels. Pendant que le roi étoit à Asti, il leur avoit envoyé, comme ambassadeur, Philippe de Comines, pour maintenir leurs bonnes dispositions à son égard (2). Comines fut reçu avec la plus haute distinction par la république. On voit dans ses Mémoires combien il fut frappé d'admiration de l'opulence de cette reine du commerce. Les palais, les églises, les gondoles, étaloient à ses yeux

(1) *Fr. Guicciardini*. L. II, p. 86. — *Petri Bembi Histor. Venetæ*. L. II, p. 31. — *Pauli Jovii Hist. sui temporis*. L. II, p. 56. — *Fr. Belcarii*. L. VI, p. 156. — *Arnold. Ferronii*. L. I, p. 12. — Républ. ital., c. 95, p. 263.

(2) Phil. de Comines. L. VII, c. 7, p. 176.

un luxe dont il n'avoit vu d'exemple nulle part. Mais il n'admira pas moins la politique de la république que ses richesses ; et, pendant un séjour de huit mois à Venise, il eut le temps de la bien connoître (1). Cependant il avoit vu arriver successivement dans cette ville des ambassadeurs du roi Alphonse II, de Bajazet II, sultan des Turcs, du pape Alexandre VI, de Maximilien, roi des Romains, et enfin de Ferdinand et Isabelle, rois d'Espagne. L'alarme de toutes ces puissances alloit croissant à mesure que Charles VIII avançoit. Il avoit, disoit-on, déclaré solennellement, en entrant en Italie, qu'il ne vouloit y garder autre chose que le royaume de Naples, et on lui reprochoit de s'être emparé déjà des forteresses des Florentins et de celles du pape. On répétoit les menaces que les serviteurs du duc d'Orléans, à Asti, proféroient chaque jour contre le duc de Milan. Les puissances d'Italie sentoient le besoin de s'unir, par une ligue, pour leur défense mutuelle : cependant elles ne songeoient point à priver Charles VIII de tous les fruits de son expédition ; elles étoient d'accord pour lui offrir la suzeraineté sur le royaume de Naples, qui lui paieroit un tribut, et dans lequel il occuperoit trois villes pour sa sûreté, où il tiendroit garnison. Mais les pro-

---

(1) Phil. de Comines. L. VII, c. 18, p. 235-244.

grès du roi étoient si rapides et si inattendus qu'ils confondoient toutes leurs mesures. (1)

Don Antonio de Fonséca, ambassadeur des rois d'Espagne, avoit suivi Charles VIII dans son expédition au travers de l'Italie. Lorsqu'il étoit arrivé à Vellétri avec lui, et avant qu'il eût atteint les frontières de Naples, il avoit essayé de l'arrêter, en protestant énergiquement contre l'ambition inattendue que manifestoient les Français. Les rois catholiques, dit-il, s'étoient engagés à ne point troubler Charles VIII durant son expédition en Italie, parce que celui-ci avoit annoncé qu'il se proposoit uniquement de faire valoir ses droits sur le royaume de Naples, pour attaquer ensuite l'empire turc. Mais Charles, au lieu de soumettre ses droits à l'arbitrage du pape, qui, comme suzerain du royaume de Naples, en étoit le juge naturel, avoit violenté le chef de l'Église, et retenoit dans son armée le cardinal César Borgia, plutôt comme otage que comme légat. Il avoit abusé de son pouvoir envers tous les États de l'Italie, causé des révolutions à Pise et à Florence, levé des contributions énormes à Lucques et à Sienne, et occupé une chaîne de places fortes, des frontières de la Lombardie à celles du royaume de Naples. Fonséca, qui parloit au roi en présence de tous

(1) Phil. de Comines. L. VII, c. 19, p. 244-252.

les chefs de l'armée, fut interrompu par leur frémissement, leurs reproches et enfin leurs menaces. Une violente altercation s'ensuivit, dans laquelle l'ambassadeur, transporté de colère, déchira aux yeux de tous, l'original du traité de Barcelonne, entre ses maîtres et le roi, dont il étoit porteur, et qu'il tenoit en l'invoquant; et il déclara aux capitaines espagnols qui servoient dans l'armée française que, s'ils ne la quittoient sous trois jours, ils seroient poursuivis comme coupables de lèse-majesté (1). Cette altercation avoit eu lieu le 7 février; le lendemain, le cardinal Borgia s'échappa du camp français, qu'il devoit suivre comme légat, et revint à Rome. Le sultan Gem, qu'il avoit été obligé de laisser aux mains des Français, tomba malade immédiatement après; on assura que Borgia, en partant, lui avoit administré un poison. Il mourut à Capoue le 26 février (2). C'étoit autant de signes nouveaux de l'accord des puissances de l'Italie, qui voyoient avec une extrême jalousie les conquêtes des Français, et qui étoient déterminées à recourir au sultan des

---

(1) *Pauli Jovii Hist. sui temp.* L. II, p. 46. — *Fr. Guicciardini.* L. II, p. 87. — *Barth. Senaregæ.* T. XXIV, *Rer. ital.*, p. 545. — *Fr. Belcarii.* L. VI, p. 149. — *Arnoldi Ferronii.* L. I, p. 12.

(2) *Pauli Jovii.* L. II, p. 47. — *Bernardi Oricellarii Commentar.*, p. 64. — *Petri Bembi.* L. II, p. 30. — *Républ. ital.*, c. 94, p. 191.

Turcs plutôt que de s'y soumettre. Cependant Charles sembloit n'en concevoir aucune inquiétude, et il continuoit à passer son temps dans les fêtes. Comines avoit vu quelle profonde terreur avoit éprouvée le sénat de Venise en apprenant que tous les châteaux de Naples avoient capitulé; cette terreur toutefois ne suspendit pas long-temps les mesures de défense. Le Château-Neuf s'étoit rendu le 6 mars, le château de l'OEuf le 15, et, dès le 31 du même mois, une ligue puissante fut signée à Venise pour la défense de l'indépendance italienne. C'étoit le duc de Milan qui l'avoit retardée jusqu'alors, parce qu'il ne pouvoit prendre sur lui de se détacher des Français, auxquels il avoit tant sacrifié. Les puissances qui contractoient cette alliance s'engageoient à mettre sur pied, et entretenir pendant vingt-cinq ans, trente-quatre mille chevaux et vingt mille fantassins, pour la défense mutuelle de leurs droits et de leurs possessions, savoir : le pape, quatre mille chevaux ; Maximilien, six ; le roi d'Espagne, la république de Venise et le duc de Milan, chacun huit. Chaque confédéré fournissoit quatre mille fantassins; chacun pouvoit, à son choix, envoyer ou des hommes, ou de l'argent pour les solder (1). La défense de l'Italie contre les Turcs étoit un des

(1) *Fr. Guicciardini.* L. II, p. 88. — *Pauli Jovii.* L. II, p. 56. — *Petri Bembi.* L. II, p. 32. — *Andr. Navagiero Storia*

buts ostensibles de l'alliance ; cependant c'étoit de concert avec l'ambassadeur de Bajazet II qu'elle avoit été conclue; et, par des articles secrets ajoutés au traité, Ferdinand s'engageoit à attaquer la France du côté du Roussillon; Louis-le-Maure, à empêcher l'arrivée de nouvelles troupes françaises à Asti ; et les Vénitiens, à attaquer les établissemens français sur les côtes de la Pouille. Comines, qui avoit suivi de près ces intrigues, avoit averti le duc d'Orléans de veiller à la défense d'Asti ; il avoit écrit au duc de Bourbon de lui envoyer des secours ; il avoit enfin pressé Charles VIII de ramener son armée en France avant que les bataillons que la ligue faisoit solder en Allemagne fussent arrivés en Lombardie et prêts à lui fermer le passage. (1)

Ces instances que Comines adressoit au roi pour qu'il se mît en sûreté, lui arrivèrent au moment où tout le monde dans son armée commençoit à soupirer après le retour en France. Le roi, qui croyoit avoir acquis assez de gloire, s'ennuyoit des plaisirs de Naples. Les courtisans s'étoient rapidement enrichis par les moyens les plus ruineux pour l'État et pour l'armée ; ils s'étoient, entre autres, fait abandonner par le roi les approvisionnemens de toutes les forte-

Venet. T. XXIII, p. 1204. — *Fr. Belcarii.* L. VI, p. 157. — J. Molinet. T. XLVII, c. 281, p. 34.

(1) Phil. de Comines. L. VII, c. 20, p. 252-260.

resses du royaume, et ils les avoient vendus au rabais ; désormais ils languissoient d'aller étaler leurs richesses en France, et raconter leurs exploits aux dames de la cour. Les conseillers qui donnoient quelque attention aux affaires, s'apercevoient que tout commençoit à mal tourner, qu'un mécontentement universel avoit succédé à de folles espérances, que, dans plusieurs villes, on relevoit déjà les enseignes d'Aragon, et que don Frédéric, qui étoit maître de Brindes, étoit attendu, et seroit reçu avec joie dans les autres provinces. Ces conseillers, ne trouvant point d'expédiens pour sauver le royaume de Naples de tant de dangers, aimoient mieux s'éloigner pour ne pas les voir. Avant de quitter Naples, Charles auroit voulu du moins recevoir du pape l'investiture de ce royaume ; mais il ne put engager Alexandre VI à la lui donner, et Charles, ne pouvant être couronné avec les formalités ordinaires, se réduisit à faire, le 12 mai, une entrée solennelle à Naples : il étoit revêtu du manteau impérial ; dans sa main droite il tenoit le globe, dans sa gauche le sceptre, et toute la noblesse française et napolitaine le suivoit. Arrivé au temple de Saint-Janvier, il y fit serment de gouverner et entretenir les Napolitains dans tous leurs droits, libertés et franchises. Cette inauguration fut à peu près le dernier acte de son gouvernement ; huit jours après, le

20 mai 1495, il se mit en marche pour retourner en France. (1)

Charles VIII laissoit à Naples comme vice-roi, pour gouverner le royaume qu'il croyoit avoir conquis, son cousin Gilbert de Montpensier, de la maison de Bourbon, brave chevalier, mais qui manquoit de talens, de connoissances et surtout d'activité, car jamais il n'étoit levé avant midi. Il mit sous ses ordres Éberard d'Aubigny, qu'il nomma gouverneur de Calabre et connétable du royaume de Naples; il fit duc de Nola et surintendant des finances, Étienne de Vesc, sénéchal de Beaucaire, qui avoit, dit Comines, plus de faix qu'il ne pouvoit et n'eût su porter. Il distribua dans les provinces divers gentilshommes français, avec la moitié des Suisses, une partie des Gascons, huit cents lances françaises, et environ cinq cents hommes d'armes italiens. Le reste de l'armée, où se trouvoient huit cents lances françaises, deux cents gentilshommes de la garde du roi, cent hommes d'armes italiens, trois mille fantassins suisses, mille Français et mille Gascons, se mit en marche avec le roi, le 20 mai après midi, pour retourner en France. (2)

(1) André de la Vigne, p. 147. — *Fr. Belcarii.* L. VI, p. 159. — Républ. ital., c. 96, p. 286.
(2) *Fr. Guicciardini.* L. II, p. 91. — *Pauli Jovii.* L. II, p. 47. — Phil. de Comines. L. VIII, c. 2, p. 266. — *Fr. Bel-*

Charles VIII mettoit beaucoup de prix à se réconcilier avec le pape, moins pour commencer à dissoudre ainsi la ligue italienne que pour tranquilliser sa propre conscience. Il ne put cependant obtenir de lui qu'il l'attendît à Rome, où Charles fit son entrée le 1ᵉʳ juin. Le cardinal de Saint-Anastase y demeura seul pour lui faire les honneurs de la ville et lui préparer un logement. Charles VIII, en ressortant de Rome, lui restitua les forteresses de Civitta-Vecchia et de Terracina. Il recommanda aussi à ses soldats d'observer envers les Romains la conduite la plus pacifique; mais il étoit difficile d'obtenir de ces bandes farouches aucun ordre ou aucune discipline : ayant pris querelle avec les habitans de Toscanella, ils les pillèrent et les massacrèrent tous. (1)

Le 13 juin, Charles VIII fit son entrée à Sienne, où il rencontra Philippe de Comines, de retour de son ambassade de Venise. Il ne voulut cependant prêter aucune foi à ce que lui dit cet habile politique des armées rassemblées contre lui, et de la nécessité d'avancer rapidement. Au

---

carii. L. VI, p. 160. — *Arnoldi Ferronii.* L. I, p. 13. — *Rob. Guaguini Compend.* L. XI, fol. 162, verso. — André de la Vigne, p. 149. — Républ. ital., c. 96, p. 289.

(1) André de la Vigne, p. 151. — *Arn. Ferronii.* L. I, p. 14. — *Raynaldi Ann. eccles.* 1495, §. 22, 23. — *Pauli Jovii.* L. II, p. 57. — *Fr. Guicciardini.* L. II, p. 94. — Républ. ital., c. 93, p. 291.

contraire, chacun de ses courtisans ayant quelque vue personnelle, il consentit à disséminer ses forces pour les seconder. Le comte de Ligny se flattoit de se faire une souveraineté de la république de Sienne ; Charles lui laissa trois cents hommes pour exécuter ce projet. Au mépris des engagemens qu'il avoit pris envers les Florentins, de leur restituer leurs forteresses, et quoique ce fussent les seuls alliés qui lui fussent demeurés fidèles dans toute l'Italie, il laissa des garnisons à Pise, à Librafratta, à Pietra-Santa, à Mutrone, à Sarzane (1). Charles arriva seulement le 29 juin à Pontrémoli, et là il sépara encore de son armée cent vingt lances et cinq cents fantassins, qu'il donna à quelques émigrés génois, pour faire contre Gênes une tentative qui n'eut aucun succès. Pontrémoli appartenoit au duc de Milan ; la ville étoit assez forte, elle contenoit des magasins considérables, et elle avoit quatre cents hommes de garnison. Cependant Jean-Jacques Trivulzio, qui, comme Milanais, avoit pu aisément y obtenir des intelligences, l'avoit engagée à capituler. Mais les Suisses, à leur premier passage, avoient eu une querelle avec les habitans ; dès qu'on leur eut ouvert les portes, ils déclarèrent vouloir se

---

(1) Mém. de Comines. L. VIII, c. 4, p. 273. — André de la Vigne, p. 154. — *Fr. Guicciardini.* L. II, p. 99. — Répub. ital., c. 95, p. 298.

venger; ils violèrent la capitulation, pillèrent la ville, massacrèrent tous ceux des bourgeois qu'ils purent atteindre, et mirent enfin le feu à quelques maisons; ce feu s'étendit à toute la ville, et brûla tous les magasins qui y étoient accumulés (1). L'armée commença ensuite à passer les Apennins par les sentiers rapides, mal tracés, dangereux, qui conduisent du val de la Magra au val du Taro. Son artillerie se composoit encore de quatorze pièces de gros canons, de beaucoup de petits, et d'un très grand nombre de caissons. Les Suisses, honteux des excès qu'ils avoient commis à Pontrémoli, se distinguèrent par leur zèle à tirer à force de bras, au milieu des montagnes, tous ces équipages. Toutefois, si l'ennemi avoit attaqué les Français, du 29 juin au 3 juillet, tandis qu'ils étoient occupés à traverser les montagnes, il les auroit aisément réduits à une extrême détresse. (2)

Mais la ligue d'Italie ne savoit point se déterminer à commencer les hostilités et à prendre l'offensive. Maximilien, selon son usage, après avoir été prodigue de belles promesses, n'avoit plus songé à les exécuter, ou s'il avoit compté sur les forces de l'Empire, l'Empire se montra

1495.

---

(1) Phil. de Comines. L. VIII, c. 5, p. 282. — *Arnoldi Ferronii.* L. I, p. 15. — André de la Vigne, p. 155. — *Fr. Guicciardini.* L. II, p. 99. — Républ. ital., c. 96, p. 305.

(2) Phil. de Comines. L. VIII, c. 7, p. 287.

TOME XV.

indifférent à ce qui se passoit en Italie. Ferdinand-le-Catholique et Isabelle n'avoient pas songé davantage à remplir leurs engagemens; ils n'avoient fait passer ni un soldat espagnol ni un écu à la ligue d'Italie. Le pape Alexandre VI, loin d'envoyer son contingent à l'armée, avoit fait demander au duc de Milan et aux Vénitiens mille chevau-légers et deux mille fantassins, qui étoient venus le garder tandis que les Français traversoient les États de l'Église. Le duc de Milan et les Vénitiens se voyoient donc abandonnés par tous leurs alliés au moment le plus important, et ils hésitoient à affronter seuls l'armée française. Les Vénitiens avoient fait venir de leurs possessions d'outre-mer beaucoup de chevau-légers, qu'on désignoit par le nom grec de *stradiotes;* leur armée étoit en bon état, et ils en avoient donné le commandement à François de Gonzague, marquis de Mantoue; mais en même temps ils lui avoient recommandé, selon leur politique ordinaire, de ne rien hasarder. Le duc de Milan étoit plus désireux encore de ne pas commencer les hostilités, pour ne pas perdre entièrement la faveur que, par sa première assistance, il croyoit avoir acquise auprès du roi de France. D'ailleurs aucune des troupes mercenaires qu'il faisoit solder en Suisse et en Allemagne n'étoit encore venue le joindre. Mais tandis qu'il hésitoit, le duc d'Orléans l'avoit attaqué le premier. Laissé malade à Asti de la fièvre quarte, il y avoit été chargé par le roi de veiller sur ses communications avec la France, avec ordre de se garder de commettre aucune hostilité. Cependant quelques mécontens de Novarre lui ayant offert de lui livrer leur ville, il s'en empara par surprise, avec leur aide, le 11 juin. (1)

Galéaz San-Sévérino se hâta de rassembler à Vigévano un petit corps d'armée pour arrêter les progrès du duc d'Orléans, qui avoit d'abord compté soulever toute la Lombardie; la résistance prolongée de la citadelle de Novarre lui donna le temps de garantir la province voisine, et ensuite, quand il eut été rejoint par plus de soldats, de forcer le duc d'Orléans à s'enfermer dans Novarre. En même temps, le comte de Cajazzo, son frère, avec une autre division milanaise, avoit été rejoindre l'armée vénitienne, que le marquis de Mantoue avoit conduite devant Parme. Après cette réunion, les Vénitiens assurent qu'ils n'avoient dans leur armée que douze mille chevaux et autant de gens de pied. Les Français leur donnent quarante mille hom-

---

(1) Saint-Gelais, Hist. de Louis XII, p. 87. — *Pauli Jovii.* L. II, p. 62. — *Fr. Guicciardini.* L. II, p. 97. — *Fr. Belcarii.* L. VI, p. 162. — *Arn. Ferronii.* L. II, p. 20. — Républ. ital., c. 96, p. 300.

mes, tandis qu'ils prétendent n'en avoir eu eux-mêmes pas plus de neuf mille. (1)

Le marquis de Mantoue, qui n'avoit point occupé les montagnes au-dessus de Pontrémoli, où il auroit pu arrêter l'armée française, et la forcer à capituler, n'établit point non plus son camp à Fornovo, au débouché de ces mêmes montagnes, où il étoit encore possible d'arrêter l'armée; mais à Ghiaruolo, trois milles plus bas, comme pour lui laisser la facilité de se retirer sans combat. Il ne profita point de l'imprudence des Français, qui, sous les ordres du maréchal de Gié, avoient poussé leur avant-garde jusqu'à Fornovo, cinq jours avant que le reste de l'armée qui passoit péniblement la montagne pût la rejoindre; et dès que le sire de Comines étoit venu, le dimanche 5 juillet, lui faire des ouvertures de négociations, il les avoit écoutées avec empressement. Le roi ne demandoit qu'à passer sans être molesté; les provéditeurs vénitiens qui suivoient l'armée, et de qui dépendoient toutes les négociations, n'étoient point résolus à s'y opposer; mais Comines n'étoit chargé de leur proposer aucune garantie, aucune compensation qui pût les satisfaire, et rien ne put se conclure. (2)

(1) *P. Bembi.* L. II, p. 35. — Phil. de Comines. L. VIII, c. 2, p. 267. — Républ. ital., c. 96, p. 307.
(2) Phil. de Comines. L. VIII, c. 9, p. 295. — *Fr. Bel-*

Charles VIII cependant, acculé contre les montagnes par des forces supérieures, sans vivres pour son armée, sans espérance de recevoir de renforts, ne pouvoit et ne devoit pas consentir à des délais. Dans la nuit du 5 au 6 juillet, un orage effrayant avoit grondé autour de lui, et des torrens de pluie avoient grossi le Taro, sur la rive droite duquel il étoit campé. Les Vénitiens étoient campés sur la même rive droite, mais à quelques milles au-dessous de lui. Le roi se détermina à passer, pendant qu'il le pouvoit encore, la rivière en face de lui, le lundi 6 juillet, à sept heures du matin, et à descendre ensuite le long de sa rive gauche, passant en face des Vénitiens, dont la rivière le sépareroit, et gagnant ainsi le borgo San-Donnino, pendant qu'il envoyoit Comines et le cardinal de Saint-Malo renouer avec eux les négociations.

Cependant le Taro, qui ne l'avoit point arrêté, quoique grossi par les pluies et fort bruyant, n'arrêtoit point non plus les soldats ennemis. Tandis que l'armée française se déployoit sur la grève, et que ses divers corps, dans leur marche, s'éloignoient toujours plus les uns des autres, les stradiotes passoient aussi le Taro, les uns au-

carii. L. VI, p. 167. — *Fr. Guicciardini*. L. II, p. 101. — *Pauli Jovii*. L. II, p. 65. — *Bernardi Oricellarii de bello Italico*, p. 77. — Républ. ital., c. 96, p. 311.

dessus, les autres au-dessous, plusieurs sur ses flancs, et de tous les côtés ils engageoient des escarmouches ; bientôt le canon commença à tirer, et la bataille se trouva engagée sans que personne eût résolu de la livrer. Cependant le comte de Cajazzo et le marquis de Mantoue firent comprendre aux provéditeurs vénitiens qu'ils devoient rompre à l'instant toute négociation.

Dans la disposition de leur armée, les Français montrèrent une grande ignorance de l'art de la guerre, ou une grande imprudence : l'avant-garde, commandée par le maréchal de Gié et Jean-Jacques Trivulzio, étoit forte de trois cent cinquante hommes d'armes, trois cents archers de la garde, et trois mille Suisses ; elle commença à marcher pendant que le roi passoit la rivière, et avançant toujours, elle se trouva en face du camp vénitien avant que le roi se fût mis en mouvement pour la suivre. Elle auroit donc pu être coupée avec la plus grande facilité, tandis qu'elle prêtoit constamment le flanc aux ennemis, dont elle n'étoit séparée que par une rivière guéable. De nouveau, le corps de bataille où se trouvoit le roi, avec cent gentilshommes de la garde, les pensionnaires, deux cents arbalétriers à cheval, les Écossais et deux cents archers français, laissa assez loin derrière lui l'arrière-garde commandée par MM. de Guise et la

Trémoille. Tous les bagages, portés par six mille bêtes de somme, s'étoient dirigés au travers des montagnes, sur Borgo San-Donnino, fort à la gauche de l'armée qui les couvroit. François de Gonzague avoit bien observé la distribution de l'armée française, et il en profita avec habileté. Pendant que les Français étoient occupés à passer la rivière, il remonta sur la rive droite du Taro, il entra dans Fornovo comme ils en sortoient, et il passa la rivière à leur suite; après quoi il tomba sur leur arrière-garde. Il avoit en même temps fait passer le Taro au comte de Cajazzo, au-dessous de l'armée française, de manière à attendre son avant-garde et à l'attaquer comme elle avançoit; enfin il avoit laissé, sur la droite de la rivière, Antoine de Montéfeltro et Annibal Bentivoglio, avec deux corps d'armée, qui devoient passer le Taro au moment opportun pour couper l'avant-garde du corps de bataille, et celui-ci de l'arrière-garde. L'impétuosité des Français et la bravoure inébranlable des Suisses réparèrent l'imprudence de leurs généraux. En avançant, ils hachoient leurs ennemis devant eux, tandis que les Italiens indécis, précautionneux, étonnés de tant de férocité, et d'un si grand massacre, ne combattoient qu'à regret des hommes qui n'accordoient point de quartier et ne faisoient point de prisonniers. Ils s'avançoient régulièrement, mais sans ardeur, comme à la parade; après chaque charge, dans laquelle ils faisoient à peine quelque impression sur leurs adversaires, ils reculoient à une grande distance pour se reformer. Montéfeltro et Bentivoglio prétendirent n'avoir point reçu l'ordre de passer la rivière, et lancèrent seulement leurs stradiotes sur l'autre bord; ceux-ci parcoururent sans obstacle l'espace qui séparoit les corps français, ils trouvèrent le roi fort mal entouré, le forcèrent à reculer sur son arrière-garde, et lui firent courir un grand danger, durant lequel on assure qu'il se comporta avec beaucoup de sang-froid et de valeur. Mais tout à coup les stradiotes découvrirent sur les montagnes, dans le lointain, les bagages qu'on étoit sur le point de mettre en sûreté; ils ne purent résister à la tentation de les piller, et laissant en arrière l'armée française, ils se précipitèrent à leur suite. Le marquis de Gonzague, abandonné par sa cavalerie légère, et se trouvant aux prises avec le corps de bataille qui avoit rejoint l'arrière-garde, sans que Montéfeltro arrivât à son aide, fut obligé de repasser la rivière à Fornovo, après avoir éprouvé une perte très considérable. De son côté, le comte de Cajazzo, après avoir soutenu avec l'avant-garde un engagement beaucoup moins sérieux, dans lequel il n'avoit fait que caracoler autour d'elle, repassa la rivière près d'Oppiano. La bataille n'avoit pas duré plus d'une heure, mais elle avoit causé une perte prodigieuse aux Italiens. Ils étoient couverts d'une armure beaucoup plus lourde que les Français, tandis que leurs chevaux étoient beaucoup moins forts, aussi, dans le choc, ils étoient presque tous renversés. Entre Italiens, ils auroient, après cet accident, été faits prisonniers; mais tandis que les gendarmes français poursuivoient les fuyards, les valets qui les suivoient tuoient à coups de hache ceux qu'ils trouvoient étendus par terre. Les fantassins italiens, séparés de leur cavalerie, furent hachés en pièces par les Suisses, en sorte que la journée de Fornovo, qui ne coûta que deux cents hommes aux vainqueurs, en coûta trois mille cinq cents aux vaincus. (1)

En se retirant du combat, Gonzague vint se réunir au comte de Cajazzo. Leur armée étoit encore fort supérieure en force à celle des Français, mais la terreur y étoit grande : les Italiens, renversés à chaque choc, croyoient ne pouvoir tenir tête aux Français; plusieurs commençoient même à abandonner le camp pour s'enfermer à Parme. Le comte de Pitigliano, que les Fran-

―――――――

(1) Phil. de Comines. L. VIII, c. 10, p. 305, et c. 11, p. 307. — André de la Vigne, p. 158. — *Arnoldi Ferronii.* L. I, p. 16. — *Fr. Belcarii*, L. VI, p. 167. — *Fr. Guicciardini.* L. II, p. 103. — *P. Jovii.* L. II, p. 68. — *P. Bembi.* L. II, p. 38. — *And. Navagiero*, p. 1205. — *Barth. Senaregæ*, p. 554.

çais conduisoient avec eux depuis qu'ils l'avoient fait prisonnier à Nola, ayant trouvé moyen de s'échapper, arriva auprès de Gonzague, après la bataille, et l'empêcha de commencer sa retraite, en l'assurant que l'inquiétude et le désordre n'étoient pas moins grands dans le camp français que dans le sien; que, malgré les instances de Trivulzio, on s'y étoit refusé à renouveler le combat, et que les hommes et les chevaux, également épuisés par la fatigue et le manque de nourriture, étoient hors d'état de venir l'attaquer. Au reste, la pluie, qui n'avoit pas cessé de tomber pendant toute la journée, et qui continua toute la nuit, gonfloit toujours plus le Taro, et rendoit plus difficile de le franchir. Le roi passa la journée du 7 à Médésana, cinq milles au-dessous de Fornovo, et il renvoya Comines avec Robertet, son secrétaire, au camp vénitien, pour ouvrir de nouvelles négociations. Elles furent renvoyées au lendemain ; mais, sans les attendre, Charles VIII étoit parti en silence une heure avant le jour pour San-Donnino avec son armée. (1)

Le gonflement du Taro, qui ne permit point aux Vénitiens de le passer avant quatre heures après midi, et qui donna ainsi une journée d'a-

(1) Mém. de Phil. de Comines. L. VIII, c. 12, p. 318. — Fr. Belcarii. L. VI, p. 173. — Fr. Guicciardini. L. II, p. 109. — Pauli Jovii. L. II, p. 72, 74. — Petri Bembi. L. II, p. 38. — Républ. ital., e. 96, p. 324.

vance aux Français, les sauva d'une poursuite qui auroit pu être fatale pour eux ; car une retraite précipitée fait bientôt perdre à une armée les avantages comme l'orgueil d'une victoire. Les Français marchoient vite, mais avec ordre, et supportoient avec beaucoup de patience les privations et les fatigues auxquelles ils étoient exposés. Les gentilshommes, à l'égal des fantassins, prêtoient leurs bras aussi-bien que leurs chevaux pour faire avancer l'artillerie, et ils alloient eux-mêmes à leur tour recueillir des vivres et du fourrage. Trois cents Suisses, armés de coulevrines et d'arquebuses, couvrirent presque seuls la retraite contre les stradiotes, qui les avoient rejoints au passage de la Trebbia, et qui ne cessèrent dès-lors de les inquiéter. Mais les provéditeurs vénitiens ne voulurent jamais consentir à ce que leur armée s'approchât assez pour livrer une seconde bataille. Aussi Charles VIII continuant sa route par Castel-San-Giovanni, Voghéra, Tortone et Nizza de Montferrat, arriva le mercredi 15 juillet devant Asti, huit jours après son départ de Médésana, sans avoir perdu un canon. (1)

(1) Phil. de Comines. L. VIII, c. 13 et 14, p. 322, 333. — André de la Vigne, p. 170. — *Fr. Belcarii.* L. VI, p. 174. — *Arn. Ferronii.* L. I, p. 18. — *Fr. Guicciardini.* L. II, p. 111. — *Pauli Jovii.* L. II, p. 76. — *Bern. Oricellarii*, p. 86. — Républ. ital., c. 96, p. 330.

Le duc d'Orléans n'étoit point à Asti pour recevoir le roi; il s'étoit laissé enfermer à Novarre avec son armée, où, entre Suisses et Français, il comptoit 7,500 combattans, et où il se trouvoit déjà à court de vivres, parce qu'en s'emparant de la ville il en avoit laissé piller les magasins. En même temps il étoit toujours travaillé de la fièvre quarte. Louis Sforza, qui le regardoit comme son plus dangereux ennemi, dirigeoit lui-même le siége de Novarre avec une vingtaine de mille hommes; et après la bataille de Fornovo, il fut rejoint par Gonzague avec toute l'armée vénitienne. Aussi, dès que le duc d'Orléans sut que Charles VIII étoit arrivé à Asti, il le fit presser de venir le délivrer. Mais Charles voyoit son armée harassée de fatigue; il étoit lui-même sans argent, et il commença par s'emparer de quarante mille francs que le comte d'Angoulême envoyoit au duc d'Orléans (1). Bientôt il ne songea plus qu'aux plaisirs et à la galanterie; l'amour le retenoit tour à tour à Chieri ou à Turin; il passoit son temps dans les fêtes, tandis que ses gendarmes, ou malades, ou fatigués, ou inconstans, le quittoient les uns après les autres, et repassoient les monts sans congé. Les semaines s'écouloient ainsi, et ce ne fut qu'un mois après son arrivée que Charles envoya le bailli de Dijon

---

(1) Saint-Gelais, Hist. de Louis XII, p. 93.

en Suisse, pour y solder un nouveau corps d'armée qui vînt délivrer le duc d'Orléans (1). La position de celui-ci devenoit très critique ; Louis-le-Maure avoit été renforcé par onze mille lands-knechts arrivés d'Allemagne; les vivres manquoient dans Novarre; presque tous les convois qu'on avoit envoyés d'Asti étoient tombés aux mains des ennemis; et le cardinal de Saint-Malo, qui, avec George d'Amboise, archevêque de Rouen, et favori du duc d'Orléans, dirigeoient seuls les affaires de la guerre et les négociations, augmentoient le danger par leur incapacité et leur obstination. (2)

Cependant les Italiens, comme les Français, avoient besoin de la paix, et sentoient que la guerre ne pouvoit leur apporter aucun avantage. Comines, envoyé à Casal pour régler le conseil de régence du marquisat de Montferrat, parce que la mère du jeune marquis venoit de mourir, y rencontra, vers le 15 septembre, un parent du marquis de Mantoue avec lequel il entama de nouvelles négociations. Le roi n'avoit d'autre envie que de sortir honorablement d'Italie, et de retirer son cousin de Novarre; les alliés

---

(1) André de la Vigne, p. 172. — Ph. de Comines. L. VIII, c. 15, p. 339.

(2) Phil. de Comines. L. VIII, c. 15, p. 339. — André de la Vigne, p. 172. — *Fr. Belcarii.* L. VII, p. 181. — *Fr. Guicciardini.* L. II, p. 118.

étoient empressés de le renvoyer au-delà des monts : il sembloit donc facile de demeurer d'accord ; cependant, le 21 septembre, la nouvelle de l'approche des Suisses que le bailli de Dijon avoit été chargé de solder, réveilla le désir des deux prélats de livrer bataille pour conquérir le duché de Milan, où le duc d'Orléans leur promettoit de riches bénéfices (1). Au lieu de cinq mille Suisses que le bailli avoit eu commission de solder, on assuroit qu'il en amenoit vingt mille : les profits de la guerre, la solde, le pillage, la licence des camps et les délices de l'Italie séduisoient toute la jeunesse suisse ; le bailli n'avoit eu d'autre difficulté que de n'en pas amener davantage encore. Les conseillers du roi, il est vrai, et tous ceux qui, dans l'armée, désiroient la paix, se récrièrent sur l'imprudence de confier le roi à cette multitude barbare et mercenaire ; elle ne se feroit aucun scrupule, dirent-ils, de le vendre à ses ennemis. Aussi se hâtèrent-ils d'envoyer des ordres pour que les Suisses qui descendoient par le Saint-Bernard et le Simplon ne se réunissent point en un seul corps d'armée. En même temps, les négociateurs, qui s'étoient rassemblés à Verceil, redoublèrent d'efforts pour s'entendre, et, le 10 octobre, ils signèrent la paix entre Charles VIII et

(1) Phil. de Comines. L. VIII, c. 16, p. 343.

Louis-le-Maure, duc de Milan. Novarre fut rendue à ce duc, qui, en retour, reconnut qu'il tenoit Gênes en fief de la couronne de France, et accorda à Jean-Jacques Trivulzio et aux Milanais qui avoient suivi son parti la restitution de leurs biens. Il renonça à l'alliance de Ferdinand II de Naples, et il promit de renoncer aussi à celle de Venise, si, avant deux mois, cette république n'accédoit pas au traité de Verceil. Pour gage de ces promesses, auxquelles, du reste, les négociateurs français eux-mêmes ajoutoient peu de foi, il remit au duc de Ferrare son beau-père la garde de la forteresse du Castelletto de Gênes, sous la condition que celui-ci la livreroit aux Français, si Sforza manquoit à ses engagemens. (1)

1495.

Ce ne fut pas sans difficulté, et même sans quelque danger, que le roi renvoya dans leur pays les vingt mille Suisses qui avoient conçu, en venant en Italie, de si hautes espérances, et auxquels il n'offroit pour dédommagement que leur paie d'un mois. Il fallut leur en accorder trois, et, comme on étoit sans argent, leur don-

---

(1) Le texte du traité est dans les Preuves de Godefroy à Charles VIII, p. 722. — Traités de Paix. T. I, p. 789. — Phil. de Comines. L. VIII, c. 18, p. 366. — André de la Vigne, p. 186. — *Arn. Ferronii.* L. II, p. 22. — *Fr. Belcarii.* L. VII, p. 185. — Saint-Gelais, Hist. de Louis XII, p. 95. — Républ. ital., c. 96, p. 339.

ner des otages pour répondre du paiement. Le roi laissa ensuite à Asti Jean-Jacques Trivulzio, avec cinq cents lances françaises, qui, pour la plupart, se débandèrent peu de jours après, et repassèrent les Alpes sans congé. Le roi lui-même, avec le reste de son armée, partit de Turin, le 22 octobre, par Suse, Briançon et Embrun, et il repassa les Alpes avec autant de précipitation que s'il avoit fui devant une armée victorieuse. Le 27 octobre, il arriva à Grenoble, et, le 7 novembre, à Lyon. (1)

Charles avoit établi pour vice-roi à Naples le comte de Montpensier, auquel il avoit laissé la moitié de son armée; mais il étoit bien difficile que cette armée, réduite à la moitié, et, de plus, découragée par la cessation de ses communications avec la France, pût suffire à défendre le royaume qu'elle avoit conquis. La même ligue italienne qui avoit forcé le monarque à se retirer, lui suscitoit de toutes parts des ennemis dans les provinces dont il s'éloignoit. Fernand Gonzalve de Cordoue, le vainqueur de Grenade, que les rois d'Espagne avoient envoyé en Sicile avec cinq mille fantassins et six cents cavaliers espagnols, s'étoit abouché à Messine avec Ferdinand II et son père Alphonse, pour con-

(1) André de la Vigne, p. 157. C'est la fin de ce journal. — *Fr. Guicciardini.* L. II, p. 129. — Phil. de Com. L. VIII, c. 18, p. 369.

certer avec eux les moyens de recouvrer le royaume de Naples (1). Après quoi, Ferdinand étoit venu débarquer à Reggio de Calabre avant la fin de mai 1495, et il avoit rassemblé une petite armée de six mille hommes. En même temps, Antonio Grimani, avec une flotte vénitienne de vingt-quatre galères, s'empara de Monopoli, sur la côte de la Pouille, qu'il pilla avec une extrême cruauté, et il y fut rejoint par don Frédéric, oncle du roi, et don César son frère naturel. De toutes parts le royaume étoit en fermentation, les partisans de la maison d'Aragon reprenoient courage, les Angevins étoient dégoûtés de leurs maîtres ; mais les soldats du royaume de Naples étoient bien plus incapables que ceux d'aucune autre partie de l'Italie de se mesurer avec les Français ou les Suisses. Opprimés habituellement par les soldats lombards ou romagnols, auxquels leurs souverains avoient confié jusqu'alors la défense de leur trône, ils ne possédoient ni la discipline, ni la science militaire qu'on avoit vu briller au quinzième siècle dans les écoles guerrières de Braccio et de Sforza ; ils n'étoient point familiarisés avec les dangers et la mort, et leur imagination méridionale les rendoit plus accessibles que d'autres à la surprise et aux terreurs paniques. La pré-

(1) *Pauli Jovii de Vita magni Consalvi cordubensis.* L. I, p. 176, edit. Florent. in-fol. 1551.

somption ne les abandonnoit cependant qu'en présence de l'ennemi, et, par leurs bravades insensées, ils poussèrent à plusieurs reprises leurs généraux à des attaques où ils les abandonnèrent ensuite lâchement. Une insurrection de la ville de Gaëte, qui n'étoit occupée que par une poignée de soldats français, fut une des premières et des plus funestes manifestations de ce passage rapide de l'audace à la terreur. Les séditieux furent en un instant mis en fuite par ceux qu'ils avoient cru écraser; ils furent alors poursuivis de rue en rue avec un acharnement barbare, et presque toute la population de cette ville, jusqu'alors florissante, fut égorgée le 24 juin. (1)

La bataille de Séminara fut plus humiliante encore pour les Napolitains. D'Aubigny, qui commandoit en Calabre, résolut d'arrêter les progrès que faisoit dans son gouvernement le roi Ferdinand, secondé par Gonzalve de Cordoue; et, quoiqu'il n'eût pu rassembler que quatre cents cuirassiers, le double de chevaulégers et un petit corps d'infanterie suisse, il passa, devant les ennemis, la rivière qui coule entre Terra-Nova et Séminara, et vint les attaquer sur son autre bord, quoique leur nombre

(1) *Bern. Oricellarii Commentar.*, p. 93. — *Pauli Jovii*, L. III, p. 81. — *Petri Bembi*. L. III, p. 45. — *Fr. Belcarii*. L. VI, p. 176. — Républ. ital., c. 97, p. 355.

fût au moins trois fois supérieur au sien. Les Calabrois, qui avoient contraint Ferdinand et Gonzalve à accepter la bataille, n'attendirent pas même le premier choc; dès qu'ils virent venir les Français, ils s'enfuirent. Ferdinand auroit été pris si Jean d'Altavilla n'avoit sacrifié pour lui sa vie en lui donnant son cheval; il fut tué aussitôt après. Gonzalve, Hugues de Cordoue, Emmanuel Bénavides, Pierre de la Paz, capitaines espagnols qui tous devinrent plus tard fameux aux dépens des Français, auroient été pris la nuit suivante dans Séminara si d'Aubigny, affoibli par les fièvres de Calabre et constamment malade pendant qu'il faisoit la guerre, avoit eu la force d'attaquer immédiatement cette ville, qui lui ouvrit ses portes le lendemain. Ferdinand et Gonzalve repassèrent en Sicile. (1)

A peine Ferdinand avoit-il recueilli les soldats échappés de Séminara qu'il les fit embarquer de nouveau sur sa flotte, et qu'il vint prendre terre le 7 juillet près de Naples. Gilbert de Montpensier sortit aussitôt de la ville pour le combattre; mais en même temps il donna l'ordre d'arrêter ceux qu'il regardoit comme les principaux chefs du parti aragonais. Cette sévérité

---

(1) Mém. de Guillaume de Villeneuve. T. XIV, p. 64. — *Fr. Belcarii.* L. VI, p. 176. — *Pauli Jovii.* L. III, p. 84, 85. — *Ejusd. Vita Consalvi.* L. I, p. 178. — *Fr. Guicciardini.* L. II, p. 112. — *Bern. Oricellarii*, p. 92. — *Summonte.* L. VI, c. 2, p. 516.

intempestive précipita la rébellion qu'il avoit voulu prévenir ; les Napolitains fermèrent sur lui leurs portes, et reçurent dans leurs murs Ferdinand, qui avoit échappé aux Français en se rembarquant. En vain Montpensier et Yves d'Allègre, maîtres des trois châteaux de Naples, voulurent par-là rentrer dans la ville ; les rues furent aussitôt barricadées, des pierres lancées des fenêtres accabloient la cavalerie ; il ne restoit aucun espace libre où les Français pussent combattre, et ils se trouvèrent bientôt enfermés, au nombre de six mille, dans les trois châteaux, où le peuple les assiégea. (1)

Les Colonna, offensés des avances faites par les Français aux Orsini leurs rivaux, avoient passé sous les drapeaux de la maison d'Aragon; ils avoient sous leur commandement presque toutes les places de la Campagne de Rome, d'où leur influence s'étendoit sur la Terre de Labour, qu'ils entraînèrent bientôt aussi dans la révolte. Le vice-roi de Charles manquoit de vivres, et étoit réduit à de fâcheuses extrémités : au bout de trois mois de souffrances, il commençoit à songer à capituler ; il avoit fait demander des secours à d'Aubigny, qui commandoit en Calabre, et à Précy, qui commandoit dans la Basili-

---

(1) *Pauli Jovii.* L. III, p. 86. — *Fr. Guicciardini.* L. II, p. 113. — *B. Oricellarii*, p. 102. — *Summonte.* L. VI, c. 2, p. 519. — Républ. ital., c. 97. p. 360.

cate ; mais le premier, toujours malade, étoit assez embarrassé à tenir tête à Gonzalve de Cordoue, qui avoit débarqué de nouveau en Calabre, et qui y avoit été reçu avec transport; le second réussit avec peine à rassembler mille cavaliers de toutes armes, mille Suisses et huit cents fantassins calabrois. Ferdinand, averti de son approche, envoya au-devant de lui Thomas Caraffa, prince de Matalona, qui, avec une dizaine de mille hommes, prit position à Éboli, à dix-huit milles de Salerne, pour lui fermer le passage. Mais la présomption des Napolitains leur étoit toujours fatale. Quand ils virent approcher Précy, qu'ils surpassoient quatre fois en force, ils ne songèrent qu'à l'envelopper, qu'à l'attaquer les premiers, assurant Caraffa qu'il ne leur échapperoit pas un Français. Ils tombèrent sur eux, en effet, comme Précy venoit de passer le Sèle; mais leur audace ne se soutint pas au-delà du premier choc : repoussés par l'intrépidité des cavaliers français, étonnés de ne pouvoir pas même atteindre les Suisses, qui les tenoient à distance avec leurs longues hallebardes, ils s'enfuirent en moins de demi-heure, et ils perdirent par centaines, dans la déroute, ceux qui n'avoient pas osé affronter la mort dans le combat. (1)

(1) *Pauli Jovii.* L. III, p. 112, 113. — *Fr. Guicciardini.* L. II, p. 116. — *Fr. Belcarii.* L. VI, p. 179.

Prosper Colonna réussit cependant à arrêter à Sarno l'armée de Précy, qui avoit continué à s'avancer. Le salut de Ferdinand II dépendoit de ce retard. Il étoit entré en négociations avec Montpensier, pour l'engager à capituler; et celui-ci, qui ignoroit la défaite de Caraffa à Éboli et l'approche de Précy, éprouvoit déjà une telle détresse pour les vivres, et surtout les fourrages, qu'il consentit à promettre que si, avant trente jours (on étoit alors au mois d'octobre), une armée française ne se présentoit pas devant Naples *pour tenir sa journée* et faire lever le siége, il rendroit aux Napolitains leurs trois châteaux. Jusqu'alors toutes hostilités étoient suspendues, et Montpensier donnoit à Ferdinand, comme otages, ses meilleurs officiers, Yves d'Allègre, Guillaume de la Mark, la Chapelle d'Anjou et Genlis. La capitulation étoit signée lorsque Précy arriva, mais avec une armée trop foible pour tenir sa journée ou livrer bataille; aussi fut-il obligé de reculer et de mettre ses troupes en quartier d'hiver. Montpensier toutefois exécuta peu scrupuleusement sa capitulation; il s'échappa de nuit, avec deux mille cinq cents hommes, des châteaux qu'il devoit rendre : le Château-Neuf ne fut consigné à Ferdinand que le 8 décembre, et celui de l'OEuf que le 17 février suivant; et le vice-roi, au lieu de repasser en France, comme il s'y étoit engagé, se prépara à soutenir une autre campagne. (1)

La lutte se continua en effet entre les Français et Ferdinand II pendant l'année 1496, mais avec des armées toujours plus affoiblies. Charles VIII, oubliant ses compagnons d'armes, n'avoit point fait passer de renforts aux soldats qu'il avoit laissés dans le royaume de Naples. De leur côté, les alliés ne ressentant plus d'alarmes sur les conquêtes des Français, ne faisoient plus de vigoureux efforts pour les chasser d'Italie, et abandonnoient Ferdinand à ses seules ressources. Le royaume de Naples étoit en entier dévasté, toutes les caisses étoient vides, une poignée de Français et de Suisses ne pouvoit défendre une contrée qui partout se montroit ennemie ; mais ils inspiroient toujours le même effroi aux troupes qu'ils avoient si souvent battues, et qui avoient perdu toute confiance en elles-mêmes.

Dans l'état de pénurie où se trouvoient en même temps Ferdinand et Montpensier, le péage de 80,000 écus que paient, près du mont Gargano, les troupeaux voyageurs qui passent l'hiver dans les pâturages de la Pouille et l'été dans les montagnes de l'Abruzze, étoit un objet de grande importance. D'ailleurs la destruction de ces troupeaux auroit condamné à la stérilité

---

(1) *Pauli Jovii.* L. III, p. 114. — *Fr. Guicciardini.* L. II, p. 116. — Guill. de Villeneuve, p. 47. — *Fr. Belcarii.* L. VI, p. 179. — Républ. ital., c. 97, p. 370.

deux des grandes provinces du royaume. Comme l'approche des chaleurs et le manque d'eau forçoient les bergers à quitter les plaines brûlées de la Pouille, Ferdinand et Montpensier convinrent qu'ils laisseroient passer leurs troupeaux sans les molester, et que celui des deux qui seroit maître de la campagne percevroit seul le péage. Mais, pour en rester maître, l'un et l'autre conduisit dans la Capitanate tous les gens de guerre qu'il put rassembler. Montpensier réunit autour de Troia onze cents cuirassiers, quatorze cents chevau-légers, six mille Suisses ou Allemands, et dix mille fantassins, les uns Gascons, les autres régnicoles. De son côté, Ferdinand avoit réuni dans le comté de Molise, et conduit à Foggia, outre ses soldats napolitains, plusieurs des meilleurs condottieri de l'Italie, Fabrice et Prosper Colonna, et enfin le marquis de Mantoue, avec les stradiotes que lui avoient donnés les Vénitiens. Les deux chefs tenoient également la campagne, mais tous deux évitoient la bataille; en sorte qu'on ne pouvoit décider, d'après leur convention, à qui la gabelle devoit appartenir. Deux cent mille bœufs ou vaches et six cent mille moutons arrivèrent cependant, durant le mois de mai, sur le terrain qu'occupoient les deux armées; ils furent presque tous égorgés par les soldats, qui ne vouloient en avoir que la peau, tandis qu'ils lais-

soient pourrir leur carcasse sur les champs; et
l'agriculture de tout le royaume en éprouva un
échec dont elle ne put de long-temps se relever. (1)

1496.

Montpensier, avec toutes ses forces, vint ensuite assiéger Circello, à dix milles de Bénévent; Ferdinand, pour faire diversion, vint attaquer, à quatre milles de distance, Frangetto de Montfort. Il réussit dans son intention; Montpensier accourut avec toute son armée pour défendre ce château, bâti sur le sommet d'une colline; mais, comme il parvenoit au sommet de la colline opposée, il vit qu'il étoit arrivé trop tard, et que Frangetto étoit déjà la proie des flammes. Il proposa du moins à ses compagnons d'armes d'attaquer l'armée napolitaine, que le pillage avoit sans doute mise en désordre; toutefois on lui répondoit qu'il étoit dangereux de s'enfoncer dans un vallon étroit, et de remonter ensuite une colline escarpée en présence d'une armée victorieuse. Dans ce moment, les Suisses mercenaires s'écrièrent tout à coup qu'ils ne combattroient point qu'on ne leur eût payé leur solde. Leur tumulte et leurs menaces firent perdre à Montpensier cette dernière chance de succès. Les barons napolitains l'abandonnèrent quand ils virent qu'il n'étoit plus maître de son

(1) *Pauli Jovii.* L. IV, p. 124. — *Fr. Guicciardini.* L. III, p. 150. — *Fr. Belcarii.* L. VII, p. 193. — Républ. italiennes, c. 97, p. 387.

armée. Des disputes entre lui et Précy augmentèrent les difficultés où il se trouvoit; les troupes diminuant rapidement par la désertion, il voulut repasser du Principato dans la Pouille, et il se dirigea sur Venosa; mais la bourgade d'Atella, qu'il devoit traverser, lui opposa quelque résistance : il la prit et la pilla, et il donna ainsi le temps à Ferdinand de l'y rejoindre le 18 juin, et de l'y enfermer. (1)

Ferdinand n'eut garde d'offrir la bataille aux Français qui s'étoient arrêtés à Atella; il s'occupa seulement à leur couper tous les passages, à arrêter tous leurs convois, à détruire leurs moulins, à leur interdire enfin l'approche de l'eau. Le 5 juillet, un gros parti de cavalerie française qui alloit chercher des vivres à Vénosa, fut mis en déroute par les stradiotes; peu après, un retranchement défendu par trois cents Suisses fut emporté d'assaut, et tous les Suisses massacrés. Montpensier, enfermé de toutes parts, manquant de vivres, manquant d'eau, et n'ayant plus d'espérance de secours, fut enfin réduit à capituler le 20 juillet 1496. Il s'engagea à rendre non seulement Atella, mais toutes les places qui, dans le royaume de Naples, appartenoient aux Français, à la réserve

---

(1) *Fr. Guicciardini.* L. III, p. 158. — *Fr. Belcarii.* L. VII, p. 198. — *Pauli Jovii.* L. IV, p. 130. — *Arnoldi Ferronii.* L. II, p. 27. — Républ. italiennes, c. 97, p. 397.

de Vénosa, Gaëte et Tarente, dont les gouverneurs ne dépendoient pas de lui. Il déposa les armes avec cinq mille guerriers qu'il avoit encore dans Atella, et Ferdinand lui promit, en retour, que tous les Français seroient reconduits en France; que les condottieri italiens auroient permission de sortir du royaume; que les régnicoles jouiroient d'une amnistie complète. Mais quelques uns des lieutenans de Montpensier ne voulurent pas se soumettre à cette capitulation et rendre les places qu'ils occupoient; en attendant leur soumission, l'armée fut retenue comme elle alloit s'embarquer, et cantonnée entre Baia et Pozzuoli : des fièvres pestilentielles s'y déclarèrent pendant les chaleurs dévorantes de l'été. Gilbert de Montpensier en fut atteint lui-même, et en mourut à Pozzuolo le 5 octobre 1496. L'épidémie s'étendit avec une effrayante rapidité parmi ses compagnons d'armes, et avant la fin de l'automne il en restoit à peine cinq cents. (1)

Le monarque qui l'avoit forcé à capituler, Ferdinand II, ne vit point cette destruction rapide de ses ennemis. Au retour de cette campagne,

---

(1) *Fr. Guicciardini.* L. III, p. 160. — *Pauli Jovii.* L. IV, p. 136. — *Petri Bembi.* L. III, p. 56. — *Fr. Belcarii.* L. VII, p. 199. — *Arnoldi Ferronii.* L. II, p. 28. — *Guaguini Comp.* L. XI, p. 163. — Mém. de Guillaume de Villeneuve. T. XIV, p. 79-84.

1496. où il s'étoit épuisé de fatigues, dans un climat presque toujours malsain, et sous un ciel brûlant, il s'étoit marié à une sœur de son père, à peu près du même âge que lui, pour laquelle il brûloit d'un amour qu'on qualifioit d'incestueux. A peine s'étoit-il retiré avec elle à sa maison de plaisance de la Somma, qu'il y fut saisi d'une maladie violente qui l'emporta le 7 septembre. Comme il n'avoit point d'enfans, son oncle Frédéric lui succéda (1). Ce fut lui qui renvoya en France les malheureux guerriers échappés au blocus d'Atella et à la contagion, et qui, poursuivant les débris de l'armée française avec activité, en même temps qu'il leur offroit toujours des conditions honorables, reçut successivement les capitulations d'Aubigny, qui commandoit en Calabre, et des garnisons de Gaëte, de Vénosa et de Tarente; Graziano Guerra, condottiere italien à la solde de France, abandonna les Abruzzes; les barons angevins firent leur paix avec Frédéric, qui les traita avec générosité; et il ne resta plus rien des rapides conquêtes de Charles VIII en Italie, qu'une passion dangereuse chez les Français pour les expéditions lointaines, de profonds ressentimens chez les Italiens,

(1) *Fr. Guicciardini*. L. III, p. 161. — *Pauli Jovii*. L. IV, p. 138. — *Summonte Storia di Napoli*. L. VI, c. 2, p. 523. — Giannone, Hist. civile du royaume de Naples. L. XXIX, c. 2, p. 676.

un trésor épuisé, une armée diminuée, et le dé- 1496. veloppement rapide d'une maladie terrible que Colomb avoit rapportée d'Amérique, mais que la licence des camps avoit répandue, que la contagion faisoit éclater à la fois à l'armée, à la cour et dans toutes les provinces, et que les Français appelèrent long-temps le mal de Naples, tandis que les Italiens l'appeloient le mal français. (1)

(1) *Fr. Guicciardini.* L. II, p. 130; L. III, p. 172. — *Fr. Belcarii.* L. VII, p. 189. — Républ. ital., c. 96, p. 344, et c. 98, p. 407.

CHAPITRE XXVII.

Dernières années de Charles VIII; son incapacité; sa mort. — Succession de Louis XII; son divorce d'avec Jeanne de France; son mariage avec Anne de Bretagne; ses divers traités; il fait la conquête du Milanez. — 1496-1499.

L'Europe avoit été étonnée par la rapide et victorieuse expédition de Charles VIII, qui avoit parcouru l'Italie et l'avoit soumise jusqu'à son extrémité. Les temps modernes n'avoient point encore vu de peuple faire une conquête aussi importante, et en même temps aussi éloignée que l'étoit celle du royaume de Naples. Quoique la conquête qu'avoient faite presque en même temps les rois catholiques du royaume de Grenade ajoutât bien plus à leur puissance réelle, elle n'avoit point autant occupé ou agité la chrétienté. Les Castillans, les Aragonais, long-temps harassés par les Maures de Grenade, leurs voisins, avoient fini par appeler toutes leurs forces à un combat de vie et de mort. Cet événement étoit préparé dans l'opinion par une lutte de plusieurs siècles. Mais l'attaque des Français sur le royaume de Naples étoit une guerre entre des peuples qui ne pouvoient s'atteindre qu'en traversant dix États divers, et qui, avant de se porter les premiers coups, avoient mis en révolution tous ceux qui se trouvoient sur leur passage. Cette distance même du théâtre de la guerre appeloit toute l'Europe à y prendre part. Les nations étoient depuis long-temps tombées dans l'erreur de se croire ennemies parce qu'elles étoient voisines ; elles commencèrent alors à compter sur l'amitié de celles dont elles étoient éloignées, et cette seconde erreur ne leur fut pas moins funeste que la première. Ce fut elle qui appela les Espagnols, les Allemands, les Suisses et les Français en Italie, et qui ruina cette malheureuse contrée, devenue l'arène où toute l'Europe sembloit venir s'exercer aux armes. Une ère nouvelle commençoit pour les nations : celle de l'action réciproque de tous les gouvernemens les uns sur les autres, des alliances et des guerres qui embrassoient l'Europe entière, qui intéressoient l'Angleterre au sort de Naples, et qui faisoient marcher des Andaloux, des Hongrois et des Flamands sous les mêmes drapeaux. Cependant cette grande révolution étoit causée par un homme dépourvu de talent et de caractère; par un homme qui, après avoir ébranlé vingt États, s'endormoit dans les plaisirs, sans plus se soucier lui-même du trouble qu'il avoit causé.

1495.

Charles VIII étoit arrivé à Lyon le 7 novembre 1495, et il y séjourna le plus souvent dans le couvent de Saint-Just, durant une grande partie des deux années suivantes (1). Cette ville étoit bien située pour diriger les affaires dont il étoit censé s'occuper alors; elle étoit également rapprochée des frontières de l'Italie et de celles de l'Espagne, et il pouvoit de là envoyer des secours aux Français qu'il avoit laissés dans le royaume de Naples, ou au seigneur de Saint-André, qui défendoit contre les Espagnols, la frontière du Languedoc, du côté du Roussillon. Mais, dans le vrai, Charles VIII ne donnoit presque aucune attention ou aux uns ou aux autres. Comines, qui arriva le 12 décembre à Lyon, après avoir accompli la mission dont il étoit chargé auprès des Vénitiens, et du duc de Milan, pour faire exécuter le traité de Verceil, eut le premier à se plaindre de l'impossibilité qu'il éprouva à fixer l'attention de ce prince. « De soi, dit-il, le roi ne faisoit rien... il n'ex« pédioit rien de lui, ni n'écoutoit les gens qui « s'en venoient; et ses serviteurs qui s'en mê« loient, étoient peu expérimentés et paresseux; « et crois que quelqu'un avoit intelligence avec « le pape. » (2)

(1) Hist. génér. de Languedoc. T. V, L. XXXVI, p. 90. — Date de diverses ordonnances. Isambert. T. XI, p. 281.
(2) Phil. de Comines. L. VIII, c. 20, p. 380.

Il y avoit deux mois que le roi étoit de retour à Lyon, lorsqu'il reçut la nouvelle de la maladie de son fils unique, et trois jours après celle de sa mort. Ce fils, nommé Charles Orland, étoit alors âgé de trois ans. La reine Anne en éprouva l'affliction la plus profonde ; Charles au contraire supporta ce malheur assez légèrement. Comines dit que « cet enfant étoit bel, et audacieux en « paroles, et ne craignoit point les choses que « les autres enfans ont accoutumé de craindre ; « et vous dis que pour ces raisons le père en « passa aisément son deuil, ayant déjà doute « que tôt cet enfant ne fût grand, et que conti- « nuant ses conditions il ne lui diminuât l'auto- « rité et puissance. Car ledit roi ne fut jamais « que petit homme de corps et peu entendu ; « mais étoit si bon qu'il n'est point possible de « voir meilleure créature » (1). Il est peu probable qu'un enfant de trois ans inspirât déjà une telle défiance à son père, et Comines prête à Charles VIII une politique qui étoit plutôt celle de Louis XI et de Charles VII que la sienne. L'habitude de la dissipation et celle d'un libertinage effréné avoient émoussé la sensibilité du jeune roi ; il oublioit, avec ses nombreuses maîtresses, la reine et ses chagrins (2), et il se figuroit que des fêtes et des plaisirs bruyans auroient,

---

(1) Comines. L. VIII, c. 20, p. 382.
(2) *Fr. Belcarii Comm.* L. VII, p. 188.

pour la distraire, la même influence sur elle que sur lui. Il fit donc venir de jeunes seigneurs pour danser devant elle. Le duc d'Orléans, qui par la mort de Charles Orland étoit devenu l'héritier présomptif de la couronne, vint entre autres à la cour, pour danser en pourpoint. Anne fut blessée de la joie qu'il laissoit éclater; et Comines assure « qu'ils furent long-temps après « sans parler ensemble pour cette cause » (1). La reine eut un second fils le 8 septembre 1496, qui mourut le 2 octobre de la même année; elle en eut un troisième en 1497, qui mourut aussi au bout de peu de jours.

Charles VIII se livroit à Lyon au libertinage avec un tel excès, qu'on prévoyoit déjà que sa santé n'y pourroit pas résister. Pendant ce temps-là il lui arrivoit successivement des envoyés des divers États d'Italie, mais il ne leur donnoit presque aucune attention. Dans un autre ouvrage, nous avons raconté avec détail comment la république de Florence, dirigée par le père Jérôme Savonarola, réformateur enthousiaste, s'étoit dévouée à la France, avec un zèle bien mal reconnu. Savonarola, qui se croyoit doué du don de prophétie, avoit annoncé Charles VIII comme un instrument dans la main de Dieu, destiné à réformer l'Église et à punir les tyrans.

(1) Comines. L. VIII, c. 20, p. 381. — Brantôme, Dames illustres, Anne de Bretagne. T. V, p. 4.

Il avoit plusieurs fois sommé le roi d'accomplir cette tâche; il l'avoit tancé avec autorité; il l'avoit menacé des jugemens de Dieu, et il avoit donné à entendre que la mort de ses enfans étoit le commencement de ces châtimens. Cependant il avoit retenu la république de Florence dans la fidélité à l'alliance de la France; il n'avoit point voulu qu'elle écoutât un juste ressentiment, lorsque, le 1ᵉʳ janvier 1496, d'Entragues, qui commandoit dans la citadelle de Pise, avoit vendu cette forteresse aux Pisans, et que les commandans de Sarzane, Sarzanello, Pietra-Santa et Ripafratta, vendirent à leur tour ces places aux ennemis de la république. Toutes ces forteresses cependant n'avoient été ouvertes par Pierre de Médicis aux Français qu'à titre de prêt, avec obligation de les rendre aux Florentins après la fin de la campagne de Naples; des traités intervenus depuis avoient confirmé cette obligation, et le roi avoit reçu des sommes considérables pour ratifier ses promesses (1). Plus tard, des soldats français avoient servi contre Florence dans les armées des Pisans; la ligue qui s'étoit formée pour faire sortir les Français d'Italie avoit mis beaucoup d'intérêt à détacher d'eux la république florentine, pour qu'il ne leur restât pas un allié dans la péninsule. Après

---

(1) Républ. ital. T. XII, c. 97, p. 378.

les promesses, elle avoit employé les menaces et enfin la guerre. Maximilien lui-même avoit passé en Toscane, avec des armées de Venise et de Milan, pour attaquer Florence, sans pouvoir engager cette république à renoncer à l'alliance des Français. (1)

Charles VIII avoit été averti que Montpensier étoit sorti des châteaux de Naples, et qu'il renouveloit la lutte avec Ferdinand, qui se termina six mois plus tard d'une manière si désastreuse à Atella. « Il se tint à Lyon grand temps, « dit Comines, à faire tournois et joûtes, dési-« rant toujours ne perdre point ses places; et ne « lui chaloit qu'il lui coûtât; mais nulle peine « ne vouloit prendre pour entendre à son affaire. « Pratiques lui venoient assez d'Italie, et de « grandes et sûres... Mais à un autre prince que « le roi de France, seroit toujours se mettre à « l'hôpital, de vouloir entendre au service des « Italiens, et à leurs entreprises et secours... « car ceux-là ne servent point sans argent, et « aussi ils ne pourroient. » En effet, il assure que plus de trois cent mille francs furent dépensés, en trois ou quatre voyages pour avitailler les châteaux de Naples et Gaëte. « Et « si furent voyages perdus. » (2)

Les capitaines dont parle Comines « qui avoient

---

(1) Républ. ital., c. 98, p. 417.
(2) Phil. de Comines. L. VIII, c. 21 et 22, p. 395, 396.

« bonne affection de servir un prince de la mai-
« son de France, mais qui la plupart n'ont rien
« que le crédit que leur donnent leurs gendar-
« mes, lesquels sont payés de leur capitaine,
« et lui se fait payer de celui qu'il sert », étoient
le duc de Ferrare, qui offroit au service de
France cinq cents hommes d'armes et deux mille
hommes de pied ; le marquis de Mantoue, qui
offroit de quitter les drapeaux des Vénitiens pour
ceux du roi ; Jean Bentivoglio, seigneur de Bologne ; les Orsini, les Vitelli, et le préfet de Rome.
A tous ceux-là il falloit assurer une solde régulière ;
mais les Florentins offroient en même temps de
maintenir à leurs frais huit cents hommes d'armes et cinq mille hommes de pied. Les Français avoient déjà huit cents lances et six mille
hommes de pied dans Asti, et Jean-Jacques
Trivulzio, qui les commandoit, entretenoit beaucoup d'intelligences dans toute la Lombardie. (1)

Le duc de Bourbon et la noblesse française,
qui en général avoient blâmé la première expédition en Italie, pressoient le roi d'entreprendre
la seconde. Il leur paroissoit honteux d'abandonner leurs compatriotes, qui s'étoient jusqu'alors défendus avec tant de vigueur dans le
royaume de Naples. Les menaces de Maximilien et celles de Ferdinand d'Aragon leur inspi-

---

(1) Phil. de Comines. L. VIII, c. 22, p. 399.

roient peu d'inquiétude : le premier, par sa prodigalité, auroit bientôt dissipé tout l'argent qu'il pourroit consacrer à la guerre; le second étoit trop avare pour jamais rien tenter de grand. Le duc de Milan, effrayé de l'orage prêt à fondre sur lui, rentreroit probablement de bonne foi dans l'alliance de France, et laisseroit compléter l'armement, déjà commencé, d'une flotte à Gênes; trente galères étoient en même temps préparées à Marseille; Jean-Jacques Trivulzio, auquel on avoit donné deux mille Suisses et deux mille Gascons, devoit commander l'avant-garde; le duc d'Orléans devoit le suivre avec des forces plus considérables, et enfin le roi lui-même avec tout le reste de l'armée. (1)

Mais Sforza, après beaucoup d'incertitudes, alarmé par les intrigues de Trivulzio dans le Milanez et les prétentions du duc d'Orléans, resserra sa ligue avec les Vénitiens et Maximilien; en même temps Briçonnet, cardinal de Saint-Malo et surintendant des finances, soit qu'il fût secrètement d'accord avec le pape Alexandre VI pour empêcher une nouvelle expédition, soit qu'ayant déjà peine à pourvoir aux folles dépenses du roi, il ne sût où trouver des fonds pour un armement si considérable, entravoit secrètement tous les préparatifs de

(1) *Fr. Belcarii Comment.* L. VII, p. 194.

guerre. L'armée avoit dû passer les monts au commencement de mai, et tout le mois de juin s'écoula sans qu'elle fût en état de marcher. Tout à coup le roi déclara qu'avant de partir, il vouloit aller visiter les sanctuaires de Saint-Martin de Tours et de Saint-Denis, pour s'assurer la faveur des protecteurs célestes de la France; qu'il vouloit aussi s'adresser en personne aux bourgeois de Paris, pour obtenir qu'ils lui prêtassent une somme un peu considérable, et qu'ils donnassent ainsi un exemple utile aux autres villes de France. Son vrai motif étoit cependant de suivre à Tours une dame d'honneur de la reine dont il étoit alors éperdument amoureux. Il partit malgré les instances accompagnées de larmes de la noblesse française et des émigrés italiens. Tous les préparatifs militaires furent suspendus, en son absence, par Briçonnet (1), et bientôt la cour reçut la nouvelle de la capitulation d'Atella, de la destruction de l'armée française et de la mort de Montpensier. Charles, qui avoit promis d'être de retour à Lyon au bout de peu de jours, passa quatre mois entiers à Tours, ne songeant qu'à ses amours. L'amiral de Graville, qui, de même que Briçonnet, avoit toujours cherché à dissuader le roi de cette entreprise, fit sentir que l'occasion étoit perdue,

---

(1) *Fr. Belcarii Comment.* L. VII, p. 196. — *Fr. Guicciardini.* L. III, p. 152.

que ceux qu'on devoit secourir étoient déjà morts ou captifs, que la saison d'entrer en campagne étoit passée, qu'il ne convenoit pas de laisser le roi, qui venoit de perdre le second de ses fils, s'éloigner autant de son royaume. Le conseil du roi, où la chose fut mise deux fois en délibération, résolut que le duc d'Orléans se mettroit à la tête des troupes déjà préparées, et attaqueroit le Milanez, puisque Louis-le-Maure s'étoit rangé décidément du côté des ennemis. Mais Orléans, jugeant, d'après les excès du roi et la foiblesse de sa constitution, que sa vie ne pourroit être encore bien longue, refusa de partir. Tous les projets de campagne furent abandonnés, toutes les dépenses qu'on avoit faites furent perdues, et tous les alliés de la France furent sacrifiés. (1)

Pour occuper tout au moins les troupes que Jean-Jacques Trivulzio commandoit déjà en Lombardie, trois projets se présentoient : l'un sur Gênes, l'autre sur Savonne, le troisième sur Milan; c'étoient autant de conspirations conduites par des partisans de la France, à l'insu les uns des autres : ils s'engageoient à livrer celle de ces trois villes dont l'armée s'approcheroit. Trivulzio consulta la cour pour savoir quel complot il devoit seconder : on lui répondit de

---

(1) *Fr. Belcarii.* L. VII, p. 202. — Ph. de Comines. L. VIII, c. 22, p. 400. — *Arnoldi Ferronii.* L. II, p. 29.

suivre à la fois les deux premiers, et de ne point commencer d'hostilités contre le duc de Milan. Ces ordres étoient presque contradictoires; et en effet, lorsque Charles décidoit une affaire, il avoit presque toujours oublié la précédente. Les trois entreprises échouèrent, et jetèrent du discrédit sur les armes françaises. (1)

1496.

La guerre avoit commencé sur les frontières d'Espagne dès l'automne de l'année 1495. Le duc de Bourbon, comme gouverneur de la province et lieutenant-général du royaume, avoit chargé les sires de Saint-André et de la Roche-Aymon de défendre le Narbonnais, où il avoit convoqué l'arrière-ban du Languedoc (2). Au printemps suivant, le roi, qui étoit à Lyon, leur fit passer de nouvelles troupes, dont il donna le commandement au sire d'Albret. Au mois de mai, il s'avança lui-même jusqu'à Avignon. Ferdinand et Isabelle étoient de leur côté venus s'établir à Gironne : ils avoient envoyé don Henri Henriquez de Guzman en Roussillon, et celui-ci avoit fait plusieurs incursions en Languedoc, en même temps que don Pedro Manrique avoit pénétré du Guipuscoa en Guienne; mais les Espagnols, après avoir passé deux ou

---

(1) Phil. de Comines. L. VIII, c. 22, p. 403. — *Fr. Belcarii.* L. VII, p. 202.

(2) Histoire générale de Languedoc. T. V, L. XXXVI, p. 86.

1496. trois jours sur le territoire français, pillant et ravageant la partie de la frontière qui étoit le plus mal gardée, se hâtoient de rentrer chez eux (1). Saint-André, sire d'Albret, qui leur étoit opposé, laissa passer l'été sans rien tenter d'important ; mais le 8 octobre, il attaqua rapidement la ville de Salsa en Roussillon, et la prit après un assaut de dix heures, quoique l'armée espagnole, commandée par Henri de Guzman, ne fût qu'à une lieue de distance. Saint-André vouloit fortifier Salsa, qu'il assuroit être un point important pour fermer cette frontière. Briçonnet se refuse à la dépense, et perdit ainsi l'occasion de mettre le Languedoc à l'abri d'incursions futures. Saint-André se retira après avoir brûlé la ville et massacré ses habitans. Peu après, les Espagnols demandèrent et obtinrent une trêve qui devoit d'abord expirer au 17 jan-

1497. vier 1497, mais qui fut ensuite prolongée. (2)

Ferdinand et Isabelle profitèrent de cette trêve pour faire proposer à Charles VIII une alliance nouvelle. Ils lui envoyèrent dans ce but don Fernand de Estrada, accompagné de religieux du Montserrat, qui seuls étoient chargés des

---

(1) Mariana, *Hist. de Esp.* T. IX, L. XXVI, c. 11, p. 259.
(2) Phil. de Comines. L. VIII, c. 23, p. 410. — *Fr. Belcarii.* L. VII, p. 203. — Hist. gén. de Languedoc. L. XXXVI, p. 88. — Mariana, *Hist. de Esp.* T. IX, L. XXVI, c. 14, p. 283.

secrets de la négociation. « Car toutes leurs « œuvres, dit Comines, ont fait mener et con- « duire par telles gens, ou par hypocrisie, ou « afin de moins dépenser » (1). Ils proposoient un congrès de toutes les puissances alors en guerre, afin qu'une paix générale leur laissât, disoient-ils, le loisir de poursuivre leurs conquêtes en Afrique, pour l'avantage de la chrétienté. Mais les moines ambassadeurs de Ferdinand et d'Isabelle étoient chargés en même temps d'une proposition plus perfide. Les souverains de Castille et d'Aragon avoient déjà conçu le projet de tourner leurs armes contre leurs alliés d'Italie, et de partager cette contrée avec la France, après l'avoir conquise à frais communs. Ils insinuoient que la famille qui régnoit à Naples, étant issue d'un bâtard de la maison d'Aragon, ne pouvoit avoir aucun droit à ce royaume; que le roi de France représentoit les anciens droits de la maison d'Anjou, et le roi d'Aragon ceux de la maison de Duras; qu'il seroit plus sage de partager entre eux le royaume que de se le disputer plus long-temps; que les soldats aragonais y seroient reçus sans défiance par le roi don Frédéric, qui se reposoit sur leur alliance; et que lorsqu'ils se déclareroient tout à coup contre lui, aucune résistance ne seroit

---

(1) Comines. L. VIII, c. 23, p. 413.

préparée. Le conseil de Charles VIII entra dans ce projet avec assez d'avidité : au lieu de partager le royaume de Naples, il fut question de livrer le royaume de Navarre aux rois catholiques, en retour de ce que ceux-ci livreroient Naples aux Français (1). Guillaume de Poitiers, seigneur de Clérieux et gouverneur de Paris, fut envoyé en Espagne, par Charles VIII, pour suivre cette négociation, et il s'y engagea avec d'autant plus de zèle, que le roi d'Aragon lui promit de lui rendre le marquisat de Cotrone, en Calabre, auquel il prétendoit. Mais lorsque le conseil du roi jugea convenable de charger d'une négociation aussi délicate un homme de plus grande autorité, et qu'il renvoya en ambassade en Espagne le sire du Bouchage, avec le même sire de Clérieux, et Michel de Grammont, les souverains espagnols, soit qu'ils craignissent quelque indiscrétion de la part d'une ambassade si nombreuse, soit qu'ils eussent éprouvé l'incapacité du roi, ou qu'ils fussent avertis de sa santé défaillante, prirent les plus grandes précautions pour que les ambassadeurs ne pussent communiquer avec personne, et affirmèrent à du Bouchage qu'ils ne s'étoient point autant avancés que Clérieux l'avoit rapporté, et qu'ils accepteroient seulement une trêve avec deux

---

(1) Mariana, *Hist. de Esp.* L. XXVI, c. 16, p. 293.

mois de dédite, pour se donner le temps de travailler à une bonne paix. (1)

La perfidie méditée par les rois catholiques, et qui fut réalisée trois ans plus tard par le traité de Grenade, du 11 novembre 1500, les occupoit cependant toujours, et ils avoient annoncé à du Bouchage qu'ils le feroient suivre de près par des ambassadeurs chargés de s'expliquer plus clairement avec le roi : mais la mort de Jean, prince de Castille, fils unique de Ferdinand et Isabelle, et déjà marié à une fille de l'empereur Maximilien, jeta cette maison dans la désolation, et lui fit suspendre tous ses projets. Ce jeune prince mourut le 4 octobre 1497, et sa femme, en apprenant cette nouvelle, fit une fausse-couche. La succession de Castille et d'Aragon étoit donc dévolue à la fille aînée de Ferdinand et Isabelle, qui avoit épousé successivement deux rois de Portugal, et qui sembloit devoir réunir ainsi toutes les monarchies de la péninsule, lorsque celle-ci mourut elle-même sans avoir eu d'enfans, le 24 août 1498. Ce fut alors la seconde fille, Jeanne, mariée, dès 1496, à Philippe, fils de Maximilien, et qui est connue sous le surnom de *la Folle,* à qui fut destiné un si immense héritage. (2)

(1) Phil. de Comines. L. VIII, c. 23, p. 417. — Mariana. L. XXVII, c. 2, p. 339.

(2) Comines. T. XII, L. VIII, c. 24, p. 419. — J. Molinet,

La trêve que les rois d'Espagne avoient proposée au commencement de ces négociations avoit été signée le 5 mars 1497. Elle avoit été rendue commune à tous les États d'Italie, à partir du 25 avril, et elle devoit durer jusqu'à la fin d'octobre. Elle dispensoit, pour tout le reste de cette campagne, Charles VIII de s'occuper des affaires d'Italie, et elle le laissoit sans partage à ses plaisirs (1). Un autre traité signé à Boulogne le 24 mai, avec Henri VII, lui donnoit une sécurité égale du côté de l'Angleterre. Les navigateurs des deux nations, quand ils se rencontroient en pleine mer, n'écoutoient guère que leur animosité nationale ou leur cupidité ; se trouvant hors de la garantie des lois et des tribunaux, le plus fort dépouilloit le plus foible, et des accusations de piraterie sembloient comprendre tous les commerçans maritimes des deux nations. Les commissaires qui s'étoient réunis à Boulogne pour faire cesser ce désordre, rangèrent sous quatre classes les innombrables accusations réciproquement portées, pourvurent à ce qu'une prompte justice leur fût rendue, et obligèrent tous les armateurs à donner caution, avant que leurs vaisseaux sortissent des ports de France ou d'Angleterre, qu'ils ob-

---

T. V, c. 288 à 291, p. 61 à 74. — Mariana, *Hist. de Esp.* L. XXVII, c. 1, p. 333, et c. 3, p. 347.

(1) *Fr. Guicciardini.* L. III, p. 178.

serveroient la paix entre les deux nations. (1)

« Depuis le commencement de l'an 1496, dit
« Comines, jusques en l'an 1498, ne fit le roi
« autre chose en Italie, et me trouvai tout ce
« temps avec lui, et étois présent à la plupart des
« choses; et alloit le roi de Lyon à Moulins, et
« de Moulins à Tours, et partout faisoit des
« tournois et des joûtes, et ne pensoit à autre
« chose. Ceux qui avoient plus de crédit autour
« de lui étoient tant divisés, que plus ne pou-
« voient. Les uns vouloient que l'entreprise
« d'Italie continuât : c'étoient le cardinal de
« Saint-Malo et le sénéchal de Beaucaire,
« voyant leur profit et autorité en la conti-
« nuant, et passoit tout par eux. D'autre côté
« étoit l'amiral de Graville, qui avoit eu toute
« autorité avec le jeune roi avant ce voyage;
« celui-là vouloit que ces entreprises demeu-
« rassent de tous points, et y voyoit son profit,
« et moyen de retourner à sa première auto-
« rité. » (2)

La maison royale, qui avoit compté un nombre si considérable de princes du sang, se trouvoit réduite à un fort petit nombre de chefs.
Charles, comte d'Angoulême, étoit mort, le
3 avril 1496, laissant un fils âgé de moins de

---

(1) Traités de Paix. T. I, p. 795. — Isambert, Anc. Lois
franç. T. XI, p. 283.

(2) Phil. de Comines. L. VIII, c. 23, p. 407.

deux ans, qui fut ensuite François Ier (1). François, comte de Vendôme, étoit mort le 3 octobre 1495, et Gilbert, comte de Montpensier, étoit mort le 5 octobre 1496, laissant l'un et l'autre des fils âgés de moins de dix ans. On ne voyoit plus guère parmi les princes que le duc de Bourbon et le duc d'Orléans, mariés aux deux sœurs du roi, qui pussent exercer quelque pouvoir dans l'État. Ces deux princes se trouvèrent ensemble à Moulins, dans l'automne de 1497, comme Charles VIII y étoit venu passer les fêtes de la Toussaint; et les courtisans remarquèrent qu'une grande intimité s'étoit établie entre eux; elle étoit peu naturelle après la manière sévère dont Bourbon avoit traité Orléans durant sa captivité, aussi l'on dénonça au roi leur union si intime comme dirigée contre lui. Georges d'Amboise, favori du duc d'Orléans, archevêque de Rouen, et son lieutenant dans le gouvernement de Normandie, fut, de son côté, accusé d'entreprendre, dans cette province, contre l'autorité du roi; les efforts de l'un et de l'autre, pour se justifier, ne produisirent que peu d'impression : le duc d'Orléans fut renvoyé à Blois, et Amboise auroit été envoyé à Rome, ou même exilé à Asti, si le roi avoit vécu long-temps encore (2). D'autre

(1) Saint-Gelais, Hist. de Louis XII, p. 98.
(2) *Ibid.*, p. 105.

part, la mort du troisième des fils de Charles VIII, survenue vers la même époque, avoit fait sur ce prince une impression profonde. Il n'avoit pas encore atteint vingt-huit ans ; mais les débauches l'avoient usé, et peut-être sentoit-il en lui-même cet affoiblissement qu'avoit remarqué le duc d'Orléans, et qui avoit empêché celui-ci de partir pour l'Italie. Vers la fin de l'année 1497, on put remarquer un changement dans le caractère de Charles VIII. Il étoit revenu au château d'Amboise, où il étoit né, et qu'il avoit pris en grande affection. Il le faisoit reconstruire sur un plan magnifique, par des artistes qu'il avoit amenés d'Italie, en y déployant ce luxe des beaux-arts, dont son voyage lui avoit inspiré le goût. « Et si, dit Comines, avoit son cœur « toujours de faire et accomplir le retour en « Italie, et confessoit bien y avoir fait des fautes « largement, et les contoit ; et lui sembloit que « si une autre fois il y pouvoit retourner et re- « couvrer ce qu'il avoit perdu, qu'il pourvoiroit « mieux à la garde du pays qu'il n'avoit fait.... « Davantage avoit mis de nouveau le roi son « imagination de vouloir vivre selon les com- « mandemens de Dieu, et mettre la justice en « bon ordre et l'Église, et aussi de ranger ses « finances, de sorte qu'il ne levât sur son peuple « que douze cent mille francs, et par forme de « taille, outre son domaine, qui étoit la somme

1497.

1498.

« que les trois États lui avoient accordée en la « ville de Tours, lorsqu'il fut roi ; et vouloit la « dite somme par octroi, pour la défense du « royaume. Et quant à lui, il vouloit vivre de « son domaine, comme anciennement faisoient « les rois ; ce qu'il pouvoit bien faire, car le « domaine est bien grand, s'il étoit bien con- « duit, compris les gabelles, et certaines aides, et « passe un million de francs. S'il l'eût fait, c'eût « été un grand soulagement pour le peuple, qui « paie aujourd'hui plus de deux millions et demi « de francs de taille...... Il avoit mis sus une au- « dience publique, où il écoutoit tout le monde, « et par espécial les pauvres, et s'y faisoit de « bonnes expéditions, et l'y vis huit jours avant « son trépas, deux bonnes heures, et oncques « puis ne le vis. Il ne se faisoit pas grandes expé- « ditions à cette audience ; mais au moins étoit-ce « tenir les gens en crainte, et par espécial ses « officiers, dont aucuns il avoit suspendus pour « pillerie. » (1)

Le 7 avril 1498, veille de Pâques fleuries, Charles VIII fut curieux de voir une partie de paume, que ses courtisans jouoient dans les fossés du château d'Amboise. Pour y parvenir, il falloit traverser un passage infect, qu'on nommoit *la galerie Haquelebac*, du nom d'un huissier qui y avoit été long-temps de garde.

(1) Phil. de Comines. T. XII, L. VIII, c. 25, p. 428, 429.

La porte en étoit si basse et le lieu si obscur, 1498.
que le roi s'y heurta au front. Ce petit accident
ne causa cependant aucune inquiétude, et n'avoit probablement aucune gravité, car le roi
resta long-temps dans la galerie à regarder les
joueurs, et à causer avec ceux qui l'entouroient.
Tout à coup il tomba en arrière, frappé d'apoplexie; il pouvoit être deux heures après midi,
et il n'expira qu'à onze heures de nuit; mais
dès le premier instant on le jugea trop malade
pour oser le transporter dans ses appartemens;
on apporta donc seulement un pauvre garde-
paille sur lequel on le coucha. L'évêque d'Angers, son confesseur, et tous ses courtisans, s'empressèrent autour de lui : mais il ne recouvra
point la parole, et après neuf heures de léthargie
il expira dans ce triste lieu. (1).

Charles VIII, loin d'être un grand roi, étoit
dépourvu de toute capacité pour le gouvernement; aussi ses succès avoient-ils été regardés
par ses contemporains comme une sorte de miracle. On voyoit bien, disoient-ils, que c'étoit
Dieu seul qui avoit conduit son entreprise, car
lui-même n'auroit pu le faire. Toutefois, Charles
avoit une vertu rare chez les rois, et plus re-

(1) Phil. de Comines. L. VIII, c. 25, p. 431. — Saint-Gelais, Hist. de Louis XII, p. 105. — J. Molinet. T. XLVII,
c. 295, p. 84. — Mém. de Louis de la Trémoille. T. XIII,
c. 8, p. 154. — Mém. du chev. Bayard. T. XIII, c. 11, p. 590.

1498. marquable en lui, quand on songe aux exemples qu'il avoit reçus, et au père qui l'avoit élevé, c'étoit la bonté. « La plus humaine et « douce parole d'homme qui jamais fut, étoit la « sienne, dit Comines ; car je crois que jamais « à homme ne dit chose qui lui dût déplaire..... « et crois que j'ai été l'homme du monde à qui « il a fait le plus de rudesse ; mais connoissant « que ce fut en sa jeunesse, et qu'il ne venoit « point de lui, ne lui en sus jamais mauvais « gré » (1). Cette douceur, cette bonté, avoient été appréciées, et quoique Charles VIII eût fait bien peu de bien au peuple, on lui sut gré de celui qu'il avoit voulu faire, et il ne fut pas moins pleuré par la masse des Français que par la noblesse et les courtisans (2). Au reste, les usages des cours avoient donné dans ce siècle à tous les sentimens les plus naturels une expression théâtrale, et le soin que prennent les contemporains de nous entretenir des marques de douleur que dans chaque circonstance de deuil donnèrent de grands personnages, nous semble faire connoître bien moins leur sensibilité réelle, que ce que la décence et l'usage exigeoient d'eux.

(1) Comines, c. 27, p. 439. C'est le dernier chapitre de cet incomparable historien ; il laisse un vide que les panégyristes du règne suivant sont bien loin de combler.

(2) *Arnoldi Ferronii.* L. II, p. 33. — *Fr. Belcarii.* L. VII, p. 219.

Les nouvelles de la mort de Charles VIII furent portées cette nuit même, par plusieurs messagers, d'Amboise à Blois, où se trouvoit le duc d'Orléans. Celui-ci étoit petit-fils du frère de Charles VI, et par conséquent de trois générations éloigné du trône. Il étoit cependant si bien reconnu pour l'héritier légitime, que sa succession ne causa pas un moment d'hésitation. Il n'en auroit pas été de même dans les siècles précédens; mais les habitudes d'hérédité, que les six premiers Capétiens avoient eu tant de peine à établir, en associant toujours leur fils aîné à la couronne, avoient alors jeté de si profondes racines, que la nation fixa immédiatement ses regards sur un héritier qui étoit seulement cousin au septième degré du dernier roi. « Nonobstant, dit Saint-Gelais, que c'étoit une « succession à lui advenue la première et la plus « grande de la chrétienté, le bon prince, plein « de pitié, sur tous autres, et mêmement en « toute chose ou honneur et raison le requiè- « rent, se print à pleurer, et en fit grand deuil, « en disant tout plein de bien du feu roi Char- « les... Devers le matin, monseigneur du Bou- « chage arriva à Blois, lequel raconta de toutes « choses ainsi qu'elles étoient advenues. Bientôt « après le roi partit pour s'en aller à Amboise, « et à son arrivée trouva une très désolée compa- « gnie, qu'il faisoit piteux voir. Il entra en la

« chambre où étoit le corps du feu roi Charles,
« et à l'entrée fit une grande révérence, et lui
« bailla de l'eau bénite, et avoit ledit seigneur
« les grosses larmes aux yeux, disant tout haut
« que Dieu lui voulût pardonner. Il partit de là
« pour s'en aller deshabiller, et alla voir la reine,
« laquelle il trouva tant désolée et pleine de
« deuil, que nul sauroit raconter combien elle
« en avoit; car c'étoit plus que son faix. Le bon
« prince la reconforta au mieux qu'il put, et
« s'offrit à elle, ainsi que l'on peut présumer, en
« la meilleure sorte qu'il fut possible; qui fut
« beaucoup mieux que je ne le saurois mettre
« par écrit; car il ne fut oncques prince qui le
« passât en gracieuseté et bénignité et courtoisie.
« Il demeura tout ce jour à Amboise pour aviser
« touchant les obsèques du roi Charles, et autres
« choses nécessaires, puis s'en revint à Blois. (1)

La reine Anne de son côté témoigna un grand désespoir. Elle étoit alors âgée de vingt-un ans, et avoit été mariée six ans et demi; elle étoit fort belle, à ce qu'on assure, et fort vertueuse; mais haute, vindicative, et très ambitieuse (2). Il n'est pas bien sûr qu'elle eût pardonné à Charles de ne lui avoir fait la cour qu'en l'assiégeant dans sa capitale, massacrant ses sujets, et la forçant à capituler. D'ailleurs, Charles avoit paru ensuite

(1) Saint-Gelais, Hist. de Louis XII, p. 107.
(2) Brantôme, Éloge d'Anne de Bretagne, p. 2 et 3.

faire assez peu de cas d'une épouse qu'il avoit 1498.
conquise les armes à la main ; il ne lui avoit
donné aucune part au gouvernement, pendant
son expédition d'Italie, et il l'avoit au contraire
laissée sous la garde du duc de Bourbon. Il ne
l'avoit pas moins négligée comme femme que
comme reine : ses galanteries avoient été continuelles, et son libertinage souvent grossier; il
ne s'en étoit point abstenu sous les yeux de la
reine; il avoit séduit plusieurs des demoiselles
nobles dont elle avoit été la première à s'entou-
rer, et qu'elle faisoit élever auprès d'elle dès
leur plus tendre jeunesse. Mais Charles VIII
l'avoit faite reine, et elle disoit aux dames avec
qui elle étoit le plus familière. « Qu'elle demeu-
« reroit plutôt toute sa vie veuve d'un roi, que
« de se rabaisser à un moindre que lui. Toute-
« fois, qu'elle ne désespéroit tant de son bon-
« heur, qu'elle ne pensât encore être un jour
« reine de France régnante, comme elle l'avoit
« été, si elle vouloit. » (1)

« Ce fut chose impossible à dire, selon d'Ar-
« gentré, dans son histoire de Bretagne, com-
« bien cette bonne princesse print de déplaisir à
« la mort du roi; car elle se vêtit de noir, com-
« bien que les reines portent le deuil en blanc;
« et fut deux jours sans rien prendre ni manger,

(1) Brantôme, Éloge d'Anne de Bretagne, p. 6 et 7.

« ni dormir une seule heure; ne répondant autre « chose à ceux qui parloient à elle, sinon qu'elle « avoit résolu de prendre le chemin de son « mari » (1). Briçonnet, favori de son mari, qui perdoit plus encore qu'elle, et l'évêque de Condom, furent chargés d'aller la consoler; ils la trouvèrent couchée par terre dans un coin de sa chambre, et poussant des sanglots auxquels Briçonnet répondoit, tandis que l'évêque de Condom lui adressoit une belle harangue qui nous a été conservée (2). Après leur départ cependant elle se releva, et se pressa de mettre ordre à ses affaires. Dès le 9 avril, surlendemain de la mort de son mari, elle rétablit la chancellerie de Bretagne, qui avoit été supprimée par Charles (3). Elle se rendit ensuite en Bretagne, où elle se hâta de faire acte de souveraineté, en publiant des édits, frappant des monnoies, et convoquant à Rennes les États de la province (4). Il paroît aussi qu'elle ne perdit point de temps pour entrer en négociation, afin de conserver son rang de reine régnante en France, en même temps qu'elle s'étoit hâtée de recouvrer celui de du-

---

(1) Cité par Daru, Hist. de Bret. T. III, L. VIII, p. 200, et par D. Morice. L. XVI, p. 224.
(2) *Arn. Ferronii.* L. II, p. 33.
(3) Actes de Bretagne. T. III, p. 791.
(4) Lobineau, Hist. de Bretagne. L. XXII, p. 812. — D. Morice, L. XVII, p. 225.

chesse de Bretagne. Il y a lieu de croire que, moins de deux mois après la mort de son premier époux, elle avoit promis d'être la femme de Louis XII. (1)

Le nouveau roi, Louis, duc d'Orléans, qui avoit déjà pris le nom de Louis XII, auroit eu peut-être plus de peine à ceindre son front de la couronne, si, comme dans les règnes précédens, de nombreux princes du sang avoient occupé toutes les marches du trône, et avoient pu, si ce n'est disputer son droit, du moins tenter de lui imposer des conditions. Mais cette aristocratie nouvelle, qui, pendant tout le siècle qui finissoit, s'étoit montrée si formidable, avoit disparu rapidement. Le duc Pierre de Bourbon, qui deux fois, conjointement avec sa femme, avoit exercé la régence, étoit âgé de soixante ans, et n'avoit qu'une fille, mariée plus tard à l'héritier de la branche de Montpensier. Il s'étoit uni l'année précédente au duc d'Orléans, par une alliance qui avoit donné de la jalousie à Charles VIII, justement parce que son objet étoit d'assurer la succession à la couronne (2). Ses trois frères et toutes ses sœurs étoient morts avant lui. Charles III, comte de Montpensier, fils de celui qui mourut à Pozzuoli, et futur époux de la fille de Bourbon, n'étoit alors qu'un

(1) Daru, Hist. de Bretagne. L. VIII, p. 201.
(2) Saint-Gelais, p. 103.

1498. enfant de neuf ans. Charles, comte de Vendôme, et Charles, duc d'Alençon, étoient du même âge; François, comte d'Angoulême, qui, après Louis XII, étoit le plus proche héritier du trône, n'avoit que quatre ans. Les branches de Bourgogne, de Bretagne, d'Artois, d'Évreux, d'Anjou, étoient éteintes, en sorte que, lorsque Louis XII se fit sacrer à Reims, le 27 mai, il fut obligé, pour représenter les anciens six pairs laïques, collègues de Hugues Capet, de se contenter du duc d'Alençon, encore enfant, des ducs de Bourbon et de Lorraine, des comtes de Ravestein, de Clèves, et de Foix, encore que trois d'entre eux fussent étrangers à la France. (1)

Louis XII, en montant sur le trône, trouva vides toutes les caisses de l'État; mais il avoit déjà pratiqué dans ses affaires privées l'ordre et l'économie, qu'il porta dans les finances royales; en sorte qu'il fut en état d'avancer les quarante-cinq mille francs que coûtèrent les obsèques de Charles VIII (2). Il chargea La Trémoille, comme premier chambellan du feu roi, de conduire le corps à Saint-Denis. Ce seigneur, qui lui avoit fait la guerre en Bretagne, et qui l'avoit fait prisonnier à la bataille de Saint-Aubin, craignoit de lui être odieux. Cependant, le roi « le manda

(1) Phil. de Comines. L. VIII, c. 27, p. 440. — D. Calmet, Hist. de Lorraine. L. XXX, p. 1108.
(2) Saint-Gelais, p. 107.

« de son propre mouvement, le confirma en « tous ses états, offices, pensions et bienfaits, « le priant de lui être aussi loyal qu'à son prédé- « cesseur, avec promesse de meilleure récom- « pense » (1). Il ne traita pas avec moins de bienveillance les autres courtisans de son pré- décesseur. Il leur annonça qu'il ne priveroit de son emploi aucun de ceux qui avoient servi sous Charles VIII ; qu'il leur conserveroit à tous leurs récompenses et leurs gages ; il promit qu'il ne troubleroit point le cours de la justice, et qu'il auroit soin de protéger l'armée (2). Son princi- pal conseiller étoit George d'Amboise, arche- vêque de Rouen, dont il avoit éprouvé le dé- vouement durant sa plus mauvaise fortune. Il lui accorda une si grande confiance, qu'on le con- sidéra dès-lors comme premier ministre (3). Il confirma Gui de Rochefort dans la place de chancelier, que Charles VIII lui avoit donnée le 9 juillet 1497 (4). Son frère Guillaume y avoit été promu par Louis XI, en 1483, et lui-même étoit auparavant premier président du parlement de Bourgogne. Les deux frères étoient des gen- tilshommes bourguignons, qui avoient servi fidèlement Charles-le-Téméraire jusqu'à sa

---

(1) Mém. de La Trémoille. T. XIV, c. 8, p. 155.
(2) *Arnoldi Ferronii*, p. 35.
(3) Saint-Gelais, p. 106.
(4) Godefroy, Preuves de Charles VIII, p. 743.

1498. mort, et qui honorèrent ensuite la magistrature française. Gui de Rochefort venoit d'engager, l'année précédente, Charles VIII à créer une cour souveraine, sous le nom de grand conseil, et il en obtint la confirmation, le 13 juillet, par Louis XII. Cette cour, composée du chancelier, de vingt conseillers, clercs ou laïques, qui servoient alternativement par semestre, et des maîtres des requêtes de l'hôtel, étoit destinée, disoit le roi, « à poursuivre, soutenir et dé-« fendre ses droits, autorités, prérogatives et « prééminence », ou à soustraire au parlement les matières sur lesquelles on redoutoit son esprit d'indépendance (1). En effet, cette institution, qui augmentoit et régularisoit peut-être le pouvoir royal, fut envisagée avec jalousie par la magistrature, et nuisit aux libertés du royaume (2). Ce grand conseil, toutefois, contribua, par son savoir et sa sagesse, à mériter à Louis XII la reconnoissance de son peuple, pour les réformes qu'il apporta à la législation. Un des objets qu'il étoit nécessaire de réformer, étoit l'extension abusive donnée aux priviléges de l'université, qui entravoit sans cesse et la juridiction des tribunaux et la perception des impôts. Louis XII, d'accord avec son grand

---

(1) Isambert, Anc. Lois franç. T. XI, p. 296.
(2) *Arnoldi Ferronii*. L. III, p. 36. — *Fr. Belcarii*. L. VIII, p. 222.

conseil, les restreignit, par une ordonnance du 31 août 1498 (1). Mais l'université étoit toujours prête à prendre feu sur tout ce qu'elle regardoit comme ses priviléges. Les quatre facultés s'assemblèrent : celle des arts, qui se montroit toujours la plus impétueuse, s'empressa d'entrer en lutte avec le pouvoir, et entraîna les autres à prononcer la cessation des études et des prédications. Elle espéroit ainsi occasionner une sédition dans la ville ; cependant, les bourgeois se montrèrent moins inflammables que les écoliers ne l'avoient compté. George d'Amboise tança sévèrement leurs députés ; le roi lui-même les renvoya plus séchement encore ; et après une lutte qui se prolongea plus de huit mois, l'université se soumit : elle révoqua son ordre pour la cessation des études, et elle n'a dès-lors plus eu recours à cet expédient scandaleux. (2)

L'un des premiers soins de Louis XII fut de pourvoir à ce que la province de Bretagne ne fût pas séparée de la monarchie française. Son acquisition avoit été le fruit d'une guerre sanglante et coûteuse. Charles VIII, pour l'obtenir, avoit renoncé aux provinces de l'héritage de Bourgogne, qui avoient été assurées comme dot

(1) Isambert, Anc. Lois franç. T. XI, p. 301.
(2) Crevier, Hist. de l'Université. T. V, L. IX, p. 1-16. — *Arn. Ferronii.* L. III, p. 36. — *Fr. Belcarii.* L. VIII, p. 222. — *Guaguini Compend.* L. XI, f. 165 verso.

1498. à Marguerite, fille de Maximilien, avec laquelle il étoit déjà fiancé. Anne de Bretagne, en se hâtant de se retirer dans son duché, et d'y faire des actes de souveraineté, donnoit lieu de craindre qu'elle ne s'alliât de nouveau aux ennemis de la France, et ne ramenât tous les dangers auxquels on avoit cru pourvoir par le traité de Rennes, du 15 novembre 1491. Il est vrai que, par ce traité, Anne s'étoit obligée, en cas de mort de son premier époux, à accepter la main ou de son successeur, ou de l'héritier présomptif de celui-ci; tant les négociateurs avoient senti qu'ils étoient chargés de procurer l'union non de deux amans, mais de deux États. Les courtisans et les auteurs de mémoires, bien plus occupés, au contraire, des personnes que des choses, ont mêlé du roman à toutes ces transactions, et ont établi la fable qu'on retrouve dans les plus graves auteurs, des longues amours de Louis XII et d'Anne de Bretagne. Le nouveau roi étoit alors âgé de trente-six ans; la reine veuve, de vingt-un; on assure que tous deux étoient doués des charmes de la figure. Après leur mariage, ils vécurent dans une grande union, et se donnèrent beaucoup de preuves de leur affection mutuelle. Il n'est pas impossible qu'on ait cru leur plaire en accréditant le petit roman d'une tendresse réciproque, qui auroit commencé lorsqu'Anne de Bretagne avoit sept ou huit ans, au risque de faire croire aussi que cette tendresse avoit duré pendant tout le premier mariage de la reine. Sans prétendre percer dans les secrets du cœur des rois, nous dirons du moins qu'une telle liaison ne nous paroît point résulter des faits qui nous sont connus. Lors de la première retraite du duc d'Orléans en Bretagne, en 1484, la princesse n'avoit que sept ans (1); lorsque ce duc fut fait prisonnier, au mois de juillet 1488, elle n'avoit que onze ans; lorsqu'il fut remis en liberté, au mois de mai 1491, Anne, déjà mariée à Maximilien, ne revit point le duc d'Orléans. Elle ne put le rencontrer à la cour qu'en 1492, après son mariage avec Charles VIII, et trois ans plus tard elle se déclara son ennemie, en l'accusant de s'être réjoui à la mort de son fils.

Cependant, Louis XII avoit épousé, dès le 28 octobre 1473, Jeanne de France, fille cadette de Louis XI, qui, à cette époque, n'avoit que neuf ans. Cette union, qui avoit déjà duré vingt-cinq ans, avoit été la meilleure sauvegarde du duc d'Orléans, pendant les temps orageux qu'il avoit traversés; elle l'avoit garanti à plusieurs reprises des ressentimens ou du roi son beau-

---

(1) C'est l'époque qu'assigne Garnier au commencement de ces amours. Hist. de France. T. X, p. 185. — Mézeray et Daniel supposent à la même époque un projet de mariage. — Mézeray. T. II, p. 764. — P. Daniel. T. V, p. 11.

père, ou de la dame de Beaujeu sa belle-sœur; et il est peu probable que jusqu'à son accession au trône, Louis ait songé à se divorcer de la fille ou de la sœur de son roi; qu'il ait pu supposer qu'aucun autre parti seroit préférable à celui-là. Jeanne de France étoit petite et contrefaite; selon La Trémoille, elle avoit cependant fort beau visage (1); d'autres disent, au contraire, qu'elle étoit noire et très laide. Louis avoit été fort libertin dans sa jeunesse. Jeanne, douce et patiente, n'avoit point fait entendre de plaintes; elle s'étoit jetée, avec toujours plus de ferveur, dans la dévotion, et depuis plusieurs années les deux époux ne vivoient plus ensemble. A la mort de son beau-frère, Louis XII n'hésita point à chercher à rompre un mariage qui, par leur séparation, avoit cessé d'en être un, qui ne lui laissoit point espérer d'enfans, et qui pouvoit ainsi causer des troubles dans la monarchie; il vouloit en contracter un autre, qui, en conservant à la France une province importante, la mettoit à l'abri de l'attaque de ses ennemis. Si l'Église avoit reconnu, comme elle le faisoit dans les premiers siècles, des divorces par consentement mutuel, jamais l'intérêt de l'humanité, la tranquillité de plusieurs millions d'hommes n'auroient paru demander plus impérieusement qu'il en fût prononcé un.

(1) Mém. de La Trémoille. T. XIV, c. 9, p. 156.

Ceux qui connoissent la cour de Rome savent fort bien que, dans tous les temps, mais plus encore sous Alexandre VI, le chef qu'elle avoit alors, ce qu'un prince puissant désire peut toujours s'obtenir d'elle ; il ne s'agit que de s'entendre sur le prix. Un divorce sera toujours prononcé, non s'il est juste, mais s'il est dans l'intérêt de la cour de Rome ; cependant cette cour exige qu'il soit prononcé avec toutes les formes d'un jugement ecclésiastique, et sur des motifs canoniques, pour avoir un prétexte de le refuser, comme elle fit trente ans plus tard à Henri VIII, lorsque par hasard il lui convient de s'y opposer. Les conseillers du roi n'hésitèrent donc point à agir comme s'ils étoient sûrs de faire rompre le mariage. Ils ne s'attendoient pas à la résistance qu'y apporta Jeanne, par un sentiment de conscience. Quant au scandale d'une partie des motifs qu'ils devroient alléguer, et à la fausseté des autres, ils ne faisoient que se conformer aux usages de la cour de Rome.

L'on commença donc à négocier au nom de Louis XII, d'une part avec le pape Alexandre VI, de l'autre, avec Anne de Bretagne. Quant au pape, il songeoit de lui-même à s'attacher à l'alliance de la France, et à s'appuyer d'elle pour établir ses enfans ; Louis XII, de son côté, étoit déterminé à s'engager dans les affaires d'Italie, et dès le jour de son sacre, il avoit pris les titres de roi de France, roi des Deux-Siciles et de Jérusalem, et duc de Milan, annonçant ainsi à l'Europe ses projets de conquête (1). Pour les exécuter, il n'avoit pas moins besoin du pape que pour obtenir son divorce, et le pape, qui avoit résolu de faire passer son fils, César Borgia, alors cardinal de Valence, à l'état séculier, avoit besoin du roi. Il fut convenu entre eux que le pape nommeroit, pour prononcer sur le divorce, des évêques courtisans, dont le vote étoit assuré d'avance. Ce furent Ferdinand, évêque, les uns disent de Séez, d'autres de Ceuta; Louis d'Amboise, évêque d'Albi, frère du premier ministre, auquel, par ce même traité, Alexandre VI promit le chapeau de cardinal, et Philippe, cardinal de Luxembourg, évêque du Mans (2). Le pape promettoit encore de seconder Louis dans la conquête du duché de Milan et du royaume de Naples. De son côté, Louis promettoit au pape trente mille ducats argent comptant, le duché de Valence pour César Borgia, avec vingt mille livres de rente, une compagnie de cent lances

(1) *Fr. Guicciardini.* L. IV, p. 193. — *Fr. Belcarii.* L. VIII, p. 216.

(2) *Arn. Ferronii.* L. III, p. 36. — *Fr. Belcarii.* L. VIII, p. 222. — Le nom de l'évêque, *Septensis* en latin, *Vescovo di Setta* dans Guicciardini, a été traduit par *évêque de Cette* et *évêque de Ceuta*, villes qui n'ont point d'évêque; d'autre part, la *Gallia Christiana* nomme Gilès de Laval *évêque de Séez*.

d'ordonnance, et enfin son assistance pour soumettre à l'autorité du Saint-Siége tous les petits princes de Romagne (1). Ces arrangemens étant pris avec le pontife, il donna, le 29 juillet, de premières bulles par lesquelles il instituoit les commissaires auxquels il conféroit autorité de connoître et prononcer sur la nullité du mariage de Louis XII avec Jeanne de France. Ces bulles furent publiées à Tours le 18 août, et le procès commença aussitôt. D'autres bulles cependant, confirmatives et explicatives des précédentes, furent expédiées par la cour de Rome le 31 août. (2)

En même temps les conseillers de Louis traitoient avec la reine Anne, et soit qu'ils redoutassent ses scrupules, ou qu'ils craignissent qu'elle offrît sa main à quelque prince ennemi de la France, ils parurent prendre à tâche de lui complaire en toute chose. Le 19 août, des promesses mutuelles furent signées entre Louis et Anne, par lesquelles ils s'engageoient à s'épouser avant une année, « incontinent que faire se pourra licite-
« ment, et que divorce sera fait de lui et de ma-

---

(1) *Guicciardini.* T. V, p. 207. — *Raynaldi Annal. eccles.* 1498, §. 4. T. XI, p. 701. — L'évêque Septensis étoit portugais de nation et légat apostolique. Seroit-ce Sétubal? mais ce n'est pas un évêché.

(2) Duclos, Louis XI. T. II, L. VII, p. 102, notes. — D. Morice, Hist. de Bret. L. XVII, p. 227.

« dame Jeanne de France » (1). Le même jour, Louis donna l'ordre qu'on restituât à la reine toutes les places de Bretagne, à la réserve de Nantes et de Fougères, qu'il s'engageoit à lui rendre aussi, s'il ne l'épousoit pas dans l'année (2). Quand, plus tard, le contrat de mariage fut dressé, Louis, au lieu de faire valoir les droits sur lesquels Charles VIII avoit insisté, reconnut Anne pour vraie duchesse de Bretagne, et consentit non seulement à confirmer tous les privilèges de ses sujets, mais encore à pourvoir à ce que la Bretagne demeurât un gouvernement indépendant, et passât à ce titre au second enfant qui naîtroit de leur mariage, ou même, à défaut d'enfans, au plus prochain héritier d'Anne de Bretagne. (3)

Mais, tandis que ces négociations régloient le sort de la province, le procès commençoit, et Jeanne de France, qu'on avoit crue prête à dissoudre une union qui lui causoit si peu de bonheur, se faisoit un scrupule de conscience de laisser tromper une cour ecclésiastique par de fausses allégations. Quatre motifs divers avoient été produits par les solliciteurs de Louis XII : la parenté de Louis, au quatrième degré, avec Jeanne de France; l'affinité spirituelle qu'il avoit

---

(1) Actes de Bretagne. T. III, p. 794.
(2) *Ibid.*, p. 799.
(3) *Ib.*, p. 813 et 815. — Daru, Hist. de Bret. L. VIII, p. 214.

avec cette princesse, dont le père, Louis XI, avoit été son parrain; la contrainte et la violence qui avoient présidé à son mariage; enfin la conformation physique de Jeanne, qu'on disoit tellement contrefaite qu'elle ne pouvoit avoir des enfans. Tous ces motifs étoient sans valeur réelle; les deux premiers étoient mis à néant par la dispense de Rome obtenue pour ce mariage; les deux derniers étoient faux, et donnoient lieu en même temps aux procédures les plus scandaleuses contre une princesse vertueuse, fille et sœur de rois. Antoine de Lestang, docteur en droit, qui poursuivoit le divorce au nom de Louis XII, prétendit que, lorsque ce prince se maria, comme il étoit orphelin et privé d'appui, il avoit été menacé d'être jeté à la rivière s'il n'acceptoit pas une épouse pour laquelle il ressentoit une extrême répugnance; et il chercha à prouver, par témoins, que c'étoit ainsi que Louis XI traitoit ceux qui s'opposoient à sa volonté; il chercha également à établir, par témoins, le fait de la répugnance de Louis pour Jeanne; tous les propos que, dans une union peu heureuse de vingt-deux ans, le mari avoit pu tenir contre sa femme, furent répétés en justice et aggravés. Sans égard pour l'humiliation d'une malheureuse princesse qui ne s'étoit jamais plainte, sa difformité donna lieu à des procédures plus cruelles encore; l'avocat du roi voulut établir, par les allégations les plus grossières, que le mariage n'avoit point été consommé, et n'avoit pu l'être. Il fut démenti formellement par Jeanne, qui non seulement affirma que son mari avoit usé, à plusieurs reprises, de tous ses droits sur elle, mais qui le prouva encore par plusieurs témoins, qui répétoient des propos de Louis. Cependant, lorsqu'il fut question de la faire examiner par des matrones, elle repoussa cette dernière humiliation; elle s'en référa au serment de son mari, qui, après de longues hésitations, ou se parjura, ou permit qu'on produisît dans le procès un serment qu'il n'avoit pas prêté. Les juges nommés par le pape, assistés des officiaux du siége de Paris, étoient parfaitement décidés d'avance à faire la volonté du roi ; ils prononcèrent la cassation du mariage le 17 décembre 1498, dans l'église de Saint-Denis d'Amboise, en présence du cardinal de Reims, de l'archevêque de Sens, de quatre évêques, de deux présidens au parlement de Paris et d'un grand nombre de docteurs et de jurisconsultes. Jeanne se soumit à ce jugement; elle se retira parmi les religieuses de l'Annonciade, dont elle avoit fondé l'ordre, et elle mourut à Bourges en 1505. Le roi lui avoit donné l'usufruit du Berri et de plusieurs autres terres. (1)

(1) Dumont, Corps diplom. T. III, P. ii, p. 404, 405. —

La cour de Rome elle-même considéroit tellement ce procès comme un jeu, et le jugement avoit été si bien arrêté d'avance, qu'elle attendit à peine le commencement de l'instruction pour accorder, le 13 septembre, les dispenses qui autorisoient le nouveau mariage. César Borgia en étoit porteur, et il arriva en grande pompe à la cour de France. Toutefois il voulut essayer de se faire payer de nouveau une faveur déjà achetée, et il affirma que la bulle n'étoit pas encore délivrée; mais l'évêque de Ceuta avertit secrètement le roi de la date de son expédition; il lui dit que, dès que le pape l'avoit accordée, il pouvoit procéder au mariage sans attendre de l'avoir en sa possession. César Borgia, effrayé de la détermination que prenoit le roi, se hâta de produire la bulle; mais il ne pardonna point à l'évêque d'avoir trahi son secret, et celui-ci mourut peu après empoisonné. Le mariage fut célébré à Nantes le 7 janvier suivant, neuf mois, jour par jour, après la mort de Charles VIII. (1)

Actes de Bretagne. T. III, p. 808. Extraits des dépositions. — Duclos. Louis XI. T. II, L. VII, p. 102. — Lobineau. L. XXII, p. 825. Preuves, *ibid.* T. II, p. 1558. — Saint-Gelais, p. 135, qui prétend que le mariage étoit si nul, qu'il n'y auroit pas même eu besoin de le faire annuler. Bayard, au contraire, blâme Louis XII. T. XIV, c. 12, p. 391.

(1) Le doute sur l'évêque désigné par le nom de *Fernandus episc. Septensis* se représente ici. Giles de Laval, évêque de Séez, ne mourut qu'en 1502. *Gallia Christ.* T. XI, p. 701.

1498.   Pendant que le roi étoit occupé de son divorce et de son second mariage, il travailloit aussi à remettre de l'ordre dans les finances et à soulager les peuples. Les États de Languedoc, assemblés à Montpellier le 12 décembre, lui accordèrent 226,000 liv., sous forme d'aide et d'octroi, à l'occasion de son joyeux avénement (1). Les autres provinces avoient presque toutes laissé perdre le privilége d'assembler leurs États provinciaux et de s'imposer elles-mêmes. Différentes ordonnances montrent cependant que Louis s'occupoit de soumettre à quelque contrôle, soit les dépenses de l'hôtel, soit les comptes de ses receveurs généraux. Se reprochant aussi une facilité qui compromettoit ses ressources, il rendit le 5 février, à Angers, une ordonnance singulière, par laquelle il réduisoit de moitié tous les dons qu'il avoit déjà accordés ou qu'il accorderoit encore à ses courtisans. (2)

Cependant Louis se préparoit avec activité à la guerre, qu'il vouloit porter en Italie l'année suivante, et, de même que son prédécesseur, il prenoit à tâche d'assurer sa tranquillité, soit à l'intérieur, soit sur ses autres frontières, avant de tourner ses forces contre le Milanez. Dès le

---

Daru le nomme *évêque de Seez*. L. VIII, p. 211; Flassan, *évêque de Ceuta*. Hist. de la Diplom. T. I, p. 277.

(1) Hist. génér. de Languedoc. L. XXXVI, p. 92.

(2) Isambert, Anc. Lois françaises. T. XI, p. 313-321.

mois de mai, il s'étoit rendu à Paris, où il avoit 1498. reçu les principaux seigneurs de son royaume. C'étoit de là qu'il étoit parti pour se faire sacrer à Reims; il y revint au mois de juillet, et il fit alors son entrée solennelle dans sa capitale (1). Il étoit accompagné par les seigneurs d'Alençon, de Bourbon, de Lorraine, de Foix, de Dunois et d'Orange. Pendant son séjour à Paris, il se fit la règle d'aller souvent au parlement, pour chercher à entendre les affaires, et en même temps pour travailler à la réforme des abus, qui s'étoient fort multipliés (2). Après s'être ainsi mis aussi bien qu'il put au fait des affaires judiciaires, Louis XII convoqua à Blois une assemblée de notables pour travailler à la réformation de la justice et à l'utilité générale du royaume. Il la composa, dit-il, « d'aucuns prélats, présidens « et conseillers des cours de parlement de Pa- « ris, de Toulouse, Bordeaux; et aussi d'aucuns « des sénéchaux et baillifs; lesquels avec le « chancelier, l'évêque d'Alby, aucuns de ses « chambellans et les gens de son grand conseil », préparèrent une fort longue ordonnance, en cent soixante-deux articles, qui fut publiée à Blois, au mois de mars suivant : à peu près toutes les parties de l'administration de la justice et de la procédure y étoient passées en revue; la prag-

---

(1) Saint-Gelais, Hist. de Louis XII, p. 125, 127.
(2) Saint-Gelais, p. 129.

matique-sanction étoit remise en vigueur, les libertés de l'Église gallicane étoient garanties, et quoique, pour la découverte des délits, un système barbare d'information secrète et de torture fût prescrit aux juges, l'ordonnance de Blois, qui apportoit quelque ordre dans l'arbitraire, fut considérée comme un bienfait. (1)

Louis XII engagea encore le parlement à homologuer la concession qu'il fit au duc et à la duchesse de Bourbon en faveur de leur fille. Les duchés de Bourbon et d'Auvergne et le comté de Clermont, étant tenus en apanage, devoient retourner à la couronne à défaut d'hoir mâle. Cependant Louis voulut bien consentir à ce que la fille unique de ces princes pût porter cet héritage à Charles III de Montpensier, qu'elle épousoit. Le successeur de Louis XII, en révoquant cette grâce, poussa à la révolte le jeune prince auquel elle avoit été accordée, et qui fut le fameux connétable de Bourbon (2). Louis promit encore au duc de Lorraine de faire examiner par des jurisconsultes le droit que celui-ci prétendoit avoir à l'héritage de son aïeul le roi René. Le duc fut quelque temps rempli d'espérance, mais les juges royaux n'avoient garde de prononcer contre le roi ; ils déclarèrent que le

---

(1) Isambert, Anciennes Lois françaises. T. XI, p. 323-379. — *Arn. Ferroni.* L. III, p. 36.

(2) *Fr. Belcarii Comment.* L. VIII, p. 216.

jeune René n'avoit aucun droit à l'héritage de la Provence ou du royaume de Naples. (1)

De son côté, Maximilien croyoit avoir des droits à faire valoir, et pour lui-même, et pour son fils, héritier de la maison de Bourgogne. Il ne se regardoit point comme lié envers Louis XII par le traité de Senlis, qu'il avoit conclu en 1493 avec Charles VIII; il se croyoit autorisé à reprendre possession du duché de Bourgogne, et il le fit attaquer inopinément par le sire de Vergy, qui ravagea Autrey, Saint-Seine et plusieurs bourgs du voisinage de Langres. Mais Maximilien, toujours sans argent et sans suite dans ses projets, n'envoya ensuite aucun secours au sire de Vergy. Celui-ci fut battu par le vicomte de Narbonne, qu'Engilbert de Clèves, comte de Nevers, nommé gouverneur de Bourgogne par Louis XII, avoit envoyé contre lui (2). L'archiduc Philippe, qui sentoit que son père le compromettoit en renouvelant la guerre, se hâta de traiter. Il envoya le comte de Nassau, avec d'autres ambassadeurs, à Paris, offrir à Louis XII l'hommage des comtés de Flandre et d'Artois; il promit de retirer ses troupes de Bourgogne, et, le 20 juillet, un traité fut signé, qui confirmoit en tous points celui de Senlis (3).

(1) Saint-Gelais, p. 130.
(2) S.-Gel., p. 134. — Hist. de Bourg. T. IV, L. XXII, p. 529.
(3) Dumont, Corps diplom. T. III, P. II, p. 396.

1498. Philippe s'engageoit à ne point faire valoir par les armes, mais seulement par les voies de droit, ses prétentions sur la Bourgogne, le Mâconnais et l'Auxerrois, pendant sa vie ou celle de Louis XII; et ce dernier prenoit le même engagement quant aux châtellenies de Lille, de Douai et d'Orchies. L'hommage fut reçu par le chancelier Gui de Rochefort, à Arras, le 5 juillet 1499. (1)

Louis XII n'eut pas besoin d'entrer dans de nouvelles négociations avec le roi d'Angleterre; Henri VII n'étoit pas moins désireux que lui de conserver la paix entre les deux royaumes. Il avoit si imprudemment adopté toutes les passions du parti de Lancaster, au lieu de se montrer, comme il auroit pu l'être, le conciliateur des factions, qu'il étoit sans cesse ébranlé sur son trône par la résistance du parti d'York, qu'il s'obstinoit à traiter en vaincu. A cette époque même, il venoit de triompher d'un aventurier célèbre, Perkin Waerbeck, qui se donnoit pour Richard, duc d'York, second fils d'Édouard IV, et qui avoit été reconnu pour tel par Marguerite, sœur de ce monarque et veuve de Charles-le-Téméraire. Il est probable que Perkin étoit fils naturel du monarque dont il se prétendoit fils légitime. Henri VII le fit périr en 1499, sans

(1) J. Molinet. T. XLVII, c. 298, p. 90. Procès-verbal de l'hommage. — Dumont. T. III, P. II, p. 412; et dans Théod. Godefroy, à la suite de Seyssel, p. 180.

que ses partisans cessassent de le regarder comme 1498.
le vrai héritier du trône (1). Cependant Henri VII
se montra fort empressé à renouveler avec
Louis XII le traité qu'il avoit signé à Étaples
avec Charles VIII. Il donna, dès le 24 juin, de
pleins pouvoirs à ses ambassadeurs pour le confirmer;
quelques articles y furent ajoutés pour
mettre un terme aux pirateries que les deux nations
avoient exercées l'une contre l'autre, et pour
obliger les deux gouvernemens à ne point donner
d'asile aux rebelles l'un de l'autre. A ces conditions,
le traité fut signé à Paris le 14 juillet, à
Westminster le 24 août. (2)

Le roi n'étoit pas demeuré long-temps à Paris;
il avoit passé de là à Blois, puis à Chinon,
où il tenoit sa cour, lorsque César Borgia lui
apporta la bulle de dispense pour son mariage,
qu'il attendoit, et le chapeau de cardinal pour
son favori George d'Amboise (3). Au commencement
de janvier 1499, Louis XII se rendit à 1499.
Nantes pour y célébrer son mariage. Il y passa
le reste de l'hiver, donnant son temps aux affaires
d'État, et méritant en même temps jusque dans

(1) Bacon, *Hist. of king Henry the VII*, p. 86. — *Polydori Verg. Hist. Angl.* L. XXVI, p. 608. — Rapin Thoyras. T. V, L. XIV, p. 310-328.

(2) Rymer. T. XII, p. 681, 684, 690, 694. — Dumont. T. III, P. II, p. 401.

(3) Saint-Gelais, p. 139.

ses plaisirs la reconnoissance de son peuple ; car on remarque que, quoiqu'il eût la même passion que Louis XI pour la chasse et pour la fauconnerie, il y avoit porté son esprit d'ordre et d'économie ; en sorte qu'il n'y dépensoit pas la moitié autant que n'avoit fait ce roi. (1)

Mais si Louis XII méritoit l'amour de ses sujets par ses constans efforts pour rétablir l'ordre dans les finances et dans l'administration du royaume, son avénement à la couronne fut funeste aux Italiens, parce qu'il résolut à tout prix de recouvrer le duché de Milan, qu'il considéroit comme son héritage ; et que, pour s'en assurer la conquête, il précipita tout le reste de l'Italie dans les plus effroyables calamités. Les rois catholiques d'Espagne, Ferdinand et Isabelle, s'étoient engagés à ne point le troubler dans la conquête de la Lombardie, par un traité signé aux Célestins de Marcoussis, le 5 août 1498 ; ils avoient renoncé à tous leurs précédens engagemens envers les puissances de l'Italie, et ils ne s'étoient réservé d'autres alliés que Maximilien, l'archiduc son fils, le duc de Lorraine, et le roi d'Angleterre. (2)

Les Vénitiens avoient, de leur côté, recherché l'alliance du nouveau roi ; leurs ambassa-

---

(1) Saint-Gelais, p. 143.
(2) Traités de Paix. T. I, p. 803. — Républ. ital. T. XIII, c. 99, p. 40.

deurs étoient venus le trouver à Étampes, avant qu'il se rendît en Bretagne (1). Irrités contre Louis-le-Maure, duc de Milan, parce que celui-ci les avoit empêchés de s'emparer de la ville de Pise, ils traitèrent avec la France pour le dépouiller. Ils s'engagèrent à seconder Louis XII avec une puissante armée, lorsque celui-ci attaqueroit le duché de Milan; et ils se réservèrent seulement, pour leur part de ses dépouilles, le Crémonais jusqu'à l'Adda. Leur traité fut signé le 9 février 1499; mais ils réussirent à en dérober quelque temps la connoissance aux autres États d'Italie; et lorsqu'ils le publièrent plus tard, ils le donnèrent comme ayant été signé à Blois, le 15 avril (2). Les ministres français, qui avoient trompé les Florentins à plusieurs reprises durant la guerre précédente, ne cherchèrent point cette fois à s'assurer leur amitié; ils mirent au contraire plus de prix à confirmer leur alliance avec les Suisses, qui fut renouvelée par le traité de Lucerne. (3)

Pendant que Louis XII préparoit son attaque sur le duché de Milan, contre lequel il soulevoit en même temps les Suisses, les Vénitiens et le pape, Louis-le-Maure cherchoit en vain quelque

---

(1) Saint-Gelais, p. 135.
(2) Dumont. T. III, P. II, p. 406. — *P. Bembo Hist. Venet.* L. IV, p. 85.
(3) Dumont. T. III, P. II, p. 406.

1499. appui étranger. Don Frédéric, roi de Naples, lui avoit bien promis des secours, mais il étoit trop foible pour les donner en effet. Maximilien, qui avoit épousé sa fille et qui avoit pris l'engagement le plus formel de le protéger, venoit de se jeter tête baissée dans une guerre sans motifs contre les Suisses, où on assuroit qu'il avoit perdu vingt mille hommes, et où il avoit dissipé tout l'argent que son beau-père lui avoit fait passer pour lever les troupes avec lesquelles il devoit le défendre (1). Le duc de Milan avoit enfin recouru au sultan des Turcs Bajazet II, et celui-ci, pour faire diversion, venoit d'attaquer les Vénitiens dans la Macédoine et l'Istrie; mais les horreurs qu'y commirent ses troupes ne firent qu'ajouter à l'effroi de l'Italie, sans que la maison Sforza en retirât aucun avantage. (2)

Louis XII avoit mis à profit la première année de son règne pour rassembler de l'argent et réunir ses compagnies d'ordonnance. Il avoit cependant, à ce qu'assure Claude de Seyssel dans son panégyrique, « voulu décharger son « peuple des grandes tailles dont il étoit fort « oppressé, et d'arrivée, pour le commence-

(1) *Fr. Guicciardini.* L. IV, p. 222. — *Raynaldi Annal. eccles.* 1499, §. 14.
(2) *Fr. Belcarii Comment.* L. VIII, p. 231. — *Républ. ital.* T. XIII, c. 99, p. 37.

« ment, en remit et rabattit la dixième partie, « et après, successivement jusqu'à la tierce; et « davantage le don que le royaume a de toute « ancienneté accoutumé de payer aux rois à leur « joyeux avénement, qui se monte à 300,000 fr., « leur remit libéralement » (1). Claude de Seyssel est suspect, il est vrai, car il fut obligé de s'excuser à plusieurs reprises auprès de ses contemporains, des louanges qu'il prodiguoit à Louis XII (2). Pour éviter d'augmenter les impôts, le roi crut plus convenable de vendre les offices royaux qui n'étoient pas de judicature, et entre autres ceux de finance (3). Indépendamment de la ressource immédiate qu'y trouva le trésor, il y eut quelque avantage à constater ainsi le droit de ceux qui les exerçoient, à leur donner le sentiment de la durée de leurs fonctions, et à relever leur dignité à leurs propres yeux, en les soustrayant à l'arbitraire et au bon plaisir. D'autre part, ce premier exemple introduisit une habitude de vénalité dans le gouvernement; il achemina François Ier à rendre vénaux, en 1521, tous les offices de judicature (4). Du reste, la France étoit alors si puis-

(1) Les Louanges du bon roi de France Louis XII, par Claude de Seyssel, p. 13. Th. Godefroy, *Paris*, 1615, in-4.

(2) Claude de Seyssel, p. 6.

(3) Mém. de Bayard. T. XIV, c. 12, p. 391 et 427. — *Fr. Belcarii*. L. VIII, p. 222.

(4) Leber, Hist. critique du Pouvoir municipal, c. 7, p. 419.

sante et si riche, comparée à tous les autres États, qu'il suffisoit à son souverain d'un peu d'ordre et d'économie, pour qu'il se trouvât aussitôt dans l'affluence. (1)

A cette époque, une maladie contagieuse qu'on crut être la peste, et qui se répandit dans toute la France, mit quelque obstacle aux préparatifs militaires. Il y eut assez de mortalité à Blois, où se trouvoit la reine, qui commençoit à être enceinte. Le roi la fit passer à Romorantin, où il y avoit moins de population, et par conséquent moins de contagion. Quoique plusieurs de ses officiers y mourussent autour d'elle, elle y demeura jusqu'après ses couches, et jusqu'au retour du roi d'Italie. (2)

Louis XII avoit donné rendez-vous à ses troupes à Lyon; il y trouva seize cents lances d'ordonnance, faisant ensemble 9,600 chevaux; 5,000 Suisses, 4,000 Gascons, et 4,000 aventuriers levés dans le reste de la France. Il en donna le commandement à Louis de Luxembourg, comte de Ligny; à Éverard Stuart, seigneur d'Aubigny, et à Jean-Jacques Trivulzio. Ce dernier les attendoit à Asti, et préparoit leurs succès par ses intrigues. Louis leur fit passer les Alpes au milieu de l'été. Le jeune duc de Savoie, Philibert II, qui avoit succédé, le 7 no-

(1) Mém. de La Trémoille. T. XIV, c. 10, p. 159.
(2) Saint-Gelais, p. 145.

vembre 1497, à Philippe de Bresse, son père, le même qui avoit joué un si grand rôle dans les querelles de Louis XI avec Charles-le-Téméraire (1), s'étoit engagé envers Louis XII, par un traité du 22 février de cette année, à leur accorder un libre passage au travers de ses États, et à les appuyer par un corps de troupes dont la France payeroit la solde. En retour, George d'Amboise lui avoit promis de détacher du duché de Milan, pour les ajouter à ses États, des seigneuries valant vingt mille ducats de rente. (2)

Au commencement d'août, toute l'armée avoit passé les monts; en même temps les Vénitiens s'étoient avancés sur la frontière orientale du Milanez, et avoient attaqué Caravaggio. Les Français s'étoient présentés, le 13 août, devant la petite forteresse d'Arazzo, sur les bords du Tanaro, en face d'Annone. C'étoit sur Annone que le duc de Milan avoit compté pour la défense de ses États; il avoit fait fortifier avec soin ce château, où il avoit mis sept cents hommes de garnison, tandis qu'il y en avoit cinq cents dans Arazzo. Les frères San-Séverino, qui depuis long-temps étoient au service de Louis-le-Maure, et sur le dévouement desquels il comptoit, commandoient l'armée qu'il avoit rassem-

---

(1) Guichenon. T. II, p. 172.
(2) Guichenon. T. II, p. 183. — Dumont, Corps diplomat. T. III, P. II, p. 408.

blée. Galéas San-Séverino, avec seize cents hommes d'armes, quinze cents chevau-légers, dix mille fantassins italiens, et cinq cents Allemands, avoit son quartier général à Alexandrie, d'où il devoit veiller sur les événemens, et secourir au besoin les places assiégées. Son frère, le comte de Caiazzo, avec une armée à peu près égale, étoit opposé aux Vénitiens. La guerre malencontreuse que Maximilien faisoit alors aux Suisses avoit empêché le duc de Milan de tirer aucun soldat de leur pays, encore que toute la jeunesse s'y offrît à combattre pour quiconque lui présentoit une solde. (1)

Mais les meilleures dispositions d'un général ne peuvent suffire à la défense d'un pays quand les soldats ne veulent pas se battre. Les Italiens étoient encore troublés de la bravoure supérieure, et surtout de la férocité qu'avoient déployée les ultramontains. La gendarmerie française méprisoit tout ce qui n'étoit pas gentilhomme; elle ne sentoit aucune pitié pour des fantassins; elle ne se faisoit aucun scrupule de verser par torrent le sang des roturiers, lors même qu'ils ne faisoient aucune résistance. Les Suisses, sans intérêt dans une guerre où ils servoient en mercenaires, avoient besoin de s'étourdir par le tumulte et de s'enivrer de sang;

(1) *Fr. Guicciardini*. L. IV, p. 225. — *Fr. Belcarii*. L. VIII, p. 234. — Républ. ital. T. XIII, c. 99, p. 42.

les Gascons étoient cruels par caractère autant que par avidité de butin. Les Italiens, appelés à combattre ces barbares, s'effrayoient de l'idée qu'ils n'avoient point de pitié à attendre s'ils étoient ou prisonniers ou blessés. Aussi le château d'Arazzo se rendit dès le jour où il fut attaqué, c'étoit le 13 août. Le château d'Annone, contre lequel les batteries furent ouvertes aussitôt après, fut pris d'assaut dès le second jour; l'artillerie française eut bientôt renversé ces murailles, qui, dans le moyen âge, avoient paru inexpugnables. Toute la garnison et presque tous les habitans furent passés au fil de l'épée. La terreur qu'inspiroient les armes françaises s'augmenta par ces massacres; Valenza, Basignano, Voghéra, Castelnuovo, Ponte Corone et Tortone se hâtèrent de faire leur soumission.

Galéaz San-Séverino enfin, gendre et favori de Louis-le-Maure, étonné et troublé de ces revers, perdit la tête en voyant arriver les Français devant Alexandrie; dans la nuit du 25 août, il s'échappa en secret de la place où il commandoit, avec Lucio Malvezzi son lieutenant, soit qu'il voulût se réunir au comte de Caiazzo son frère, qui, d'après les ordres du duc de Milan, s'étoit posté à Pavie, en abandonnant aux Vénitiens la frontière orientale du Milanez; soit qu'il dérobât lâchement sa personne au danger, soit enfin qu'il eût été secrètement corrompu, comme on le soupçonna, par Jean-Jacques Trivulzio. (1)

Dès que l'armée qui étoit dans Alexandrie, et où l'on comptoit encore au moins six mille hommes, fut avertie de la disparution de son général, chaque soldat ne songea plus qu'à fuir ou à se cacher, et le corps entier fut bientôt dissipé. Les Français entrèrent dans Alexandrie le lendemain 26 août; ils pillèrent la ville, et se vantèrent encore de leur clémence, pour n'avoir pas massacré les habitans, en souvenir de l'ancienne défaite de Philippe de Valois devant leurs murs (2). Les Français passèrent ensuite le Pô, et mirent le siége devant Mortara; Pavie leur envoya sa soumission avant qu'ils fussent entrés sur son territoire. De leur côté, les Vénitiens s'étoient emparés de Caravaggio, et leurs avant-postes paroissoient devant Lodi. Le peuple, pour cacher sa terreur, affectoit le mécontentement, et accusoit Louis Sforza de tyrannie; déjà quelques mouvemens séditieux se manifestoient à Milan. Le duc vit bien que toute résistance devenoit impossible, et qu'il falloit céder à l'orage. Il fit partir son frère, le cardinal Ascagne, pour l'Allemagne, avec ses enfans et son trésor; il remit à Isabelle d'Aragon, veuve de son prédé-

---

(1) *Fr. Guicciardini.* L. IV, p. 228. — *P. Bembi Hist. Venet.* L. IV, p. 87. — *Chron. Veneta.* T. XXIV, p. 99. — Républ. ital. T. XIII, c. 99, p. 46.

(2) Saint-Gelais, p. 147.

cesseur, le fils qu'elle avoit eu de lui, François Sforza, qu'il avoit jusqu'alors tenu captif, et il lui recommanda de le soustraire à la jalousie des Français. Il chargea un de ses officiers les plus dévoués, Bernardino de Costa, du commandement du château de Milan, où il avoit fait entrer trois mille hommes et d'abondantes munitions; il recommanda Gênes aux Adorni; il distribua des présens aux principaux gentilshommes milanais, et le 2 septembre il sortit de sa capitale pour se rendre, par Como et la Valtellina, à Inspruck, auprès de Maximilien son gendre. (1)

La révolution s'accomplit en Lombardie avec une effrayante rapidité. Les Français en s'avançant vers Milan, trouvèrent, six milles avant d'y arriver, les députés de cette ville, qui venoient leur en offrir les clés. Gênes se soumit avec le même empressement. Le commandant du château de Milan, séduit par une grosse somme d'argent, livra cette citadelle, douze jours après que la ville avoit ouvert ses portes; tout le Milanez enfin fut conquis en vingt jours, à dater depuis le commencement de la campagne. Louis XII, qui n'avoit pas compté sur une soumission aussi rapide, passoit les monts

---

(1) *Fr. Guicciardini.* L. IV, p. 230. — *Petri Bembi.* L. IV, p. 88. — *Barth. Senar. de Reb. Genuens.* T. XXIV, p. 568. — *Fr. Belcarii.* L. VIII, p. 235. — Républ. ital., c. 99, p. 49.

dans l'espoir d'arriver à temps pour les combats. Vers la fin de septembre, il fut reçu à Turin, avec magnificence, par le duc Philibert II, qu'il emmena avec lui à Milan (1). Le roi fit son entrée, le 2 ou le 3 octobre, dans cette capitale, en habit ducal. Il vouloit ainsi se rendre agréable aux Milanais. Les enfans chantoient des hymnes devant lui, en l'appelant le grand roi, et le libérateur de leur patrie; les sénateurs, les juges, le clergé, la noblesse, les marchands, s'empressoient tous autour de lui (2). De son côté, Louis XII cherchoit à se montrer gracieux envers ses nouveaux sujets; il promit des réductions sur les droits de consommation; il diminua réellement quelques impôts; il restitua plusieurs domaines confisqués; il interdit toute poursuite contre ceux qui s'étoient attachés à la maison Sforza; il accorda surtout des grâces à la noblesse; il lui rendit en particulier le droit de chasse, dont les ducs de Milan, qui vouloient se réserver tout pour eux-mêmes, s'étoient montrés fort jaloux (3). Il témoigna de la faveur aux gens de lettres; il augmenta le salaire des professeurs dans les écoles; il arma chevaliers plusieurs de ceux qui suivoient avec distinction

(1) Guichenon, Hist. de Savoie. T. II, p. 184.
(2) *Raynaldi Annal. eccles.* 1499, §. 20. — Républ. ital., c. 99, p. 51.
(3) Saint-Gelais, Hist. de Louis XII, p. 150.

la carrière des armes, et il les invita fréquemment à sa table (1). Enfin, il choisit pour gouverneur de Milan un Milanais, Jean-Jacques Trivulzio, se flattant qu'il seroit plus acceptable au peuple qu'un Français. Avant la fin de l'année, cependant, il repassa les Alpes, sur la nouvelle que la reine lui avoit donné une fille, qu'elle avoit vouée à saint Claude, et qui porta le nom de Claude. Il croyoit avoir gagné les cœurs des Milanais par ses bienfaits, comme il les avoit soumis par la terreur de ses armes; et il retourna sans inquiétude, d'abord à Lyon, puis à Romorantin, où il avoit laissé la reine. (2)

(1) *Arn. Ferronii*, p. 38.
(3) Saint-Gelais, p. 153.

CHAPITRE XXVIII.

Soulèvement du Milanez. — Sforza trahi par les Suisses, et livré aux Français. — Assistance donnée par les Français aux Florentins contre Pise, à César Borgia contre les princes de Romagne. — Traité de Grenade. — Massacre de Capoue. — Seconde conquête de Naples, et partage de ce royaume avec les Espagnols. — 1500-1501.

1500. Le roi Louis XII avoit de beaucoup dépassé ce que les Français avoient attendu de lui. Ils ne le connoissoient, lorsqu'il étoit duc d'Orléans, que comme un homme de plaisir, occupé tour à tour de tournois et de galanterie, qui avoit troublé l'État par son ambition, sans annoncer de grands talens pour exercer le pouvoir qu'il recherchoit, et qui, peu capable de se conduire par lui-même, abandonnoit toutes ses affaires sérieuses à la direction d'un favori. Ce fut seulement après qu'il fut monté sur le trône qu'on reconnut que ce favori, s'il n'étoit pas lui-même un homme de génie, avoit du moins un désir sincère du bien du royaume; que le chancelier, auquel le roi accordoit également sa confiance, étoit un grand

magistrat, fait pour réformer l'administration de la justice, et pour l'honorer dans ses organes; mais, surtout, que Louis XII lui-même étoit animé d'un ardent désir de faire le bien de son peuple; qu'il s'appliquoit avec conscience à étudier l'administration pour la réformer, et qu'il apportoit à cette réforme les deux qualités qu'on est le plus heureux de trouver dans un roi, l'habitude de l'ordre et l'amour de l'économie. Aussi réussit-il, en peu de temps, à réorganiser les finances, tout en diminuant les impôts. Ses prédécesseurs ne jouissoient d'aucun crédit, et n'avoient, en conséquence, pu faire aucune dette, en sorte qu'une meilleure administration des revenus, et une modération dans les dépenses, produisoient une aisance immédiate. La régularité des paiemens du trésor fut un des premiers effets de l'ordre nouveau, et celui qui étonna le plus, car on n'avoit jamais rien vu de semblable. « Les états et pensions qu'il donne, dit
« Saint-Gelais son biographe, sont aussi sûrs à
« ceux qui les ont comme leurs rentes, sans
« qu'il y ait aucun retranchement, ni aucun
« n'en est désappointé sans grande occasion.....
« A Paris, à Rouen, à Tours, n'y a marchand
« qui plus loyaument paye ses dettes qu'il ne
« fait les siennes (1). Il a fait un autre bien parti-

---

(1) Saint-Gelais, p. 151, 152.

« culier, si grand que aucun de ses prédécesseurs
« n'en fit oncques guère de semblable, c'est d'a-
« voir ôté la pillerie que les gens de guerre sou-
« loient faire sur le pays, qui étoit une chose
« insupportable au pauvre peuple. J'ai vu moi,
« étant des ordonnances, que quand les gens
« d'armes arrivoient en un village, bourgade ou
« ville champêtre, les habitans, hommes et
« femmes, s'enfuyoient, en retirant de leurs
« biens ce qu'ils pouvoient, aux églises, ou aux
« autres lieux forts, tout ainsi que si c'eussent
« été les Anglais, leurs anciens ennemis; qui
« étoit piteuse chose à voir; car un logement de
« gens de guerre qui eussent séjourné un jour et
« une nuit en une paroisse, y eussent porté plus
« de dommage que ne leur coûtoit la taille d'une
« année » (1). Louis XII n'avoit réussi à rétablir
ainsi la discipline parmi les troupes, et à les forcer à s'abstenir du pillage, que parce qu'il avoit
apporté la plus grande régularité à leur payer
leur solde dès qu'elle étoit due. Il ne lui arriva
qu'une seule fois de laisser s'accumuler six mois
d'arrérages, et encore trouva-t-il moyen de les
solder à la fin de l'année (2). Les historiens de
Louis XII, il est vrai, et surtout Claude de
Seyssel et Saint-Gelais, peuvent être accusés de
n'avoir songé à écrire qu'un panégyrique ; sou-

(1) Saint-Gelais, p. 122.
(2) *Arn. Ferronii de Reb. gestis Gallorum.* L. III, p. 38.

vent on peut les surprendre à s'écarter de la vérité ; mais, alors même, la nature de leurs éloges atteste le bon cœur du roi, auquel ils vouloient plaire : c'étoit un grand progrès dans la civilisation d'avoir produit un monarque qui ambitionnoit par-dessus tous les autres le titre de père du peuple, déféré à Louis XII.

Il s'en falloit de beaucoup, il est vrai, que le roi Louis XII eût répondu à l'attente et aux désirs des Milanais comme à ceux des Français. Les émissaires de Jean-Jacques Trivulzio, quand ils préparoient l'invasion de la Lombardie, avoient célébré d'avance ses vertus et sa débonnaireté ; ils avoient surtout répété que le roi de France étoit assez riche pour abolir tous les impôts, ou du moins pour les remettre sur le pied où ils étoient du temps des Visconti. Louis fut bien loin de réaliser de telles espérances : la richesse de l'Italie frappoit d'étonnement les Français, et la Lombardie leur paroissoit bien plus en état que leur pays d'acquitter les lourdes contributions dont elle étoit chargée ; aussi ne songèrent-ils point à les alléger (1). De plus, Jean-Jacques Trivulzio, qui avoit si fort facilité la conquête du Milanez, par le crédit qu'il

---

(1) Guaguin assure cependant que Louis réduisit les impôts de Milan de 1,608,686 livres tournois à 622,500 liv. *Compend.* L. XI, f. 169. La première de ces sommes est une prodigieuse exagération, et prouve seulement l'ignorance de l'écrivain.

y exerçoit sur le parti guelfe, étoit très peu propre, comme chef de ce parti, à le gouverner en paix : il n'oublioit pas un instant les ressentimens de sa faction, et en même temps il offensoit la bourgeoisie par sa rudesse soldatesque. Enfin la politique étrangère de Louis sembloit annoncer ou une grande ignorance de tous les droits publics, ou un grand mépris de toute morale. Ses propres titres au duché de Milan, qui sembloient si incontestables aux Français, ne pouvoient pas soutenir un instant l'examen des Italiens. Les Visconti, dont il se disoit héritier, avoient deux titres à la domination de la Lombardie, la seigneurie qu'ils tenoient du peuple, et le duché dont ils avoient été investis par l'empereur. La seigneurie n'avoit pas été une seule fois héritée par des femmes, ni à Milan, ni dans aucune autre des villes de l'Italie : elle ne le pouvoit pas, puisque ce n'étoit autre chose que la direction d'un parti, qui devenoit une magistrature lorsque ce parti étoit le plus fort. L'honneur ducal avoit été conféré à la maison Visconti, cent vingt ans plus tard que la seigneurie, par deux diplômes que l'empereur Wenceslas avoit accordés à Jean Galéas Visconti, en date du 1er mai 1395, et du 13 octobre 1396, le second desquels étoit destiné à régler la succession de ce fief impérial. Il y appeloit tous les descendans mâles légitimes de Jean Galéas, et, à leur défaut, les bâtards solennellement légitimés par les empereurs ; mais il en excluoit à perpétuité les femmes et leur descendance (1). Le seul titre de Louis XII au duché de Milan étoit cependant d'être petit-fils de Valentine Visconti, fille de Jean Galéas.

Louis XII ne pouvoit donc être regardé par les Lombards, dont il se disoit le duc, que comme un usurpateur établi par la violence. En même temps ils le voyoient avec chagrin démembrer leur État, en en abandonnant une partie aux Vénitiens, une autre au duc de Savoie. Ils plaignoient le jeune François Sforza, fils de Jean Galéas II et d'Isabelle d'Aragon, que le roi s'étoit fait livrer, qu'il envoya en France, et qu'il força à prendre l'habit monastique (2). C'étoit à lui qu'auroit dû appartenir, par droit d'hérédité, le manteau ducal, que Louis-le-Maure son grand-oncle avoit usurpé. Dans ses rapports avec les autres États d'Italie, Louis XII se montra dépourvu de bonne foi et avide d'argent. Il avoit exigé des sommes considérables du duc de Ferrare et de Jean Bentivoglio, seigneur de Bologne, avant de leur promettre sa protection (3). Il avoit traité plus durement en-

---

(2) *Voyez* les deux diplômes, *Ann. Mediolanenses.* T. XVI, *Rerum Italicar,* c. 157, 158, p. 821-830.

(2) *Guicciardini.* L. IV, p. 247.

(3) Républ. ital. T. XIII, c. 99, p. 51.

core les Florentins, les plus anciens et les plus fidèles alliés de la France; et tandis qu'il montroit cette inconstance dans ses amitiés, on apprenoit qu'il avoit formé une étroite alliance avec César Borgia, duc de Valentinois, et avec le pape son père; qu'il avoit promis de les seconder dans la guerre injuste qu'ils alloient faire aux petits princes de Romagne, et qu'il menaçoit ainsi tous les droits, en s'associant pour une usurpation à des hommes qu'on savoit capables de tous les crimes, à des homme qui jusqu'alors s'étoient signalés par leur inimitié contre la France.

Lorsque César Borgia étoit venu à la cour de France l'année précédente, et qu'il avoit déposé le chapeau rouge, il avoit épousé Charlotte, fille d'Alain d'Albret et sœur de Jean II, roi de Navarre. Albret s'étoit d'abord refusé à ce mariage, auquel Borgia n'avoit songé qu'après avoir été rejeté par Charlotte d'Aragon, fille de Frédéric, roi de Naples (1). Mais Louis XII, qui n'avoit point pardonné à Alain d'Albret sa longue rivalité et ses intrigues, dans les affaires de Bretagne, lui avoit déclaré que c'étoit à ce prix seulement qu'il voudroit bien les oublier (2). Au titre de duc de Valentinois, César Borgia vouloit joindre celui de duc de Romagne. A peine la conquête du

(1) *Fr. Belcarii.* L. VIII, p. 223.
(2) *Arnoldi Ferronii.* L. III, p. 37.

duché de Milan étoit-elle effectuée, que Borgia, qui y étoit arrivé à la suite de Louis XII, obtint de ce roi la petite armée avec laquelle il entreprit la conquête de la Romagne. Dans cette armée, il avoit trois cents lances françaises que conduisoit Yves d'Allègre, et quatre mille Suisses commandés par le bailli de Dijon. A la fin de novembre 1499, Borgia se présenta, à la tête de ces troupes, auxquelles il avoit joint ses gendarmes italiens, devant la ville d'Imola, qu'il força à se rendre le 9 décembre : il attaqua ensuite Forli, où la courageuse Catherine Sforza s'étoit enfermée, tandis qu'elle avoit envoyé à Florence, pour le mettre en sûreté, son fils Octavien Riario, auquel ces deux villes appartenoient. La première enceinte de Forli, puis la citadelle, puis la tour maîtresse, où Catherine avoit continué à se défendre, furent successivement emportées d'assaut par les Français et les Suisses. Catherine, arrêtée par Yves d'Allègre, fut envoyée prisonnière à Rome, et enfermée au château Saint-Ange. D'Allègre cependant, à qui elle s'étoit rendue, obtint ensuite du pape qu'elle fût remise en liberté (1). Les Français unis à Borgia étoient sur le point d'attaquer un autre des petits princes de Romagne,

---

(1) Républ. ital. T. XIII, c. 100, p. 84. — Jean d'Auton, Hist. de Louis XII, publiée par Théod. Godefroy. *Paris*, 1620, in-4, c. 1 à 4, p. 1-14.

lorsque Yves d'Allègre fut tout à coup rappelé en Lombardie, par la nouvelle qu'une révolution y avoit éclaté.

En effet, Louis Sforza, lorsqu'il étoit arrivé en Allemagne auprès de Maximilien, l'avoit rejoint comme il venoit de faire la paix avec les Suisses; il n'avoit pu tirer de lui aucune assistance, mais il avoit profité de ce que le licenciement des armées qui venoient de combattre l'une contre l'autre laissoit beaucoup de soldats désœuvrés, pour engager à son service cinq cents gendarmes francs-comtois, et huit mille Suisses, avec lesquels il s'étoit aussitôt mis en marche vers la Lombardie. Il avoit été averti que la disposition des esprits, à l'égard des Français, y étoit déjà complétement changée. Son médecin et son chambellan, dont les biens avoient été confisqués par le roi et donnés à d'autres courtisans, selon un usage commun à la cour de France, mais encore inconnu à l'Italie, étoient venus l'assurer qu'à son approche tous les Lombards se déclareroient pour lui : ils étoient ensuite revenus à Milan pour ameuter les esprits, mais ils y avoient été arrêtés(1). Au commencement de février, Louis-le-Maure arriva en Italie par le lac de Como. Le seigneur de Ligny commandoit à Como, et se préparoit à défendre la ville, mais il fut rap-

---

(1) Jean d'Auton, Hist. de Louis XII, c. 5, p. 14.

pelé par Jean-Jacques Trivulzio, qui voyoit la rébellion éclater de toutes parts autour de lui. Dès le 3 février, celui-ci fut obligé d'évacuer aussi Milan, en laissant seulement une garnison suffisante au château, et de se retirer à Novarre (1). Cette retraite encouragea davantage encore les insurgés ; en un instant toute la Lombardie fut en armes. Le 5 février, le cardinal Ascagne Sforza entra dans Milan ; le 6, son frère, Louis-le-Maure, y entra à son tour : toute la ville sembloit ivre de joie de son retour ; dans toutes les parties du duché, par une même explosion de sentimens, le pouvoir des Sforza étoit rétabli ; les Français étoient mis en fuite. Ceux-ci cependant, au milieu d'une insurrection populaire, conservoient l'avantage des armes et de la vaillance ; on les menaçoit, on les attaquoit de loin ; mais les populations armées n'osoient point tenir contre eux. Louis d'Ars, avec quarante hommes d'armes et quatre-vingts archers, traversa toute la Haute-Lombardie de Bellinzone jusqu'à Novarre, s'ouvrant sans cesse le chemin, avec son épée, au milieu des insurgés (2). Yves d'Allègre, avec l'armée qui avoit conquis Forli, revint de son côté par la rive droite du Pô, trouvant partout la population sous les armes. Il rejoignit Ligny à Casal, le 11 fé-

(1) Jean d'Auton, c. 13, p. 30.
(2) *Ibid.*, c. 14, p. 34.

vrier, après avoir pillé Tortone au passage. (1)

Ainsi, cinq mois après la conquête du Milanez, il étoit reperdu en entier avec autant de rapidité qu'il avoit été conquis, et Trivulzio, Ligny et d'Allègre, après avoir réuni toutes leurs forces, se trouvoient rejetés sur la frontière du Piémont. Mais dès les premiers mouvemens des Lombards, des courriers avoient été expédiés à Louis XII, pour lui en porter la nouvelle à Loches, où il étoit alors (2); et Louis, bien différent des rois qui l'avoient précédé, n'avoit pas perdu un instant pour porter remède à un événement aussi inattendu. Il avoit fait partir immédiatement pour l'Italie Louis de La Trémoille, avec cinq cents hommes d'armes, commandés par ses meilleurs officiers. Il avoit écrit au bailli de Dijon, qui se trouvoit à Novarre avec Trivulzio, de passer aussitôt en Suisse, où il jouissoit d'un grand crédit, et d'y lever quatorze ou quinze mille hommes. Cet ordre étoit arrivé au bailli le 14 février, et il étoit parti à l'instant (3). En même temps le cardinal d'Amboise s'étoit rendu en toute hâte en Italie, pour y représenter le roi, et faire trouver de l'argent aux capitaines au moment où ils en auroient besoin. (4)

(1) Jean d'Auton, c. 16, p. 43.
(2) *Ibid.*, c. 6, p. 16.
(3) *Ibid.*, c. 18, p. 53.
(4) *Ibid.*, c. 19, p. 59.

Tant le duc de Milan que les généraux français pouvoient, en deux jours, faire parvenir leurs courriers par le mont Saint-Gothard ou le Simplon jusqu'au centre de la Suisse. Là, ils trouvoient toute la population également disposée à se vendre à l'enchère, pour quelque guerre que ce fût. Ces montagnards sembloient l'emporter en force de corps et en intrépidité sur les soldats les plus aguerris des meilleures armées ; mais, accoutumés à une vie dure et sauvage, ils avoient été tout à coup enivrés par la jouissance de toutes les voluptés, que tous les princes leur avoient prodiguées depuis peu d'années pour les séduire. Les Italiens, comme les Français, avoient voulu, à tout prix, avoir des Suisses dans leurs armées ; ils leur avoient offert une solde prodigieuse, et ils leur permettoient une licence effrénée dans les camps. Des flatteurs, qui ne manquent pas plus aux peuples qu'aux rois, célébroient en même temps leur vaillance, et leur faisoient croire qu'ils pouvoient acquérir de la gloire dans les combats où leur patrie n'avoit aucun intérêt, et où aucun droit, aucune garantie morale ne les justifioit des meurtres qu'ils commettoient. Dans aucun temps, les Suisses ne se signalèrent par une valeur plus redoutable; dans aucun temps, ils ne répandirent plus de sang; mais leur férocité égala tout au moins leur courage, et aucune période ne fut plus fatale à leur gloire ; dans aucun temps, ils ne furent mus par des passions plus brutales : la débauche, la cupidité et l'amour du carnage les appeloient seuls aux armées. Dès le milieu de février, il étoit arrivé au camp de Louis Sforza dix mille tant Suisses que landsknechts ou fantassins de la Basse-Allemagne (1). En même temps, il y avoit au camp français de Mortara trois mille cinq cents Suisses que Yves d'Allègre y avoit ramenés de Forli (2). Une juste répugnance à combattre les uns contre les autres les rendoit également indisciplinés dans les deux camps ; mais leur manière de manifester cette répugnance, c'étoit de demander plus d'argent encore, puisqu'ils devoient faire un service plus contraire à leurs sentimens naturels : les Suisses du camp de Mortara se mutinèrent pour obtenir, des capitaines français auxquels ils obéissoient, six semaines de paie, encore qu'ils n'eussent servi qu'un mois. (3)

Louis Sforza de son côté avoit réuni trente mille soldats sous les armes ; à leur tête il partit le 5 mars de Vigévano, pour venir mettre le siége devant Novarre. Yves d'Allègre s'étoit chargé de la défense de cette place, tandis que le reste de l'armée française avoit pris position à

---

(1) Jean d'Auton, c. 18, p. 54.
(2) *Ibid.*, p. 57.
(3) *Ibid.*

Mortara, Ligny avoit représenté à Jean-Jacques Trivulzio, qu'encore que l'armée française fût fort inférieure en force à celle de l'ennemi, il convenoit qu'elle tînt toujours la campagne, pour conserver sa réputation ; d'autant plus que si l'on éprouvoit un échec, la gendarmerie française suffiroit toujours à mettre en sûreté l'artillerie, et elle étoit trop supérieure à l'italienne, pour courir elle-même aucun danger. Quant à la perte de quelques bataillons d'infanterie, ce n'étoient que des étrangers, dont le sang avoit peu de valeur ; « car, disoit-il, autres piétons n'avons « que Suisses et Piémontais, et peu de nombre « de Gascons, ainsi, grande perte ne s'en pour- « roit ensuivre. » (1)

Les Français firent une vigoureuse résistance dans Novarre ; ils y soutinrent plusieurs assauts, mais ils furent enfin obligés de rentrer toute leur artillerie dans le château, où ils laissèrent garnison, et de rendre la place le 22 mars, avec permission de se retirer librement à Mortara (2). Le surlendemain 24 mars, La Trémoille, qui en avançant avoit recueilli des renforts, arriva de son côté à Mortara avec douze cents hommes d'armes, quatre mille piétons, et une bonne artillerie. Il hésita s'il n'attaqueroit pas immédiatement le duc de Milan, mais comme il apprit

---

(1) Jean d'Auton, c. 20, p. 63.
(2) *Ibid.*, c. 23, p. 72.

que les Suisses qu'il attendoit s'approchoient de leur côté, il aima mieux leur donner le temps d'arriver. Ces Suisses reçurent leur solde à Verceil, où le cardinal d'Amboise étoit allé au-devant d'eux, et le 3 avril ils entrèrent à Mortara (1). Le roi s'étoit avancé jusqu'à Lyon, pour être plus à portée de son armée, et y faire passer avec moins de retards ou des soldats ou de l'argent. De son côté Louis Sforza étoit entré à Novarre; il y avoit rassemblé toutes ses forces, et il se préparoit à livrer bataille. Les gentilshommes français qui étoient auprès du roi à Lyon, de même que ceux qui avoient suivi Valentinois à Rome, accouroient en hâte pour prendre part à une action où ils espéroient s'illustrer. (2)

Mais le sort des États ne dépendoit plus de la valeur ou française ou italienne, de la prudence des cabinets, ou des ordres des généraux. Une multitude d'hommes grossiers, violens, appelés depuis peu de jours de leurs montagnes, où ils s'étoient accoutumés à la plus absolue indépendance, méprisant toute autorité, toute discipline, croyant tout permis à leur valeur, toute autre nation soumise à leur caprice, remplissoit les deux camps et donnoit ses ordres aux deux généraux. Les Suisses au service de France avoient été levés avec le consentement de leurs cantons,

---

(1) Jean d'Auton, c. 26, p. 84.
(2) *Ibid.*, c. 28, p. 90.

ceux de Louis Sforza s'étoient engagés individuellement à sa solde. La diète helvétique avertie que les Suisses des deux armées étoient en présence, adressa aux uns et aux autres la défense de combattre en versant le sang de leurs frères, et l'ordre de rentrer au plus tôt dans leur pays. Le combat en effet eût été parricide, mais la retraite étoit un manque de foi envers ceux qui les avoient soldés.

Les Suisses des deux camps ne sentirent point ce que l'honneur de leur nation exigeoit; ils ne vouloient pas s'égorger les uns les autres, mais ils étoient bien plus occupés de s'assurer de bons quartiers et une riche solde, que d'obéir à leurs magistrats ou de demeurer fidèles à leurs généraux. Les quatre mille Suisses qu'Yves d'Allègre avoit ramenés de Romagne songèrent d'abord à passer au service de Louis Sforza, avec lequel ils entrèrent en négociation (1). Les Suisses des deux armées se réunissoient sans cesse, pour boire ensemble, pour comparer les avantages qu'ils obtenoient à l'un et à l'autre service, et pour chercher, non comment ils sauveroient leur honneur compromis par des engagemens contradictoires, mais comment ils s'assureroient plus de profit : l'événement seul peut nous apprendre quel fut le secret de ces honteuses consultations.

(1) *Guicciardini*. L. IV, p. 249. — Jean d'Auton, c. 18, p. 57.

1500. Le cardinal d'Amboise avertit La Trémoille que la diète helvétique avoit donné ordre aux Suisses de quitter également l'une et l'autre armée, et il lui conseilla d'attaquer immédiatement l'ennemi, pour ne pas donner à ses soldats le temps de se retirer. La Trémoille en effet marcha le mercredi 8 avril vers Novarre, pour offrir la bataille à Louis Sforza, qui étoit à demi-mille en avant de cette ville, quoique celui-ci eût près de moitié plus de monde que lui (1). Mais comme les gendarmes français s'ébranloient déjà pour charger, les Suisses de Louis Sforza déclarèrent ne pas vouloir combattre, et rentrèrent dans la ville; les gendarmes bourguignons, albanais et lombards qui leur étoient associés, effrayés de leur désertion, se retirèrent précipitamment; deux compagnies s'enfuirent au-delà du Tésin, le reste rentra dans la ville (2). La Trémoille, pendant la nuit, se fortifia entre le Tésin et Novarre pour couper à Sforza toute communication avec Milan. « Cette nuit, dit d'Auton, qui parle comme
« ayant été présent à l'armée, commencèrent à
« parlementer les Allemands et Suisses du sei-
« gneur Ludovic et du parti du roi, et alloient
« et venoient ensemble comme si entr'eux fût
« trêve. Un nommé le capitaine Despierres, du
« parti du seigneur Ludovic, se rendit cette

(1) Jean d'Auton, c. 30 et 31, p. 96 et 98.
(2) *Ibid.*, c. 31, p. 101.

« nuit au comte de Ligny, lequel on cuidoit de
« tout le parti le plus assuré pour le seigneur
« Ludovic » (1). En même temps, dans la ville,
les Suisses demandoient leur solde avec des cris
séditieux : en vain Sforza, pour les apaiser, leur
donna tout ce qu'il possédoit, ils déclarèrent qu'ils
vouloient partir (2). Des conférences s'ouvrirent
publiquement le 9 avril entre les Suisses et les
généraux français ; ils demandèrent et obtinrent
un sauf-conduit pour retourner dans leur pays
avec tout leur bagage ; les cavaliers bourguignons
(Franc-Comtois) l'obtinrent également ; mais le
sauf-conduit fut refusé aux Lombards, et à la
cavalerie légère des stradiotes. Les Suisses ne
sentirent pas que leur honneur les attachoit à
leurs compagnons d'armes ; que si le combat
entre compatriotes étoit parricide, ils devoient
en laisser le crime et la honte à ceux qui les attaqueroient ; qu'ils devoient se retirer sans doute,
mais sous condition seulement que la retraite fût
libre pour tous ceux qu'ils avoient associé à leur
fortune. Un plus grand manque de foi leur étoit
encore demandé ; on les sollicita de livrer le
prince qu'ils étoient venus servir, et qu'ils
avoient juré de défendre. En apparence ils s'y
refusèrent ; ils répondirent « que jà par eux ne
« seroit livré, mais que si entr'eux se pouvoit

(1) Jean d'Auton, c. 31, p. 102.
(2) *Guicciardini.* L. IV, p. 250.

« trouver, sans empêchement se pourroit pren-
« dre; dont fut appointé que le lendemain au
« matin tous les Allemands désarmés, deux à
« deux, passeroient entre l'armée de France,
« afin que si le dit seigneur Ludovic, en état
« dissimulé entre eux se cuidoit sauver, tout à
« clair pût être avisé. » Louis Sforza ne voyant
que trop de quoi il étoit menacé, accepta l'offre
de deux chevaliers français, Louis d'Ars, et
Roquebertin, qui lui promirent au nom de La
Trémoille, que, s'il se livroit lui-même, il
seroit bien traité en France ; mais les Suisses,
qui ne vouloient pas perdre le prix secret de
leur trahison, ne le laissèrent pas sortir de la
ville. (1)

L'indigne traité de Novarre fut mis à exécution le vendredi 10 avril, entre cinq et six heures
du matin. La cavalerie lombarde sortit la première des murs de Novarre, en face de l'armée
française, qui l'attendoit ; la gendarmerie de
France fondit sur elle, en tua une partie, en
fit une autre prisonnière, et poursuivit le reste
l'épée aux reins pendant quatre milles. Les
gendarmes bourguignons sortirent ensuite ; ils
étoient aussi rangés en bataille, mais, sur l'ordre
du sire de La Trémoille, ils plièrent leurs drapeaux, jetèrent leurs armes, et on leur permit

(1) Jean d'Auton, c. 31, p. 104, 105.

de passer. Le troisième corps étoit celui des
stradiotes ou Albanais, auxquels les Français
n'avoient point voulu accorder de sauf-conduit ;
les Suisses, qui étoient derrière eux en bataille,
les poussoient en avant à la boucherie. Le plus
grand nombre fut tué ou noyé ; plusieurs cependant, grâce à l'agilité de leurs chevaux, réussirent à passer à la nage le Tésin, vers lequel ils se
jetèrent. Les Suisses et Allemands restoient enfin.
Ils étoient au nombre de quinze ou vingt mille ; ils
jetèrent leurs piques et leurs hallebardes, et consentirent à passer deux à deux entre les rangs de
l'armée française. Chaque officier les examinoit
pour découvrir Louis Sforza, qu'on savoit être
déguisé parmi eux. Cependant il en avoit déjà
passé environ huit mille, et La Trémoille, ne
le voyant point, menaça ceux qui restoient de
les faire charger s'ils ne le rendoient pas ; mais
les Suisses de sa propre armée s'écrièrent aussitôt que, s'il le faisoit, eux aussi tomberoient
sur lui. Il fallut donc continuer à examiner ceux
qui passoient ; alors deux Suisses s'étant fait
donner deux cents écus pour le désigner, « arriva
« le comte de Ligny parmi la presse, et là le vint
« trouver, à tous ses cheveux troussés sous une
« coëffe, une gorgerette autour du col, un pour« point de satin cramoisi et des chausses écar« lates, la hallebarde au poing. Et en ce point
« le prit le comte de Ligny, et le fit monter

1500.

« sur un courtaut que lui bailla le sire de la
« Palisse. » (1)

L'arrestation de Louis Sforza causa une indignation universelle contre les Suisses; et en effet il est impossible de concevoir une action militaire plus déshonorante que celle de l'armée assemblée à Novarre. Qu'après un siége, après une déroute, une armée soit frappée d'une terreur panique, et se soumette à une capitulation honteuse, cela s'est vu sans doute, et peut se voir encore; mais que, sans combats, sans privations, sans souffrances, sans danger même, une puissante armée, protégée par une place forte, n'ayant encore éprouvé aucun besoin, non seulement rende cette place, mais livre le souverain sous les drapeaux duquel elle s'est rassemblée, à la captivité, et pousse la cavalerie, qui jusqu'alors avoit partagé ses dangers, à la boucherie, c'est une infamie qui n'a point eu d'égale dans l'histoire, une infamie d'autant plus grande qu'on ne peut pas même soupçonner les Suisses de l'avoir commise par lâcheté. Peu importe ensuite le nom des deux traîtres subalternes qui

(1) Jean d'Auton, c. 32, p. 110. — *Voyez* encore Républ. ital. T. XIII, c. 99, p. 63. — Mém. de Louis de La Trémoille. T. XIV, c. 10, p. 162. — Saint-Gelais, p. 158. — *Arnoldi Ferronii*. L. III, p. 41. — *Fr. Belcarii*. L. VIII, p. 240. — *Barth. Senar. de Rebus Genuens*. T. XXIV, p. 572. — *Fr. Guicciardini*. L. IV, p. 251. — *P. Bembi Hist. Venet*. L. V, p. 100. — *Jac Nardi Hist. Fior*. L. IV, p. 110.

désignèrent personnellement Louis-le-Maure. De graves historiens contemporains ont nommé Rodolphe Salis, dit le Long, et Gaspard Silen d'Ury, comme agens de toute cette trahison. D'autre part, les Suisses, par une sorte d'expiation, condamnèrent à être écartelé Thurmann d'Ury, comme ayant désigné Louis-le-Maure (1). Il n'étoit pas le plus coupable. Le crime étoit déjà consommé par la capitulation. Aussi les historiens modernes de la Suisse, May, Zurlauben, Mallet, s'ils ont cru servir leur patrie en supprimant l'indignation qu'excite ce forfait ou en lui donnant le change, ont bien mal connu leur sacré ministère, celui de transmettre aux races à venir les leçons du passé ; ils ont méconnu le devoir de montrer aux Suisses, dans cette circonstance, à quel degré de bassesse a pu les conduire un métier odieux, auquel ils auroient dû renoncer depuis long-temps, le trafic qu'ils font encore de leur propre valeur. (2)

(1) *Josias Simler, de Republica Helvetiorum.* L. I, p. 180, Edit. Elzev. 1627.

(2) Le récit de ce même événement, dans l'*Histoire des Républiques italiennes*, a été attaqué avec assez d'amertume par M. le baron de Grenus (*Réfutation des injustes Imputations*, etc. Glanures, n° 2, p. 57, Genève, 1829). M. de Grenus me reproche d'avoir manqué à l'impartialité en ne recherchant pas dans les auteurs suisses comment ils racontent cette trahison. Je doute qu'on puisse attendre d'eux cette impartialité que lui-même croit contraire aux devoirs d'un Suisse; mais il confirme ce doute en citant ces auteurs, qui tous ont écrit au moins deux

Immédiatement après la reddition de Novarre, les Suisses voulurent s'en aller, et on les dirigea sur Verceil, où ils devoient recevoir leur solde; mais là ils demandèrent qu'on les payât tous en écus au soleil, qu'on leur fournît des bêtes de somme pour emporter leur bagage, enfin qu'on leur payât un mois en sus de leur solde, en récompense de la prise du duc de Milan : les trésoriers du roi s'étant refusés à satisfaire ces prétentions exorbitantes, ils forcèrent la maison du contrôleur, qui s'échappa par les fenêtres; ils blessèrent, traînèrent par les cheveux et faillirent tuer le bailli de Dijon, qu'on regardoit comme leur grand ami ; et après avoir obtenu tout ce qu'ils demandoient, en rentrant chez eux ils s'emparèrent encore de vive force du château de Bellinzona, qu'ils ont toujours gardé dèslors. (1)

cent cinquante ans après l'événement, et qui en effet n'en connoissent pas un seul détail. J'ai cru de préférence des contemporains, dont deux au moins, d'Auton et La Trémoille, étoient présens à Novarre même ; d'autres étoient alors membres de divers gouvernemens d'Italie, tels que Guicciardini, Bembo, Sénaréga, Nardi ; d'autres enfin, qui accusent nominativement Rodolphe de Salis, sont des hommes de poids, Arnoul Ferron, conseiller au parlement de Bordeaux, mort en 1563, et Beaucaire de Péguillon, évêque de Metz, mort en 1591. Quant à Paolo Giovio, auquel M. de Grenus me reproche d'avoir accordé trop de foi, et qui accusoit aussi Salis, son récit n'est jamais parvenu jusqu'à nous; il se trouvoit dans le livre VII de son histoire, perdu au sac de Rome en 1527.

(1) Jean d'Auton, c. 33, p. 113.

Au reste, l'indignation excitée contre les Suisses retomba en partie sur les Français. Il n'y a que quelques degrés d'infamie de moins à acheter une trahison qu'à la vendre. La conquête de la Lombardie étoit effectuée, il est vrai, mais elle étoit effectuée avec les armes des prêtres, et par le cardinal d'Amboise, qui, le premier, avoit songé à corrompre les Suisses, non avec les armes des chevaliers, et par La Trémoille et Ligny. Les trois frères San-Sévérino, Galéazzo, Fracassa, et Anton Maria, avoient été arrêtés avec Louis-le-Maure. Le cardinal Ascagne Sforza, trahi par un de ses amis, gentilhomme de Plaisance, fut livré aux Vénitiens, avec un grand nombre d'émigrés milanais; mais Louis XII se les fit rendre par ses menaces. Il fit enfermer le cardinal Ascagne dans la même tour de Bourges où lui-même avoit été prisonnier; il fit jeter trois fils du précédent duc de Milan, Galéaz Sforza, dans une tour obscure; il força son petit-fils à faire des vœux monastiques; enfin il se fit amener à Lyon Louis-le-Maure, le souverain qu'il venoit de dépouiller. Celui-ci fut introduit dans la ville en plein midi, au milieu d'une foule infinie qui se réjouissoit de sa misère. Louis XII refusa cependant de le voir : il le fit enfermer à Pierre-Encise, puis au Lys Saint-George, et enfin à Loches. Là, il le fit garder, dans une solitude absolue, pendant dix ans, que le malheureux souverain, fils d'un grand homme, vécut encore; et il eut la dureté de lui refuser même des livres, ou la permission d'écrire, pour distraire ses ennuis. (1)

Dès le lendemain de l'arrestation de Louis-le-Maure, le cardinal d'Amboise partit de Verceil pour se rendre par Novarre à Milan. Le 14 avril, il reçut à Vigévano la députation de la municipalité de Milan, qui lui demandoit grâce, et le supplioit de venir loger dans la ville. Il commença par déclarer qu'il n'y entreroit point, que cette ville ne fût purgée des rebelles qu'elle contenoit. Il porta ainsi au comble la terreur des habitans, et il les amena à faire les plus grands efforts pour le fléchir à force d'or. Il obtint, en effet, que les Milanais se rachetassent par l'énorme contribution de 300,000 écus; à ce prix, il accorda aux bourgeois leur grâce, en en exceptant cependant les auteurs de la rébellion; il fit ensuite son entrée dans la ville le vendredi-saint 17 avril, et les hommes qui avoient manifesté le plus de zèle pour le rétablissement de leurs anciens souverains furent exécutés sur la place du château, par les ordres du sire de La Trémoille (2). Le panégyriste de

(1) Républ. ital., c. 99, p. 67. — Jean d'Auton, c. 33, p. 111. — Saint-Gelais, p. 159. — *Guicciardini.* L. IV, p. 252. — *Fr. Belc.* L. VIII, p. 241. — *Arn. Ferr.* L. III, p. 42.

(2) J. d'Auton, c. 34 à 37, p. 116 à 122. — Relation nota-

Louis assure que cette punition fut jugée bien légère, quand on songeoit au nombre des délinquans, et à la richesse de la cité et du pays. Il ajoute que le cardinal d'Amboise passa plusieurs nuits sans dormir, afin d'empêcher que les gendarmes du roi ne pillassent Milan, ou les autres villes du duché. (1)

La conduite des Français, en Italie, après leur victoire, fut peu propre à leur concilier l'affection de leurs voisins. Le cardinal d'Amboise accusa tous les États limitrophes du duché de Milan, ou d'avoir aidé Louis Sforza, ou de s'être réjouis de ses succès, ou de ne les avoir pas empêchés; il les obligea ensuite par ses menaces à lui payer de pesantes contributions. Jean Bentivoglio, seigneur de Bologne, et les républiques de Lucques et de Sienne, furent taxés en punition de leurs vœux secrets, et plus encore de leur foiblesse (2). Les Florentins, loin d'avoir donné au roi aucune occasion de se plaindre d'eux, lui avoient, au contraire, montré une fidélité exemplaire au moment de la révolution; aussi le cardinal d'Amboise, qui étoit bien aise de se décharger de la solde d'une grande partie des troupes qu'il avoit conduites en Italie, crut que le moment étoit

riée des discours prononcés à cette occasion. Dumont, Corps diplom. T. III, P. II, p. 439.

(1) Les Louanges de Louis XII, par Claude de Seyssel, p. 48.
(2) J. d'Auton, c. 37, p. 122.

venu d'exécuter à leur égard des promesses plusieurs fois répétées, plusieurs fois payées par des sommes considérables, et de leur rendre la ville de Pise. Il leur envoya donc une petite armée commandée par le sire de Beaumont, forte de cinq cents hommes d'armes, trois mille cinq cents Gascons et autant de Suisses, qu'il chargea la république de payer et d'entretenir de tous points (1). D'autre part, Yves d'Allègre ramena à César Borgia trois cents lances et deux mille fantassins pour continuer la conquête de la Romagne aux frais de ce fils du pape (2). Le cardinal d'Amboise, après avoir ainsi mis à la charge de ses alliés presque toutes ses troupes, et avoir en même temps réorganisé le gouvernement de la Lombardie, et mis garnison dans tous ses châteaux, alla rejoindre le roi à Lyon, où il arriva le 23 juin; il lui ramena La Trémoille, Jean-Jacques Trivulzio et plusieurs autres de ses capitaines, qu'on accusoit d'avoir, par leurs divisions, causé le soulèvement de la Lombardie. Charles Chaumont d'Amboise, frère du cardinal et grand-maître de France, et Eberard Stuart d'Aubigny, furent nommés à leur place lieutenans du roi dans le Milanez. (3)

(1) Républ. ital. T. XIII, c. 100, p. 94. — J. d'Auton, c. 36, p. 121.

(2) Républ. ital., c. 100, p. 85. — *Fr. Guicciardini*. L. V, p. 258. — *Fr. Belcarii*. L. VIII, p. 244.

(3) J. d'Auton, c. 39 et 42, p. 128, 144.

La restitution de Pise aux Florentins étoit le but d'engagemens contradictoires, qui compromettoient l'honneur de la France, et qui demandoient une grande probité, une grande délicatesse pour les concilier. Lorsque les Florentins avoient ouvert les portes de cette ville à Charles VIII, par le traité de Sarzane, celui-ci s'étoit engagé formellement à la leur rendre après son expédition. A son retour, avant la bataille de Fornovo, il avoit renouvelé cette promesse, mais seulement après s'être fait payer une somme d'argent considérable, comme prix de sa fidélité à restituer ce qui n'étoit pas à lui. Cependant, ses lieutenans avoient vendu les forteresses de Pise, non point aux Florentins, mais aux Pisans eux-mêmes. De retour en France, Charles avoit traité de nouveau avec les Florentins, et s'étoit fait payer un nouveau subside pour leur rendre Pise; enfin, Louis XII, en lui succédant, s'étoit encore engagé à remettre Pise sous la domination des Florentins, moyennant une nouvelle somme d'argent. D'autre part, Charles VIII, sans trop savoir ce qu'il faisoit, avoit déclaré aux Pisans, en entrant pour la première fois dans leur ville, qu'il leur rendoit la liberté. Dès-lors, les Pisans, qui avoient horreur de la domination de Florence, avoient témoigné à Charles VIII, et à tous les Français, la reconnoissance la plus vive pour cette concession ; ils avoient célébré si haut ce bienfait, qu'ils avoient ainsi acquis de nouveaux droits sur le bienfaiteur. Par leur bravoure, leur enthousiasme et leur gratitude, les Pisans avoient gagné l'affection de la chevalerie française à un point qu'on n'auroit jamais pu prévoir.

L'armée française que le cardinal d'Amboise avoit destinée à soumettre Pise, se mit en marche de Milan, le 15 mai, et dès ce jour elle fut à la solde des Florentins ; cependant, elle n'arriva devant Pise que le 24 juin. Les généraux français l'ayant employée pendant tout ce temps à lever des contributions sur ceux qu'ils nommoient les ennemis du roi (1). Le même jour, Jeannet d'Arbouville et Hector de Monténart furent envoyés par le sire de Beaumont, pour sommer Pise de se rendre. Les Pisans commencèrent par faire porter à l'armée française des vivres en abondance, comme s'ils étoient en pleine paix. Ils conduisirent les deux chevaliers qui venoient leur apporter cette sommation, en présence du portrait de Charles VIII, qu'ils avoient mis au poste d'honneur, au palais de la seigneurie ; ils leur demandèrent d'intercéder pour eux, et d'obtenir du roi qu'il les réunît au duché de Milan, puisqu'ils avoient appartenu une fois à son ancêtre maternel, Jean Galéas

---

(1) Jean d'Auton, c. 37, p. 122, et c. 41, p. 131.

Visconti ; s'il ne vouloit pas y consentir, qu'il promît du moins de ne pas les rendre aux Florentins ; ou enfin, s'il ne vouloit faire ni l'un ni l'autre, qu'il leur accordât, dans le duché de Milan, un asile où ils pussent se réfugier (1). Les chevaliers répondirent qu'il ne dépendoit pas d'eux de leur promettre ou accorder aucune chose ; qu'ils n'étoient chargés que de les sommer de rendre la ville, et de se soumettre au vouloir du roi. Les Pisans répliquèrent alors : « Que, à l'aide de Dieu et de Notre-Dame, « jusques à la mort contre les Florentins défen- « droient leur franchise. Toutefois, avertirent « les Français que les eaux des puits et des fon- « taines d'autour de Pise étoient toutes empoi- « sonnées et corrompues (elles sont, en effet, « toujours malsaines en été), et qu'il se gar- « dassent d'en boire, mais sûrement bussent de « l'eau du fleuve ; et aussi requirent aux Fran- « çais qu'il leur plût ne se trouver contre eux à « l'assaut, mais à eux, et aux Allemands et Flo- « rentins, s'il y en avoit, laissassent la mêlée. « Après que les Pisans eurent fait leur requête, « et dit tout ce qu'ils voulurent, ils se mirent à « part ; et ce fait, dans le palais entrèrent cinq « ou six cents jeunes filles, toutes vêtues de « robes blanches, et avec elles étoient deux

---

(1) J. d'Auton, c. 41, p. 134.

« femmes vieilles qui les conduisoient ; les-
« quelles firent aux Français telles harangues et
« pareilles requêtes que les hommes leur avoient
« déjà faites. Et sur toutes prières, aux Français,
« comme tuteurs des orphelins, défenseurs des
« veuves, et champions des dames, baillèrent
« en garde la pudicité recommandable de tant de
« pauvres pucelles....... Assez d'autres piteuses
« paroles, et lacrimables termes touchant leur
« affaire, eurent aux Français; les quels tant ne
« s'arrêtèrent à femminines persuasions, que au
« vouloir du roi ne voulussent sur toute chose
« obéir. Voyant les dites pucelles que réponse
« comme elles désiroient n'auroient des Fran-
« çais, toutes éplorées les supplièrent que au
« moins, puisque toutes prières humaines
« avoient en dédain, que en reconnoissant la
« Divinité leur plût ouïr unes laudes faites à
« l'honneur de Notre-Dame, que par chacun
« soir chantoient devant son image. Les Fran-
« çais à ce n'inclinèrent seulement le chef, mais
« jusques en terre ployèrent les genoux. Devant
« l'image de Notre-Dame commencèrent les
« pucelles à chanter tant piteusement, et de
« voix si très lamentables, que là n'y eut Fran-
« çais ni autre, à qui du plus profond endroit
« du cœur jusques aux yeux ne montassent les
« chaudes larmes. » (1)

(1) Jean d'Auton, c. 41, p. 136.

Beaumont réussit cependant à conduire ses troupes à un premier assaut : le sentiment du devoir et de la discipline militaire l'emporta sur les affections du cœur ; mais cet assaut, livré le 30 juin, ayant été repoussé, et les Pisans, qui combattoient en criant *Pise et France*, montrant autant de valeur que d'affection et de confiance pour leurs ennemis, il fut impossible de ramener les troupes à un second combat. Dès le lendemain, les Suisses demandèrent leur solde, et comme elle n'étoit pas prête, ils se mutinèrent, partirent sans congé, et sur leur chemin assommèrent autant de Français qu'ils en trouvèrent à l'écart. Les Français, sans vouloir monter à l'assaut, continuoient à servir les batteries ; mais ils prétendirent qu'ils voyoient rebondir leurs boulets, sans pouvoir entamer les murailles d'une ville consacrée à la Vierge. Leur compassion et leur sympathie pour les Pisans avoient détruit toute obéissance dans le camp. Le 6 juillet, le sire de Chaumont déclara enfin aux commissaires florentins qu'il n'avoit d'autre parti à prendre que de lever le siége, et il reprit la route de Lombardie. Plusieurs blessés, plusieurs malades « ne pouvant suivre le train de « l'armée, demeurèrent là, couchés et étendus, « à la mercy de leurs ennemis, les quels ils at- « tendoient d'heure en heure pour les venir as- « sommer, et leur couper les gorges ; mais mieux

« leur fut : car après que l'armée fut éloignée, « sur le soir, saillirent de Pise aux torches et « falots les femmes de la ville, faisant la re- « cherche, par les haies et buissons, pour trou- « ver les malades et blessés. Et tous ceux qu'elles « purent voir et rencontrer, amiablement prin- « rent par les mains, et doucement les levèrent, « puis par sous les bras les emmenèrent peu à « peu jusques à la ville, et dedans leurs hôtels « les logèrent, où furent tant traités à souhait, « et soigneusement pansés, que oncques ne « furent mieux venus. » (1)

Une grande victoire n'auroit point été si honorable pour l'armée française, que cette soumission à la puissance de la sensibilité et de la reconnoissance qui la désarmoit. La levée du siége de Pise montroit que ces guerriers qu'on avoit vus si farouches, pouvoient cependant se laisser toucher, et qu'ils obéissoient à des impulsions plus nobles qu'une fureur brutale ou la cupidité. Mais la pitié du soldat ne justifioit pas le gouvernement; il n'en avoit pas moins manqué de foi coup sur coup aux Florentins, et s'il ne leur restituoit pas une ville qu'il avoit affranchie contre la foi des traités, il devoit tout au moins rendre l'argent qu'il s'étoit fait payer pour la remettre sous le joug. Il fit le contraire; il en usa

(1) Jean d'Auton, c. 42, p. 143.

comme les forts font le plus souvent envers les foibles, il accusa les Florentins quand lui seul étoit à blâmer. (1)

L'expédition des Français en Romagne parut plus contraire encore à la loyauté de Louis XII. Celui-ci, au moment de la révolution de Milan, avoit eu à se plaindre du pape Alexandre VI plus que d'aucun de ses alliés. Le pape, pour faire sa paix, donna au cardinal d'Amboise la mission de légat *à latere* en France, et il lui promit en même temps de seconder le roi de toutes ses forces, quand celui-ci attaqueroit Naples (2). En retour, Louis XII consentit à mettre ses soldats au service de César Borgia, quoiqu'il pût déjà le connoître pour un homme perfide et cruel, qui, après avoir entrepris une guerre injuste, affermiroit sa conquête par des crimes. Jean Sforza, d'une branche cadette de la maison qui avoit régné à Milan, étoit seigneur de Pésaro. Il avoit été marié à Lucrezia, sœur de César Borgia, mais il en étoit alors divorcé; il s'enfuit de Pésaro à l'approche de son beau-frère, et lui abandonna sa petite principauté. Pandolfe IV, de Malatesti, seigneur de Rimini, en agit de même; mais Astorre III, de Manfrédi, jeune prince de Faenza, se sentant

---

(1) Républ. ital. T. XIII, c. 100, p. 102.

(2) Saint-Gelais, Hist. de Louis XII, p. 161. — Républ. ital., c. 100, p. 84.

assuré de l'affection de ses sujets, attendit l'attaque de César Borgia et des Français. Le siége fut mis devant sa capitale le 20 novembre; la valeur des assiégés et les rigueurs de la saison forcèrent de le suspendre pendant l'hiver; il recommença le 12 avril 1501; le 22, Borgia accorda à Manfrédi et aux Faventins une capitulation honorable. Le premier, qui n'avoit pas plus de dix-huit ans, conservoit la faculté de se retirer où il vouloit. Comme il sortoit de la forteresse, Borgia l'accueillit avec beaucoup de marques d'affection, mais il l'envoya à Rome; là ce malheureux jeune homme fut victime des débauches du pape ou de son fils, il fut ensuite étranglé avec son frère naturel, et leurs corps furent jetés de nuit dans le Tibre. (1)

Louis XII pouvoit, jusqu'à un certain point, ignorer l'odieux caractère de son associé César Borgia, et croire incontestables les prétentions d'Alexandre VI à la souveraineté de la Romagne; mais le traité qu'il conclut à Grenade, le 11 novembre 1500, avec les rois catholiques, Ferdinand et Isabelle, ne pouvoit admettre une telle excuse; il s'y associoit directement à une odieuse perfidie. Louis accordoit à George d'Amboise, son ami et son premier ministre, une confiance

---

(1) *Fr. Guicciardini.* L. V, p. 262. — *Burchardi diarium curiæ Romanæ*, p. 2128. — *Jacopo Nardi.* L. IV, p. 118. — Républ. ital., c. 100, p. 88.

illimitée, et l'homme d'église ne croyoit point que le gouvernement des États pût se conduire autrement qu'à l'aide de faux sermens. Au reste, nous n'avons absolument aucune connoissance sur les négociations qu'entretenoit le cabinet français ; elles amenèrent un grand nombre de traités, qui seuls nous ont été conservés, avec Philibert, duc de Savoie (1), avec les rois de Hongrie et de Pologne (2), avec Jean, roi de Danemarck et de Suède. (3)

Les historiens français contemporains, quand ils n'ont point de faits de guerre à raconter, ne savent parler d'autre chose que des fêtes de la cour. En effet, il faut bien croire que c'étoit la seule chose qui occupât alors la France. Il n'existoit de sentiment national que dans la noblesse ; le tiers-état étoit attaché par ses intérêts à des localités circonscrites ; il n'avoit élargi ses idées ni par une éducation lettrée ni par la pratique d'un commerce étendu ; il réfléchissoit peu, et ne jugeoit les événemens publics qu'autant que ceux-ci le faisoient souffrir. La noblesse vouloit surtout être amusée, et elle ne l'étoit guère que par les combats ou par les fêtes. Elle ne prenoit aucun intérêt aux négociations, que, de son

(1) Traité de Genève, 13 mai 1499. Traités de Paix. T. I, p. 811.
(2) Traité de Bude, du 14 juillet 1500, p. 817.
(3) Du 8 juillet 1498, p. 799.

côté, le gouvernement enveloppoit d'un profond mystère; elle ne jugeoit jamais la conduite du roi; toutes les guerres lui paroissoient justes, tous les ennemis étoient des traîtres, toutes les innovations dans l'administration intérieure étoient laissées au jugement des hommes de loi.

L'histoire de Jean d'Auton forme un assez gros volume in-4°., et ne contient que trois années de la vie de Louis XII. L'auteur, après avoir donné les détails les plus minutieux sur les faits militaires, revient sur ce qui se passoit en France, et raconte seulement le voyage de la reine à Saint-Claude, pour accomplir un vœu, puis à Lons-le-Saulnier pour baptiser un fils du prince d'Orange. La reine revint ensuite à Lyon au mois de mai 1500, et elle y apprêta un tournoi où sept chevaliers à elle combattirent contre sept chevaliers du roi. D'Auton décrit soigneusement chaque coup de lance de chacun d'eux; il ajoute seulement : « Que dans le même temps « furent devers le roi les ambassadeurs du pape, « des rois d'Espagne et d'Angleterre, de la sei- « gneurie de Venise et de l'archiduc. » Mais il ne dit pas un mot de l'objet de leur mission (1). Le 21 juillet le roi et la reine partirent de Lyon par Roanne; à Cosne, la reine s'embarqua sur la Loire pour Blois; le roi s'étoit arrêté pour

---

(1) Jean d'Auton, c. 39, p. 124.

chasser, et la rejoignit seulement au commencement de septembre. En octobre et novembre, ils visitèrent la Bretagne, puis revinrent à Tours. Les longs séjours que Louis XI et Charles VIII avoient faits dans cette dernière ville, l'avoient accoutumée à se regarder comme une seconde capitale. Louis XII y fit une entrée solennelle ; puis il revint à Amboise et à Blois, où il séjourna les mois de janvier et de février 1501. « Durant « lequel temps, ajoute d'Auton, les États furent « tenus, et les ambassadeurs ouïs. » (1)

Nous ne savons pas autre chose sur ces États, dont il n'est pas fait mention ailleurs, même dans une ordonnance de Blois du 20 mars, sur la juridiction de la chambre des comptes, qu'on auroit pu regarder comme leur ouvrage (2). Quant aux ambassadeurs, ils venoient apparemment pour faire ratifier le traité de Grenade, qui avoit été négocié avec le plus profond secret. Ce traité n'étoit que l'accomplissement de celui que Ferdinand et Isabelle avoient précédemment proposé à Charles VIII. Il commençoit par des protestations de la plus dégoûtante hypocrisie, sur le devoir des rois de maintenir la paix, d'éviter les blasphèmes des gens de guerre, la profanation des temples, le déshonneur des vierges et des femmes ; sur la nécessité de secourir

---

(1) J. d'Auton, c. 42, p. 144.
(2) Isambert, Anc. Lois franç. T. XI, p. 419.

1501. la sainte Église, et de la protéger contre la rage des Turcs ; sur le crime qu'avoit commis D. Frédéric d'Aragon, en correspondant avec les Turcs et recherchant leur alliance. Après être convenus de contracter l'union la plus étroite entre les monarques de France et d'Espagne, de s'assister réciproquement contre tous leurs ennemis étrangers ou domestiques, de se livrer les criminels de lèse-majesté qui se réfugieroient des terres de l'un dans celles de l'autre, les parties contractantes s'accordoient à partager entre elles le royaume de Naples, de telle sorte que la terre de Labour et les Abruzzes, avec les villes de Naples et de Gaëte, demeurassent à Louis XII, qui prendroit les titres de roi de Naples et de Jérusalem ; que la Pouille et la Calabre, avec titre de duchés, demeurassent à Ferdinand, en faveur duquel Louis renonceroit encore à tous ses droits sur le Roussillon et la Cerdagne ; la douane des moutons voyageurs de la Pouille, devoit être perçue par le roi d'Espagne ; mais il devoit en partager le produit avec le roi de France, qui pouvoit envoyer des commissaires pour assister à sa perception. (1)

Ce traité devoit être exécuté avec une noire perfidie ; Louis XII devoit annoncer ses prétentions au royaume de Naples ; on supposoit que

(1) Traités de Paix. T. I, p. 821. — Dumont, Corps Dipl. T. III, P. II, p. 444.

Frédéric réclameroit alors l'assistance de Ferdinand et d'Isabelle, qui lui enverroient une armée formidable, comme pour combattre les Français; mais, quand cette armée auroit été admise par Frédéric dans toutes ses places fortes; quand elle seroit maîtresse de ses provinces, elle l'en expulseroit, pour partager le royaume avec les Français (1). Ce traité étoit aussi impolitique qu'il étoit perfide. Louis étoit alors le régulateur de l'Italie, où, seul entre les ultramontains, il avoit des places fortes et des armées. La double conquête de Milan avoit frappé de terreur tous les Italiens. Les Vénitiens, attaqués au levant par les Turcs, cherchoient à tout prix à conserver l'amitié de Louis. Le pape lui étoit tout dévoué; les Florentins s'étoient placés sous sa protection, et ils y recoururent à cette époque même pour se dérober aux attaques de César Borgia; car celui-ci avoit médité de les surprendre, comptant que la chose une fois faite, la France oublieroit facilement des alliés qui n'existeroient plus. Au dehors, l'empereur élu, Maximilien, menaçoit toujours, mais il n'effectuoit jamais rien; et Ferdinand et Isabelle avoient envoyé leur grand capitaine, Gonzalve de Cordoue, en Sicile, pour défendre cette île contre les Turcs, mais ils n'avoient pas un soldat en

(1) Rép. ital. T. XIII, c. 100, p. 116. — Roscoë, Léon X. T. I, c. 6, p. 336.

Italie. Frédéric, roi de Naples, s'étoit fait chérir de ses sujets, par sa modération, son oubli des injures, ses efforts pour rétablir la prospérité intérieure; mais il sentoit son impuissance dans un royaume dévasté par la guerre, et il offroit à Louis XII, pour avoir la paix, un tribut, l'hommage féodal, tous les avantages enfin que le monarque français pouvoit obtenir par la victoire (1). Malheureusement, le souvenir de Louis XI avoit mis l'habileté à la mode; tous les ministres de ses successeurs vouloient être habiles à leur tour, et ils croyoient l'être en prodiguant la tromperie, et en suivant les voies les plus détournées pour arriver à leurs fins.

Louis XII, qui continuoit à visiter successivement toutes les provinces de son royaume, pour y écouter les plaintes du peuple, et réformer les abus, avoit passé au mois de mars à Moulins, où le duc de Bourbon maria sa fille unique Suzanne au comte de Montpensier (2). Aux mois d'avril et de mai, Louis séjourna en Bourgogne, et ce fut pendant ce temps qu'il rassembla l'armée destinée à la conquête de Naples. Le 2 juin enfin, il arriva à Lyon, et il y fixa sa résidence pendant la marche de ses troupes;

(1) *Summonte dell' Hist. di Napoli.* L. VI, cap. 4, p. 534. — Républ. ital. T. XIII, c. 100, p. 114. — *Fr. Belcarii.* L. IX, p. 247.

(2) J. d'Auton, c. 42, p. 147; il dit par erreur d'Alençon.

comme au lieu où il seroit le plus à portée de
donner ses ordres pour l'Italie. Éberard Stuart
d'Aubigny avoit été chargé par lui de commander l'armée d'expédition. Il lui avoit adjoint le
duc de Valentinois et le comte de Caiazzo, et il
avoit mis sous leurs ordres neuf cents lances
d'ordonnance françaises, et sept mille hommes
de pied, Normands, Picards, Gascons et Allemands. Tous furent payés à Milan, le 25 mai,
pour trois mois. Jacques de Silly, bailli de Caen,
commandoit l'artillerie, composée de vingt-quatre fauconneaux, et douze gros canons; et parmi
les capitaines de cinquante lances, on remarquoit
François de La Trémoille, sire de Mauléon;
Pierre d'Urfé, grand écuyer de France; Jacques de Chabannes, sire de la Palisse; Yves
d'Allègre, Aymar de Prie, avec d'autres encore
qui portoient les noms les plus illustres de la monarchie, et qui alloient leur ajouter une nouvelle
gloire dans les guerres de l'Italie (1). En même
temps, une flotte, équipée en Bretagne et en
Normandie, alla rejoindre celle que Philippe
de Ravestein préparoit à Gênes, dont il étoit
gouverneur pour le roi; elle se trouva alors
forte de dix-neuf voiles, et elle portoit six mille
cinq cents hommes de débarquement. La reine
Anne avoit contribué à l'armer de son trésor

(1) J. d'Auton, c. 44, p. 151. — *Fr. Belcarii.* L. IX, p. 248.
— *Arn. Ferronii.* L. III, p. 43.

particulier, dans l'espérance qu'elle seroit employée contre les Turcs. Philippe de Ravestein en avoit en effet la commission; mais auparavant il la conduisit devant Naples. (1)

Le 30 mai, l'armée de terre se trouva réunie à Parme; elle en partit, le 1er juin, par la route de Pontrémoli et de Pise, et traversant la Toscane et le patrimoine de saint Pierre sans y rencontrer aucun obstacle, elle arriva devant Rome le 25 juin (2). Ce jour-là même, le pape communiqua aux cardinaux, dans un consistoire secret, une bulle qui privoit Frédéric du royaume de Naples, et qui partageoit ce fief du Saint-Siége entre les rois de France et d'Espagne (3). Déjà Frédéric avoit appelé à lui Gonzalve de Cordoue, que Ferdinand-le-Catholique avoit envoyé en Sicile avec douze cents chevaux et huit mille fantassins. Le roi de Naples mettoit toute son espérance dans ce vaillant général d'un roi son proche parent. L'alliance entre les deux branches de la maison d'Aragon avoit été resserrée par plusieurs mariages, et par les traités les plus sacrés. Dans son royaume, Frédéric n'avoit pu rassembler que sept cents hommes d'armes, six cents chevau-légers et six mille

(1) J. d'Auton, c. 45, p. 154. — *Barth. Senaregæ de Reb. Genuens.* T. XXIV, p. 573.

(2) J. d'Auton, c. 48, p. 163.

(3) *Burchardi diarium curiæ Rom.*, p. 2129. — *Raynaldi Annal. eccles.* 1501, §. 50 à 72.

fantassins; il les avoit envoyés aux frontières
du côté de Rome, sous les ordres de Prosper et
de Fabrice Colonna, tandis qu'il avoit donné
ordre d'ouvrir ses meilleures places de Calabre,
ses arsenaux et ses magasins, à Gonzalve de
Cordoue, auquel il avoit donné rendez-vous à
Gaëte. Il reçut avec autant d'effroi que d'indignation la nouvelle que les ambassadeurs de
France et d'Espagne avoient proclamé à Rome
l'alliance de leurs maîtres. Gonzalve de Cordoue
la rejeta d'abord comme une infâme calomnie;
mais quand il sut les Français arrivés sur les
frontières de la terre de Labour, il leva le
masque, et il envoya six galères à Naples redemander les deux reines, l'une sœur, l'autre
nièce de son roi, qui avoient été mariées au
père et au neveu du roi de Naples (1). Frédéric vit alors l'impossibilité de tenir la campagne en même temps contre ses ennemis et
contre ses alliés. Il partagea son armée entre
ses trois places les plus importantes; il confia la
défense de Capoue à Fabrice Colonna, avec
trois cents hommes d'armes, quelques chevau-
légers et trois mille fantassins; il chargea Prosper
Colonna de la défense de Naples, et il occupa
Averse avec le reste de son armée. (2)

(1) *Fr. Guicciardini.* L. V, p. 267.
(2) *Fr. Guicciardini.* L. V, p. 268. — Républ. ital. T. XIII,
c. 100, p. 121.

Les Français, mal instruits des perfidies qui devoient assurer leurs succès, s'avançoient animés d'autant de haine contre les Napolitains que s'ils avoient éprouvé de leur part les plus grands outrages. En passant à Rome, ils prirent querelle avec les Espagnols, qui se trouvoient en grand nombre dans cette capitale depuis que le pape étoit Espagnol. Ils se battirent sur le Campo di Fiora, et il y eut assez de sang versé de part et d'autre. C'étoit déjà un indice du peu de durée que pourroit avoir l'alliance des deux nations (1). Le 28 juin, les Français sortirent de Rome, et traversant quelques fiefs des Colonna, ils en brûlèrent toutes les habitations, en punition de ce que les deux chefs de cette maison servoient dans l'armée ennemie. Ils s'étoient attendus à trouver de la résistance au défilé de San-Germano; mais les Napolitains effrayés ne voyoient plus de chances de leur fermer l'entrée du royaume, et les laissèrent arriver sans combat jusqu'en face de Capoue. (2)

Le 6 juillet, les Français parurent sur les bords du Vulturne, vis-à-vis de Capoue, et ils sommèrent cette ville de leur ouvrir ses portes. Fabrice Colonna répondit qu'il défendroit jusqu'à l'extrémité la place que le roi Frédé-

---

(1) J. d'Auton, c. 48, p. 167.
(2) *Ibid.*, c. 50, p. 171.

ric lui avoit confiée (1). Alors Aubigny remonta le long de la rive droite de la rivière, et vint la passer plus à l'est, et plus près de sa source; il se répandit ensuite dans les campagnes de Mataloni, jusqu'à Nola et Averse, qui lui ouvrirent leurs portes. Le château de Merillano attendit, pour se rendre à discrétion, que l'artillerie fût plantée devant ses murs. Les soldats de la garnison, au nombre de deux cents, comptoient trouver quelque générosité dans un ennemi qui n'avoit point de motif pour les traiter avec rigueur; mais Jacques de Silly, qui commandoit le siége, les fit tous pendre aux créneaux de la forteresse (2). Le 17 juillet, les Français revinrent devant Capoue par la rive gauche du Vulturne; le 19, ils ouvrirent leurs batteries, et ils firent dès-lors un feu terrible sur la place. Les canons des Napolitains étoient aussi fort bien servis; mais au bout de peu de jours, ils furent démontés par les assiégeans, qui les atteignoient par leurs propres embrasures. Le 23, deux boulevards furent emportés d'assaut. Les Français souillèrent leur victoire par leur cruauté : déjà maîtres de cet ouvrage, ils massacrèrent deux cents Napolitains qui s'y trouvoient encore, et qui ne se défendoient

---

(1) J. d'Auton, c. 51, p. 175.
(2) *Ibid.*, c. 52, p. 179.

plus (1). Les batteries qu'on établit sur ces boulevards ouvrirent le lendemain une large brèche au corps de la place. Les bourgeois se hâtèrent alors d'offrir de se rendre : ils promettoient 30,000 ducats pour sauver leurs personnes et leurs biens. La capitulation étoit acceptée ; seulement les Français refusoient d'y comprendre aussi la garnison, et l'on disputoit encore sur ce point ; pendant la conférence même, des soldats français essayèrent de franchir la muraille. Ils étoient, dit leur historien, « envieux de com-« battre et soigneux de gagner, sachant que la « dite ville de Capoue étoit garnie de richesses. » Les Capouans, au contraire, ménageoient leurs coups, de peur de rompre une capitulation qu'il leur importoit si fort de conclure ; d'ailleurs les soldats de la garnison, qui craignoient d'être sacrifiés, ne songeoient qu'à s'échapper ou à se cacher ; les Français n'eurent donc pas beaucoup de peine à surmonter la résistance qu'on leur opposoit, et le 25 juillet, à onze heures du matin, ils se répandirent dans la ville. D'immenses richesses, qu'on avoit cru y déposer en sûreté, y avoient été apportées de toutes les villes et campagnes voisines : les soldats se les partagèrent ; mais le pillage sembloit les rendre plus féroces encore ; tout ce qu'ils trouvèrent sur

(1) J. d'Auton, c. 53, p. 184.

leur passage, ils le massacrèrent; sept mille 1501. personnes furent égorgées; presque toutes les femmes éprouvèrent les outrages du vainqueur. Fabrice Colonna avoit tenté de s'ouvrir un passage à la tête de ses gendarmes; ils furent mis en pièces, et lui-même demeura prisonnier avec Ranuccio de Marciano, un de ses lieutenans; celui-ci, échappé aux dangers du combat, fut empoisonné par ordre de Vitellozzo Vitelli, son ennemi, qui servoit dans l'armée des vainqueurs. (1)

C'étoit ainsi que Louis XII prenoit possession d'un royaume dont il se prétendoit le souverain légitime, et qu'il annonçoit vouloir gouverner en père. Le vrai père du peuple napolitain, don Frédéric, ne voulut pas qu'un plus grand nombre de ses enfans tombât en sacrifice pour la défense de ses droits. Il sentoit bien qu'il ne pouvoit résister à la fois aux Français et aux Espagnols, et les premiers faisoient la guerre d'une manière si effroyable, qu'il ne pouvoit sauver ses sujets qu'en abandonnant la lutte. Ses ambassadeurs vinrent au-devant des Français et les rencontrèrent près d'Averse. Ils demandèrent huit jours seulement, pour que don Frédéric évacuât la

(1) J. d'Auton, c. 54, p. 191. — *Burchardi Diarium curiæ Romanæ*, p. 2132. — *Fr. Belcarii*. L. IX, p. 250. — *Summonte, Storia di Napoli*. L. VI, c. 4, p. 535. — Républ. ital. T. XIII, c. 100, p. 122.

ville de Naples, avec sa femme, ses enfans et ses richesses, et se retirât à Ischia. Ils annonçoient que, tandis que les Français occuperoient Naples et les principales forteresses du royaume, Frédéric enverroit des ambassadeurs à Louis XII, pour lui faire agréer sa soumission. D'Aubigny, le duc de Valentinois et le comte de Caiazzo, lui accordèrent à ces conditions un armistice de six mois, pour l'île d'Ischia seulement, où il devoit demeurer en sûreté, tandis que les Français occuperoient la terre de Labour et les Abruzzes (1). Plus occupé cependant de ses sujets que de lui-même, Frédéric avoit obtenu une amnistie pour tous ceux qui s'étoient déclarés contre la France, et les revenus ecclésiastiques des cardinaux de Colonne et d'Aragon dans le royaume de Naples devoient leur être conservés (2). Toutes les places de la terre de Labour et de l'Abruzze furent, en effet, successivement livrées aux Français; et le 25 août, ils furent aussi mis en possession des châteaux de Naples.

Cependant, Philippe de Ravestein, qui étoit parti de Gênes vers la fin de juillet avec la flotte française, arriva devant Naples au commencement d'août, comme d'Aubigny étoit déjà maître de la ville (3). Quelque onéreuse que fût la

(1) J. d'Auton, c. 54, p. 203.
(2) *Guicciard.* L. V, p. 269. — Républ. ital., c. 100, p. 124.
(3) *Barth. Senaregæ de Reb. Genuens.*, p. 573.

capitulation imposée à Frédéric par Aubigny, Ravestein ne voulut pas la ratifier. Il déclara que c'étoit laisser les Français en danger que de donner six mois à leurs ennemis pour se reconnoître, former de nouvelles ligues contre eux, ou soulever les peuples; et il fit dire à don Frédéric « que s'il ne vuidoit le lieu où il étoit, ou « qu'il ne se rendît, que il l'iroit assiéger et « prendre quelque part qu'il le trouveroit. » Don Frédéric, qui n'avoit pas un lieu où il pût se retirer, lui envoya répondre qu'il le prioit de lui donner lui-même conseil en son adversité. Alors Ravestein dépêcha auprès de lui Antoine de Créqui, son maître d'hôtel, chargé de lui dire : « Que comme les ennemis qui ont l'avan- « tage se doivent montrer humains aux affligés, « sur son affaire volontiers le conseilleroit; et « pour le mieux, selon son avis, lui mandoit « que, sans autre question, le plus profitable de « son cas étoit de soi mettre et rendre entre les « bras du roi, et se soumettre à son vouloir; et « en ce, tant sage et débonnaire le trouveroit, et « tel appointement auroit de lui, que ce seroit « jusques à devoir être content » (1). Frédéric n'avoit pas de choix : il accepta le sauf-conduit qui lui étoit offert; il s'embarqua sur ses galères, et se rendit en France. Louis XII, averti de son

---

(1) J. d'Auton, c. 56, p. 213.

arrivée, lui envoya quelques seigneurs de sa cour pour le recevoir en Provence, et l'amener à Blois, où Frédéric fut présenté à Louis, seulement à la fin d'octobre. Le roi de France fit un accueil gracieux au souverain qu'il venoit de détrôner; il lui assura cinquante mille livres de rente sur le duché d'Anjou, sous condition qu'il ne sortiroit plus de France; et en même temps il lui donna une garde d'honneur, commandée par le marquis de Rothelin, pour s'assurer qu'il ne s'éloigneroit pas. Frédéric d'Aragon mourut en Anjou, le 9 septembre 1504. (1)

La seconde conquête du royaume de Naples s'étoit accomplie aussi rapidement que la première; et Louis XII, qui avoit séjourné à Lyon pendant la marche de ses armées, pour veiller de plus près sur les événemens, étoit retourné, à la fin du mois d'octobre, à Blois, pour rejoindre la reine, comme si tout étoit terminé (2). Cependant un observateur attentif auroit pu déjà reconnoître que l'état des Français n'étoit pas plus assuré en Italie, après cette conquête, qu'après la précédente. Leur joug étoit devenu, s'il est possible, plus odieux, par la cruauté dont leurs armes s'étoient souillées; leurs rivaux étoient déjà vis-à-vis d'eux, dans ce

---

(1) Jean d'Auton, c. 68, p. 261. — Saint-Gelais, p. 163. — Républ. ital., c. 100, p. 126.

(2) J. d'Auton, c. 68, p. 262.

même royaume, et leurs chefs étoient divisés.

1501.

Le départ de la flotte, que Ravestein conduisit dans la mer Ionienne pour combattre les Turcs, priva les Français d'un corps considérable de troupes de débarquement, qui n'auroit point été de trop dans le royaume de Naples, et de tout l'argent et les munitions de guerre qui furent consommés dans cette entreprise. La guerre contre les infidèles étoit toujours considérée comme une guerre sacrée, et beaucoup de seigneurs de haut rang, beaucoup des meilleurs chevaliers de l'armée de Naples, montèrent sur la flotte de Ravestein, pour y faire leur salut les armes à la main. Obéissant à la même influence, les rois d'Espagne et de Portugal, et le grand-maître de Rhodes, s'étoient engagés à joindre leurs forces à celles des Français, pour seconder les Vénitiens contre les Turcs; mais Fernand Gonzalve déclara ne pouvoir, dans ce moment, se passer d'aucune des troupes qu'il avoit amenées dans le royaume de Naples : la flotte portugaise étoit peu nombreuse et de peu de secours; la flotte de Rhodes ne rejoignit jamais les Français.

Ravestein avoit quitté les eaux de Naples le 16 août; il avoit traversé le détroit de Messine et séjourné quelque temps à Reggio. Il arriva enfin à Zanthe le 29 septembre. De là, il ne voulut point aller joindre la flotte vénitienne qui l'attendoit à Corfou, ni concourir à l'attaque de la Valona. Les Français ne savoient point s'associer franchement à des alliés pour lesquels ils ne ressentoient aucune sympathie ; l'habileté des Italiens excitoit leur défiance, et ils se croyoient toujours sur le point d'être trahis. Préférant agir seuls, ils résolurent d'aller attaquer Métélin, l'ancienne Lesbos, où on leur faisoit espérer qu'ils trouveroient beaucoup de butin. Ils partirent de Zanthe le 3 octobre, dans cette intention ; le 13, ils furent rejoints à Mélos par la flotte vénitienne, qui étoit de trente galères ; et, le 23, ils débarquèrent à Métélin, très fatigués de la mer, où ils avoient éprouvé plusieurs tempêtes (1). Le siége de la ville de Métélin fut bientôt commencé : l'émulation entre les Français, les Génois et les Vénitiens se signala par beaucoup d'actes valeureux ; mais les gentilshommes qui s'étoient embarqués en volontaires sur la flotte, comme pour une croisade, montroient peu de discipline ou d'obéissance à Philippe de Ravestein. Malgré l'avis de celui-ci, Jean de Porson, sire de Beaumont, fit résoudre de donner l'assaut à une brêche qui étoit à peine praticable. Jacques de Bourbon, comte de Roussillon, et René d'Anjou, seigneur de Mézières, de deux branches bâtardes de la

___

(1) J. d'Auton, c. 69, p. 262-274.

maison de France, Gilbert de Chateauvert, Philibert de Damas, Aymon de Vivonne, Jean de Tinteville et d'autres seigneurs de haut parage contribuèrent à déterminer cette attaque, où ils combattirent vaillamment, mais d'où ils furent repoussés avec perte (1). Un second assaut fut livré quelques jours plus tard, et cette fois, sous la direction de Ravestein, mais avec moins de succès encore; Jacques de Coligny, sire de Châtillon, y fut blessé mortellement. Jean Stuart, duc d'Albany, le margrave de Bade, Guillaume Cadore, et un grand nombre d'autres gens de marque y furent aussi mis hors de combat (2). Une si grande perte détermina Ravestein à faire embarquer ses troupes, le lendemain 29 octobre, pour retourner en Europe; mais, sur ces entrefaites, arrivèrent huit galères vénitiennes, qui s'étoient approchées de Constantinople, et qui assuroient que les Turcs, loin de songer à secourir Métélin, étoient fort alarmés pour eux-mêmes. A leur persuasion, les Français débarquèrent de nouveau, et tentèrent un troisième assaut, qui n'eut pas plus de succès que les deux précédens. (3)

Cette fois, Ravestein fit définitivement rembarquer sa troupe, pour gagner un des ports du

(1) J. d'Auton, c. 70, p. 275-288.
(2) *Ibid.*, c. 70, p. 295.
(3) *Ibid.*, c. 71, p. 301.

royaume de Naples; mais la saison étoit déjà avancée : il fut assailli par la tempête; le vaisseau qu'il montoit, *la Lomelline*, échoua avec un autre sur les côtes de Cérigo, et les deux tiers de l'équipage y périrent; le reste fut fort mal accueilli par les habitans pauvres et sauvages de l'île. Au bout de vingt-un jours de souffrances, il en fut enfin retiré par trois galères génoises, et avec le reste de sa flotte il rentra à Naples sans avoir acquis aucune gloire, sans avoir rendu aucun service à ses alliés, contre lesquels il ne sentoit plus qu'aigreur et défiance. Cependant, il avoit encore laissé quatre galères, sous le commandement de Prégent le Bidoux, dans la flotte des Vénitiens, qu'elles quittèrent plus tard à Otrante, en formant contre eux des plaintes plus amères encore. (1)

La discorde régnoit parmi les capitaines auxquels Louis XII avoit confié le gouvernement du royaume de Naples. Éberard d'Aubigny y portoit le titre de lieutenant-général du roi, et Jacques de Chabannes, sire de la Palisse, y étoit chargé du gouvernement des Abruzzes. Louis de Montpensier, fils, probablement bâtard, de Gilbert, qui avoit été vice-roi de Naples pour Charles VIII, avoit suivi l'armée, sans y être chargé d'aucun commandement. Arrivé à Na-

(1) J. d'Auton, c. 72, p. 309-320. — J. Molinet. T. XLVII, c. 316, p. 183. — Républ. ital. T. XIII, c. 102, p. 237.

ples, il voulut voir le tombeau où son père avoit été déposé à Pozzuoli : il le fit ouvrir; mais il fut tellement saisi de la vue de son cadavre, que la fièvre le prit, et qu'il en mourut deux ou trois jours après (1). Vers le même temps, Étienne de Vesc, sénéchal de Beaucaire, et Raoul de Lannoy, bailli d'Amiens, arrivèrent à Naples, chargés par le roi de nommer aux emplois qui étoient vacans, et de régler les finances. D'Aubigny en conçut beaucoup de jalousie; il tomba grièvement malade, et fut obligé d'abandonner la direction des affaires pendant un mois entier; mais tandis qu'il se rétablissoit lentement, le sénéchal de Beaucaire, qui lui avoit inspiré tant de jalousie, tomba malade à son tour, et mourut (2). Jean-François de San-Sévérino, comte de Caiazzo, qui partageoit le commandement de l'armée avec d'Aubigny, depuis que Valentinois l'avoit quittée pour retourner dans son duché de Romagne, mourut aussi de maladie. Les fièvres pestilentielles qui régnoient en été dans l'Italie méridionale, et qui étoient surtout fatales aux Français, emportèrent encore le sire de Saint-Priest, et plusieurs autres capitaines. On assura cependant que l'un d'eux, Aubert du Rousset, qui commandoit les cent lances d'ordonnance du duc de

---

(1) J. d'Auton, c. 55, p. 207. — *Guicciard.* L. V, p. 269.
(2) J. d'Auton, c. 55, p. 208.

Valentinois, avoit été empoisonné (1). On commençoit à connoître dans l'armée française l'odieux caractère de César Borgia, et peut-être même à l'accuser de plus de crimes qu'il n'en avoit commis. On assuroit qu'il avoit été l'amant de sa sœur Lucrèce Borgia, qu'il avoit même partagé ses faveurs avec son père et son frère. Cette Lucrèce avoit été mariée trois fois : à un petit gentilhomme napolitain, à Jean Sforza, seigneur de Pésaro, et enfin au duc de Biséglia, fils naturel d'Alphonse II. Son père, le pape Alexandre VI, l'avoit successivement divorcée d'avec les deux premiers, à mesure qu'il montoit lui-même en dignité. César Borgia vouloit également la débarrasser du troisième, jeune homme de dix-sept ans, bâtard, d'une famille détrônée, et qui ne lui donnoit plus d'appui, pour la marier à Alphonse d'Este, fils du duc de Ferrare, qui avoit consenti à rechercher cette alliance. Le 15 juillet 1501, le duc de Valentinois fit attaquer par des assassins le duc de Biséglia sur les escaliers de la basilique de Saint-Pierre; il y fut laissé pour mort; il ne l'étoit pas cependant, et son beau-frère fut encore obligé de le faire étrangler dans son lit, le 18 août. Le 4 septembre suivant, sa veuve épousa Alphonse d'Este; mais elle ne partit que le 5 jan-

---

(1) J. d'Auton, c. 66, p. 257.

vier 1502, de Rome, pour sa nouvelle cour. (1)

La maladie, la mort, ou l'absence des chefs auxquels Louis XII avoit confié le commandement de son armée de Naples, le déterminèrent à y envoyer un nouveau capitaine pour le représenter. Il fit choix de Louis d'Armagnac, duc de Nemours, qu'il nomma vice-roi de Naples; et auquel il subordonna tous les lieutenans qu'il avoit dans le royaume. C'étoit le fils de ce duc de Nemours que Louis XI avoit fait mourir en 1477; il étoit alors âgé de vingt-neuf ans. Louis XII, en le mettant au-dessus des anciens capitaines qui avoient conquis le royaume, les mécontenta tous également; il offensa surtout d'Aubigny, qui se retira dans le comté de Venafro, dont le roi lui avoit fait don, et qui demanda son rappel. Louis XII répondit à d'Aubigny qu'il ne pouvoit se passer de lui à Naples, qu'il avoit besoin de sa prudence et de ses conseils pour éclairer et guider le jeune vice-roi; mais ce jeune homme ne désiroit nullement avoir un guide, ou se plier aux conseils d'autrui; et leur jalousie mutuelle, qui compromit le royaume, n'échappa pas à Fernand Gonzalve. (2)

Ce général, auquel Ferdinand avoit conféré

---

(1) *Burchardi diarium cur. Rom.*, p. 2122, 2123. — *Jacopo Nardi Hist. Fior.* L. IV, p. 126. — *Raynaldi Annal. eccles.* 1501, §. 21. — *Républ. ital.*, c. 161, p. 152.

(2) J. d'Auton, c. 57, p. 215.

la dignité de *grand capitaine*, que ses talens rendirent l'épithète la plus appropriée à son nom, accomplissoit lentement, et avec des forces à peine suffisantes, la conquête de la moitié du royaume de Naples qui devoit rester aux Espagnols. Il éprouvoit, de la part des habitans, une opposition plus vive que n'avoient fait les Français ; soit parce que la trahison de Ferdinand les avoit indignés, soit parce qu'ils regardoient le partage de leur patrie en deux souverainetés rivales, comme achevant sa ruine. Le jeune Ferdinand, duc de Calabre, fils aîné de don Frédéric, s'étoit enfermé à Tarente, avec le comte de Potenza son gouverneur, et il y soutint un siége fort long ; il fut enfin obligé de capituler et de rendre la ville, mais sous condition que le jeune duc pourroit se retirer où bon lui sembleroit. Gonzalve de Cordoue confirma cette capitulation par un serment prêté sur l'hostie ; ce qui ne l'empêcha point de le violer ensuite scandaleusement. Le jeune Ferdinand fut conduit en Espagne, il y fut retenu prisonnier, et il n'y mourut qu'en 1550. Sa captivité mit fin à la résistance des serviteurs de cette branche de la maison d'Aragon, qui avoit régné à Naples soixante-cinq ans. (1)

(1) *Pauli Jovii Vita magni Gonsalvi.* L. I, p. 195-199. — *Fr. Guicciardini.* L. V, p. 270. — *Fr. Belcarii.* L. IX, p. 251. — Mariana, *Hist. de Esp.* T. IX, L. XXVII, c. 12, p. 417.

Gonzalve de Cordoue n'eut pas plus tôt achevé la conquête de la Pouille, qu'il commença à disputer avec les Français sur les limites qui devoient être imposées aux deux dominations. Le traité de Grenade n'étoit point clair : il supposoit la division du royaume en quatre provinces ; mais, dès le temps d'Alphonse Ier, on en comptoit douze. L'Abruzze antérieure et citérieure et le comté de Molise répondoient à l'Abruzze de l'ancienne division. La Terre de Labour et les deux Principato, à l'ancienne Campanie : c'étoit le partage des Français, qu'on ne leur disputoit pas. La Calabre contenoit les Calabres antérieure et citérieure et la Basilicate ; la Pouille, les terres de Bari, d'Otrante et la Capitanate. Il sembloit que ce devoit être le partage des Espagnols ; cependant les Français réclamèrent la Capitanate et la Basilicate, comme devant leur appartenir, et le comte de Ligny se mit en possession de la première, qu'il déclaroit nécessaire à l'Abruzze pour hiverner ses troupeaux. Le traité de Grenade, qui chargeoit les Espagnols de percevoir la douane sur les troupeaux voyageurs, pour la partager ensuite, prouvoit qu'on avoit entendu qu'ils passeroient d'une domination dans l'autre. Gonzalve de Cordoue ne porta aucune plainte sur cette usurpation tant qu'il fut occupé au siége de Tarente ; mais, dès que cette ville eut capitulé, il surprit les Français,

1501. qui s'étoient établis à Atripalda, dans la Basilicate, et les en chassa. Il eut ensuite une conférence avec le duc de Nemours, entre Atella et Melfi, où il fut convenu que les deux provinces contestées seroient gouvernées en commun jusqu'à ce que les deux cours se fussent expliquées sur le vrai sens du traité. Ce premier acte d'hostilité avoit cependant fait sentir aux deux nations qu'elles étoient ennemies, et, depuis la surprise d'Atripalda, les Français et les Espagnols comprirent qu'ils alloient se disputer par les armes la possession du royaume de Naples. (1)

(1) J. d'Auton. L. II, c. 3, p. 8. — *Fr. Guicciardini.* L. V, p. 274. — *Fr. Belcarii.* L. IX, p. 253. — *Pauli Jovii Vita magni Consalvi.* L. I, p. 199. — Républ. ital., c. 101, p. 135.

CHAPITRE XXIX.

Administration de Louis XII en France et en Italie. — Perfidie de son allié César Borgia. — Guerre du duc de Nemours contre Gonzalve de Cordoue. — Sa défaite et sa mort. — Jules II succède à Alexandre VI. — Destruction d'une nouvelle armée française au Garigliano. — 1501-1503.

La conquête du Milanez et celle du royaume de Naples avoient causé en France une grande joie. On y savoit fort mal par quelles perfidies elles avoient été achetées. Les généraux, non plus que les soldats, ne se donnoient point la peine de comprendre les intérêts ou les droits des peuples chez lesquels ils faisoient la guerre; et quand leurs alliés, qu'ils avoient trompés, outragés, ruinés, en montroient du ressentiment, ils crioient à la trahison. C'est ainsi qu'ils accusèrent successivement, et probablement de la meilleure foi du monde, les Sforza, les Napolitains, les Espagnols, les Vénitiens, de les avoir trahis, encore que l'injustice fût toujours de leur côté. C'étoit aussi, en partie, par ressentiment de ces prétendues trahisons qu'ils pous-

1501.

soient l'abus du droit de la guerre plus loin même qu'ils n'avoient fait dans leurs sanglans démêlés avec les Anglais ou la maison de Bourgogne, et qu'ils marquoient leurs conquêtes par un carnage universel. Au reste, leurs chefs, qui avoient reconnu que cette férocité les rendoit plus redoutables et facilitoit leurs succès, lâchoient la bride à leurs passions brutales, et sembloient eux-mêmes insensibles à toute pitié. Le pillage, qui accompagnoit toujours ces massacres, avoit enrichi beaucoup de soldats, qu'on voyoit avec envie rentrer dans leurs villages, où ils rapportoient de l'or, des joyaux, des étoffes de prix, qu'ils n'auroient pu gagner par une honnête industrie. Les gentilshommes avoient obtenu, dans les nouvelles conquêtes, des terres, des seigneuries et des gouvernemens; il y avoit pour eux, dans ces guerres lointaines, du mouvement, de l'espérance, de la nouveauté : l'ennui dont ils étoient habituellement tourmentés étoit dissipé par ces expéditions hasardeuses. En même temps, un perfectionnement plus désirable étoit produit en eux ; ils acquéroient des idées nouvelles ; leur être intellectuel étoit changé par le frottement avec des nations plus civilisées : les progrès de l'instruction, de la connoissance de l'univers, du goût pour les lettres et pour les arts, parmi les Français, pendant ce règne et les suivans, furent très frappans. Ainsi ces mêmes guerres d'Italie qui détruisirent le berceau de la civilisation, et qu'on put croire d'abord devoir faire reculer le genre humain vers la barbarie, servirent au contraire à répandre dans toute l'Europe les germes d'un plus grand développement.

Les guerres d'Italie coûtoient, il est vrai, à la France la perte de quelques milliers de soldats, qui succomboient, soit aux maladies d'un climat plus chaud, soit sous le fer des ennemis: mais les armées étoient si peu nombreuses, et elles comprenoient une si grande proportion d'étrangers, que le vide causé même par leur destruction entière n'étoit pas remarqué, ou étoit bien vite comblé. La perte d'un Suisse équivaloit seulement à celle d'un florin du Rhin qu'on lui avoit donné pour son engagement; elle ne laissoit pas d'autre regret.

Quant à la dépense de ces premières expéditions de Louis XII, il réussit à faire que la guerre nourrît la guerre: le Milanez et le royaume de Naples, pays encore fort riches, à l'entrée des Français, furent peu ménagés; les alliés furent pressurés; les voisins, qu'on accusa d'inimitié, furent soumis à des contributions; la France seule fut épargnée; la taille, ni aucune des taxes permanentes, n'éprouva d'augmentation. Les États de Languedoc, tenus au Puy en Vélay le 22 septembre 1501, n'accordèrent au roi que l'octroi ordinaire, et cependant ils obtinrent en retour diverses grâces, telles que celle de faire contribuer aux tailles les officiers royaux pour leurs biens ruraux, grâces qui équivaloient à des diminutions de charges pour les autres contribuables. D'autres États, tenus aussi au Puy, du 21 au 28 octobre 1502, accordèrent au roi les mêmes sommes que l'année précédente (1). Les États de Bretagne, tenus à Vannes le 25 septembre 1501, lui accordèrent une imposition de 4 liv. par feu, pour éteindre les anciennes dettes et payer les officiers de la reine; mais le roi déclara qu'il ne détourneroit aucune partie de ce subside pour ses guerres d'Italie, et en même temps il consentit à rayer deux mille feux du contrôle de la province, pour soulager les plus pauvres ménages (2). Les provinces qui n'avoient pas d'États ne votoient point elles-mêmes leurs impositions; mais les édits bursaux de cette époque nous indiquent plutôt des réformes dans les finances qu'une augmentation des contributions. Ainsi beaucoup de droits de justice, de greffes, de sceaux, de geôles, avoient été usurpés par les particuliers; ils furent tous mis à ferme au profit du roi (3). Pour rendre plus prompte la perception des

(1) Hist. gén. de Languedoc. T. V, L. XXXVI, p. 95.
(2) Lobineau, Hist. de Bretag. L. XXII, p. 828. — Actes de Bretagne. T. III, p. 847.
(3) Edit du 19 février 1499. — Isambert. T. XI, p. 408.

aides, tailles et gabelles, une ordonnance sépara 1501. de tous points la juridiction de ceux qui répartissoient ces contributions d'avec celle de la justice ordinaire. En première instance, toutes les discussions sur leur assiette étoient réglées par les élus, grénetiers et contrôleurs; en seconde instance, par la cour des aides, qui fut rendue absolument indépendante des parlemens (1). Une autre ordonnance, rendue neuf mois plus tard, assura la même indépendance à la chambre des comptes, érigée en cour de deuxième ressort pour tout ce qui concernoit le domaine et l'apurement des comptes de finances. (2)

Les ordonnances de Louis XII portent, plus que celles de ses prédécesseurs, un caractère législatif; ce n'est point un intérêt du moment qui les dicte, c'est une pensée organisatrice, c'est le désir de tirer le royaume du chaos pour le soumettre à des règles de gouvernement à peu près uniformes, pour fixer des limites précises aux autorités qui jusqu'alors avoient été en conflit entre elles : on peut reconnoître cet esprit systématique, qui appartenoit peut-être au chancelier Guy de Rochefort, dans l'édit qui érigea l'échiquier de Normandie en parlement (3), et dans l'édit qui porta établissement

(1) Ordonn. de Lyon, 24 juin 1500. Isamb. T. XI, p. 410.
(2) Ordonn. du 20 mars 1501. *Ibid.*, p. 419.
(3) Édit d'avril 1499. Isambert. T. XI, p. 389.

du parlement de Provence (1). L'un et l'autre furent rendus égaux à tous les autres parlemens du royaume; en même temps, les règles qu'ils devoient suivre leur furent tracées, et l'administration de la justice s'éleva, dans les deux provinces, à une indépendance qu'elle n'avoit point obtenue encore.

A la même époque, Louis XII donna un exemple de tolérance religieuse qu'on peut trouver merveilleux pour son siècle. Dans les parties les plus sauvages du Dauphiné, les Vaudois, habitans de quelques vallées des Hautes-Alpes, avoient conservé les doctrines pour lesquelles, depuis près de trois siècles, ils avoient été persécutés en commun avec les Albigeois. Les plaintes de ces pauvres gens, que les seigneurs vouloient déposséder de leurs biens, sous prétexte d'hérésie, et que tantôt ils exposoient au martyre, tantôt ils chassoient du pays, parvinrent jusqu'à Louis XII. Il fit partir de Lyon, le 5 juillet 1501, son confesseur Laurent Bureau, évêque de Sisteron, pour les aller visiter. Il paroît que celui-ci étoit un homme tolérant, qui ne désiroit point trouver d'hérésie, car il se contenta de la déclaration des habitans, qu'ils croyoient tout ce que croyoit l'Église; il se fit rendre tous les procès commencés par le

---

(1) Édit de juillet 1501. Isambert, p. 422. — Bouche, Hist. de Provence. T. II, p. 509.

parlement de Grenoble et par l'archevêque d'Embrun, et il déclara au chancelier qu'il avoit trouvé les pauvres Vaudois « fermes en la loi « divine, et croyant en la foi catholique »; en sorte qu'on les laissa tranquilles (1). C'étoit justement à la même époque que le pape Alexandre VI instituoit la censure ecclésiastique sur les livres imprimés. Par sa bulle du 1ᵉʳ juin 1501, il déclaroit qu'il étoit informé que beaucoup de livres hérétiques avoient été imprimés dans les diocèses de Cologne, de Mayence, de Trèves et de Magdebourg. Il interdisoit en conséquence d'imprimer à l'avenir aucun livre sans la licence de l'évêque du diocèse; et il ordonnoit aux mêmes évêques de faire brûler tous les livres imprimés précédemment, qui contiendroient quelque chose de contraire à la foi catholique, d'impie ou de mal sonnant. (2)

Pendant que l'armée conduite par d'Aubigny et Valentinois s'avançoit dans le royaume de Naples, Louis XII cherchoit, par des négociations avec ses voisins de la maison d'Autriche, à s'affermir dans le Milanez. L'archiduc Philippe, souverain des Pays-Bas, étoit assez désireux de conserver la paix avec la France; il étoit alors âgé de vingt-trois ans, et marié depuis cinq ans à Jeanne de Castille, fille de Fer-

---

(1) J. d'Auton, c. 46, p. 159.
(2) *Raynaldi Annal. eccles.* 1501, §. 36.

dinand et d'Isabelle. L'intérêt de ses industrieux sujets demandoit la continuation de la paix, et lui-même, attendant d'une succession paisible les premières couronnes de l'Allemagne et de l'Espagne, ne pouvoit désirer de mettre au hasard de la guerre d'aussi belles espérances. Le 24 février 1500, Philippe avoit eu à Gand un fils qu'il nomma Charles; ce fut celui qui, sous le nom de *Charles-Quint*, hérita ensuite de tant de royaumes. Louis XII avoit une fille née d'Anne de Bretagne le 14 octobre 1499, qu'elle avoit nommée Claude. Philippe proposa de marier ces enfans l'un à l'autre, et de leur assurer la souveraineté du Milanez. La proposition fut agréée; elle flattoit le goût que la reine Anne avoit conservé pour Maximilien, et elle laissoit une chance ouverte pour que le duché de Bretagne retournât à la maison d'Autriche, à supposer que la reine n'eût pas d'autre enfant. La promesse fut signée à Lyon le 10 août 1501; elle fut annoncée aux États de Bretagne, et célébrée à la cour par des fêtes brillantes. (1)

Ce traité pouvoit devenir fatal à l'indépendance de la France. S'il s'étoit accompli, comme Louis XII n'eut point de fils, sa fille Claude auroit porté à Charles-Quint la Bretagne et le Milanez, qu'il auroit joint à l'Allemagne, les

---

(1) J. d'Auton, c. 58, p. 218. — J. Molinet. T. XLVII, c. 313, p. 150. — Actes de Bretagne. T. III, p. 848.

Pays-Bas et toutes les Espagnes. Cependant, autant par une étrange infatuation, Louis, et surtout Anne, paroissoient le désirer, autant Maximilien paroissoit y opposer de répugnance. Il n'avoit cessé de menacer la France, quoiqu'il n'eût jamais exécuté aucune de ses menaces. Il avoit repoussé toute proposition de paix, et n'avoit consenti qu'à des trèves de quelques mois, encore il se les faisoit payer à prix d'argent. Les deux fils de Louis Sforza, dont il avoit épousé la sœur, s'étoient réfugiés à sa cour, et il se considéroit comme lié à la protection de cette famille et à celle des droits de l'Empire sur le Milanez, qu'il accusoit Louis XII d'avoir usurpé. Louis sembloit reconnoître respectueusement la suprématie de l'empereur; il ne se croyoit assuré du Milanez qu'autant qu'il en auroit obtenu l'investiture impériale, et il donna de pleins pouvoirs à son ministre favori le cardinal d'Amboise, pour se rendre à Trente, où il devoit rencontrer Maximilien, avec le cardinal de Gurck son ministre, et où il devoit, par des offres nouvelles, l'engager à consentir au mariage déjà convenu. (1)

Comme Amboise étoit sur le point de se rendre à Trente, une incursion des Suisses dans le Milanez porta l'épouvante en Italie. L'appel dans

(1) J. d'Auton, c. 68, p. 258. — *Fr. Belcarii.* L. IX, p. 251.

cette contrée de près de quarante mille Suisses qui s'étoient trouvés, entre les deux armées, en présence les uns des autres à Novarre, la trahison qui s'en étoit suivie, les récompenses qu'ils avoient reçues et leur licenciement, avoient laissé la Suisse dans un état de fermentation extraordinaire; d'immenses sommes d'argent avoient été rapportées dans les montagnes, un luxe désordonné y avoit été étalé, les guerriers s'étoient livrés à tous les genres de débauche. Vingt ans auparavant, dans des circonstances presque semblables, la jeunesse suisse avoit formé l'association de la Vie Folle (*Tollen Leben*), qui avoit levé des contributions sur les États voisins pour fournir à la continuation de ses débauches. (1) Mais désormais l'enivrement du libertinage ne troubloit plus seul la raison des montagnards des Alpes, le remords s'y joignoit, le remords d'avoir participé à l'infâme capitulation de Novarre, sur lequel on cherchoit à s'étourdir. Les uns vouloient prouver que la nation n'avoit rien perdu de sa bravoure, et surtout qu'elle ne craignoit pas les Français; les autres vouloient rendre aux Sforza ce qu'ils se reprochoient de leur avoir ravi. Sept ou huit cents émigrés milanais s'étoient réfugiés en Suisse, ils aigrissoient le souvenir de cette transaction déplorable, et ils cherchoient à

(1) *Muller Geschichte der Schweitz*. B. V, c. 2, p. 155.

en profiter. Vers le milieu d'août 1501 (1), sept mille Suisses passèrent les monts et s'arrêtèrent d'abord à Bellinzona, ville du duché de Milan dont ils s'étoient rendus maîtres l'année précédente. De là ils marchèrent sur Lugano, et s'en emparèrent; peu s'en fallut qu'ils n'y surprissent Antoine de Bessey, bailli de Dijon, qui avoit été chargé le plus souvent par le roi de négocier avec eux, et qui n'eut que le temps de se retirer au château. Dans de premières rencontres il y eut plusieurs Français et plusieurs Suisses de tués.

Cependant les Suisses, qui dans les armées françaises formoient une si excellente infanterie, commençoient déjà à s'apercevoir que seuls ils ne constituoient point une armée; que leurs chefs, qui montroient une bravoure si brillante quand ils les menoient au combat, n'avoient point appris l'art de la guerre; que servant toujours en subalternes, dans les armées où ils étoient soldés, ils savoient obéir et non point commander. Ils n'avoient fait qu'une journée de chemin hors de leur pays, et déjà ils ne savoient plus quel parti prendre; ils séjournèrent long-temps à Lugano, ils attaquèrent la longue muraille nommée la *Murata,* sur le lac Majeur,

---

(1) Cette date précise nous est donnée par d'Auton, c. 60, p. 225, tandis que Guicciardini, L. V, p. 299, et Belcarius, L. IX, p. 264, semblent la retarder jusqu'en 1502 ou 1503.

destinée à fermer le pays à leurs incursions, et ils ne purent s'en rendre maîtres; ils tentèrent en vain de s'emparer des canons du fort de Misox, qui appartenoit à Jean-Jacques Trivulzio (1). Toutes ces fausses démarches donnèrent le temps au cardinal d'Amboise de solder quatre mille piétons, Lombards et Piémontais, de recourir aux seigneurs de Mantoue, de Ferrare et de Bologne (2); en même temps le roi, qui étoit à Lyon, y envoya le comte de Dunois avec deux cents archers de sa garde, Jacques de Crussol, Louis de Hédouville, et plusieurs compagnies de gendarmes. Les Suisses furent entourés à Lugano (3). On ne les attaqua point, mais leur position devenoit inquiétante, leur langage aussi devint plus pacifique. « Ils disoient qu'ils étoient
« tous bons Français, et pour montre de quoi,
« ils étoient tous signés de grandes croix blan-
« ches; et disoient aussi qu'ils n'étoient illec ve-
« nus pour guerroyer le roi, mais seulement
« pour demander le reste de leur payement
« qui encore leur étoit dû, du temps que le roi
« Charles huitième étoit allé au voyage de Na-
« ples, avec lequel avoient été, sans avoir eu
« fin de payement; et aussi, que de la prise du
« seigneur Ludovic, où ils étoient, leur étoit

---

(1) *Fr. Guicciardini.* L. V, p. 299.
(2) *Jacopo Nardi Storia Fiorent.* L. IV, p. 149.
(3) J. d'Auton, c. 61, p. 233.

« encore dû des gages de reste » (1). Enfin le 12 septembre ils se mirent en marche pour retourner à Bellinzona, emmenant avec eux tout le pillage qu'ils avoient enlevé à Lugano, avec les femmes et les enfans. Le sire de Chaumont les fit bien attaquer en chemin, ce jour-là et le lendemain, mais ils se retirèrent au petit pas, s'arrêtant toutes les fois qu'ils étoient attaqués, et présentant à la cavalerie une forêt de piques où elle ne pouvoit pénétrer. Ils regagnèrent ainsi leurs montagnes, après avoir prouvé également qu'ils étoient hors d'état de tracer un plan de campagne pour envahir le pays de leurs ennemis, et que leur bravoure les rendroit toujours formidables quand ils seroient attaqués chez eux. (2)

Louis XII tenoit à se réconcilier avec les Suisses, dont l'infanterie lui étoit si nécessaire; mais il réclamoit la restitution de Bellinzona, que s'étoient appropriée les trois cantons d'Uri, Schwitz et Underwald. L'été suivant, ceux-ci recommencèrent leurs hostilités, et vinrent attaquer Locarno. Les autres cantons commençoient à prendre le parti de leurs confédérés; Matthieu Schiner, évêque de Sion en Valais, et les ligues des Grisons, embrassoient aussi la même querelle. Il ne crut pas, pour une vallée des Alpes, devoir courir risque de se

(1) J. d'Auton, c. 64, p. 243.
(2) *Ibid.*, c. 65, p. 245-254.

brouiller avec ses anciens alliés, et il autorisa son lieutenant dans le Milanez à signer, le 11 avril 1503, au camp devant Locarno, un traité par lequel il abandonnoit aux trois petits cantons le comté de Bellinzona en toute souveraineté. (1)

Le cardinal d'Amboise, après avoir pourvu à la défense du Milanez, que l'apparition des Suisses à Lugano avoit alarmé, se rendit à Trente, pour y rencontrer Maximilien, avec une pompe qu'on n'avoit encore vue à aucun ambassadeur. Cent gentilshommes de la maison du roi, deux cents archers de sa garde, un grand nombre d'évêques, d'abbés, de grands seigneurs, l'accompagnoient quand il fit, le 3 octobre, son entrée à Trente, et l'on assuroit qu'il comptoit dans son train de seize à dix-huit cents chevaux (2). Ce cortége royal ne le rendit pas plus orgueilleux dans la négociation; au contraire, il n'y eut pas de sacrifice par lequel il ne cherchât à acheter l'accession de Maximilien au traité qu'avoit proposé son fils Philippe. Enfin un nouveau traité fut signé, le 13 octobre, dans le palais épiscopal de Trente. Le roi des Romains et le roi de France mettoient de côté toutes rancunes, et se promettoient réciproquement, pour eux et leurs successeurs, une amitié

(1) Traités de Paix. T. II, p. 5. — Dumont, Corps diplom. T. IV, P. 1, p. 37.
(2) J. d'Auton, c. 68, p. 258.

perpétuelle. Ils confirmoient le mariage du prince Charles d'Autriche avec la princesse Claude de France ; ils promettoient que le dauphin de France, le fils à naître de Louis XII, ou tout autre qui devroit lui succéder, épouseroit une fille de l'archiduc Philippe d'Autriche. Louis s'engageoit à seconder de tout son pouvoir le roi des Romains dans sa guerre contre les Turcs ; il promettoit de mettre tous ses soins et toute sa sollicitude à faire recueillir à Maximilien les couronnes de Hongrie et de Bohême, après la mort du roi qui les portoit actuellement, et à faire recueillir de même à son fils Philippe tous les royaumes du roi et de la reine d'Espagne. Il promettoit d'aider, autant qu'il pourroit honnêtement le faire, le roi des Romains dans son expédition à Rome pour prendre la couronne impériale ; il s'engageoit à accorder à Louis Sforza un espace de cinq lieues carrées, où il pût chasser, et jouir de l'air et de la liberté ; à rendre une liberté complète au cardinal Ascagne Sforza, sous condition qu'il ne viendroit pas vivre en Italie ; à accorder une amnistie entière à tous les bannis de Milan, à payer enfin 80,000 écus pour droit de sceau de l'investiture du duché de Milan. Maximilien promettoit seulement, de son côté, de donner à Louis XII cette investiture du duché de Milan, et de travailler de tout son pouvoir à la faire confirmer par les princes et les États de l'Empire dans leur première diète. (1)

Pendant que le cardinal d'Amboise négocioit à Trente avec Maximilien, le fils de celui-ci, l'archiduc Philippe, se préparoit à traverser la France. Il avoit été invité par Ferdinand et Isabelle à venir leur rendre visite en Espagne, avec Jeanne sa femme, et à se faire ainsi connoître aux peuples sur lesquels il devoit régner. Louis XII, au milieu de septembre, envoya le sire de Belleville à Bruxelles, pour proposer à Philippe de faire ce voyage par terre, en traversant la France. L'archiduc, après avoir obtenu l'agrément des États du pays, partit en effet de Valenciennes le 12 novembre, avec sa femme, et le 14 il entra dans le royaume, et vint loger à Saint-Quentin (2). De là le prince et la princesse avancèrent lentement, accueillis par des fêtes, des présens, et de longues harangues à la porte de chaque ville. Le 25 seulement, les archiducs arrivèrent à Paris, et le lendemain Philippe prit place au parlement comme premier pair du royaume; il y assista au débat de quelques causes. Le 28, il repartit pour Orléans, où il s'arrêta quelques jours. Le 7 décembre seulement il arriva à Blois, où le roi

---

(1) Traités de Paix. T. II, p. 1. — Dumont, Corps diplom. T. IV, P. 1, p. 16.

(2) J. Molinet. T. XLVII, c. 315, p. 168.

étoit alors logé. Tous les plus grands personnages de l'État allèrent au-devant de lui pour lui faire honneur : les cardinaux d'Amboise et Ascagne Sforza, Angilbert, comte de Nevers; François, comte de Dunois, petit-fils du grand bâtard d'Orléans; Louis de La Trémoille, Pierre de Rohan, maréchal de Gié, et beaucoup de gentilshommes, se rangèrent dans son cortége. Le roi l'attendoit à l'entrée d'une salle basse du château, avec la reine, François, comte d'Angoulême, l'héritier présomptif de la couronne, le duc et la duchesse de Bourbon, la princesse de Tarente, Antoine de Lorraine, et beaucoup d'autres grands seigneurs, dames et demoiselles de France. L'archiduc et le roi passèrent quinze jours ensemble dans les fêtes, les chasses et les tournois. Le dimanche 12 décembre, l'évêque de Cambrai dit la messe dans une chapelle du château, puis « sur le *corpus Domini* jurèrent, « le roi en son nom, et monseigneur l'archiduc « pour le roi son père et en son nom, la paix « entre les deux grands rois des Romains et de « France » (1). Ils avoient auparavant apporté quelques modifications et explications au traité de Trente, fixé à 4 ou 500,000 francs l'aide que Louis donneroit en trois ans à Maximilien, pour la guerre contre le Turc, et à 200,000 francs

---

(1) J. Molinet. T. XLVII, c. 315, p. 176.

toutes les prétentions de l'Empereur, y compris les 80,000 écus de l'investiture (1). Dans toutes les réjouissances de la cour durant cette entrevue, Louis XII déploya un luxe et une magnificence auxquels on n'étoit pas accoutumé de sa part. L'archiduc et l'archiduchesse continuèrent ensuite leur voyage vers le midi, fêtés et défrayés par les grands seigneurs et les princes dont ils traversoient les gouvernemens, entre autres par Louise de Savoie, comtesse d'Angoulême, et par Jean II d'Albret, roi de Navarre. Philippe sortit seulement de France le 26 janvier 1502, et se rendit de Bayonne à Fontarabie. (2)

Vers le même temps, la cour célébra aussi par des fêtes le mariage d'Anne de Foix, fille du seigneur de Candale, et cousine de la reine, avec Ladislas VI, roi de Hongrie et de Bohême. Les ambassadeurs hongrois étoient venus, au mois de décembre, faire au roi la demande de cette princesse. Ce ne fut cependant qu'au milieu du mois de mai suivant que la nouvelle reine partit pour la Hongrie, non sans éprouver beaucoup de regret en quittant le beau pays de France, et sans y laisser aussi de vifs regrets,

(1) Traités de Paix. T. II, p. 2. — Dumont. T. IV, P. 1, p. 17, en date de Blois, 13 décembre.
(2) J. Molinet, c. 315, p. 181. — J. d'Auton, c. 73, p. 320. — Saint-Gelais, p. 164.

surtout dans le cœur du comte de Dunois, qui étoit amoureux d'elle, et qui n'avoit pu obtenir du roi la permission de l'épouser (1). Louis XII vouloit, par ce mariage, renouveler les anciennes alliances qui avoient existé entre la France et la Hongrie; toutefois il venoit, par le traité de Trente, de disposer de la couronne de Ladislas, après sa mort, en faveur de la maison d'Autriche, qu'il ne lui convenoit guère de fortifier ainsi.

Le 3 février, le roi partit de Blois pour venir à Paris. Il séjournoit rarement dans cette ville, et depuis un siècle les rois de France n'y avoient plus fixé leur résidence. Toutefois les grands corps de l'État y étoient toujours à demeure, et le roi vouloit y faire reconnoître George d'Amboise, son favori, comme légat *à latere*. Un grand désastre avoit alarmé cette ville le 25 octobre 1499 : c'étoit la chute du pont Notre-Dame, qui, quoique bâti en bois, supportoit soixante-cinq maisons. Les officiers municipaux furent punis pour n'y avoir pas fait les réparations nécessaires. Le Grand-Pont, ou pont au Change, étoit alors détruit ou impraticable. Le pont Notre-Dame fut rebâti en pierre, mais il ne fut ouvert au public qu'en 1507, et lorsque Louis XII vint à Paris, les deux rives

(1) J. d'Auton. T. II, c. 1, p. 1.

de la Seine ne communiquoient que par un bac. (1)

Le cardinal d'Amboise avoit résolu d'illustrer ses fonctions de légat *à latere*, en réformant les couvens de Paris. Il croyoit compenser avec le ciel les pompes et les jouissances de sa vie mondaine, en faisant jeûner les religieux, et les soumettant à une clôture plus sévère. Ses subordonnés avoient des vues plus personnelles encore : ils vouloient se rendre maîtres des élections dans les chapitres, pour s'approprier les dignités ecclésiastiques. D'autre part, beaucoup d'étudians répandus dans les couvens prétendoient, en raison de leur assiduité à l'université, pouvoir se dispenser de plusieurs des austérités des règles monastiques. Cette réforme fut exécutée avec une grande rigueur; les jacobins ou dominicains furent expulsés de leur couvent; les cordeliers, qui avoient cru lasser la patience de leurs examinateurs en continuant quatre heures de suite leurs chants à l'office divin, furent aussi obligés de se soumettre, sans toutefois que le procureur du roi voulût prendre contre eux des conclusions; les bénédictins de Saint-Germain-des-Prés en appelèrent en cour de Rome, et tous les ordres monastiques de

---

(1) *Guaguini Compend.* L. XI, f. 168. C'est la fin de cette histoire. — Histoire de la ville de Paris. L. XVIII, p. 896. — Dulaure, Hist. de Paris. L. II, p. 523.

Paris furent dans le trouble et la désolation, aussi long-temps que Louis XII et son premier ministre prolongèrent leur séjour dans la capitale. (1)

Cette sévérité de Louis étoit peu dans son caractère ; il permettoit une grande liberté devant lui ; il écoutoit la critique ; il toléroit même la raillerie. Il savoit qu'on l'accusoit d'avarice, non pour ce qu'il prenoit au peuple, mais pour ce qu'il ne donnoit pas aux courtisans. « Il y « avoit alors, dit Ferronius, tant de liberté chez « les Français, que les comédiens représentèrent « en public, à Paris, sur la scène, le roi comme « malade, pâle, la tête enveloppée, demandant « à boire à grands cris, mais ne voulant boire « que de l'or potable ; et Louis, loin de se fâcher « ou de les punir, se mit à rire, et loua la li- « berté du peuple » (2). Il ne faut pas croire toutefois que cette liberté allât jusqu'à contrarier le roi dans ce qu'il avoit résolu. L'homme le plus illustre de l'université de Paris à cette époque étoit Jean Standonc, né en Brabant, proviseur de Sorbonne, principal du collége de Montaigu, dont il fut le restaurateur, recteur de l'université, et réformateur zélé des études. Cet homme, consulté sur le divorce du roi,

---

(1) J. d'Auton. T. I, c. 75, 76 et 77, p. 327-346. — Hist. de la ville de Paris. L. XVIII, p. 900.

(2) *Arnoldi Ferronii*. L. III, p. 43.

avoit déclaré qu'il étoit contraire à sa conscience ; et Louis XII profita de ses premiers démêlés avec l'université pour l'en punir, en l'exilant. (1)

Le 8 avril, Louis XII quitta Paris pour revenir à Blois, où il rencontra le roi de Navarre, avec lequel il resserra son alliance ; il conduisit ensuite la reine à Lyon, et il l'y laissa, pour passer en Italie. Une querelle entre le duc Philibert et le bâtard de Savoie, qui se rencontrèrent à Grenoble, à sa cour, ayant aliéné de lui le premier, Louis se détermina à passer les Alpes, non par le mont Cenis, comme il avoit compté d'abord le faire, mais par le marquisat de Saluces. Il arriva le 8 juillet à Asti, où le marquis de Mantoue et le duc de Ferrare vinrent bientôt le joindre. (2)

Louis XII étoit rappelé en Italie par la guerre qui se rallumoit dans le royaume de Naples. Le duc de Nemours et Gonzalve de Cordoue étoient convenus l'année précédente de consulter leurs deux cours sur l'ambiguité qu'ils prétendoient trouver dans le traité de Grenade. Mais, au lieu de consacrer l'hiver à des arrangemens pacifiques, ils s'étoient, de part et d'autre, préparés à la guerre. L'antipathie entre les deux nations s'étoit trop prononcée pour qu'il y eût espérance

(1) Hist. de l'Université. T. V, L. IX, p. 18.
(2) J. d'Auton. T. II, c. 2, p. 5.

pour elles de vivre en paix, dans un même pays, avec tant d'intérêts contradictoires. D'ailleurs, les habitans du royaume de Naples les excitoient eux-mêmes l'un contre l'autre. La perte de leur indépendance étoit déjà un grand malheur pour eux; mais la division de leur État, la séparation d'intérêt entre leurs provinces, appelées à se regarder comme étrangères et souvent ennemies, pour des intérêts qui ne les concernoient pas, les froissoit dans leur fortune aussi bien que dans tous leurs sentimens. Les anciens partis d'Anjou et de Duras subsistoient toujours : l'un étoit devenu français, l'autre aragonais; et, malgré la trahison de Ferdinand-le-Catholique, les familles dévouées à la branche bâtarde d'Aragon s'étoient attachées, depuis l'exécution du traité de Grenade, à la branche légitime. On n'avoit pas fait attention, en rédigeant ce traité, que les plus zélés entre les partisans angevins habitoient la Calabre, cédée à l'Espagne, et les plus zélés des Aragonais habitoient l'Abruzze, cédée à la France. Il en résultoit cependant un recours habituel des gentilshommes soumis à une puissance, au vice-roi de l'autre puissance, des rapports, des intrigues continuelles, et la persuasion dans laquelle se confirmoient les deux vice-rois, que rien ne leur seroit plus facile que de conquérir l'autre moitié du royaume. Aussi, pendant tout

1502.

l'hiver, de part et d'autre, on s'étoit préparé à la guerre, et chaque vice-roi veilloit l'occasion de surprendre son rival.

Les Français accusent Gonzalve de Cordoue d'avoir le premier commencé les hostilités, en les attaquant en trahison. « La guerre, dit d'Au-« ton, fut par les Espagnols premièrement dé-« liée; lesquels d'emblée et de nuit se mirent sus « en armes, et tirèrent droit à Troia, pensant « prendre la ville soudainement » (1). Le caractère du général espagnol et celui de son maître, rendent probable toute accusation de trahison contre eux. Il faut observer cependant que Troia est une ville de la Pouille; que Melfi, que l'Atripalda, autres lieux où commencèrent les premières hostilités, sont également dans la Pouille, et que cette province devoit être le partage des Espagnols. Guicciardini assure que ce fut le duc de Nemours qui leur dénonça la guerre, s'ils n'évacuoient pas immédiatement la Capitanate, et qui commença les hostilités, le 19 juin, par une attaque sur l'Atripalda (2). Les Espagnols furent chassés de cette ville, et il paroît qu'il y eut une nouvelle suspension d'armes, et de nouveaux efforts pour réconcilier les deux vice-rois. Ils eurent même dans ce but une en-

---

(1) J. d'Auton. T. II, c. 3, p. 13.
(2) *Guicciardini*. L. V, p. 275. — *Mariana*. L. XXVII, T. IX, c. 13, p. 420.

trevue près de Melfi (1); mais Louis XII, à son arrivée en Lombardie, ayant été informé de ce qui s'étoit passé jusqu'alors, écrivit au duc de Nemours de sommer Gonzalve d'évacuer dans les vingt-quatre heures la Capitanate et la Basilicate, ou de se préparer à la guerre. Le terme étoit trop court pour laisser de doute sur le parti que prendroient les Espagnols, et la guerre commença. (2)

Dans les premiers jours de juillet, Nemours rassembla toute son armée à Troïa. On remarquoit parmi ses capitaines, d'Aubigny, la Palisse, Louis d'Ars, d'Allègre, Brienne, Chandieu, d'Urfé, Comminges, Villars, et Gaspard de Coligny. Il avoit sous lui mille hommes d'armes français ou italiens, et trois mille cinq cents piétons, français, dauphinois ou lombards. Son artillerie étoit commandée par Regnault de Samant; elle se composoit de quatre canons, deux grosses et six moyennes couleuvrines, et quatorze fauconneaux (3). Un mois plus tard, il reçut encore le renfort de trois mille Suisses que Louis XII lui envoya par mer (4). Quoique

---

(1) J. d'Auton. T. II, c. 7, p. 28.

(2) J. d'Auton, c. 8, p. 32. Cet auteur donne toujours à entendre que c'étoit non la Basilicate, mais le Principato qui étoit disputé entre les deux nations. Les lieux qu'il cite paroissent cependant indiquer que sa géographie est erronée.

(3) J. d'Auton. T. II, c. 10, p. 37.

(4) *Ibid.*, c. 14, p. 65.

cette armée semblât peu considérable, Gonzalve ne se crut pas en état de tenir la campagne contre elle; il avoit cependant sous ses ordres six cents hommes d'armes, trois mille Allemands, quatre mille piétons espagnols ou biscayens, et sept cents genétaires, nom que les Espagnols donnoient alors à leurs chevau-légers qui combattoient encore à la manière des Maures. Gonzalve les distribua entre Barlette, Cerignola, Andria, Canosa, et quelques autres villes. (1)

Le 12 juillet, Nemours entra dans le pays ennemi par l'Incoronata, où il s'arrêta trois jours. C'étoit une des plus belles maisons de chasse des rois de Naples. Il poussa Gaspard de Coligny jusqu'à la Cerignola. Quoique cette place fût occupée par une force supérieure, Coligny y causa une grande alarme; il tua beaucoup de monde aux ennemis, et il fit ensuite, sans se laisser entamer, sa retraite sur le corps d'armée principal (2). De leur côté, les Espagnols évacuèrent la Cerignola pour se retirer à Canosa. Cette ville, bien fortifiée, bien pourvue de vivres, étoit défendue par douze cents Espagnols commandés par deux de leurs meilleurs capi-

(1) J. d'Auton, c. 10, p. 36. — *Fr. Guicciardini.* L. V, p. 275. — *Pauli Jovii Vita magni Consalvi.* L. II, p. 202. — *Fr. Belcarii.* L. IX, p. 254. — *Arn. Ferronii.* L. III, p. 44. — *Mariana.* T. IX, L. XXVII, c. 13, p. 424.

(2) J. d'Auton, c. 10, p. 38.

taines, Péralta et Pietro Navarro. Le 16 juillet, 1502. Nemours en entreprit le siége; son artillerie tira sans relâche durant quatre jours contre les remparts, après quoi les brèches furent jugées assez larges pour tenter l'assaut. Chaque compagnie fournit l'élite de ses soldats, formant le cinquième du nombre total, pour monter à la brèche. On leur prodigua le vin; on plaça devant leurs rangs des tonneaux défoncés, où ils n'avoient qu'à puiser, et l'assaut commença. Parmi les plus vaillans, on distingua encore Louis d'Ars et Bayard, chevalier dauphinois, qui commençoit à se faire un nom; mais leur bravoure ne put triompher de la belle résistance de Péralta et des Espagnols. Il fallut rappeler les troupes, qui avoient déjà beaucoup souffert. Un second assaut fut livré trois jours après, avec non moins de valeur des deux parts, mais avec un même succès. Un troisième étoit ordonné pour le lendemain; cependant les Espagnols, épuisés de fatigue, et qui avoient déjà perdu un quart de leurs soldats, entrèrent en négociation avec le sire d'Aubigny, dont la loyauté étoit célébrée dans tout le royaume de Naples. Ils obtinrent une capitulation honorable : ils sortirent avec armes et bagages pour se retirer à Barlette, et d'Aubigny, pour être plus sûr qu'ils ne fussent point inquiétés dans leur marche, les accompagna, avec deux cents hommes d'armes, jusqu'à ce qu'ils fussent en lieu de sûreté. (1)

Louis d'Ars pressa alors Nemours de lui confier un petit corps d'armée, avec lequel il se faisoit fort de se rendre maître de Tarente, secondé, comme il l'étoit, par les gens du pays. En effet, André Matthieu d'Aquaviva, et les princes de Salerne et de Bisignano, avoient passé au parti français, qui sembloit préféré par les Napolitains. Toutefois, Nemours ne voulut point consentir à une entreprise qu'il jugea trop hasardeuse. Louis d'Ars surprit alors la ville de Biséglia; mais bientôt il y fut attaqué par un nombre d'Espagnols fort supérieur à ce qu'il avoit de soldats. Nemours, qui étoit jaloux de son activité, refusa de lui envoyer des secours; il ne voulut point permettre à la Palisse d'y marcher, et la ville auroit été perdue, avec un des meilleurs capitaines de l'armée française, si Bayard n'y avoit pas couru de lui-même. (2)

Gonzalve étoit à Barlette avec le plus grand nombre de ses soldats espagnols. Nemours s'approcha de lui avec l'intention de l'y assiéger; mais, ayant jugé la ville trop forte pour se flatter de s'en rendre maître par une attaque régulière, encore que ce fût le moment où il venoit de recevoir le renfort de trois mille Suisses que

---

(1) J. d'Auton, c. 11, p. 42-52. — *Fr. Guicciardini.* L. V, p. 282.

(2) J. d'Auton, c. 13, p. 55.

lui avoit envoyé le roi, il aima mieux occuper par ses garnisons les villes de la Pouille qui entourent Barlette, se flattant de séparer ainsi Gonzalve de Cordoue des provinces qu'il devoit défendre, et de déterminer celles-ci à la rébellion, en leur montrant seulement quelques soldats français. Dans ce but, il fit partir pour la Calabre Humbercourt et Grigny, auxquels il donna seulement cent hommes d'armes et quatre cents fantassins, que commandoit le capitaine Malherbe; mais cette petite armée étoit trop foible pour s'avancer seule dans un pays ennemi. A peine étoit-elle entrée dans la Basilicate, qu'elle fut enveloppée par les Espagnols : Grigny fut tué, Humbercourt fait prisonnier, et tout le reste mis en fuite. Nemours se vit alors obligé d'envoyer en Calabre Aubigny, avec cent hommes d'armes écossais et six cents hommes de pied; il étoit cependant jaloux de ce général, qu'il voyoit être également chéri des soldats et des Calabrois, chez lesquels il alloit faire la guerre. Il disoit que tout le profit de la guerre seroit pour cet heureux Écossais, qui alloit entrer en Calabre; tandis qu'à lui demeureroit, dans l'attaque de Barlette, toute la fatigue et les difficultés. En se séparant, ils s'adressèrent l'un à l'autre des paroles assez vives. D'Aubigny, qui se vantoit d'être du sang royal d'Écosse, opposoit à Nemours une hauteur égale à la sienne. Ce dernier, pour montrer combien étoit facile la victoire dans un pays que Gonzalve ne défendoit pas, quitta son armée à la tête d'un fort détachement, avec lequel il comptoit soumettre les villes voisines de la Pouille; mais il fut repoussé presque partout, et il revint devant Barlette sans s'être illustré par les victoires qu'il annonçoit d'avance. (1)

Louis XII, qui étoit arrivé en Italie au mois de juillet, n'avoit encore reçu que des nouvelles rassurantes sur les progrès des troupes dans le royaume de Naples : il apprenoit que Gonzalve de Cordoue, hors d'état de tenir la campagne, s'enfermoit dans Barlette, tandis que les capitaines français, avec peu de soldats, parcouroient le royaume dans tous les sens. Il croyoit n'avoir autre chose à faire qu'à pourvoir à la sûreté du nord de l'Italie, que les petits cantons suisses, avec lesquels il n'avoit pas encore traité, menaçoient toujours, et que Maximilien annonçoit qu'il alloit traverser, avec une puissante armée, pour aller prendre à Rome la couronne impériale (2). Il étoit plus troublé encore des plaintes universelles qui éclatoient contre son allié l'odieux César Borgia. Il apprenoit que cet audacieux usurpateur violoit tous les traités, tous les droits des foibles; qu'il s'étoit emparé de la principauté de Piombino; qu'il

(1) J. d'Auton, c. 15, p. 66.
(2) *Fr. Guicciardini.* L. V, p. 282.

avoit fait soulever Arezzo contre les Florentins ; qu'il s'étoit rendu maître par trahison du duché d'Urbin et de la seigneurie de Sinigaglia ; qu'il avoit dépouillé de leur État les seigneurs de Camérino, et qu'il les avoit fait étrangler tous les trois ; qu'il menaçoit le seigneur de Sienne, celui de Pérouse, celui de Bologne, et les Florentins. Tous ces princes, tous ces États avoient précédemment traité avec Louis XII, qui leur avoit promis sa protection. Ils recouroient tous à lui contre un homme qui les attaquoit avec les troupes mêmes du roi ; un homme qu'aucune foi ne lioit, qu'aucun traité n'arrêtoit, qui n'hésitoit devant aucun crime. Les Vénitiens eux-mêmes, quoiqu'ils n'eussent rien à craindre de Borgia, représentèrent au roi combien il se faisoit de tort par une telle alliance, combien elle compromettoit le repos de toute l'Italie. (1)

Louis XII, dans un premier mouvement d'indignation, fit partir La Trémoille avec deux cents lances et un gros train d'artillerie, pour marcher au secours des Florentins. Borgia considéroit comme la base de sa politique, de détruire, jusqu'au dernier rejeton, les familles des princes qu'il dépouilloit. Plusieurs, cependant, avoient échappé à ses coups, et tous ceux-là entouroient

---

(1) Macchiavelli, *Legazione al duca Valentino*. Lett. I, p. 2, edit. Firenze, 1767, in-8. — *Fr. Guicciardini*. L. V, p. 285. — Républ. ital. T. XIII, c. 101, p. 171.

le roi, et le sollicitoient de délivrer l'Italie et la chrétienté du pape Alexandre VI et de son fils, deux monstres en horreur à tous les hommes. On crut un moment que les Borgia étoient perdus; le duc Hercule de Ferrare, le duc d'Urbin; les marquis de Mantoue, de Saluces, de Montferrat; les ambassadeurs de Venise, de Florence, de Bologne, de Pise, de Gênes, se réunissoient tous contre lui (1). Le roi avoit fait partir de Milan, où il avoit fait son entrée le 28 juillet, un train d'artillerie qu'il avoit fait charger sur le Pô, pour le diriger contre Borgia (2), lorsque tout à coup, le 6 août, à neuf heures de nuit, Borgia arriva lui-même à Milan; il rencontra le roi au milieu de la rue : il lui dit qu'il étoit accouru pour se soumettre à tous ses ordres, et il lui demanda une sauvegarde, car il le voyoit entouré de tous ses ennemis. En effet, le roi le fit accompagner jusqu'à son logis par cent Allemands, la hallebarde au poing. (3)

Il suffisoit à Borgia d'avoir échappé aux premiers emportemens de la colère du roi; il étoit bien sûr de l'apaiser ensuite par de la flatterie, de la soumission et de belles paroles. Louis ne s'étoit donné la peine d'étudier ni les affaires, ni les traités, ni les droits de chacun; et il ne put

(1) J. d'Auton, c. 16, p. 69.
(2) *Ibid.*, c. 17, p. 79.
(3) *Ibid.*, p. 81.

pas considérer long-temps comme un meurtrier et un empoisonneur un homme si agréable dans ses manières, si empressé, si plein de déférence. « S'il advenoit que en chevauchant le roi mît « pied à terre, ainsi que j'ai vu maintes fois, dit « d'Auton, celui duc de Valentinois, au lieu de « l'écuyer ou du laquais, au dévaler ou au mon- « ter, tenoit l'étrier ou la bride de sa mule ou de « son cheval, et ainsi faisoit du bon valet le com- « pagnon. » (1)

Le cardinal d'Amboise, qui désiroit avec passion parvenir, au moment de la mort d'Alexandre VI, à la chaire de saint Pierre, croyoit que le plus sûr moyen d'obtenir les suffrages des cardinaux, c'étoit de se montrer en toute occasion le protecteur de l'Église. D'ailleurs, Valentinois lui promettoit de disposer pour lui, à la mort de son père, de toute la puissance qu'il exerceroit encore sur le sacré collège par ses nombreuses créatures. Amboise ménagea donc la paix de Borgia avec Louis XII; il le fit renoncer à l'attaque des Florentins, et à quelques unes des entreprises qui avoient le plus alarmé l'Italie; mais il lui promit secrètement son appui pour d'autres projets qu'il méditoit encore. Borgia, bien venu à la cour, suivit le roi d'abord à Pavie, où Louis XII fit son entrée le 8 août;

---

(1) J. d'Auton, c. 17, p. 82.

ensuite à Gênes, où Louis fit, le 26 août, une entrée solennelle (1). Les Français n'avoient jamais vu tant de richesses qu'on en déploya à leurs yeux dans cette occasion. Gênes étoit encore la reine du commerce de la Méditerranée; ses citoyens faisoient des affaires immenses avec les peuples du Levant, qui ne communiquoient presque que par eux avec l'Europe. Au milieu des révolutions de leur république, ils gardoient toujours les avantages plus solides de leur liberté; et ils ne comptoient abandonner au roi que les prérogatives qu'exerçoit habituellement chez eux leur doge. Louis XII fit lui-même, dans l'église de Saint-Laurent, « les sermens accou« tumés et promesses dues, pour maintenir et « garder les droits, franchises et libertés de la « ville de Gênes, comme au seigneur du dit lieu « appartient de faire » (2). Les Génois comptoient que les factions dont ils avoient beaucoup souffert seroient plus fortement réprimées par un roi si puissant, et ils montroient à Louis le plus grand attachement et le plus vif enthousiasme. Toutes les dames, pour orner sa marche triomphale, se présentoient sur leurs balcons, dans leurs plus beaux atours. L'une d'elles, Tommasina Spinola, qui passoit pour une des

(1) J. d'Auton, c. 18, p. 82. — *Fr. Guicciardini.* L. V, p. 281. — *Barth. Senaregæ de Rebus Genuens.*, p. 576.
(2) J. d'Auton, c. 19, p. 106.

plus belles femmes d'Italie, choisit Louis XII pour être son *intendio* (1), nom qui répondoit apparemment à celui de *cicisbeo*, qu'on a employé plus tard; et l'on assure que cette relation de galanterie ne passa jamais les limites de l'honnêteté. Vers le 2 ou le 3 septembre, le roi, croyant n'avoir plus rien à faire pour la sûreté de l'Italie, repartit de Gênes pour rentrer en France, et avant la fin du mois il étoit de retour à Lyon, auprès de la reine. Valentinois avoit pris congé de lui à Gênes, et s'y étoit embarqué pour Rome. (2)

César Borgia ne resta pas long-temps à Rome: il revint presque immédiatement en Romagne, où il rassembla une armée, en laissant entendre qu'il avoit intention de chasser Bentivoglio de Bologne, Jean Paul Baglioni de Pérouse, et Vitellozzo Vitelli de Città di Castello. Ces princes étoient tous feudataires du pape, mais ils se regardoient aussi comme admis sous la protection du roi de France, et Bentivoglio, pour obtenir l'assurance de cette protection, avoit même payé à Louis une somme considérable. Néanmoins, Borgia avoit en Romagne trois cents lances françaises, qu'il comptoit employer contre ces mêmes princes que le roi avoit garantis, et l'on

(1) J. d'Auton, c. 21, p. 121.
(2) *Ibid.*, p. 124. — *Barth. Senaregæ de Rebus Genuens.*, p. 377. — *Fr. Belcarii.* L. IX, p. 256.

savoit que lui et son père se reprochoient de n'avoir pas, malgré les menaces de la France, poussé leurs attaques contre les Florentins. L'expérience de la cour de Louis XII leur avoit appris, disoient-ils, qu'on n'y revenoit point sur le passé, et qu'il ne leur auroit pas été plus difficile de se faire pardonner la conquête de Florence que celle de Piombino ou d'Urbin ; car ces deux États étoient aussi sous la protection de la France. (1)

Cet appui donné aux Borgia causoit cependant une indignation universelle en Italie. Chacun disoit qu'aucun traité, aucun engagement fondé sur une ancienne affection ou d'anciens services, aucun sentiment moral, n'avoient de poids sur la cour de France. Louis XII, dans sa bonhomie, n'avoit pas plus de ressentiment pour les crimes que pour les offenses ; dans son ignorance des affaires, il ne s'apercevoit pas plus des actes de perfidie qu'on lui faisoit commettre que des fautes politiques où on l'entraînoit. Le cardinal d'Amboise, auquel il accordoit une confiance illimitée, ne songeoit qu'à une seule chose, à s'ouvrir le chemin du trône pontifical ; rien ne pouvoit entrer en balance avec ce désir impétueux : ni morale, ni devoir, ni intérêt de la

---

(1) *Fr. Guicciardini*. L. V, p. 284. — *Macchiavelli, della Natura de' Francesi*. T. III, p. 195. — *Républ. ital.*, c. 101, p. 164.

France, ni avantage de la chrétienté. Chaque État d'Italie songea dès-lors à se prémunir contre l'abandon d'un allié de si peu de foi. Les Florentins, quoiqu'ils eussent conclu, le 16 avril 1502, un nouveau traité avec Louis XII, ensuite duquel les places fortes qui leur avoient été enlevées par les généraux de Borgia leur furent rendues au mois d'août (1), cherchèrent à donner plus de vigueur à leur gouvernement, en mettant à la tête de leur république un premier magistrat à vie, le gonfalonier Sodérini (2). Les capitaines et les petits princes qui se croyoient plus particulièrement menacés par Borgia, eurent une conférence à la Magione, dans l'État de Pérouse, où ils convinrent de réunir, pour leur défense commune, sept cents hommes d'armes, quatre cents arbalétriers à cheval, et neuf mille fantassins. C'étoient leurs propres soldats aventuriers qu'ils avoient souvent mis au service de César Borgia, et sur lesquels celui-ci avoit compté pour les opprimer eux-mêmes, en sorte que leur ligue le laissoit en quelque sorte désarmé. Il étoit à Imola au commencement d'octobre, avec peu de soldats, tandis que le duché d'Urbin s'étoit révolté, et que ses ennemis l'entouroient de toutes parts, et s'attachoient surtout à interrompre sa communication avec Rome.

(1) Républ. ital., c. 101, p. 151.
(2) *Ibid.*, p. 164.

Cependant, comme ils respectoient toujours en lui l'allié de la France, ils s'abstinrent de l'attaquer. Borgia, de son côté, avec une adresse consommée, sut les endormir pendant qu'il rassembloit des troupes, les tromper, les diviser par des négociations, dans lesquelles il sembloit aller au-devant de toutes leurs demandes, gagner enfin dix semaines entières, au bout desquelles il les avoit si bien persuadés de sa bonhomie et de sa franchise, que la plupart de ces petits princes confédérés se déterminèrent à rentrer avec leurs troupes à son service, et lui donnèrent pour cela rendez-vous à Sinigaglia. César Borgia y arriva le 31 décembre, avec deux mille chevaux et dix mille fantassins. Ses ennemis, avec lesquels il venoit de se réconcilier, n'avoient pas moins de monde que lui. Mais comme ils entroient dans le logis où un festin leur étoit préparé, ils furent tous arrêtés par l'ordre de Borgia. Deux d'entre eux, Vitellozzo, prince de Città di Castello, et Oliverotto, prince de Fermo, furent aussitôt étranglés, et leurs soldats, attaqués par surprise dans les quartiers qui leur avoient été assignés, furent en même temps dévalisés. Dix-huit jours après, Borgia fit étrangler deux autres de ses prisonniers, qui étoient des princes de la maison Orsini, lorsqu'il fut assuré que le cardinal leur frère avoit été en même temps arrêté à Rome par son père. Ce cardinal fut ensuite empoisonné. Tous les États de ces petits princes, et ceux de leurs confédérés de la Magione, furent en peu de jours occupés par les soldats de Borgia. (1)

Les trahisons de Borgia avoient peut-être dépassé la mesure que Louis XII ou son ministre lui avoient permis d'atteindre. D'Auton ne parle pas de la perfidie ou du massacre de Sinigaglia, et il ne nous reste rien de la correspondance de Louis avec la cour de Rome ; nous savons cependant que le roi fut fort indigné de ce que le pape attaquoit et confisquoit les terres des Orsini, tandis que ceux-ci combattoient à son service dans le royaume de Naples. Il força les Borgia à laisser en paix Gian Giordano Orsini, prince de Bracciano, et Nicolas, comte de Pitigliano ; il engagea les républiques de Toscane à conclure une ligue pour leur défense mutuelle, et il laissa voir qu'il commençoit à se défier du duc de Valentinois et de son père (2). Mais il étoit moins empressé à se détacher d'eux que les Borgia ne l'étoient à se détacher de lui. Mieux instruits qu'on ne pouvoit l'être à la cour de France de ce qui se passoit dans le royaume de Naples, ils savoient que la situation de l'armée française y devenoit toujours plus mauvaise ; ils jugeoient la fortune de France

(1) Républ. ital. T. XIII, c. 101, p. 173-189.
(2) *Fr. Guicciardini.* L. V, p. 293.

sur son déclin; ils recherchoient l'amitié de Gonzalve de Cordoue; ils lui faisoient faire de secrètes propositions d'alliance, tandis qu'ils prenoient avec Louis XII un ton toujours plus arrogant. (1)

Le mécontentement alloit croissant parmi les capitaines français qui faisoient la guerre dans le royaume de Naples. Nemours ne savoit ni se faire obéir ni se faire aimer; il étoit jaloux de ceux qui servoient sous ses ordres. Après les avoir exposés, il se refusoit à marcher à leur aide; en même temps, soit que ses communications avec la France fussent souvent interrompues, soit qu'il dissipât imprudemment l'argent que le roi lui envoyoit, il laissoit manquer la paie à ses soldats. Les Français étoient alors obligés de vivre aux dépens du pays, ce qui mécontentoit les habitans et les poussoit à la révolte (2). D'ailleurs, Nemours ne savoit combiner aucune entreprise militaire, et il laissoit se fondre son armée en présence des Espagnols. Eberard Stuart, sire d'Aubigny, étoit parvenu jusqu'en Calabre avec deux cents hommes d'armes et huit cents fantassins : il avoit payé la rançon du sire d'Humbercourt; et comme il avoit toujours été aimé et respecté dans le pays, il y avoit été rejoint par quelques troupes nationales. Le jour de Noël,

(1) *Fr. Guicciardini*. L. VI, p. 311.
(2) J. d'Auton. T. II, c. 30, p. 164.

il s'étoit présenté devant Terranova, que les ennemis lui abandonnèrent; mais quand il s'approcha de Giérace, ou ensuite de Reggio, il ne put attaquer ces places faute d'artillerie, et bientôt après Porto Carréro arriva d'Espagne dans la province, avec trois cents hommes d'armes, quatre cents génétaires, et quatre mille piétons galiciens. Dès-lors d'Aubigny ne dut plus songer qu'à éviter tout combat. (1)

Jacques de Chabannes, sire de la Palisse, avoit été plus spécialement chargé par Nemours de contenir Fernand Gonzalve dans Barlette, et de le fatiguer par des escarmouches continuelles; quatre cents hommes d'armes et deux mille fantassins étoient mis pour cela sous ses ordres. Les Français étoient logés dans les trois villages de Ruvo, Quarata et Terlizzi, d'où ils faisoient chaque jour des courses contre les Espagnols. Souvent ils offroient la bataille à Gonzalve, qui la refusoit toujours, « disant que à la requête « et entreprise de son ennemi ne se doit nul « aventurer au combat, quelque pouvoir qu'il « aie, si nécessité ne le contraint » (2). Cette apparente timidité mécontentoit les officiers espagnols : leur orgueil en étoit blessé; et ce fut en partie pour satisfaire l'impatience des deux

---

(1) J. d'Auton, c. 22, p. 127. — *Mariana Hist. de Esp.* L. XXVII, c. 14, p. 428.

(2) J. d'Auton, c. 24, p. 135.

armées que, durant l'hiver, plusieurs combats en champ clos furent livrés. C'étoit autant d'épreuves de la valeur nationale, et en même temps un spectacle donné aux soldats et aux peuples. Un premier combat devant Trani, port de mer appartenant aux Vénitiens, tout proche de Barlette, fut livré en vue des deux armées, par onze Espagnols contre onze Français. Après avoir combattu tout le jour, les deux troupes, également affoiblies, et désespérant de la victoire, convinrent de sortir ensemble de la lice, et de laisser indécis l'honneur du combat (1). Un second combat à outrance fut celui de Pierre Bayard, chevalier dauphinois, qui commençoit à acquérir un haut renom, contre don Alonzo de Sotomayor, qui prétendoit avoir été maltraité par lui pendant qu'il étoit son prisonnier. Il se fit à pied, près d'Andria, le 2 février 1503, jour de la purification de la Vierge. Sotomayor y fut tué (2). Un troisième combat à outrance fut enfin livré, le 16 février, entre Barlette et Quarata, par treize Français et treize Italiens. Un Français avoit provoqué ce combat en disant que les Italiens étoient tous des traîtres et des empoisonneurs. Ses compagnons d'armes décla-

---

(1) J. d'Auton, c. 26, p. 140. — Mém. du chev. Bayard. T. XV, c. 23, p. 36.

(2) J. d'Auton, c. 27, p. 149. — Mém. du chev. Bayard. T. XV, c. 22, p. 30.

rèrent qu'ils ne prétendoient point soutenir ces paroles injurieuses, et qu'ils combattoient seulement pour décider laquelle des deux nations montreroit le plus de valeur dans les armes. Après plus de trois heures de combat, les Français furent vaincus, et demeurèrent tous prisonniers des Italiens. (1)

L'issue de ce combat fut pour les Italiens un grand sujet de triomphe au milieu de leurs humiliations, et, pour les Français, l'avant-coureur de leurs revers. Les troupes, privées de paie et vivant aux dépens des habitans, les avoient réduits au désespoir. Ils se soulevèrent à Castellanéta, et livrèrent la garnison française à des Espagnols arrivés de Tarente (2). Nemours, violemment irrité de cet échec, rassembla ses gendarmes cantonnés autour de Barlette, et marcha du côté de Tarente pour se venger. En vain la Palisse lui remontra qu'il ne lui laissoit point de forces suffisantes pour demeurer en présence d'un capitaine aussi habile et aussi actif que Fernand Gonzalve. Nemours ne voulut point changer ses dispositions, et lui répondit seulement : « Si on vous attaque, faites-le-moi

---

(1) J. d'Auton, c. 28, p. 156. — *Fr. Guicciardini.* L. V, p. 296. — *Pauli Jovii Vita magni Consalvi.* L. II, p. 211. — Républ. ital., c. 101, p. 146.

(2) J. d'Auton, c. 30, p. 163. — *Fr. Guicciardini.* L. V, p. 296. — *Arn. Ferronii.* L. III, p. 48.

« savoir, et je vous donnerai bon et brief se-
« cours. » La Palisse demeuroit à Ruvo, à quatre
milles de Barlette, avec soixante lances seulement. A peine Nemours étoit parti depuis deux
jours, que Gonzalve parut devant Ruvo avec
une armée redoutable et une puissante artillerie.
En moins de quatre heures, il eut fait une brèche de deux cents pas de large, et la Palisse, qui
défendit cette brèche avec la plus obstinée valeur, fut accablé par le nombre, et fait prisonnier avec tous ses soldats. (1)

De nouveaux malheurs avoient bientôt suivi
ce premier désastre. La flotte française de Prégent-le-Bidoux avoit été battue devant le promontoire Japyge, et n'avoit évité son entière
destruction qu'en se réfugiant à Otrante sous
la protection des Vénitiens (2). Des renforts
nombreux étoient arrivés aux Espagnols dans
la Calabre. Aubigny avoit dissipé les premiers
dans une bataille qu'il avoit gagnée à Terranova (3). Mais ses ennemis augmentant sans cesse
en nombre avoient bientôt regagné du terrain
sur lui, et, le 21 avril, ils l'avoient défait, à son
tour, à Séminara. L'armée d'Aubigny avoit été

(1) J. d'Auton, c. 31, p. 165. — *Pauli Jovii Vita magni
Consalvi*. L. II, p. 216. — Républ. ital., c. 101, p. 198.
(2) J. d'Auton. Vol. I, c. 72, p. 317. — *Pauli Jovii Vita
magni Consalvi*. L. II, p. 214.
(3) *Pauli Jovii*. L. II, p. 218. — *Arn. Ferr.* L. III, p. 49.

complétement dissipée dans cette bataille. Lui-même il s'étoit réfugié, avec le capitaine Malherbe, dans la petite forteresse d'Angitula; mais il y étoit assiégé par les Espagnols, et il avoit peu d'espérance d'en pouvoir échapper. (1)

De son côté, Fernand Gonzalve, après avoir passé sept mois enfermé à Barlette, et y avoir fait supporter à son armée, avec une patience et un courage admirables, de cruelles privations, avoit enfin reçu des renforts; Octavien Colonna lui avoit amené deux mille Allemands; Pietro Navarra et Louis de Erréra l'avoient rejoint, avec tous les soldats qu'ils commandoient, à Tarente. Se sentant désormais le plus fort, Gonzalve sortit de Barlette le 28 avril, passa l'Ofanto, et se dirigea vers Cérignoles, où il arriva le même jour. Nemours avoit de son côté réuni son armée à Canosa, d'où il avoit marché sur Cérignola, et il y étoit arrivé presque en même temps que Gonzalve. Il avoit sous ses ordres cinq cents lances françaises, quinze cents chevau-légers et quatre mille fantassins. L'armée espagnole comptoit dix-huit cents chevaux pesamment armés, cinq cents génétaires, deux mille fantassins espagnols et deux mille Allemands. La chaleur étoit déjà excessive dans les plaines brûlées de la Pouille; l'eau manquoit

(1) *Arnoldi Ferronii.* L. III, p. 51. — J. Molinet, c. 321, p. 209. — Républ. ital., c. 101, p. 204.

aux deux armées, et les mouvemens de la cavalerie soulevoient des nuages de poussière qui cachoient à l'une les évolutions de l'autre. Les Espagnols, arrivés les premiers, s'étoient placés derrière un large fossé ; sur son bord, ils avoient relevé un petit rempart, et ils y avoient mis des canons en batterie. Parmi les capitaines français, les uns vouloient attaquer à l'heure même, les autres attendre au lendemain. La dispute s'échauffa, et mit de l'aigreur entre les chefs, qui n'avoient jamais été bien d'accord ; elle fit perdre un temps précieux, car lorsque l'attaque immédiate fut enfin résolue, elle ne commença que demi-heure avant la nuit. Nemours, qui la conduisoit, à la tête de l'aile droite, fut tout à coup arrêté par le fossé, dont il ne soupçonnoit pas l'existence ; et, comme il le longeoit pour chercher un passage, il fut atteint d'une balle qui l'étendit roide mort. Chandieu, qui arriva à son tour sur le bord du fossé, à la tête des troupes suisses, y fut également tué ; Louis d'Ars et Yves d'Allégre furent forcés à prendre la fuite ; Châtillon fut fait prisonnier, et en demi-heure l'armée française perdit trois à quatre mille hommes, tous ses bagages et tous ses vivres. Le lendemain, Gonzalve se mit à la poursuite des fuyards avec la plus grande activité : en même temps, tout le pays se déclaroit contre eux ; ils ne trouvoient nulle part ni assistance, ni repos, ni nourriture, et leur fuite désastreuse continua jusqu'aux portes de Gaëte. (1)

1503.

Pendant que le duc de Nemours et les généraux français perdoient ainsi le royaume de Naples, Louis XII, qui commençoit à se fatiguer de ces expéditions lointaines, cherchoit à terminer la guerre et à se réconcilier avec l'Espagne, se soumettant pour cela aux conditions les plus désavantageuses. Philippe d'Autriche, fils de Maximilien et gendre de Ferdinand et Isabelle, étoit reparti abruptement d'Espagne le 22 décembre 1502. Il avoit excité la jalousie de Ferdinand-le-Catholique; Isabelle étoit blessée de son manque d'égards pour sa fille, et Jeanne, dont la seconde grossesse étoit avancée, se voyant abandonnée par son époux, tomba dans un désespoir qui troubla sa raison. Malgré la guerre qui s'étoit allumée entre l'Espagne et la France, depuis son premier passage, malgré la mauvaise foi de Maximilien, qui ne vouloit plus exécuter le traité de Trente, Philippe n'hésita point à se confier de nouveau à Louis XII et à traverser la France : Louis cependant se

(1) J. d'Auton interrompt son récit avant ce désastre. — Saint-Gelais, Hist. de Louis XII, p. 171. — Mém. de Fleuranges. T. XVI, p. 15. — Mém. de Louis de La Trémoille. T. XIV, c. 11, p. 166. — *Fr. Belcarii.* L. IX, p. 267. — *Arn. Ferronii.* L. III, p. 52. — Républ. ital., c. 101, p. 211. — J. Molinet, c. 321, p. 205.

fit un devoir de lui donner des otages pour sa sûreté : ce furent le duc d'Alençon, les comtes de Foix, de Vendôme et de Montpensier, qui furent, à l'entrée du carême, conduits à Valenciennes (1). En même temps le roi, qui étoit à Blois, revint à Lyon pour rencontrer l'archiduc, qu'il savoit être accompagné de deux ambassadeurs de Castille et d'Aragon, munis de pleins-pouvoirs pour traiter de la paix. Cette paix étoit également désirée par les deux monarchies; elle fut assez vite conclue. La Capitanate avoit été l'objet du différend (2). Il fut convenu que cette province seroit consignée, de part et d'autre, à l'archiduc Philippe, qui s'engageoit à la maintenir neutre. En même temps, Louis XII cédoit tous ses droits sur le royaume de Naples à madame Claude de France sa fille, et Ferdinand cédoit tous les siens à Charles d'Autriche, duc de Luxembourg, son petit-fils : ces deux enfans, promis en mariage, devoient porter dèslors les titres de roi et reine de Naples; mais, jusqu'à ce qu'ils fussent en âge nubile, les vice-rois nommés par Louis XII et par Ferdinand gouverneroient en paix, chacun la partie du royaume qui leur étoit assignée par le traité de

(1) J. d'Auton, c. 23, p. 130. — J. Molinet, c. 320, p. 203. — *Mariana Hist. de Esp.* T. IX, L. XXVII, c. 14, p. 431.

(2) Dans le traité il n'est question ni de la Basilicate ni du Principato.

Grenade. Cette convention fut signée à Lyon, le 5 avril 1503, plutôt, il est vrai, sous la forme d'un protocole de conférences que sous celle d'un traité. (1)

D'Aubigny fut défait à Séminara le 21 avril, et Nemours à Cérignola le 28 avril. Il étoit difficile que les deux courriers dépêchés, l'un par Louis XII, l'autre par l'archiduc Philippe, aux généraux français et espagnols, pour leur ordonner de suspendre toute hostilité, et de s'arrêter dans la position où ils se trouveroient, leur arrivassent au fond de la Calabre et au fond de la Pouille avant ces deux batailles. Nous ne savons point combien ils furent retardés par l'interruption des postes et les soulèvemens du pays, ni à quelle époque précise ils arrivèrent; mais les généraux français se déclarèrent prêts à obéir, tandis que Gonzalve répondit qu'il ne pouvoit suspendre ses opérations militaires dans un moment si décisif, sans avoir reçu un ordre de ses souverains, les rois catholiques (2). En effet, rien ne lui garantissoit que l'archiduc eût de pleins pouvoirs de ses maîtres, et les historiens espagnols ont affirmé le contraire (3).

(1) Traités de Paix. T. II, p. 3. — Dumont, Corps diplom. T. IV, P. 1, p. 27. Pâques étant, cette année, le 16 avril, le traité porte la date de 1502.
(2) *Guicciardini.* L. V, p. 300.
(3) *Mariana.* T. IX, L. XXVII, c. 19, p. 465.

1503. D'ailleurs ses généraux étoient, de toutes parts, sur les traces des Français, qu'ils poursuivoient, et auxquels ils ne permettoient de se rallier nulle part. Don Pedro de Paz suivoit Yves d'Allégre, qui, par Atripalda, avoit pris la route de Naples, mais qui, trouvant cette ville déjà soulevée, dut continuer sa retraite par Capoue et Suessa, et rassembla les débris de l'armée française entre Gaëte et Trajetto. Fabrice Colonna marcha sur l'Aquila et soumit l'Abruzze; Prosper Colonna se fit ouvrir les portes de Capoue et de Suessa, et se rendit maître de toute la campagne Félice jusqu'au Garigliano. D'Aubigny fut réduit à capituler à Angitula; il demeura prisonnier, mais il obtint, pour ses compagnons d'armes, la liberté de rentrer en France. Gonzalve de Cordoue entra dans Naples le 14 mai, et Pietro Navarro, attaquant par la mine les châteaux de cette capitale, se rendit maître, le 11 juin, du Château-Neuf, et le 1er juillet, du Château de l'OEuf. Garcias de Parédès enfin assiégea Venosa, où Louis d'Ars s'illustra par une longue résistance, en même temps que le prince de Rossano défendoit, avec la même obstination, le château de Santa Sévérina. (1)

Le royaume de Naples étoit conquis, et il

(1) *Fr. Guicciard.* L. V, p. 304. — *Pauli Jovii Vita magni Consalvi.* L. II, p. 224. — *Arn. Ferronii.* L. III, p. 53. — Républ. ital., c. 101, p. 211.

n'est pas étrange que les rois catholiques se re-
fusassent après la victoire à ratifier une paix
qu'ils avoient désirée seulement quand ils se
croyoient sur le point d'une défaite. Cependant
l'archiduc avoit suivi Louis XII à Blois; c'est
là qu'il apprit que son injonction aux généraux
espagnols, de suspendre les hostilités, avoit été
méprisée. Il sentoit son honneur compromis, et
il déclaroit qu'il ne quitteroit point cette ville
que la ratification des rois catholiques ne fût
arrivée. Ceux-ci ne l'avoient pas d'abord directement refusée; ils cherchoient à gagner du
temps; ils se plaignoient que l'archiduc eût dépassé, si ce n'est ses pouvoirs, du moins les instructions qui les accompagnoient. Ils faisoient
des propositions nouvelles, celle entre autres de
rétablir le roi Frédéric sur le trône; ils avoient
envoyé pour cela des ambassadeurs à Blois. Ceux-
ci, pressés également par le roi et par l'archiduc,
déclarèrent enfin qu'ils ne pouvoient ratifier le
traité de Lyon. Ils furent alors congédiés par
Louis XII avec colère, et ils reçurent de vifs reproches sur la mauvaise foi de leurs maîtres. (1)

Louis XII étoit irrité de s'être laissé tromper;
dès l'ouverture des négociations de l'archiduc
Philippe, il avoit suspendu ses envois de troupes

---

(1) *Guicciardini.* L. VI, p. 305. — Saint-Gelais, p. 172.
— *Fr. Belcarii.* L. IX, p. 265. — *Mariana.* L. XXVII, c. 14.
p. 470.

et d'argent en Italie, et il s'apercevoit à présent qu'après avoir conquis le royaume de Naples par la valeur française, c'étoit lui qui l'avoit donné aux Espagnols; car ils n'auroient jamais pu y entrer sans son aide. Il résolut d'attaquer de tous les côtés l'Espagne avec vigueur, et de faire repentir les rois catholiques de leur mauvaise foi. Il chargea Louis de La Trémoille du commandement d'une puissante armée, qu'il fit rassembler dans le Milanez, pour secourir Gaëte, et reconquérir le royaume de Naples. En même temps deux autres armées devoient entrer en Espagne; l'une par le Roussillon, l'autre par la Navarre. Il imposa une crue de 288,105 livres sur les quatre généralités du royaume, pour subvenir aux dépenses de la guerre (1). Il demanda des aides à ses différentes bonnes villes; celle de Paris avoit été taxée à 40,000 livres; toutefois le roi se contenta de 30,000 (2) : il profita du traité qu'il venoit de signer avec les Suisses, pour lever chez eux une nombreuse infanterie.

Cependant ces premières résolutions, que la colère avoit dictées, ne furent point suivies avec assez d'énergie ou assez de prudence, pour en assurer le succès. Le sire d'Albret, et le maréchal de Gié, avec quatre cents lances et cinq

(1) Hist. de Languedoc. T. V, L. XXXVI, p. 96.
(2) Isambert. T. XI, p. 438.

mille fantassins, partie Suisses, partie Gascons, furent chargés d'attaquer l'Espagne du côté de Fontarabie ; le maréchal de Rieux, avec huit cents lances et huit mille fantassins, Suisses et Français, attaqua le Roussillon. La Trémoille, enfin, conduisit en Italie huit cents lances et cinq mille Gascons, auxquels le bailli de Dijon devoit joindre huit mille Suisses (1). L'armée de Fontarabie ne fit rien de digne de mémoire : l'argent lui manqua ; Gié et Albret étoient jaloux l'un de l'autre, et le dernier étoit suspect de favoriser en secret les Espagnols (2). L'armée de Roussillon, grossie par l'appel aux armes de la noblesse du Languedoc, investit, le 10 septembre, la ville de Salses, que Pietro Navarro avoit pris soin de fortifier depuis que les Français l'avoient évacuée. Les assiégeans souffrirent beaucoup durant cinq semaines de tranchée, et ils furent enfin obligés de se retirer en Languedoc, lorsqu'ils apprirent que Ferdinand étoit arrivé à Perpignan le 19 octobre, avec des forces considérables. Le maréchal de Rieux fut poursuivi dans cette province par Frédéric de Tolède, duc d'Albe, capitaine général du Roussillon, qui prit aux Français beaucoup de châteaux forts sur cette frontière, et qui étendit

(1) *Guicciardini*. L. VI, p. 312. — *Fr. Belcarii*. L. IX, p. 271.

(2) *Fr. Belcarii*. L. X, p. 277.

ses ravages jusqu'aux portes de Narbonne. (1)

Le sort de l'armée destinée contre le royaume de Naples fut bien plus triste encore. La Trémoille, avec les contingens que devoient lui fournir les Florentins, les Siennois, les princes de Ferrare, de Mantoue et de Bologne, devoit se trouver à la tête de dix-huit cents lances et dix-huit mille fantassins : une flotte puissante devoit en même temps le seconder. D'autre part, les Borgia, pour lesquels le roi avoit sacrifié tant d'hommes et d'argent, pour lesquels il avoit compromis son honneur, s'étoient montrés infidèles dès qu'ils avoient vu que la fortune abandonnoit les Français. Ils avoient tout à coup interdit aux Français de se pourvoir de vivres dans l'État romain, et ils avoient ainsi hâté les désastres du duc de Nemours (2). César Borgia avoit une belle armée sous ses ordres, qu'il offroit tour à tour à Gonzalve de Cordoue ou aux Français; mais pour se ranger sous les drapeaux des derniers, il demandoit que le roi lui abandonnât deux de ses alliés, Gian Giordano Orsini, et les Florentins. Déjà les envoyés de Louis XII étoient entrés avec lui, sur cette base, dans de honteuses négociations, quand tout à

---

(1) *Fr. Belcarii*. L. X, p. 277. — *Arn. Ferronii*. L. III, p. 61. — Hist. gén. de Languedoc. T. V, L. XXXVI, p. 97. — *Mariana Hist. de Esp.* T. X, L. XXVIII, c. 3, p. 19.

(2) *Fr. Belcarii*. L. IX, p. 271.

coup, le 18 août 1503, le pape Alexandre VI fut frappé d'une mort presque subite. Le duc César Borgia, son fils, et le cardinal de Cornéto, qui devoient souper avec lui dans sa maison de campagne, furent rapportés moribonds à Rome; et le bruit se répandit que tous trois s'étoient empoisonnés en même temps, avec un breuvage qu'ils avoient préparé pour d'autres. (1)

Au moment de la mort de ce pape détesté, Rome et tout l'État romain éprouvèrent un bouleversement universel. Les Colonna et les Orsini, qu'il avoit persécutés tour à tour, prirent en même temps les armes; tous les seigneurs, tous les petits princes que César Borgia avoit dépouillés, rentrèrent en triomphe dans leurs États : les peuples de Romagne seuls ne firent aucun mouvement. Borgia avoit pris à tâche de détruire par le fer ou le poison toute la race de leurs princes, et ceux qui avoient pu lui échapper se tenoient encore cachés ou à de grandes distances. En même temps les cardinaux accoururent à Rome; ils se rassemblèrent dans l'église de Santa-Maria sopra Minerva, tandis que Valentinois moribond, mais toujours actif d'esprit, occupoit avec ses troupes le Vatican, et négocioit avec les partis divers. Tour à tour il s'a-

---

(1) *Fr. Guicciardini.* L. VI, p. 314. — *Fr. Belcarii.* L. IX, p. 272. — *Pauli Jovii Vita Leonis X.* L. II, p. 82. — *Républ. ital.*, c. 102, p. 242.

dressoit aux Colonna dans Rome, aux Français, dont l'armée s'étoit avancée jusqu'à Népi, aux cardinaux enfin nommés par son père, dont il y en avoit dix-huit d'Espagnols, et ceux-ci lui avoient promis de laisser régler par lui leurs suffrages dans le conclave. Tout mourant qu'on le croyoit, il inspiroit encore de la crainte et du respect. (1)

L'armée française étoit entrée en Toscane par Pontrémoli : mais La Trémoille avoit cessé de la conduire ; il étoit tombé si gravement malade à Parme, qu'il avoit été forcé d'en abandonner le commandement au marquis de Mantoue, le premier en rang, dans l'armée, après lui. Toutefois, les Français obéissoient mal volontiers à un prince étranger, qu'ils avoient combattu huit ans auparavant à Fornovo, et c'étoit une cause d'insubordination dans leur camp. Le cardinal d'Amboise arriva en poste à cette armée, lorsqu'il reçut la nouvelle de la mort du pape; il avoit remis en liberté les cardinaux d'Aragon et Ascagne Sforza, sous condition qu'ils régleroient dans le prochain conclave leur suffrage sur le sien, et il les amenoit avec lui. Il donna ordre au marquis de Mantoue de s'arrêter à Népi, pour imposer aux cardinaux par la présence d'une si puissante armée, et les ambassadeurs

(1) *Fr. Guicciardini.* L. VI, p. 315. — *Fr. Belcarii.* L. IX, p. 273. — *Macchiavelli, del Principe,* c. 7, p. 259. — Républ. ital., c. 102, p. 248.

de France signèrent, le 1ᵉʳ septembre, un traité avec César Borgia, qui promit à Amboise les suffrages des dix-huit cardinaux qui dépendoient de lui, et l'appui de son armée. (1)

1503.

Mais le cardinal d'Amboise ne tarda pas à éprouver que le talent qui lui suffisoit pour conduire un monarque absolu ne suffisoit pas pour maîtriser un conclave. Les cardinaux le requirent d'abord de faire respecter l'indépendance des électeurs, en éloignant les armées de Rome. En effet il donna ordre aux Français de ne point dépasser Népi, et il engagea Valentinois, quoique toujours malade, à s'y faire transporter en litière, et à s'y faire suivre par ses soldats. Amboise consentit ensuite, pour gagner du temps, à porter toutes les voix dont il disposoit, sur un vieillard malade, doyen des cardinaux, qui ne pouvoit vivre que quelques semaines, pendant lesquelles on prépareroit l'élection future ; et en effet François Piccolomini fut élu le 22 septembre, presque à l'unanimité ; il fut couronné le 8 octobre, sous le nom de **Pie III**, et il mourut le 18 octobre. Pendant son court pontificat, l'armée française s'étoit remise en marche ; elle avoit passé le Tibre, et elle étoit arrivée sur les bords du Garigliano, où elle avoit rejoint les

(1) *Fr. Guicciardini.* L. VI, p. 317. — *Jac. Nardi.* L. IV, p. 157. — *Fr. Belcarii.* L. IX, p. 273. — *Arnoldi Ferronii.* L. III, p. 54. — Républ. ital., c. 102, p. 254.

restes de l'armée du duc de Nemours, que le marquis de Saluces y avoit rassemblés et réorganisés. (1)

Dès que l'armée française eut quitté le voisinage de Rome, le cardinal d'Amboise se trouva le plus foible parmi les cardinaux chefs de parti. Il reconnut l'impossibilité d'obtenir lui-même la tiare, et il consentit à favoriser de toute l'influence de la France le cardinal de Saint-Pierre *ad vincula*, Julien de la Rovère, qui, objet de la violente inimitié d'Alexandre VI, s'étoit réfugié en France, et avoit paru dès-lors tout Français. D'autre part, la Rovère s'étoit réconcilié avec César Borgia; par leurs efforts réunis, il fut porté sur la chaire de saint Pierre le 31 octobre, jour même où les cardinaux entrèrent au conclave, avant qu'on eût eu le temps de les enfermer.

Le nouveau pontife, qui avoit pris le nom de Jules II, avoit promis sous serment de pardonner à Borgia toutes ses anciennes offenses; il ne se vengea pas de lui en effet, mais il demeura témoin de sa ruine sans lui tendre la main. L'armée de Borgia, attaquée auprès du Vatican par les Orsini, fut dissipée; toute la Romagne se ré-

---

(1) *Onofrio Panvino Vita di Pio III*, p. 481. — *Fr. Guicciardini*. L. VI, p. 318. — *Raynaldi Annal. eccles.* 1503, §. 15. — *Fr. Belcarii*. L. IX, p. 274. — *Arn. Ferronii*. L. III, p. 54.

volta; les Vénitiens s'emparèrent de quelques unes de ses petites principautés, et reçurent sous leur protection les fils des anciens seigneurs, qui recouvrèrent les autres. Borgia s'étoit réfugié au Vatican, d'où il passa au château Saint-Ange. Après quelque hésitation, il se détermina à s'embarquer à Ostie pour la Spezzia, d'où il comptoit revenir en Romagne; mais comme il alloit partir de cette ville, le pape l'y fit arrêter le 22 novembre. (1)

L'armée française, que le marquis de Mantoue avoit conduite jusqu'aux bords du Garigliano, trouva en face d'elle Gonzalve de Cordoue, avec neuf cents hommes d'armes, mille chevaux et neuf mille fantassins espagnols. Gonzalve, inférieur en forces à l'armée française, l'étoit encore plus par sa position dans une plaine basse, inondée, sans habitations, et où ses soldats devoient loger dans la fange. Sur la droite, au contraire, du Garigliano, les villes de Gaëte, Itri, Fondi et Trajetto, offroient aux Français de bons logemens et des vivres. La rive qu'ils occupoient, sur laquelle une tour désignoit encore le site de Minturne, commandoit la rive espagnole, et le 5 novembre ils jetèrent un pont sur la rivière; cependant Gonzalve avoit fait au-

---

(1) *Macchiavelli*, *Legaz. alla corte di Roma*. T. VI, p. 397-448. — *Républ. ital.*, c. 102, p. 262.

delà une profonde coupure dans les marécages; il s'y étoit fortifié de nouveau, et il y arrêta les Français (1). Il falloit forcer ce nouvel obstacle, et c'étoit là qu'on s'attendoit à voir livrer la grande bataille qui devoit décider du sort de l'Italie. Les ambassadeurs de toute la chrétienté, réunis à Rome, recevoient d'heure en heure des courriers de l'armée de France; on annonçoit toujours qu'elle étoit à la veille d'attaquer; mais des pluies violentes et continuelles l'avoient poursuivie depuis qu'elle avoit dépassé Rome. Ces pluies avoient fait échouer la première tentative des Français, pour forcer leur passage de Pontecorvo à San-Germano; ils avoient alors renoncé à la guerre des montagnes pour se concentrer dans la plaine. De nouveau ces pluies les faisoient hésiter à s'engager avec leur pesante cavalerie dans les terrains inondés, à la gauche du Garigliano. Ils comptoient que dès que les pluies s'arrêteroient, le terrain, devenu plus ferme, supporteroit les pieds des chevaux, et que le large fossé qui couvroit Gonzalve, n'étant plus rempli d'eau, seroit moins difficile à franchir. Ils attendoient donc le retour du beau temps, et ils ne pouvoient, dans le climat de la

---

(1) *Fr. Guicciardini.* L. VI, p. 327. — Macchiavelli, *Legazione a Roma.* T. VI, p. 394. — *Pauli Jovii Vita magni Consalvi.* L. II, p. 233. — Républiques italiennes, c. 102, p. 277.

Campanie heureuse, le croire éloigné, après des pluies déjà si longues. (1)

Pendant ces pluies obstinées, les Français, maîtres du Garigliano et d'une tête de pont au-delà, crurent pouvoir s'éparpiller sans crainte pour se loger dans les villes et villages situés dans un rayon de dix milles à partir de Minturne. Les Espagnols tentèrent à plus d'une reprise de surprendre la tête de pont pour les inquiéter dans leurs quartiers. Dans une de ces rencontres, Bayard arrêta seul, si nous devons en croire son loyal serviteur, don Pedro de Paz, qui se précipitoit sur le pont avec deux cents chevaux espagnols. (2)

Le roi avoit pris des mesures pour que son armée ne manquât de rien dans le pays riche et abondant où elle avoit ses quartiers. Mais les Français dédaignoient d'obéir à un marquis italien; ils n'observoient dans le camp aucune discipline, et le désordre et la débauche dissipèrent en peu de temps leurs magasins et les ressources du pays. Les paysans, pillés par les soldats, loin d'approvisionner les marchés, ne songeoient plus qu'à cacher tout ce qu'ils possédoient. En même temps, les commissaires des vivres, se sentant plus éloignés de toute inspection,

(1) Macchiavelli, *Legazione alla Corte di Roma*. T. VI, p. 494 et seq.
(2) Mém. du chev. Bayard. T. XV, c. 25, p. 45.

1503. avoient commencé, dans le royaume de Naples, à voler avec l'impudeur la plus scandaleuse. Déjà, par leurs déprédations, ils avoient eu beaucoup de part à la ruine de Nemours et d'Aubigny, et ils recommençoient à exercer leur coupable industrie sur l'armée du marquis de Mantoue. Sachant qu'ils seroient toujours soupçonnés, souvent menacés, maltraités ou pillés, ils n'entreprenoient point un métier si dangereux et si peu honorable s'ils sentoient dans leur cœur une probité sévère. D'autre part le mécontentement alloit croissant dans les cantonnemens des Français : tantôt ils accusoient à haute voix les munitionnaires, tantôt leurs généraux ; on répétoit les propos les plus offensans contre le marquis de Mantoue ; beaucoup de chevaliers et de soldats, perdant patience, s'éloignoient sans congé d'un camp toujours inondé par les pluies ; les maladies commençoient à se multiplier ; le marquis de Mantoue, atteint lui-même de la fièvre quarte, et dégoûté de son commandement par l'indiscipline de son armée, le remit au marquis de Saluces le 1er décembre, et se retira dans ses États. (1)

La position de l'armée espagnole étoit infini-

(1) *Fr. Guicciardini.* L. VI, p. 327. — *Macchiavelli, Legazione.* T. VI, p. 398 à 470. — *Pauli Jovii Vita magni Consalvi.* L. II, p. 235. — *Fr. Belcarii.* L. X, p. 278. — *Arn. Ferronii.* L. III, p. 55.

ment plus mauvaise que celle de l'armée française. Campée dans une plaine basse, abritée seulement par des cabanes de feuillage, couchant dans la fange, et laissée par les rois d'Espagne sans argent et presque sans vivres, elle ne s'écartoit jamais à plus d'un mille de la tête de pont qu'elle surveilloit; mais elle donna des preuves signalées de la patience, de la sobriété et de la force de constitution des Espagnols pour résister à un climat pernicieux; de même que Gonzalve de Cordoue manifesta le pouvoir qu'il exerçoit sur les esprits et la constance de son caractère. Pendant cinquante jours des pluies effroyables l'inondèrent constamment dans son camp, et pendant cinquante jours il resta à la même place, partageant toutes les souffrances des soldats, sans qu'aucun d'eux osât se plaindre. Vers la fin de l'année, Barthélemi d'Alviano vint le rejoindre avec toute la cavalerie des Orsini. Il savoit que les Français s'affoiblissoient toujours plus; et, dans la nuit du 27 décembre, il fit jeter par l'Alviano un pont à Sugio, sur le Garigliano, à quatre milles au-dessus du camp français. Il donna l'ordre à son arrière-garde d'attaquer au point du jour la tête de pont des Français à Minturne; et remontant en même temps le long du Garigliano avec son corps de bataille, il traversa la rivière à la suite de l'Alviano. Yves d'Allègre, averti du passage de l'Alviano, essaya d'abord, par une attaque impétueuse de cavalerie, de le repousser sur l'autre bord; mais rencontrant le gros de l'armée de Gonzalve, qu'il n'attendoit pas là, il fut bientôt ramené lui-même en désordre. Pendant ce temps, le marquis de Saluces s'étoit déterminé à effectuer sa retraite sur Gaëte; il avoit fait embarquer sa plus lourde artillerie sur le Garigliano, et il l'avoit confiée à Pierre de Médicis, qui n'avoit pas un mille à descendre pour arriver jusqu'à la mer. Il avoit mis le reste de son artillerie en tête de sa colonne, puis son infanterie, et enfin sa cavalerie, et il avoit commencé en bon ordre sa retraite. Mais les Espagnols, atteignant les barques de Médicis à l'un des détours du fleuve, les avoient coulées à fond avec tous ceux qui les montoient; ils avoient passé rapidement le fleuve, et ils arrivèrent bientôt sur les Français. Ceux-ci marchoient à petits pas, s'arrêtant pour combattre, et lorsqu'ils avoient repoussé leurs assaillans, reprenant leur mouvement rétrograde. Mais ils voyoient avec une inquiétude croissante que Gonzalve s'étendoit sur leur flanc droit, qu'il gagnoit sur eux, et qu'il tendoit à les devancer. Le passage de chaque pont, de chaque ruisseau où l'artillerie causoit quelque encombrement, augmentoit leur retard et leur inquiétude. Arrivés enfin à un petit pont, près de Mola di Gaeta, où l'encombrement se renouvela, et où l'arrière-garde livra encore un combat obstiné, une partie de l'armée française commença à fuir par la route d'Itri et de Fondi, l'autre se retira précipitamment sur Gaëte. Toute l'artillerie, tous les équipages, et un nombre infini de malades, furent abandonnés, ou au bord du Garigliano, ou sur le chemin. Les Français, en grand nombre, qui avoient pris leurs quartiers dans des villes ou des villages éloignés, accouroient pour rejoindre l'armée, mais ils ne trouvoient qu'une colonne de fuyards avec laquelle ils fuyoient aussi. Les paysans, soulevés et pleins de rancune pour des outrages précédens, les attendoient au passage, les massacroient, ou tout au moins les dépouilloient. Ceux même qui avoient gagné Gaëte, et qui étoient bien assez nombreux pour soutenir un long siége dans cette forte place, étoient tellement découragés qu'ils ne songeoient plus qu'à regagner la France au plus vite. Dès le lendemain, ils laissèrent surprendre par Gonzalve la montagne d'Orlando qui commandoit une partie de la ville. Aussitôt ils entrèrent en traité avec lui; ils ne lui demandèrent autre chose que de pouvoir se retirer en toute liberté en France, avec tous les Français qui, dans le cours de la campagne, avoient été faits prisonniers par les Espagnols. Ils abandonnèrent sans garantie à la cruauté du vainqueur les barons napolitains qui avoient embrassé leur parti. A ces conditions, ils livrèrent à Gonzalve la forteresse de Gaëte le 1ᵉʳ janvier 1504. Les restes de l'armée se mirent ensuite en route pour la France; mais le froid, la misère, les maladies contractées pendant cinquante jours de bivouac dans la fange, les poursuivirent et les décimèrent sans cesse ; en sorte que de toute cette brillante armée que La Trémoille avoit rassemblée en Lombardie au milieu de l'été, à peine quelques guerriers demeurèrent en état de servir encore leur patrie. (1)

(1) La capitulation de Gaëte est dans Molinet. T. XLVII, c. 323, p. 214. — *Fr. Guicciardini.* L. VI, p. 331. — *Barthol. Senaregœ de Rebus Genuens.*, p. 579. — *Jacopo Nardi Hist. Fior.* L. IV, p. 159. — *Pauli Jovii Vita magni Consalvi.* L. III, p. 240. — Saint-Gelais, p. 173. — Mém. de Bayard. T. XV, c. 25, p. 53. — Mém. de Louis de La Trémoille. T. XIV, c. 11, p. 167. — *Mariana, Hist. de Esp.* T. X, L. XXVIII, cap. 5 e 6, p. 32-52. — *Fr. Belcarii.* L. X, p. 279. — *Arnoldi Ferronii.* L. III, p. 56. — Républ. ital., c. 102, p. 285.

CHAPITRE XXX.

Traités de Blois. — Mariage projeté de la fille du roi avec Charles d'Autriche. — Il compromet l'indépendance de la France. — Il est rompu par les États de Tours. — Révolte et punition des Génois. — Maximilien menace le Milanez. — Il est arrêté par les Vénitiens. — 1504-1508.

1504

La France paroissoit exposée, par les revers qu'avoient éprouvés ses généraux dans le royaume de Naples, et par la défaite de son armée au Garigliano, au danger de perdre aussi tout le reste de ce qu'elle possédoit en Italie. Louis XII n'avoit point d'armée en Lombardie pour défendre Gênes et le Milanez. Il ne lui restoit d'autres alliés que les Florentins, qui, menacés eux-mêmes par les Espagnols, étoient peu en état de le secourir. Il avoit traité les Vénitiens avec hauteur et injustice, et il les avoit aliénés; les Suisses commençoient à sentir de la jalousie contre la France; les petits princes d'Italie avoient chacun à leur tour été sacrifiés à César Borgia, qui lui-même venoit d'être renversé; le nouveau pape avoit assez à faire chez lui pour recouvrer l'autorité de ses prédécesseurs, aliénée par le népotisme des derniers pontifes; et il sembloit que si le grand capitaine, Fernand Gonzalve de Cordoue, vouloit marcher vers l'Italie supérieure, avec son armée victorieuse, il chasseroit aisément les Français au-delà des Alpes.

Mais les rois catholiques, quoiqu'ils fussent depuis dix ans occupés de leurs expéditions de découvertes en Amérique, et que chaque année leurs flottes rapportassent de ces contrées lointaines l'or et l'argent qu'ils arrachoient à leurs malheureux habitans par des crimes atroces, par une férocité qui n'a pas eu d'égale dans le monde, étoient cependant parmi les plus pauvres et les plus avares souverains de l'Europe. Leurs sujets ne leur accordoient des subsides qu'avec une extrême parcimonie; leurs finances étoient toujours en désordre, et eux-mêmes, lorsqu'ils avoient de l'argent, ils ne savoient prendre sur eux de s'en dessaisir. Ils aimoient mieux s'exposer à faire manquer le succès de leurs entreprises, que de sortir de leurs caisses les écus qu'ils y tenoient accumulés. Les troupes de Gonzalve avoient toujours été mal payées; elles ne le furent plus du tout après sa victoire. Il fut obligé, pour les faire vivre, de les loger à discrétion dans les provinces du royaume de Naples qu'il venoit de soumettre; les Espagnols les pillèrent avec une cruauté froide qui fit bientôt regretter les Français; Gonzalve ne garda autour de lui que le nombre de soldats absolument nécessaire pour forcer Louis d'Ars à évacuer Vénosa, Troia et San-Séverino qu'il occupoit encore, et à reprendre avec sa petite troupe le chemin de Lombardie. (1)

Cependant des négociations pour la paix avoient toujours continué entre les cours de France et d'Espagne. Deux ambassadeurs de Ferdinand les avoient renouées après la rupture du traité de Lyon; dans les premiers jours de février, ils signèrent une trêve de trois ans entre les deux nations, par laquelle la France abandonnoit aux rois d'Espagne les Deux-Siciles, promettoit de ne donner aucun secours aux barons ou aux villes qui pourroient arborer ses étendards, de ne pas même intercéder pour eux, et de rétablir en même temps toutes les communications commerciales avec l'Espagne sur toutes ses frontières. Cette trêve, convenue à Lyon le 11 février, fut publiée aux frontières le 25, jour où elle devoit commencer à courir, et Jean de Lévi, sire de Mirepoix et maréchal de Carcassonne, fut envoyé à l'abbaye de la Mejorada, où étoient alors les rois d'Espagne, pour recevoir leurs sermens le 31 mars. (2)

1504.

(1) Mém. du chev. Bayard, c. 35, p. 53, et notes. — *Fr. Belcarii.* L. X, p. 282. — *Fr. Guicciardini.* L. VI, p. 358. — *Pauli Jovii Vita magni Cons.* L. III, p. 241. — *Mariana.* L. XXVIII, c. 7, p. 52.

(2) Traités de Paix. T. II, p. 7. — Dumont, Corps diplo-

Louis XII étoit dégoûté des guerres d'Italie, et il n'avoit aucun désir de tenter une nouvelle attaque sur le royaume de Naples, cependant il auroit voulu terminer avec quelque honneur des entreprises qui lui avoient coûté tant de sang et tant d'argent; il auroit voulu, pour changer la trève qu'il venoit de conclure en une paix durable, obtenir quelque concession en compensation des droits qu'il étoit prêt à abandonner. Il avoit déjà proposé de rétablir Frédéric d'Aragon sur le trône de Naples, pour effacer la trace de la perfidie du traité de Grenade, et dans ce but il l'avoit même conduit en Italie à son dernier voyage : les deux ambassadeurs espagnols s'y étoient alors refusés; voyant leurs maîtres en possession du royaume de Naples, ils n'avoient d'autre politique que de ne rien conclure, et ils s'attachoient toujours de préférence au projet que la France venoit d'abandonner (1). De son côté le cardinal d'Amboise se proposoit surtout dans ces négociations d'enflammer toujours plus la jalousie qu'il remarquoit entre les rois d'Espagne et leur gendre l'archiduc Philippe. Il écrivit à celui-ci le 1er septembre, que son beau-père le trompoit, qu'il ne vouloit point que le royaume de Naples fût assuré à son fils et à

matique. T. IV, P. 1, p. 51. — Républiq. italiennes, c. 102, p. 291.

(1) *Fr. Guicciardini.* L. VI, p. 343.

madame Claude, mais qu'il le destinoit au contraire à don Frédéric (1). Ce dernier étoit alors même probablement bien malade, car il mourut à Tours le 9 septembre. Rien n'est plus difficile que de démêler les projets des cabinets à cette époque : toutes les pièces qui nous restent avoient été destinées à tromper les contemporains, et elles nous trompent aussi à notre tour.

Les ambassadeurs de France n'avoient pas seulement à se conformer aux intrigues que nouoit le cardinal d'Amboise; ils devoient surtout servir les projets de la reine Anne. Celle-ci, impérieuse et hautaine, exerçoit un grand ascendant sur son mari, qui, pour justifier sa foiblesse, disoit qu'il falloit beaucoup accorder à une femme chaste (2). La reine avoit perdu successivement deux fils qu'elle avoit eus de lui; elle concentroit toutes ses affections sur sa fille Claude, et elle vouloit faire d'elle une grande reine, aux dépens de l'héritier masculin de la couronne de France, qui ne lui inspiroit que de la jalousie. Le fils de l'archiduc Philippe, souverain des Pays-Bas, étoit le plus grand parti qu'elle pût procurer à cette fille. Il étoit l'héritier futur de Maximilien d'une part, de Ferdinand et Isabelle de l'autre; Anne vouloit que sa fille lui portât encore tous les droits de la France sur le duché de Milan et

---

(1) Lettres de Louis XII. Bruxelles, 1712. T. I, p. 1.
(2) *Arn. Ferronii.* L. III, p. 57.

le royaume de Naples, descendus aux Valois par la ligne féminine ; qu'elle lui portât de plus son propre héritage, la Bretagne, l'héritage personnel de son mari, le comté de Blois, enfin la restitution de l'héritage de Bourgogne, dont la France s'étoit emparée à la mort de Charles-le-Téméraire. Ce fut sur ces bases que le traité de mariage de Charles de Luxembourg, qui fut depuis Charles-Quint, et de Claude de France, fut négocié, et signé à Blois le 22 septembre 1504.

Le duché de Bourgogne, les comtés d'Auxonne, d'Auxerre, de Mâcon et de Bar-sur-Seine étoient restitués à Charles de Luxembourg en raison de ce mariage, et le comté d'Artois devoit lui être donné en fief. Si le mariage ne s'effectuoit pas par la faute de Maximilien, il renonçoit à toutes ses prétentions au duché de Milan et à l'héritage de Bourgogne ; si c'étoit par la faute de Louis, ce dernier transféroit tous ses droits sur l'un et l'autre duché à Maximilien. (1)

Deux autres traités furent encore signés le même jour et entre les mêmes parties : par le premier, la paix étoit rétablie entre Maximilien, Louis XII et Philippe, souverain des Pays-Bas, qui prenoit, quoique sa belle-mère Isabelle vécût encore, le titre de roi de Castille et de Léon ; Maximilien s'engageoit à donner l'investiture du

---

(1) Traités de Paix. T. II, p. 11. — Dumont, Corps diplom. T. IV, P. 1, p. 36. — Hist. de Bourg. T. IV, L. XXII, p. 530.

Milanez à Louis XII pour la somme de deux cent mille francs; mais, en retour, Louis confirmoit tous les droits, toutes les prétentions de l'empereur sur tous les princes et les États de l'Italie et de l'Allemagne; il promettoit de ne jamais mettre obstacle à son autorité féodale, et de lui laisser punir comme il l'entendroit ceux qui se montreroient ou rebelles ou moins obéissans qu'ils ne devoient. Le mariage entre Charles et Claude de France étoit également stipulé par ce traité, et s'il arrivoit qu'il fût rompu sans qu'il y eût de la faute de l'une ou de l'autre couronne, Louis promettoit de renoncer à toutes ses prétentions sur le Milanez, et Maximilien à toutes les siennes sur la Bourgogne. (1)

Le troisième traité, signé le même jour, joignoit à l'inconcevable imprudence des deux précédens, la perfidie; car il étoit dirigé contre la république de Venise, alors alliée des Français. Les deux monarques, sans provocation, sans cause de guerre, autre que la jalousie que les républiques inspirent toujours aux rois, se promettoient d'attaquer sous quatre mois, de concert, la république, et de partager entre eux ses États de terre ferme (2). Comme cependant la part que s'en réservoit le roi devoit, s'il n'avoit

---

(1) Traités de Paix. T. II, p. 8. — Dumont. T. IV, P. I, p. 55.
(2) Traités de Paix. T. II, p. 12. — Dumont. T. IV, P. II, p. 58.

pas de fils, passer avec le duché de Milan au petit-fils de Maximilien, l'anéantissement de la république de Venise achevoit de détruire les barrières de la France. Charles-Quint, auquel la reine Anne, en lui donnant sa fille, sembloit vouloir assurer la monarchie universelle, n'auroit éprouvé aucun obstacle pour faire entrer les Hongrois et les Dalmates, ses sujets, en Italie ; maître de la Lombardie, du comté d'Asti et des Deux-Siciles, il auroit menacé la Provence et le Dauphiné, sur lesquels il auroit revendiqué les antiques droits du royaume d'Arles ; maître de la Bohême et de l'Autriche, souverain électif de l'Allemagne, souverain héréditaire du comté de Bourgogne et des Pays-Bas, la cession du duché de Bourgogne, du comté d'Artois et de celui d'Auxerre l'amenoit jusqu'aux portes de Paris ; il y seroit arrivé également au couchant par le duché de Bretagne et le comté de Blois, tandis qu'il auroit hérité de Ferdinand et Isabelle toutes les monarchies des Espagnes. Jamais projet plus fatal pour l'indépendance de la nation française n'avoit pu être formé par ses plus ardens ennemis.

La seule justification de Louis XII pour son accession aux traités de Blois, qu'on pourroit qualifier d'acte de trahison envers la France, c'est qu'il étoit alors malade, et que la reine, qu'il avoit autorisée à traiter pour lui le mariage de sa fille, avoit abusé de l'état de foiblesse où son esprit étoit réduit (1). Depuis quelque temps sa santé étoit fort ébranlée, et quoiqu'il fût âgé seulement de quarante-deux ans, on ne croyoit plus possible, ou qu'il eût encore des enfans, ou même qu'il pût vivre plusieurs années. Une première maladie de Louis XII, dès l'année 1501, avoit alarmé le royaume. « Peu de jours après « Pâques, dit son panégyriste Saint-Gelais, le « bon prince fut si très fort malade, que plus ne « pouvoit;... sa maladie s'aggravoit chacun jour, « et c'étoit chose admirable de voir le deuil que « la reine faisoit; car il n'est aucune princesse, « ni dame, ni autre femme qui en eût su plus « largement faire; et n'est aucun de si dur cœur « à qui il n'eût grand'pitié de la voir en cet état : « elle ne bougeoit tout le jour de sa chambre, « lui faisant tout le service qu'elle pouvoit.... « Ce seroit chose incroyable d'écrire ni raconter « les plaintes et les regrets qui se faisoient par « tout le royaume de France, pour le regret « que chacun avoit du mal de son bon roi. On « eût vu et jour et nuit à Blois, à Amboise et à « Tours, et partout ailleurs, hommes et femmes « aller tout nus par les églises et aux saints lieux, « afin d'impétrer envers la divine clémence grâce

(1) Copie des Lettres de Louis XII. Archives de Nantes, armoire R, cassette B, d'après Daru, Hist. de Bret. T. III, L. VIII, p. 224.

1504. « de santé et de convalescence à celui qu'on avoit
« si grand'peur de perdre, comme s'il eût été
« père d'un chacun (1).... La maladie du roi étoit
« une fièvre continue qui le tenoit sans nul inter-
« valle de repos,.... et étoient la plupart des
« médecins en grand doute de sa santé; mais
« notre Dieu, plein de pitié,.... lui donna plé-
« nière guérison. » De nouveau, le roi fut
grièvement malade à Madon, petite ville près
de Blois, au mois d'août 1504; et dans le moment où se préparoit le traité de Blois, signé
trois semaines après, il étoit impossible de lui
parler d'affaires (2). Tous les courtisans jugeoient
que le roi étoit étique, et qu'il ne pouvoit aller
loin : ce fut ensuite un chef d'accusation contre
le maréchal de Gié de l'avoir répété comme les
autres. (3)

1505. Mais la troisième rechute de la maladie du roi
fut plus grave que les deux précédentes. Ce fut
au mois d'avril 1505 : il perdit la parole, et les
médecins désespérèrent de lui (4). Dans cette
occasion, la reine lui montra aussi de l'affection;
cependant elle parut plus occupée encore de
maintenir son indépendance, comme duchesse

(1) Saint-Gelais, p. 176.
(2) Lettre du cardinal d'Amboise à Philippe, du 1ᵉʳ septembre. — Lettres de Louis XII, p. 2.
(3) Lobineau, Hist. de Bret., L. XXII, p. 829.
(4) Remontrances des États. Lettres de Louis XII, p. 43.

de Bretagne. Elle étoit alors à Blois, auprès du roi, avec sa fille; elle fit embarquer sur la Loire tous ses effets les plus précieux pour les conduire à Nantes, et elle se préparoit à y conduire aussi sa fille dès que le roi auroit expiré. (1)

A cette époque le traité de Blois étoit connu et répandoit une grande alarme en France. On y voyoit un projet arrêté pour démembrer la monarchie, ou la réduire sous la dépendance de la maison d'Autriche. Si la reine réussissoit à se retirer à Nantes avec sa fille; si, de plus, comme on paroissoit le craindre, elle enlevoit en passant le jeune François, comte d'Angoulême, héritier de la monarchie, qu'elle regardoit comme destiné à priver sa fille de son héritage, et sur qui elle reportoit encore la haine qu'elle ressentoit contre sa mère Louise de Savoie, elle auroit trouvé assez de gens empressés à repousser la loi salique, et à appeler la fille du roi à la succession de la couronne de France. Mais le maréchal de Gié, gouverneur d'Angers, et surintendant de l'éducation du jeune comte d'Angoulême, eut le courage de traverser ces projets par un acte de vigueur. Il doubla la garde du château d'Amboise, où étoit François; il envoya l'ordre au gouverneur de ce château de se tenir

(1) *Arn. Ferronii.* L. IV, p. 65. — *Fr. Belcarii.* L. X, p. 288. — J. Molinet. T. XLVII, c. 331, p. 251. — Mém. de Bayard. T. XVI, c. 26, p. 54.

prêt à lui amener ce jeune prince à Angers à sa première sommation; il fit venir dans cette ville de l'artillerie de Tours, pour être mieux en état de s'y défendre; enfin il fit arrêter à Saumur et conduire à Angers les bateaux sur lesquels la reine avoit chargé ses meubles et ses richesses. On assure même qu'il dit hautement qu'il y feroit conduire aussi la reine et la princesse sa fille, si elles s'embarquoient sur la Loire pour se retirer en Bretagne. (1)

Le maréchal de Gié étoit de la maison de Rohan, objet depuis long-temps de la haine des ducs de Bretagne et de celle de la reine Anne, leur dernière héritière. On assure qu'il avoit été l'amant de Louise de Savoie, comtesse d'Angoulême, et qu'il l'avoit ensuite aliénée par sa jalousie; aussi, quoique dans cette occasion il eût rendu un service essentiel à son fils, en même temps qu'il sauvoit l'indépendance de sa patrie et celle de l'Europe, elle n'en conserva aucune reconnoissance. Contre l'attente universelle, Louis XII se rétablit d'une maladie qui l'avoit mis à la mort. Il fut bientôt instruit des ordres qu'avoit donnés le maréchal de Gié; il vit en même temps combien tous les vrais Français

(1) Lobineau, Hist. de Bret. L. XXII, p. 829. — D. Morice, Hist. de Bret. L. XVII, p. 234, d'après d'Argentré. L. XIII, c. 64. — Daru. L. VIII, p. 227. — Brantôme, Dames illustres. T. V, p. 3.

en avoient de reconnoissance ; il commença par les approuver aussi ; cependant il ne put pas résister long-temps aux instances et aux accusations journalières de sa femme. Celle-ci sentoit bien que si le roi sanctionnoit les précautions prises contre elle par le maréchal, il prononçoit implicitement une condamnation sévère de sa conduite. Elle obséda donc Louis XII, alors foible, convalescent, qui donnoit peu d'attention aux affaires, et qui, dans tous les temps, lui avoit accordé à elle-même la plus grande confiance. En se justifiant, elle accusoit Gié ; elle lui reprochoit des propos contre le roi, contre elle-même, contre sa fille, des menées pour se rendre maître du royaume au moment où le roi mourroit. Elle obtint enfin de Louis XII l'ordre d'arrêter le maréchal, et de lui faire son procès. La conduite tout entière de Pierre de Rohan, maréchal de Gié, sous les trois rois qu'il avoit servis, fut soumise à une enquête. Pierre et François de Pontbriant, deux de ses protégés, le sire d'Albret, son ennemi, la comtesse d'Angoulême, se hâtèrent de déposer contre lui. Le parlement de Toulouse, regardé comme le plus sévère du royaume, fut chargé de le juger. La reine Anne prit trente-deux mille livres sur son épargne pour faire poursuivre avec plus d'ardeur et de sévérité l'instruction et le jugement. Cependant les charges étoient si futiles, que les juges ser-

1505.

viles qu'on avoit choisis n'osèrent condamner l'homme vénérable qu'on leur avoit livré. La sentence, prononcée le 9 février 1506 (1), portoit : « Que pour aucuns excès et fautes desquels il a « apparu à la cour par le procès le défendeur être « chargé, et pour certaines grandes causes et « considérations à ce la mouvant, ladite cour l'a « privé et prive du gouvernement et garde du « comte d'Angoulême, des gouvernemens d'Am- « boise, d'Angers et autres qu'il tient du roi ; le « suspend pour cinq ans de l'office de maréchal, « lui ordonne de se tenir éloigné de la cour pen- « dant le même temps, à la distance de dix lieues « au moins, et le condamne à restituer la solde « de quinze mortes-payes qu'il a employées à la « garde de son château de Fronsac » (2). Ainsi le parlement, ou plutôt la commission de treize juges qu'il avoit députée pour prononcer le jugement, n'osoit pas même alléguer les accusations sur lesquelles il étoit fondé, tandis que le procureur du roi avoit eu l'impudeur de demander que le maréchal fût mis à la torture pour sup-

(1) Dans l'acte nous trouvons la date de 1505, l'année ne commençant qu'à Pâques. Plusieurs historiens, cependant, ont rapporté le procès à l'année précédente.

(2) Le procès manuscrit, de 708 feuillets in-folio, est à la Bibliothèque du Roi, n° 8357. — Daru. L. VIII, p. 238. — Des extraits dans Actes de Bretagne. T. III, p. 873. — Isambert. Lois françaises. T. XI, p. 446. — D. Morice, Hist. de Bretagne. L. XVII, p. 235. — Garnier. T. XI, p. 243.

pléer aux charges qu'il ne pouvoit produire contre lui. La reine affecta de dire qu'elle étoit satisfaite, et qu'elle ne désiroit pas son supplice. « Car étant mort il seroit trop heureux; mais « elle vouloit qu'il vécût bas et ravalé, ainsi « qu'il avoit été paravant grand, afin qu'il vécût « en marissons, douleurs et tristesses, qui lui « feroient plus de mal cent fois que la mort « même. » (1)

Mais encore que Louis XII eût eu la foiblesse de sacrifier un zélé et loyal serviteur au ressentiment de sa femme, il en trouva d'autres qui, par des voies plus détournées, réussirent à l'empêcher d'accomplir le traité de Blois et un mariage qui auroit été fatal pour la France. L'archiduc Philippe étoit parvenu à la couronne de Castille, la reine Isabelle étant morte le 26 novembre 1504, après une longue et douloureuse maladie; mais, par son testament, elle avoit déclaré qu'en cas d'absence de Philippe et de Jeanne, ou d'incapacité de la dernière, qu'elle savoit être folle, son mari Ferdinand auroit l'administration du royaume jusqu'à ce que son petit-fils fût parvenu à sa vingtième année (2). Le traité de Blois avoit aussi reçu un commencement d'exécution : le cardinal George d'Amboise s'étoit rendu à Haguenau; il y avoit reçu

---

(1) Brantôme, Anne de Bretagne. T. V, p. 4.
(2) Mariana. T. X, L. XXVIII, c. 11, p. 83.

de Maximilien, le 6 avril 1505, au nom de son maître, l'investiture du duché de Milan, et il y avoit prêté, pour Louis XII, un serment dans lequel se trouvoient ces paroles : « Que « le susnommé sérénissime roi des Français, « comme duc de Milan, avec son duché et ses « appartenances, veut et doit dès à présent, à « Votre Majesté, comme roi des Romains, son « vrai seigneur, et à ses successeurs, être fidèle, « obéissant et serviable, pour le bien, le salut, « l'utilité et l'honneur de V. M. et du saint Em- « pire romain..... et faire tout ce qu'un fidèle « prince vassal de V. M. doit faire. » (1)

Mais, à l'époque même où Louis prêtoit ces sermens, et confirmoit par un nouveau traité avec Maximilien celui qu'il avoit signé l'année précédente, il travailloit secrètement à s'en dégager. Il paroît que le chancelier Gui de Rochefort, qui s'étoit montré déjà favorable au maréchal de Gié, cherchoit un prétexte pour brouiller Louis XII avec l'archiduc Philippe, et qu'il saisit avec empressement l'occasion que lui fournirent les officiers de justice de Philippe en Flandre ; ceux-ci maltraitèrent un sergent royal venu dans le pays pour « faire aucuns exploits « de justice. » On représenta cet incident au roi comme une offense contre son autorité souve-

(1) Traités de Paix. T. II, p. 17. — Dumont. T. IV, P. 1, p. 60, et T. IV, P. III, p. 95.

raine, et il envoya en Flandre le comte de Nevers, son cousin germain, pour en demander réparation (1). Philippe d'Autriche, qui prenoit dès-lors le titre de roi de Castille, envoya, de son côté, cinq de ses conseillers en ambassade auprès du roi : nous avons les instructions qu'il leur donna, et l'on y voit, avec évidence, que Philippe vouloit à tout prix conserver la bonne harmonie avec Louis XII ; que surtout il ne vouloit lui donner aucun prétexte pour rompre un mariage qui devoit être si avantageux à son fils. Philippe ordonnoit à ses ambassadeurs de représenter que les querelles de juridiction entre leurs parlemens « n'étoient point du gibier ni de « la vocation du roi ; que Philippe ne lui en a « particulièrement rien écrit ni mandé, par quoi « ne peut être noté de désobéissance ni aucune « pertinacité. » Les ambassadeurs étoient chargés de s'informer si Louis étoit mécontent de Philippe pour d'autres causes que celles que ses ambassadeurs avoient exposées, « vu que « les doléances faites par les dits ambassadeurs ne « semblent pas être de si grande importance que « pour si soudainement faire telles protestations « et départemens de si grandes amitiés et trai- « tés. » (2)

Bientôt, en effet, les ambassadeurs purent re-

(1) Saint-Gelais, p. 178.
(2) Lettres de Louis XII. T. I, p. 7-15.

connoître que les hommes de loi avec lesquels ils avoient à traiter avoient intention de rompre la bonne harmonie entre les deux gouvernemens. Ils avoient eu, le 13 octobre, une première conférence avec le chancelier et d'autres jurisconsultes, et ils les avoient trouvés, disoient-ils, « garnis et fournis de grands enseigne-
« mens, et largement, et nous, au contraire,
« nous sommes très mal instruits et fournis. »
Les Français réclamoient la régale sur les évêchés de Flandre, comme droit inséparable et « adhérent à la couronne, qui ne se peut don-
« ner, aliéner ni partir », et ils présentoient des titres et des exemples remontant jusqu'à l'année 1249. Lorsqu'on leur objectoit une lacune de cent onze ans, pendant laquelle ils ne pouvoient prouver l'exercice de ce droit, ils répondoient « qu'en icelui temps, il y a eu aucuns rois en
« France qui n'étoient pas trop bien pourvus de
« sens; mais que droit de souveraineté ne se
« peut prescrire. » De plus, les Français réclamoient les pays de Waes et de Ruppelmonde, et le comté d'Ostrevent, comme faisant partie de la Flandre, et devant par conséquent être tenus sous hommage de la couronne de France, puisque l'Escaut étoit la vraie limite entre la France et l'Empire (1). Les ambassadeurs de Philippe

(1) Lettres de Louis XII. T. I, p. 15-32.

terminoient leur lettre à leur roi, en lui conseillant, s'il vouloit avoir la paix, de céder sur l'affaire de la régale, et de se soumettre à plaider devant le parlement de Paris, quant à ses droits sur les pays de Waes et d'Ostrevent. C'est en effet à quoi ils s'engagèrent par un accord signé le 25 octobre. (1)

Mais en même temps que les Français cherchoient à se brouiller avec Philippe, ils désiroient se lier plus intimement avec son beau-père Ferdinand. Celui-ci, au moment de la mort de sa femme, avoit fait proclamer sa fille Jeanne comme reine de Castille. Quant à Philippe, son nom n'avoit pas été joint à celui de sa femme, sous prétexte qu'il n'avoit pas encore prêté serment d'observer les lois du royaume; et, comme tous deux étoient alors en Flandre, Ferdinand s'étoit mis seul en possession du gouvernement (2). Il avoit fait écrire au roi Philippe, par les cortès de Castille, assemblées à Toro, qu'il vînt en Espagne, en conduisant avec lui sa femme, pour que la nation pût juger si Jeanne étoit en effet incapable de gouverner; tandis que ces mêmes cortès avoient déféré à Ferdinand l'administration du royaume. Mais la plupart des nobles castillans abandonnoient la cour de ce monarque, se retiroient dans leurs châteaux,

---

(1) Lettres de Louis XII. T. I, p. 32, 33.
(2) *Mariana*, Hist. de Esp. T. X, L. XXVIII, c. 11, p. 87.

y rassembloient des gens de guerre, et paroissoient déterminés à appuyer les prétentions du mari de leur reine contre son père (1). Les conseils de Louis XII profitèrent de ce différend pour s'entremettre entre le beau-père et le gendre, et pour entrer en traité avec le roi d'Aragon. Ferdinand, de son côté, désiroit se rapprocher de la France, et pour s'ôter toute inquiétude de la part d'un ancien ennemi, et pour ravir à son gendre l'appui sur lequel celui-ci comptoit.

Quoiqu'une des conditions qu'Isabelle avoit imposées à son mari en le nommant régent de Castille, fût qu'il ne se remarieroit point, pour ne pas dissoudre l'union des deux couronnes, et ne pas priver sa fille de leur commun héritage, Ferdinand, qui étoit alors âgé de cinquante-trois ans, songea immédiatement à contracter un nouveau mariage. On prétendit d'abord qu'il étoit entré en traité avec Jeanne la Bertrandeja, que, de concert avec Isabelle, il avoit fait exclure du trône de Castille, comme fille supposée de Henri IV (2). Il songea aussi à une fille d'Emmanuel, roi de Portugal. Il s'aperçut cependant bientôt que les prétentions qu'il formeroit, au nom de l'une ou de l'autre, au trône

---

(1) *Mariana, Hist. de Esp.* T. X, L. XXVIII, c. 12, p. 88.
— *Rorbertson's Charles the V.* T. II, L. I, p. 7-11.

(2) *Mariana, Hist. de Esp.* T. X, L. XXVIII, c. 13, p. 98.

de Castille, au préjudice de sa fille, ne causeroient à ses sujets que du dégoût; alors il s'adressa au roi de France, et il lui demanda en mariage Germaine de Foix, fille de Marie, sœur de Louis XII, qui avoit épousé Jean de Foix, vicomte de Narbonne. En même temps qu'il donna, le 10 septembre 1505, à Ségovie, des pouvoirs à ses ambassadeurs pour faire cette demande, il les accrédita aussi auprès de François, duc de Valois, successeur du roi, dans la persuasion alors générale que Louis XII étoit tout près du terme de sa vie (1). Germaine étoit âgée de dix-huit ans, et douée d'une grande beauté. Par un traité, signé à Blois le 12 octobre 1505, Louis cédoit à sa nièce tous ses droits sur le royaume de Naples, sous condition cependant que, s'il ne naissoit point d'enfans de ce mariage, ces droits dussent revenir à la France. Ferdinand promettoit à Louis de lui payer, pendant dix ans, 100,000 ducats chaque année; les deux rois formoient en même temps une confédération étroite, pour être, disoient-ils, comme deux âmes en un seul corps : ils promettoient de s'assister réciproquement contre tous leurs ennemis sans exception aucune, Louis XII avec mille lances françaises, Ferdinand avec trois mille génétaires d'Espagne. Ce

---

(1) Dumont. T. IV, P. 1, p. 71.

1505. dernier accordoit aussi un plein pardon à tous les Napolitains du parti français, et il les restituoit dans leurs biens. (1)

Philippe avoit annoncé un prochain voyage en Castille, qui causoit de l'inquiétude à Ferdinand. Louis XII lui envoya Michel de Butout, l'un de ses secrétaires, pour le dissuader de ce voyage, l'assurer que Ferdinand étoit disposé à entrer en négociation avec lui, et lui offrir sa médiation pour tous les différends qu'ils pourroient avoir ensemble (2). Philippe répondit qu'il n'avoit aucun différend avec son beau-père, aucune raison de recourir à des arbitres; que, du reste, si le cas s'étoit présenté, il auroit eu pleine confiance dans le roi de France, auquel il tiendroit de plus près, par le mariage de son fils avec Claude de France, que Ferdinand ne pourroit lui tenir par son mariage avec Germaine de Foix. (3)

Mais Louis avoit secrètement résolu de ne point accomplir ce mariage de sa fille avec Charles de Luxembourg. Il paroît que, pendant sa maladie, il s'étoit effrayé lui-même du sort auquel il alloit livrer la France; qu'il avoit été

(1) Traités de Paix. T. II, p. 15. — Dumont. T. IV, P. 1, p. 72. — *Fr. Guicciardini*, Lib. VI, p. 356. — *Fr. Belcarii*. L. X, p. 291.
(2) Lettres de Louis XII. T. I, p. 34.
(3) Sa lettre de novembre 1505. Lettres de Louis XII, p. 37.

ému par la terreur populaire, et que, dans les premiers momens lucides que lui laissa son mal, il résolut, au lieu d'élever sa fille à la monarchie universelle, en lui faisant épouser l'ennemi futur de la France, de se contenter, pour elle, du rang de reine de France, en lui faisant épouser l'héritier présomptif de la couronne. Son testament, daté du 31 mai 1505, sanctionne déjà ce mariage. « Item, voulons et commandons très « expressément, dit-il, que notre dite fille fasse « sa demeure en notre royaume, sans partir « d'icelui, jusqu'à ce que le mariage d'elle et de « notre très cher et amé neveu le duc de Valois, « comte d'Angoulême, soit fait et consom- « mé » (1). Mais ce testament demeura clos pendant bien des années encore, et la résolution qu'il énonçoit étoit un secret soigneusement dérobé, non seulement à Maximilien et à Philippe, mais à la reine Anne. Celle-ci vouloit faire sa fille impératrice ; elle avoit conservé son ancienne affection pour la maison d'Autriche, et elle se complaisoit à l'idée que, de même qu'elle avoit apporté la Bretagne à la France, sa fille apporteroit la France elle-même à l'Empire d'Occident.

Le testament de Louis XII n'auroit probablement pas mis d'obstacle aux projets de la reine ;

____
(1) Isambert, Lois franç. T. XI, p. 443.

le roi laissoit à sa fille les duchés de Milan et de Gênes, les comtés de Pavie et d'Asti, et tout ce qu'il possédoit en Italie; le comté de Blois et toutes les seigneuries qu'il avoit eues en France, ne venant pas de son apanage : il laissoit à la reine seule la tutelle de sa fille; il appeloit à la régence la reine, conjointement avec la comtesse d'Angoulême et le cardinal d'Amboise; leur adjoignant pour conseillers le comte de Nevers, le chancelier La Trémoille et Robertet, secrétaire d'État. Ainsi la reine se seroit trouvée à peu près toute-puissante lorsque le moment seroit venu de mettre ses projets à exécution (1). Pendant la convalescence du roi, la reine fit un voyage en Bretagne, peut-être pour recueillir des accusations contre le maréchal de Gié, et Louis profita de son absence pour se faire porter au château d'Amboise, qu'habitoit la comtesse d'Angoulême et son fils : il témoigna sa tendresse au jeune comte, qu'Anne comprenoit dans la haine qu'elle avoit contre sa mère, et il lui donna un nouveau gouverneur, Arthus Gouffier, pour remplacer le maréchal de Gié. (2)

Philippe, roi de Castille, avoit vu sans doute avec inquiétude le mariage de Ferdinand avec Germaine de Foix, et la cession que leur faisoit Louis XII de ses droits sur Naples, qu'il avoit

(1) Isambert. T. XI, p. 443.
(2) Saint-Gelais, p. 179.

déjà aliénés en faveur de Charles de Luxembourg et de Claude; cependant il sentoit trop l'importance de ce mariage, que la reine Anne promettoit toujours d'accomplir, pour témoigner du mécontentement, et courir risque de se brouiller avec la France. Il avoit profité de la clause du traité de Blois qui lui laissoit les mains libres contre les ennemis reconnus de l'Empire, pour attaquer Charles d'Egmont, fils de cet Adolphe duc de Gueldre, dont Charles-le-Téméraire avoit, en 1473, puni l'impiété en confisquant ses biens. Charles d'Egmont, appelé à régner par les peuples qui avoient obéi à ses ancêtres, avoit recouvré la possession du duché de Gueldre et du comté de Zutphen. L'archiduc Philippe consacra une partie de l'été de 1504 à lui faire la guerre (1). L'année suivante, il eut avec lui une conférence au château de Rosendal, dans laquelle il convint d'une trève de deux ans, qui fut signée le 28 juillet 1505. Charles d'Egmont consentit à remettre à des arbitres la décision de ses prétentions à la souveraineté de la Gueldre, et, pendant qu'ils examineroient ce procès, il s'offrit à accompagner lui-même Philippe en Espagne, afin de lui répondre qu'il ne profiteroit point de son absence pour renouveler la guerre dans les Pays-Bas (2).

(1) J. Molinet, c. 325, p. 223.
(2) *Ibid.*, c. 332, p. 253.

1505.   Philippe étoit impatient de se mettre en possession de ce royaume de Castille, que son beau-père lui retenoit, et où il travailloit sans cesse à s'affermir. Cependant il ne vouloit pas s'y rendre sans sa femme, qui lui répondoit seule de l'affection des Castillans ; il avoit dû attendre d'abord ses couches : elle lui donna une fille à Bruxelles le 13 septembre ; ensuite son rétablissement, et il ne fut prêt à partir qu'au commen-
1506. cement de l'année suivante. Il s'embarqua le 10 janvier 1506, à Middelbourg, avec la reine Jeanne et une suite brillante et nombreuse. Sa flotte étoit de vingt-six navires ; mais à peine étoit-elle sortie du port qu'elle fut accueillie par une violente tempête. Philippe, avec deux de ses plus petits bâtimens, se réfugia à Weimouth ; les autres, dispersés par le vent, entrèrent dans d'autres ports d'Angleterre. Henri VII étoit trop peu généreux pour ne pas tirer avantage de la mésaventure de Philippe.

Dans la lutte entre Ferdinand et Philippe, Henri voyoit l'image de celle qu'il pouvoit redouter avec son propre fils ; car il savoit que la plupart des Anglais ne le reconnoissoient comme roi qu'au nom de sa femme ; de même que Ferdinand n'avoit été roi de Castille qu'au nom d'Isabelle. Il accueillit donc Philippe avec beaucoup de marques d'honneur, mais en même temps, en l'entourant de forces considérables, qui faisoient réellement de lui un prisonnier; il le retint trois mois à Weimouth, à Windsor et à Londres, pour donner à Ferdinand le temps de se préparer. Il força Philippe à lui livrer le comte de Suffolk, qui s'étoit réfugié dans les Pays-Bas, et dont il promit seulement d'épargner la vie ; il le contraignit enfin à signer un traité de commerce défavorable pour les Flamands. Ce ne fut qu'après ces extorsions, mal déguisées par des fêtes de cour, qu'il le laissa repartir pour l'Espagne le 22 avril. (1)

Ce fut pendant que Philippe étoit ainsi écarté de la scène du monde, et presque captif, que la cour de France se détermina à rompre ouvertement les engagemens qu'elle avoit contractés avec lui. Le roi se fit solliciter par les villes de son royaume d'assembler les États-Généraux. En effet, il les convoqua pour le 10 mai 1506, à Tours. Aucune fermentation ne se faisoit remarquer en France, la couronne ne demandoit point de nouveaux impôts, le peuple étoit content et n'avoit point de doléances à présenter, aucun esprit de parti n'étoit éveillé, aucune

---

(1) J. Molinet, c. 336, p. 276, ne parle que des festes, de l'amiable recueil et grand festoyement. — *Bacon's History of king Henry the VII*, p. 104. — Rapin Thoyras. T. V, L. XIV, p. 349. — Traité de Windsor, du 9 février 1506, et Traité de commerce de Westminster, 15 mai, dans Dumont, Corps diplom. T. IV, p. 76, 83.

agitation n'accompagna l'assemblée des députés. Les conseillers du roi les instruisirent du rôle qu'on vouloit leur faire jouer, pour autoriser le roi à rompre des traités confirmés par ses sermens et par ceux des gouverneurs de ses provinces. Le danger étoit réel pour l'indépendance nationale, et les députés le comprirent sans doute; mais il ne faut chercher dans leur décision ni un grand acte de la souveraineté du peuple, ni une grande preuve de la magnanimité du roi, comme M. Rœderer a cherché à le faire voir dans un livre où l'imagination supplée sans cesse au manque de faits (1). Ils jouèrent bien la comédie qu'on leur avoit fait apprendre; c'est tout ce qu'on peut dire à leur éloge. Les historiens contemporains n'y attachant aucun intérêt, les ont presque passés sous silence, et aucun procès-verbal de leur assemblée ne s'est conservé. (2)

Le 14 mai, Louis XII reçut les députés des États dans la grande salle du Plessis-lès-Tours. Il avoit à sa droite les cardinaux d'Amboise et de Narbonne, le chancelier et beaucoup de prélats; à sa gauche, François, comte d'Angoulême, auquel il avoit donné le titre de duc de Valois; les princes du sang, les plus grands seigneurs du

---

(1) Rœderer, Louis XII, c. 17, p. 161.
(2) J. d'Auton. T. III, c. 1, p. 1-6, par Théod. Godefroy. Paris, 1615, in-4. — Fr. Belcarii L. X, p. 291.

royaume, le président du parlement de Paris et quelques uns de ses conseillers. Thomas Bricot, chanoine de Notre-Dame et premier député de Paris, porta la parole ; il remercia le roi d'avoir réprimé la licence des gens de guerre, en sorte qu'il n'y en avoit plus de si hardi que de rien prendre sans payer; d'avoir abandonné à son peuple le quart des tailles ; d'avoir enfin réformé la justice dans son royaume, et appointé partout de bons juges, tant à la cour du parlement de Paris que dans les tribunaux inférieurs. « Pour toutes ces causes, dit-il, il devoit « être appelé le roi Louis douzième, père du « peuple. » Ce surnom, qui répondoit aux sentimens de toute l'assemblée, fut reçu avec acclamation; le roi lui-même fut si touché, qu'on lui vit répandre des larmes. Bricot se mit ensuite à genoux, et tous les députés suivant son exemple, il reprit : « Sire, nous sommes ici venus « sous votre bon plaisir pour vous faire une re-« quête pour le général bien de votre royaume, « qui est telle, que vos très humbles sujets vous « supplient qu'il vous plaise de donner madame « votre fille unique en mariage à M. François, « ici présent, qui est tout Français. » (1)

Par ordre de Louis XII le chancelier Gui de Rochefort répondit aux députés des États :

---

(1) Mémoires dans les Lettres de Louis XII. T. I, p. 44.

« Que quant aux louanges par eux à lui données,
« elles venoient de Dieu; que, s'il avoit bien fait,
« il désiroit encore de mieux faire; et au regard
« de la requête touchant le dit mariage, qu'il
« n'en avoit jamais ouï parler; que de cette ma-
« tière il communiqueroit avec les princes de
« son sang, pour en avoir leur avis. » (1)

La suite des événemens, telle du moins que la cour de France vouloit qu'elle parût aux yeux de la maison d'Autriche, nous est annoncée dans une lettre que Louis XII écrivit lui-même à Guillaume de Croy, sire de Chièvres, auquel Philippe avoit confié le gouvernement des Pays-Bas en son absence, et qui plus tard fut chargé de l'éducation de Charles-Quint : « Mon cou-
« sin, lui écrivoit Louis, le 31 mai, les députés
« des principales et plus grosses villes et cités
« de mon royaume se sont hâtivement trouvés
« devant moi, en cette ma bonne ville et cité de
« Tours, comme ils m'avoient fait avertir : et
« illec, en la présence de tous les princes et sei-
« gneurs de mon sang, et autres grands et no-
« tables prélats et personnages de mon conseil,
« que, pour ce, j'avois mandé et fait assembler
« à grand nombre, sachant leur venue, après
« plusieurs grandes remontrances qu'ils nous ont
« faites, m'ont très humblement supplié et re-

---

(1) Mém. dans les Lettres de Louis XII. T. I, p. 45.

« quis, pour le bien, profit et sûreté de moi, de
« mon royaume, et de toute la chose publique
« d'icelui, que je voulusse entendre et traiter le
« mariage de ma fille Claude de France avec
« notre cousin le duc de Valois.

« Et depuis la dite requête ainsi faite, sont ve-
« nus les barons et seigneurs de mon pays et
« duché de Bretagne, avec ceux des bonnes
« villes, qui ont adhéré à la requête à moi faite
« par ceux desdites grosses villes de France, et
« en icelle ont persisté, et de ce fait semblable-
« ment supplication et requête.

« Sur lesquelles remontrances et requêtes j'ai
« bien voulu avoir l'avis et conseil desdits prin-
« ces et seigneurs de mon sang, et gens de mon
« conseil, lesquels finalement se sont résolus que
« pour lesdites causes et raisons susdites et allé-
« guées par ceux desdites villes, et autres qui
« seroient trop longues à raconter, ledit mariage
« est accordé à l'humble supplication et requête
« de mesdits sujets, comme très juste et très
« raisonnable; et non pas seulement le m'ont
« conseillé, mais particulièrement et générale-
« ment m'ont tous fait semblable requête; sans
« ce que je doive avoir égard ni m'arrêter à ce
« que, comme il a été très bien dit et remontré
« en leurs présences, par ci-devant quelque
« traité avoit été fait entre moi et mon frère et
« cousin le roi de Castille, touchant le mariage

« de madite fille, avec mon cousin le duc de
« Luxembourg son fils, qui fut pour aucunes
« considérations que j'avois lors, qui de présent
« cessent. Jaçoit qu'il n'y ait ni pourroit avoir
« chose qui me liât ni madite fille, de présente-
« ment contracter et faire ledit mariage, pour
« autant que ni l'un ni l'autre n'avoient l'âge re-
« quis pour ce faire ; et davantage ce seroit par
« moi contrevenir au premier serment solennel
« par moi fait à Reims, en recevant mon sacre
« et couronnement, qui est de faire toute chose
« que connoîtrai être au bien, sûreté et conser-
« vation de mon royaume, sans consentir ni
« permettre directement la diminution d'icelui.

« Or, je n'eusse pu et ne pourrois, pour mon
« honneur et devoir, et sans le trop grand malcon-
« tentement desdits princes et seigneurs de mon
« sang, auxquels cette chose touche, et aussi
« de mesdits sujets, désirer à faire et traiter
« ledit mariage ; mais j'ai conclu, par leursdits
« avis et opinions, de faire les fiançailles d'eux
« deux. Toutefois, par ledit mariage je n'ai en-
« tendu et n'entends, en quelque façon que ce
« soit, de me déporter et éloigner de la bonne
« amitié, fraternité et alliance qui est entre mon-
« dit frère et cousin le roi de Castille et moi.
« Lesquelles choses j'ai fait savoir à mondit
« frère et cousin, et aussi vous en ai bien voulu
« avertir, afin que ne vous imaginiez pas que

« pour ce je veuille faire aucune rupture avec
« mondit cousin. » (1)

En effet, Louis XII avoit répondu aux États
le 19 mai ; il leur avoit déclaré qu'*il condescen-
doit à leur demande et requête*, et qu'il vouloit
que les fiançailles des deux enfans se fissent dès
le surlendemain. Cela fut exécuté le jeudi 21
mai. Le chancelier lut, devant toute la cour, les
articles du mariage, qui assuroient à la fille de
Louis XII, lors même qu'il viendroit à avoir
des fils, les comtés d'Asti et de Blois, les seigneuries de Soissons et de Coucy, et cent mille
écus donnés par la reine ; après quoi le cardinal
d'Amboise célébra les fiançailles. (2)

Par ces fiançailles, la France échappoit à un
des plus grands dangers qui eussent depuis long-
temps menacé l'indépendance nationale : mais,
quelque heureuse que fût la résolution de
Louis, sa mauvaise foi n'en étoit pas moins
signalée, et la lettre par laquelle il se dégageoit
des plus sacrés engagemens, *par des raisons qui
seroient trop longues à raconter*, n'en est pas
moins caractéristique. Chièvres, en la recevant,
ne douta pas que la guerre ne dût s'ensuivre

---

(1) Isambert. T. XI, p. 461. — Collection des États-Généraux. T. X, p. 193. — Rœderer, Pièces justificatives. T. I,
p. 435.

(2) Lettres de Louis XII, p. 50. — Dumont, Corps diplom.
T. IV, p. 88. — Actes de Bretagne. T. III, p. 878.

entre Louis XII et le roi son maître ; il se hâta de fortifier sa frontière, et, par un traité du 6 juin, il engagea Robert de la Marck, seigneur de Sédan, à la solde du roi de Castille (1). Mais Philippe se sentoit alors en Espagne dans des circonstances si délicates, qu'il ne songea qu'à gagner du temps. Il écrivit de Valladolid à Louis XII, le 20 juillet, qu'il ne pouvoit lui répondre sur le mariage de sa fille avec François : « Sans premier en avertir et consulter avec
« le roi son père, et aussi avec le roi d'Aragon
« son beau-père, auxquels semblablement cette
« affaire touche..... En outre, touchant l'amitié
« et bienveillance d'entre vous et moi, soyez
« sûr que, de ma part, il n'y aura jamais faute
« ne rupture ; espérant semblablement que aussi
« n'aura-t-il de la vôtre. » (2)

Philippe étoit arrivé le 28 avril à la Corogne, en Galice ; Ferdinand n'avoit pas osé s'opposer à son débarquement : il avoit vu les nobles Castillans accourir au-devant de son gendre, et s'empresser à se déclarer pour lui ; il affecta d'interdire toute résistance, de protester de son affection pour ses enfans, de se rendre sans armes, et avec une suite peu nombreuse, aux deux conférences qu'il eut avec Philippe, où celui-ci se trouvoit à la tête de son armée ; après

---

(1) Lettres de Louis XII, p. 51.
(2) Lettres de Louis XII, p. 54.

leur seconde entrevue, le 5 juillet, Ferdinand partit pour l'Aragon, abandonnant sans partage à Philippe le gouvernement de la Castille; mais non sans espérance d'y être bientôt rappelé, tant il remarquoit déjà de semences de discorde entre les Flamands et les Castillans, et tant les derniers se défioient de l'assurance que donnoit Philippe, que sa femme étoit folle, et qu'il étoit nécessaire de l'enfermer (1). Ferdinand ne s'arrêta point en Aragon; il vouloit s'assurer du royaume de Naples, qu'il prétendoit devoir lui demeurer sans partage, tandis que les Castillans insistoient sur ce qu'il avoit été conquis avec les forces de la Castille, et ils affirmoient que le roi Philippe devoit y avoir une part. Le grand capitaine, Gonzalve de Cordoue, vice-roi de Naples, étant Castillan, donnoit surtout beaucoup d'inquiétude à Ferdinand, qui s'embarqua à Barcelonne, le 4 septembre, avec sa nouvelle épouse Germaine de Foix, pour prendre possession du royaume de Naples. Il y avoit bien peu de jours qu'il étoit parti, lorsque Philippe tomba malade à Burgos d'une fièvre pestilentielle, et mourut le 25 septembre 1506, à l'âge de vingt-huit ans, trois mois seulement après son entrée en Castille. (2)

(1) *Mariana, Hist. de Esp.* T. X, L. XXVIII, c. 16-21, p. 117-157.
(2) *Mariana, Hist. de Esp.* T. X, L. XXVIII, c. 22, 23,

Pendant ce règne si court Philippe n'eut point le temps de demander raison à Louis de la violation du traité de Blois, ou de régler d'une manière nouvelle les droits contestés, qui avoient paru arrangés par le mariage de Charles de Luxembourg avec Claude de France. M. de Chièvres, qu'il avoit laissé son lieutenant-général dans les Pays-Bas, s'y trouvoit sans argent et sans troupes. Philippe avoit fait faire les plus grands efforts à ses États de Flandre pour se mettre en état de se présenter en Castille avec des forces imposantes, et il n'avoit rien laissé dans le pays qu'il quittoit (1). Les villes de Flandre étoient mécontentes ; on ne pouvoit obtenir d'elles aucune nouvelle contribution ; l'évêque de Liége et le seigneur de Sedan, qui peut-être n'avoient traité avec Chièvres que pour donner de l'inquiétude à la France, et obtenir d'elle de meilleures conditions, étoient bientôt rentrés dans l'alliance de Louis XII. Le duc de Gueldre, qui avoit promis de suivre Philippe en Castille, s'étoit échappé au moment du départ de celui-ci, et dès qu'il l'avoit su arrêté en Angleterre il avoit recommencé la guerre. Louis XII lui avoit aussitôt fait passer quatre

p. 157-169. — *Robertson's History of Charles the V.* T. II, p. 17. — J. d'Auton, c. 3, p. 17.

(1) Lettre de M. de Croy au conseil de Castille, du 16 août 1506. — Lettres de Louis XII, p. 67.

cents lances françaises pour attaquer les Pays-Bas ; Philippe s'en étoit plaint, mais avec modération, dans une lettre qu'il adressoit le 24 juillet au cardinal d'Amboise (1), et celui-ci avoit répondu que le roi n'avoit pas pu laisser détruire le duc de Gueldre son serviteur et son parent. Toutefois il s'étoit engagé par le traité de Blois à ne lui donner aucun secours ; d'ailleurs c'étoit lui-même qui l'excitoit à rompre un armistice que Philippe désiroit observer. (2)

Amboise, qui avoit envoyé François de Rochechouart en ambassade auprès de Maximilien en Carinthie (3), sembloit vouloir ménager toujours la cour d'Autriche ; cependant de part et d'autre on se préparoit sourdement à la guerre. La France s'étoit unie toujours plus intimement avec Ferdinand, pendant ses démêlés avec son gendre : ce roi, qui tenoit plusieurs cardinaux sous sa dépendance, dans les Deux-Siciles et l'Aragon, avoit promis leurs suffrages au cardinal d'Amboise, à la première vacance du trône pontifical (4). De son côté la maison d'Autriche s'étoit assuré l'alliance de l'Angleterre ; Philippe avoit promis sa sœur Marguerite, veuve du duc

---

(1) Lettres de Louis XII. T. I, p. 56.
(2) *Ibid*, p. 58.
(3) J. d'Auton, c. 2, p. 7.
(4) Mémoire d'un agent de Philippe. — Lett. de Louis XII, p. 63.

de Savoie, en mariage à Henri VII, avec une riche dot (1). Maximilien, qui faisoit demander à Louis le service de cinq cents lances, qu'il lui avoit promises pour l'accompagner à son couronnement à Rome, recherchoit en même temps l'alliance des Vénitiens et des Suisses; mais les envoyés français déterminèrent l'une et l'autre république à rester fidèle à leur alliance. (2)

Toutes ces négociations, toutes ces intrigues furent suspendues par la nouvelle de la mort inattendue de Philippe, qui frappa d'étonnement et même de pitié ceux qui travailloient à limiter sa puissance. Louis XII offrit aux Flamands qui l'avoient accompagné en Castille, de leur laisser librement traverser la France, à leur retour (3). Il fit écrire à Marguerite d'Autriche, qu'il étoit prêt à traiter les fils de Philippe comme ses propres enfans; ce qui peut-être a donné naissance à la fable qu'il avoit chargé M. de Chièvres de l'éducation du jeune Charles de Luxembourg(4). L'état de Jeanne veuve de Philippe, que les Cortès avoient déclarée reine propriétaire de Castille, ne permettoit point de la charger du

―――――――

(1) *Lord Bacon's Hist. of Henry the VII*, p. 107. — Rapin Thoyras. L. XIV, p. 350.

(2) *Fr. Guicciardini*. L. VII, p. 361.

(3) Sa lettre du 28 octobre, p. 92.

(4) Lettres de Louis XII, p. 93, 94. — *Robertson's History of Charles V*. L. I, p. 27.

gouvernement. Son esprit étoit foible, soupçonneux, jaloux, incapable de s'occuper d'aucune affaire ou de la comprendre; du vivant de son mari elle ne sortoit point de son appartement; invisible à tous les yeux, toujours plongée dans une profonde mélancolie, elle n'avoit pas même vu son père. La mort de son mari changea ces sombres vapeurs en une folie complète : elle voulut conserver son corps embaumé, dans son propre appartement, sur un lit de parade, et revêtu d'habits magnifiques; elle ne détournoit pas un instant ses yeux de dessus lui, espérant toujours qu'un miracle le rendroit à la vie; la jalousie qui avoit empoisonné son existence subsistoit aussi toujours : elle ne permettoit pas qu'une seule femme entrât dans son appartement (1). Son refus constant de signer aucun papier, de donner aucun ordre, d'ouvrir aucune lettre; et en même temps les désordres croissans de la Castille, où des soulèvemens éclatoient dans toutes les villes, forçoient à donner un nouveau chef au gouvernement. Maximilien prétendoit qu'à lui seul appartenoit la tutelle de son petit-fils, Charles de Luxembourg, qui, à défaut de sa mère, devoit être reconnu pour roi de Castille. Il avoit renoncé à son expédition long-

---

(1) Robertson. L. I, p. 21. Le tableau de cette passion, dans Mariana, est moins romanesque. T. X, L. XXIX, c. 3 et 5, p. 188, 200.

temps annoncée en Italie ; il veilloit sur les frontières de Hongrie, attendant la mort de Ladislas VI, alors malade, pour s'emparer de ce royaume ; mais, toujours désireux d'aventures nouvelles, il parloit cependant d'abandonner toutes les affaires qu'il avoit sur les bras, pour passer en Castille et se faire donner la tutelle de son petit-fils (1). De son côté Ferdinand, qui avoit appris la mort de son gendre à Portofino dans l'État de Gênes, n'en continua pas moins sa route vers Naples, comptant que le désordre où tomberoient les Castilles, y feroit désirer davantage son retour. Il entra dans Naples le 1er novembre ; il y combla d'honneurs et de marques de confiance Gonzalve de Cordoue, mais il ne l'y perdit plus de vue, et cinq mois après il le ramena en Espagne, où ses partisans avoient travaillé activement à lui faire déférer la tutelle de sa fille. (2)

Dans l'intérieur de la France, sur lequel au reste les écrivains contemporains ne nous donnent jamais aucun renseignement, il paroît que rien ne changeoit, rien ne fixoit l'attention. Il ne s'étoit publié dans l'année aucune ordonnance

(1) Schmidt, Hist. des Allem. T. V, L. VII, c. 51, p. 430. — Coxe, Maison d'Autriche. T. II, c. 23, p. 107. — Mariana. L. XXIX, c. 2, p. 183.

(2) *Mariana.* L. XXIX, c. 2, p. 176. — *Fr. Guicciardini.* L. VII, p. 368.

importante; les États-Généraux s'étoient séparés, 1506. après une session de trois jours, sans avoir fait aucune demande, exprimé aucun désir sur l'administration intérieure. La santé du roi paroissoit toujours chancelante; les ambassadeurs de Castille assuroient leur maître, dans leur correspondance, que ses médecins ne croyoient pas qu'il pût vivre au-delà du mois de janvier suivant. La reine faisoit bon accueil à la comtesse d'Angoulême, comme si elle sentoit que le jour pouvoit venir où elle dépendroit de cette rivale. L'amiral de Graville avoit été nommé au gouvernement de Paris, mais il éprouvoit beaucoup d'opposition dans cette ville. On lui reprochoit le supplice du duc de Nemours sous le règne de Louis XI; on assuroit qu'à cette époque il avoit fait chasser dix-sept conseillers du parlement de Paris, parce qu'ils s'étoient refusés à voter selon ses désirs; on ajoutoit que dès-lors il s'étoit enrichi par de nombreuses malversations, et que le procureur du roi menaçoit de lui intenter un procès criminel. (1)

Mais, pendant que chacun demeuroit inactif, dans l'attente des événemens, le pape Jules II prit tout à coup l'initiative, et entra en campagne. Jules II passoit pour fort vieux : le costume qu'il portoit, sa longue barbe, sa conte-

(1) Mémoire adressé en juillet à Philippe. — Lettres de Louis XII. T. I, p. 65, 66.

nance courbée, lui en donnoient l'apparence, et le cardinal d'Amboise, s'attendant à sa mort prochaine, ne cessoit d'intriguer pour parvenir à lui succéder. Cependant, il étoit né en 1443, à Savonne, en sorte qu'il n'avoit que soixante-trois ans (1). Orgueilleux, irascible, impétueux, il regardoit comme son devoir de rétablir dans tous les États de l'Église l'autorité immédiate du saint-siége, et il avoit surtout juré qu'il ne tarderoit pas à chasser tous les tyrans de l'État pontifical. Il avoit souvent montré le plus violent ressentiment contre les Vénitiens, qui, à la mort de César Borgia, s'étoient emparés de Faenza et de Rimini; c'étoit pour les expulser de ces deux villes qu'il avoit suggéré à Louis XII l'imprudent traité de Blois, par lequel ce monarque invitoit Maximilien à partager avec lui les États de cette république, rapprochant ainsi du siége pontifical les peuples que Jules II lui-même appeloit toujours *les barbares*.

Ce traité, qui fut plus tard renouvelé à Cambrai, et qui causa d'horribles désastres à l'Italie, n'avoit point été ou exécuté, ou même publié : l'union nouvelle de Louis XII avec Ferdinand avoit aliéné le premier de Maximilien. Le pape, cependant, s'étoit mis en mesure de l'exécuter

(1) *Onofrio Panvino Vite de' Pontifici*, p. 482. Il donne même la date de 1453, qu'il corrige ensuite.

pour sa part : il avoit amassé de l'argent et rassemblé des troupes ; il étoit très chagriné de devoir ajourner son attaque contre les Vénitiens ; du moins, il se crut obligé, en conscience, à ne pas différer plus long-temps de purger l'État de l'Église de ceux qu'il nommoit les tyrans. Les premiers qu'il résolut de dépouiller étoient souverains héréditaires des deux plus puissantes villes de l'Etat pontifical : Jean Paul Baglioni de celle de Pérouse ; Jean Bentivoglio de celle de Bologne. Le dernier jouissoit de la protection du roi de France, qu'il avoit achetée par un tribut considérable. Le Bolonais, où sa famille régnoit depuis un siècle, étoit regardé comme essentiel à la défense du Milanez, et les Français, qui avoient tour à tour à craindre Ferdinand ou Maximilien, pour leurs possessions de Lombardie, étoient intéressés à défendre son indépendance ; mais Jules II se flatta de les étonner par sa décision, de les intimider par l'autorité de l'Église. Il envoya sommer Louis XII de lui faire passer des troupes, et les Vénitiens de demeurer tranquilles. Les uns comme les autres, redoutant les emportemens de l'impétueux pontife, lui complurent, contre leur propre jugement. (1)

Le 27 août 1506 Jules II partit de Rome à la

(1) *Macchiavelli, Discorsi sopra Tito Livio.* L. III, c. 44, p. 199.

tête de quatre cents hommes d'armes, et accompagné de vingt-quatre cardinaux. Baglioni, effrayé, vint le 8 septembre le trouver à Orviéto, et se remettre entre ses mains. Jules entra le 13 septembre dans Pérouse; il rendit à la ville son administration républicaine, sous la directe du Saint-Siége, et il laissa cependant à Baglioni ses biens patrimoniaux, ainsi que la permission de vivre comme citoyen dans la ville où il avoit régné (1). L'attaque de Bologne sembloit devoir lui présenter de plus graves difficultés. Louis XII, en apprenant que le pape avoit annoncé en plein consistoire que, pour soumettre cette ville, il pouvoit compter sur l'appui de la France, s'étoit écrié que sans doute le saint Père avoit trop bu d'un coup, faisant allusion aux habitudes assez connues de Jules II (2). Mais le cardinal d'Amboise, toujours obéissant à la cour de Rome, ne tarda pas à persuader à son maître qu'il falloit se conformer aux volontés du pape, si on ne vouloit pas se brouiller avec lui; en sorte que Louis, au mépris des engagemens les plus solennels, donna ordre à M. de Chaumont, qui commandoit dans le Milanez, de marcher contre Bologne avec six cents lances et trois mille Suisses. L'armée pontificale d'une part, celle de Chaumont

---

(1) *Macchiavelli*, *Legazioni*. T. VII, p. 87, 88. — Républ. ital. T. XIII, c. 103, p. 339.

(2) *Fr. Guicciardini*. L. VII, p. 365.

de l'autre, entrèrent le 22 octobre dans le Bolonais (1), et le 2 novembre Bentivoglio fut obligé de se réfugier dans le camp français avec ses enfans, abandonnant une principauté qui avoit appartenu à sa famille, avec peu d'interruption, depuis plus d'un siècle. Jules II organisa à Bologne, comme il avoit fait à Pérouse, un gouvernement presque républicain, qui s'y est maintenu jusqu'à la fin du dix-huitième siècle. Chaumont donna un refuge aux Bentivoglio dans le duché de Milan, et il leur garantit la conservation de leur fortune ; mais il eut la bassesse de se faire payer 12,000 ducats par le prince qu'il venoit de tromper, pour lui accorder cette dernière protection. (2)

D'autres mouvemens en Italie causoient en même temps de l'inquiétude à la cour de France. La république de Gênes avoit été annexée à la couronne en même temps que le duché de Milan, parce qu'elle s'étoit mise sous la dépendance des derniers Sforza, et Louis y avoit été récemment reçu avec beaucoup de marques d'affection. Cependant, les anciennes libertés de cette ville avoient été respectées par le roi de France ; il n'y exerçoit que les prérogatives précédemment réservées au doge ; toutes les autres magistra-

---
(1) Jean d'Auton, P. III, c. 4, p. 19; et c. 6, p. 43.
(2) *Franc. Guicciardini.* L. VII, p. 367. — Républ. ital., c. 103, p. 345. — J. d'Auton, c. 5, p. 25.

tures étoient déférées par les suffrages annuels du peuple ; seulement, il avoit été convenu qu'elles seroient partagées par égales parts entre les nobles et les plébéiens. Tant qu'il y avoit eu un doge, celui-ci, qui, d'après la constitution de la république, devoit toujours être plébéien, avoit eu soin de faire respecter ce partage (1). Mais les Français regardoient comme un objet de ridicule ou de mépris un tel appel des roturiers au pouvoir ; aussi toutes les faveurs du gouverneur que le roi avoit envoyé à Gênes étoient pour les nobles. Ceux-ci, en retour, faisoient la cour au pouvoir ; ils abandonnoient tout soin de l'indépendance nationale ; ils refusoient tout respect aux lois de leur patrie ; ils affectoient le ton et l'insolence des nobles français ; ils portoient à leur ceinture un poignard, sur le manche duquel on voyoit écrit en gros caractère : *Châtie vilain*, et ils sembloient chercher l'occasion de répandre du sang dans une querelle, pour faire rentrer les roturiers dans le respect et l'obéissance qu'ils croyoient leur être dus. (2)

La querelle ne tarda pas à s'engager : ce fut le 18 juillet 1506, sur le marché aux Herbes. L'insolence d'un noble, qui enleva un panier de

---

(1) J. d'Auton, c. 7, p. 44.
(2) J. d'Auton, c. 7, p. 47. — *Uberti Folietæ*. L. XII, p. 687. — *Ag. Giustiniani*. L. VI, f. 258.

champignons à un bourgeois qui les marchandoit, en fut l'occasion (1). Mais elle ne tourna pas à l'avantage de la noblesse : les gentilshommes furent maltraités sur la place publique; après quoi une loi fut portée au conseil souverain, pour réduire la noblesse à n'avoir plus que le tiers, au lieu de la moitié des offices publics; le gouverneur royal de Gênes fut forcé de la sanctionner pour conserver la paix. Toutefois les nobles humiliés ne se soumirent pas long-temps à ce nouveau partage; ils allèrent joindre à Asti Philippe de Ravestein, qui revenoit exercer pour la seconde fois les fonctions de gouverneur à Gênes, et ils rentrèrent avec lui, le 15 août, dans leur patrie, en appareil menaçant. Philippe de Castille n'étoit point encore mort à cette époque, et Louis, qui s'attendoit chaque jour à une rupture ouverte avec lui, ne vouloit pas avoir en même temps une révolution à redouter à Gênes. Il ordonna donc à Ravestein de respecter le nouveau décret sur le partage des honneurs de la république, mais d'exiger en même temps que tous les fiefs confisqués sur la noblesse émigrée lui fussent rendus. Cette condition ne laissoit pas que d'être onéreuse au peuple; car les gentilshommes commandoient par leurs châteaux la moitié des

(1) J. d'Auton, c. 7, p. 50.

campagnes, et tous les chemins qui conduisoient à Gênes; en sorte que quand ils étoient d'accord, ils pouvoient affamer la capitale; d'autant plus que l'un d'eux, Lucien Grimaldi, s'étoit fortifié à Monaco, qu'il en avoit fait un refuge de pirates, et qu'il interceptoit la navigation, en même temps que ses confrères coupoient toutes les voies de terre. (1)

Les gentilshommes commencèrent bientôt à entraver les arrivages; et dès que les vivres manquèrent à Gênes, la patience échappa aux Génois; ils résolurent de chasser les pirates de Monaco. A la fin de septembre, les huit tribuns du peuple, magistrats légitimement élus, et reconnus par le roi, attaquèrent le château de Monaco avec deux mille hommes de troupes, et quelques vaisseaux qu'ils avoient pris à leur solde (2). D'autre part, Philippe de Ravestein ne pouvant concevoir que le peuple fît la guerre sans prendre ses ordres, quitta Gênes avec indignation le 25 octobre, et demanda de nouvelles instructions à Louis XII. Celui-ci, qui n'avoit plus rien à craindre du roi Philippe, résolut d'affermir son autorité sur l'Italie par un acte de

---

(1) *Uberti Folietæ Genuens. Histor.* L. XII, p. 692. — *P. Bizarri S. P. q. Genuens. Hist.* L. XVIII, p. 415. — *Ag. Giustiniani Storia di Genova.* L. VI, f. 260. — *Fr. Guicciardini.* L. VII, p. 371. — J. d'Auton, c. 7, p. 58.

(2) J. d'Auton, c. 7, 8 et 9, p. 61-69.

sévérité ; il ordonna donc à M. de Chaumont, gouverneur du Milanez, et au commandant du Castelletto, qui étoit resté à Gênes, de traiter les Génois en ennemis. (1)

1506.

Ce fut le 7 février 1507 que Galéaz de Salazar, qui commandoit dans le Castelletto, commença les hostilités, sans aucune dénonciation de guerre. Le peuple s'étoit porté en foule à l'église de Saint-François, joignant à cette forteresse, pour y célébrer la solennité du jour; le commandant en fit saisir tout à coup les portes; il fit évacuer l'église, renvoyant dans leurs maisons les femmes et les enfans, mais faisant traîner tous les hommes dans les cachots. En même temps il commença à bombarder la ville et le port, et bientôt l'on reçut la nouvelle que Chaumont avoit interdit aux Lombards tout commerce avec Gênes, et qu'Yves d'Allègre marchoit sur Monaco, pour forcer les Génois à lever le siége de cette forteresse (2). Les Génois, forcés à entrer en guerre contre la France, comptoient n'être point sans alliés. Le pape Jules II, leur compatriote, leur étoit favorable ; l'empereur Maximilien, toujours prêt à tout entreprendre, mais toujours incapable de suivre au-

1507.

---

(1) Républ. italiennes, c. 104, p. 364.
(2) *Barth. Senaregœ de Rebus Genuens.* T. XXIV, p. 589. — J. d'Auton, c. 12, p. 81. — Républiq. italiennes, c. 104, p. 366.

cun de ses projets, avoit déjà sommé Louis XII de ne pas molester les Génois, qu'il regardoit comme membres de l'empire. Ceux-ci se voyant poussés à bout, secouèrent ouvertement l'autorité de la France, et élurent, selon leurs antiques usages, le 15 mars 1507, un nouveau doge. C'étoit un teinturier en soie, nommé Paul de Novi, qui joignoit une grande aptitude aux affaires et un grand courage, à beaucoup de force de caractère et d'intégrité. (1)

Mais les Génois, énervés sous une domination étrangère, n'étoient plus semblables à eux-mêmes; leur population étoit diminuée en nombre, leurs occupations domestiques étoient changées, leur courage s'étoit amolli. Ils avoient presque abandonné la vie de mer et les entreprises lointaines : ils s'étoient désaccoutumés des armes; les manufactures, celles de soie surtout, nourrissoient la grande masse du peuple : elles lui avoient fait contracter des habitudes sédentaires, qui le préparoient mal aux combats. Toutefois, tant que Paul de Novi n'eut à combattre que les Génois rebelles, et surtout les Fieschi, les plus dévoués entre les nobles aux intérêts de la France, il remporta sur eux plusieurs avantages, en les attaquant avec un esca-

(1) *Uberti Folietœ.* L. XII, p. 699. — *P. Bizarri.* L. XVIII, p. 417. — *Ag. Giustiniani.* L. VI, p. 263. — *Fr. Guicciardini.* L. VII, p. 375.

dron de cavalerie et trois mille fantassins (1). Mais tout changea de face lorsque Louis XII passa les monts. Après une longue convalescence, il avoit recouvré toute sa première vigueur; et comme il savoit que dans l'attente de sa mort ses alliés ne comptoient plus sur ses promesses, tandis que ses ennemis se préparoient à profiter d'une minorité qu'ils croyoient prochaine, il fut bien aise de montrer à l'Europe, par cette expédition d'éclat, qu'il pouvoit encore exciter ou l'espérance ou la crainte pendant de longues années. Il partit de Grenoble le 3 avril; il passa les montagnes, et arriva le 11 à Suse (2), avec huit cents cavaliers pesamment armés, quinze cents chevau-légers, six mille Suisses, et six mille fantassins français. Après s'être reposé à Asti quelques jours, il se présenta, le 26 avril, à l'entrée des montagnes de Gênes. Le corps que Paul de Novi avoit chargé de la défense des défilés, prit honteusement la fuite, et les Français arrivèrent sans résistance dans la vallée de la Polsévera. (3)

Malgré ce premier acte de lâcheté, Gênes auroit encore pu opposer au roi une résistance

(1) J. d'Auton, c. 10 et 11, p. 76 et 80. — Mém. de Bayard, c. 27, p. 58. — Républ. ital., c. 104, p. 369.
(2) Saint-Gelais, p. 159. — J. d'Auton, c. 15, p. 100.
(3) J. d'Auton, c. 16, p. 110. — Républ. ital., c. 104, p. 370.

efficace. L'art des siéges étoit trop peu avancé pour que Louis XII pût prendre de vive force une grande ville que la nature même semble avoir voulu rendre inexpugnable. Mais le trouble étoit dans ses murs ; les citoyens riches, craignant le pillage, se refusoient à toute résistance ; les artisans qui s'étoient enrôlés avec empressement dans la milice, perdoient courage, en se voyant abandonnés par leurs chefs ; ils s'attendoient à toute heure à quelque trahison, et ils étoient aisément frappés de terreurs paniques. Une troupe génoise combattit vaillamment, le 27 avril, sur la hauteur du Belvédère ; mais lorsqu'elle fut repoussée, sa retraite causa tant de terreur à une autre troupe chargée de défendre la citadelle de la Lanterne, que celle-ci abandonna ce poste important sans combat. Les Génois essayèrent le même jour de le reprendre par une attaque vigoureuse : ils échouèrent ; alors le sénat envoya des députés à Louis, pour lui annoncer son entière soumission, et Paul de Novi évacua la ville avec tous ses plus vaillans compagnons d'armes. (1)

Les gens de guerre qui suivoient Louis sou-

(1) J. d'Auton, qui accompagnoit le roi, a décrit d'une manière prolixe les moindres faits d'armes de cette campagne. P. III, c. 17 à 23, p. 116 à 181. — *Voyez* aussi Saint-Gelais, p. 191, et les auteurs cités dans les Républ. ital. T. XIII, c. 104, p. 373.

piroient après le pillage de Gênes. C'étoit une des villes les plus opulentes de l'Europe, et il n'y avoit pas de gentilhomme dans l'armée qui eût rougi de mettre lui-même la main au butin. Mais Louis, quoiqu'il réservât à cette ville une punition éclatante, ne vouloit pas la ruiner ; c'auroit été perdre une de ses plus abondantes sources de revenus. Il empêcha donc les Suisses, dont il n'auroit pu être maître, de le suivre dans Gênes. Il y entra lui-même, le 29 avril, à cheval, l'épée nue à la main. Les magistrats et toute la population à genoux, tenant des branches d'olivier, le reçurent en criant miséricorde. Louis XII leur dit qu'il leur pardonnoit ; et les historiens français ont, en conséquence, célébré sa magnanimité. Les Italiens furent plus frappés de la sévérité d'un tel pardon : soixante-dix-neuf personnes furent exceptées de l'amnistie, et des échafauds furent dressés dans les rues, où on les pendit après une procédure sommaire (1). On n'épargna ni argent ni perfidie pour se faire livrer Paul de Novi, qui s'étoit réfugié en Corse, et qui fut exécuté avec Démétrius Giustiniani, le 5 juin suivant (2). La ville fut condamnée à une contribution militaire de 300,000 florins, égale à la moitié de la taille de tout le royaume de France. Le roi cependant ayant reconnu

---

(1) J. d'Auton, c. 25, p. 184-196. — Saint-Gelais, p. 200.
(2) J. d'Auton, c. 26-30, p. 201-248.

plus tard l'impossibilité de la faire payer, lui fit remise de 100,000 florins. Une forteresse inexpugnable fut élevée à la Lanterne ; tous les priviléges de Gênes et son traité avec le roi de France furent brûlés ; une nouvelle municipalité fut enfin établie, composée par moitié de nobles et de plébéiens. (1)

Le roi, après avoir effrayé l'Italie par la soumission des Génois, voulut mettre à profit la terreur qu'il avoit inspirée, pour terminer ses diverses négociations. Toutefois, soit pour soulager ses finances, soit pour calmer l'inquiétude des princes allemands, il licencia son armée, et revint avec une suite peu nombreuse à Milan, où il fit son entrée le 14 mai, et où il occupa la noblesse par des tournois et des fêtes (2). Il savoit que Maximilien avoit convoqué une diète de l'Empire à Constance pour le mois de juin 1507. Déjà, dans ses lettres aux États germaniques, cet empereur avoit représenté avec quelle mauvaise foi les traités de Blois avoient été rompus ; quel joug la France imposoit à l'Italie, quoique cette contrée fît toujours partie de l'Empire ; quel mépris une telle conduite

(1) J. d'Auton, c. 27, p. 203. — Mém. de Bayard. T. XV, c. 27, p. 62. — *Fr. Belcarii.* L. X, p. 300. — *Arnoldi Ferronii.* L. IV, p. 66. — *Fr. Guicciardini.* L. VII, p. 379. — P. Bizarro. L. XVIII, p. 422. — *Ag. Giustiniani.* L. VI, f. 264. — *Jacopo Nardi.* L. IV, p. 194.

(2) J. d'Auton, c. 29 à 35, p. 232-278.

sembloit indiquer pour la valeur des Allemands. Maximilien, qui étoit éloquent, brave, séduisant dans ses manières, échauffa la diète par ses discours. Jamais les Allemands n'avoient montré plus d'entraînement et de passion; ils promettoient de l'accompagner à Rome, quand il iroit y prendre la couronne impériale, avec une armée plus puissante que n'eût jamais conduite aucun de ses prédécesseurs. Ils ne parloient pas moins que de quatre-vingt-dix mille Impériaux, auxquels ils auroient joint douze mille Suisses. En traversant la Lombardie, ils s'engageoient à rendre le duché de Milan aux princes Sforza, neveux de l'empereur. Mais, sur ces entrefaites, la nouvelle du licenciement de l'armée française arriva à la diète; les envoyés de Louis protestèrent hautement de son amitié et de sa considération pour le corps germanique, avec lequel il désiroit demeurer en paix. Les Suisses de neuf cantons, qui avoient déjà promis des troupes, mirent à leur levée la condition inattendue qu'elles ne seroient pas employées contre la France, et la diète de Constance se contenta de décréter « un secours suffisant et convenable à cheval et à pied » pour accompagner l'empereur quand il iroit prendre à Rome la couronne d'or. (1)

(1) Schmidt, Hist. des Allem. T. V, L. VII, c. 32, p. 431. — Coxe, Maison d'Autriche. T. I, c. 23, p. 113.

1507.   Louis XII avoit voulu profiter de son voyage en Italie pour se procurer une entrevue avec Jules II; mais ce pontife ambitieux et turbulent, quoiqu'il eût déjà fait usage des armes des Français contre Bologne, et qu'il se préparât à les employer encore contre les Vénitiens, étoit humilié et offensé de ce qu'il appeloit l'introduction des Barbares en Italie ; il ne pouvoit se résigner à voir les Français y commander en maîtres ; il avoit vainement sollicité Louis XII de laisser subsister à Gênes l'ascendant du parti populaire, auquel sa famille appartenoit, et il étoit indigné de la dureté avec laquelle le roi avoit traité ses compatriotes ; aussi se refusa-t-il à toute demande d'entrevue, et au lieu de demeurer à Bologne comme le cardinal d'Amboise l'en sollicitoit, lorsqu'il apprit que Louis XII se préparoit à entrer en Italie, il en repartit avec dépit pour Rome, le 22 février (1). Toutefois, lorsqu'il eut appris la victoire des Français, il envoya à Milan le cardinal de Sainte-Praxède pour complimenter Louis XII. (2)

Jules II se proposoit d'avoir une entrevue avec Ferdinand, lorsque celui-ci reviendroit du royaume de Naples, pour l'engager dans quelque ligue contre les Français ; et, dans ce but, il alla

(1) *Fr. Guicciardini.* L. VII, p. 374. — *Parisius a Grassis in itinere Julii II, apud Raynald. Annal. eccles.*, 1507, §. I.
(2) Saint-Gelais, p. 203.

l'attendre à Ostie. Mais Ferdinand étoit tout occupé du désir de ressaisir en Castille l'autorité qui lui étoit dévolue par la mort de son gendre et la folie de sa fille; il redoutoit la rivalité de Maximilien, qui demandoit la régence de ce royaume comme tuteur de son petit-fils Charles de Luxembourg; il croyoit avoir besoin de l'appui de la France, et il regardoit l'amitié de Louis XII comme lui étant nécessaire. Il passa donc devant Ostie sans vouloir y débarquer pour rendre visite au pape, qui l'attendoit, tandis qu'il se rendit à Savonne, où il avoit donné rendez-vous à Louis XII, et où il le trouva le 28 juin. Les deux rois passèrent quatre jours en conférences ensemble : l'objet de leurs entretiens demeura quelque temps couvert d'un profond secret; l'on remarqua seulement à cette entrevue les hautes distinctions que Louis XII accorda à Gonzalve de Cordoue, et l'espèce d'admiration qu'il sembloit ressentir pour l'homme qui avoit chassé les Français du royaume de Naples. A l'issue de cette conférence, Louis XII repartit pour la France et Ferdinand pour la Catalogne. (1)

1507.

On avoit lieu de croire cependant que les deux rois s'étoient concertés contre Maximilien,

(1) J. d'Auton, c. 36, 37, 38, p. 279, 307. — Saint-Gelais, p. 205. — Mariana. T. X, L. XXIX, c. 9, p. 226. — Républ. ital., c. 104, p. 380.

qui les avoit tour à tour menacés tous les deux. Le 12 juin, il avoit écrit de Constance à Juan Manuel, le Castillan qui s'étoit montré le plus dévoué à son fils, pour lui confirmer la détermination qu'il avoit prise de passer en Castille et de conduire avec lui son petit-fils. Il annonçoit même que sous quinze jours il partiroit pour les Pays-Bas, d'où il s'embarqueroit pour l'Espagne (1). Mais Maximilien se jetoit avec impétuosité dans un projet de conquête ou de vengeance, le suivoit pendant quelques mois, puis, lorsqu'il rencontroit des obstacles, il en embrassoit un autre avec la même impétuosité, et il oublioit le précédent. En même temps il n'admettoit absolument personne dans sa confidence ; il croyoit que l'habileté politique consistoit dans l'observation du secret le plus absolu, et il tenoit ainsi tous ses adversaires et ses voisins dans la crainte ; car on ne savoit de quel côté on le verroit se tourner. Il avoit terminé, en 1505, une guerre pour la succession d'une des branches de la maison de Bavière qui l'avoit occupé plusieurs années (2); mais il lui restoit toujours ses prétentions sur la Bohême et la Hongrie, dont les couronnes lui étoient substituées par un traité, après la mort de Ladislas, qui les portoit alors ; celles sur la régence de Castille

---

(1) Sa lettre dans Mariana. L. XXIX, c. 8, p. 224.
(2) Schmidt, Hist. des Allem. T. V, L. VII, c. 31, p. 423.

en opposition à Ferdinand; son projet d'aller prendre à Rome la couronne de l'Empire, de rétablir en Italie l'autorité impériale et d'en chasser les Français; sa volonté de ressaisir l'administration des Pays-Bas, dont sa fille Marguerite, veuve de Philibert, duc de Savoie, avoit été déclarée gouvernante, et où elle avoit été reçue avec acclamation par les peuples.

Maximilien, après avoir congédié, le 20 août, la diète qu'il avoit présidée à Constance, avoit ordonné que l'armée de l'Empire, accordée par cette diète, se rassemblât en trois divisions éloignées l'une de l'autre; l'une à Trente, pour menacer le Véronais; l'autre à Besançon, pour menacer la Bourgogne; la troisième dans la Carniole, pour menacer le Friuli, afin qu'on ne pût prévoir où il porteroit ses coups (1). Louis XII, dans cette incertitude, cherchoit à susciter à Maximilien des inquiétudes du côté des Pays-Bas. Il envoya le comte de Réthel au duc de Gueldre pour l'exciter à recommencer la guerre, et lui conduire en même temps des troupes auxiliaires avec lesquelles en effet le duc de Gueldre attaqua le Brabant au mois de juillet (2). En même temps Louis XII écrivit à

(1) *Macchiavelli, Legazioni all'Imperatore, Lettera di Bolzano,* 17 janv. 1508. T. VII, p. 161.
(2) Lettres du comte de Réthel à Louis XII et au cardinal. T. I, p. 96, 98, 101, 102, 103.

la ville d'Arras que si les habitans de l'Artois reconnoissoient Maximilien comme mainbourg ou régent de leur jeune prince Charles, il les traiteroit non seulement comme ennemis, mais comme rebelles et criminels de lèse-majesté (1). Marguerite, la gouvernante des Pays-Bas, étoit alarmée, et elle s'employoit avec zèle à rétablir la bonne harmonie entre Maximilien, Ferdinand et Louis XII (2). Des aventuriers français, que le cardinal d'Amboise avoit mis au service du duc de Gueldre, avec des vaisseaux exercés à la piraterie, causoient déjà de grands dommages au commerce des Flamands. (3)

Maximilien laissa enfin éclater la résolution qu'il avoit long-temps cachée ; il se détermina à entrer en Italie, et il fit demander aux Vénitiens le passage au travers de leurs États, leur proposant en même temps de contracter avec lui une alliance contre la France. Pour les faire résoudre à s'unir à lui, et leur faire sentir combien Louis XII étoit peu digne de leur fidélité, il leur communiqua le traité de Blois, qui avoit été proposé par ce monarque à la maison d'Autriche, pour le partage de toutes les possessions de la république. Les Vénitiens sentirent tout le danger de leur situation ; ils ne se laissèrent

(1) Lettres de Louis XII. T. I, p. 105.
(2) *Ibid.*, p. 107.
(3) J. d'Auton, c. 44, 45, 46, p. 339, 354.

point éblouir par les offres avantageuses que leur fit faire aussitôt Louis XII, pour les engager à défendre la Lombardie de concert avec lui : mais ils voyoient bien qu'ils ne pouvoient choisir qu'entre deux gouvernemens également perfides, également prêts à les trahir après avoir obtenu leur assistance. Ils conclurent leur délibération par reconnoître qu'il étoit plus loyal, et probablement plus sage, de conserver l'état présent des choses que de contracter une alliance nouvelle pour le changer. Ils déclarèrent donc à Maximilien qu'ils avoient garanti à Louis XII la possession du Milanez ; que celui-ci leur avoit, en retour, garanti la possession de leurs provinces de Terre-Ferme ; qu'ils ne pouvoient en conséquence consentir au passage de l'armée impériale par leur territoire ; qu'ils ne pouvoient pas davantage se dispenser de secourir les Français dans le Milanez, si Maximilien les y venoit attaquer ; qu'ils seroient enfin fidèles à leurs engagemens, de quelque manque de foi que leurs alliés pussent se rendre suspects ; mais qu'ils n'iroient point au-delà, désireux comme ils l'étoient de conserver la bonne harmonie et le bon voisinage avec l'empereur et avec l'Empire (1). La diète suisse assemblée à Lucerne,

---

(1) *Fr. Guicciardini.* L. VII, p. 387. — *Fr. Belcarii.* L. X, p. 305. — *P. Bembi.* L. VII, p. 145. — Républ. ital., c. 104, p. 389.

1507. à laquelle l'empereur avoit fait des propositions analogues, prit, le 29 janvier 1508, une résolution presque semblable (1). Les Vénitiens communiquèrent ensuite à la France les menaces qui leur avoient été faites, et Louis XII leur envoya Jean-Jacques Trivulzio, avec quatre cents lances françaises et quatre mille fantassins, pour les aider à défendre leurs frontières, ou plutôt pour défendre la domination française dans le Milanez, contre les Allemands, à la première entrée de l'Italie. (2)

L'armée de l'Empire n'avoit été accordée par la diète, à Maximilien, que pour six mois, et ces six mois furent presque entièrement consumés en marches et contre-marches, que l'empereur lui fit faire pour mieux cacher ses desseins. En même temps tout l'argent qui lui avoit été fourni par la même diète fut dissipé en transports inutiles de troupes, de munitions et d'artillerie.

1508. Le 3 février 1508, Maximilien partit enfin de Trente, à la tête de quinze cents chevaux et de quatre mille fantassins, et il annonça aux Allemands qu'il alloit à Rome prendre la couronne impériale. Deux autres corps d'armée autrichiens entroient en même temps dans le territoire de Venise; mais après avoir ravagé le

(1) Dumont. T. IV, p. 90.
(2) *Fr. Guicciardini.* L. VII, p. 400. — *Fr. Belcarii.* L. X, p. 306. — *Legazioni di Macchiavelli.* L. VII, p. 168.

district des Sept-Communes, Maximilien, sans qu'on pût concevoir dans quel but, revint tout à coup en arrière jusqu'à Bolzano. Il rentra dans le territoire vénitien par Cadoro; mais avant la fin de février il quitta son armée pour courir à Inspruck, et de là à Ulm, où il contracta une ligue avec les villes de la Souabe.

1508.

Il alla ensuite à Cologne; et pendant quelques semaines, aucun de ses généraux ne put même savoir où il étoit. Ceux-ci, laissés sans ordre, ne suivant aucun plan, ne pouvant mettre aucun ensemble dans leurs opérations, furent battus à plusieurs reprises, et chassés du territoire vénitien avec une grande perte. Barthélemi d'Alviano, qui commandoit l'armée de la république, vouloit profiter de ces avantages pour chasser les Allemands de toutes les places qu'ils possédoient sur le golfe de Venise; mais Trivulzio, lieutenant du roi de France, s'y opposa; il déclara qu'il avoit ordre de défendre l'Italie, et non d'envahir l'Allemagne. Les Vénitiens, voyant que leur allié ne vouloit pas leur permettre de rien gagner par la guerre, se montrèrent plus disposés à traiter de la paix; ils rejetèrent toutefois sans hésiter les premières ouvertures de l'empereur, qui leur offroit une trêve sans vouloir y comprendre la France. Maximilien proposa ensuite une trêve de trois ans, qui comprendroit toute l'Italie. Louis XII demanda que

1508. la trêve fût générale, et que le duc de Gueldre s'y trouvât compris; mais les Vénitiens répondirent que leur traité les obligeoit à défendre le Milanez, non la monarchie française sur toutes ses frontières; qu'ils n'avoient aucune alliance avec le duc de Gueldre, ni aucune obligation de le défendre; que le traité qu'offroit Maximilien garantissoit les Français dans la possession du Milanez; que c'étoit le seul but pour lequel ils avoient pris les armes, et qu'ils ne pouvoient prolonger les hostilités sans aucune raison. En effet, sans attendre même le retour du courrier qu'ils expédioient à Louis XII, ils signèrent la trêve de trois ans pour toute l'Italie, et la publièrent dans les deux camps le 7 juin 1508. (1)

(1) *Fr. Guicciardini.* L. VII, p. 405. — *Fr. Belcarii.* L. XI, p. 309. — *P. Bembi.* L. VII, p. 133. — *Jacopo Nardi.* L. VII, p. 200. — *Legazioni di Macchiavelli.* T. VII, p. 237, 257. — Républ. ital., c. 104, p. 400.

CHAPITRE XXXI.

Ligue de Cambrai. — Premiers succès des Français contre les Vénitiens. — Le pape se réconcilie aux derniers. — Ses efforts pour susciter des ennemis à la France. — Louis XII est forcé de lui faire la guerre. — 1508-1511.

Le règne de Louis XII est en général considéré comme une des époques honorables de la monarchie. Le titre de père du peuple qui fut déféré à ce roi, par un orateur des États-Généraux, a protégé sa mémoire, et l'a fait mettre au nombre des bons souverains ; son économie lui mérita en effet pleinement la reconnoissance que les Français gardent à son souvenir, d'autant que cette vertu, bien rare à cette époque, n'étoit souillée par aucune cupidité, et qu'il montroit autant de répugnance à prendre l'argent de ses peuples, qu'à le dépenser ensuite ; mais quant aux autres qualités qui constituent un bon souverain, il est plus difficile de les retrouver en lui. Son règne, il est vrai, nous est fort mal connu : ses historiens sont incomplets, défectueux, et ne sont même qu'imparfaitement publiés ; ils n'ont plus été l'objet du travail d'aucun érudit, depuis Théo-

1508.

dore Godefroy, au commencement du dix-septième siècle. Le meilleur de beaucoup, de ceux que ce savant a recueillis, Jean d'Auton, est naïf, quelquefois agréable, très circonstancié sur les faits militaires, très partial, très occupé de flatter son maître et sa nation; mais il garde un silence absolu, soit sur l'administration intérieure, soit sur les relations politiques, et son récit finit au moment où il auroit fait le plus besoin (1). Saint-Gelais, attaché à la famille du comte d'Angoulême, a écrit un éloge historique de Louis XII, dans lequel non seulement il s'interdit de prononcer aucun blâme, mais il supprime tout ce qui auroit pu faire naître un jugement peu avantageux, par exemple le procès du maréchal de Gié (2). Claude de Seyssel n'a prétendu écrire qu'un panégyrique; mais ses louanges grossièrement accumulées, et qui ne présentent aucune image, parurent si exagérées à ses contemporains, qu'il fut obligé de prendre deux fois la plume pour s'en justifier. Les mémoires de Bayard, de La Trémoille, de Fleuranges, très peu détaillés pendant ce règne, ne nous introduisent que sous la tente du soldat, jamais dans le

(1) Il finit au 23 avril, jour de Pâques, 1508.
(2) « Voyant que M. d'Angoulême devenoit grand, et que « celui qui au commencement en avoit eu charge en étoit hors « pour aucunes raisons, lesquelles je me passe de mettre par « écrit. » Saint-Gelais, p. 180.

conseil du capitaine, bien moins encore dans celui de l'homme d'état. La collection de lettres enfin publiée sous le nom de Louis XII contient des documens curieux pour l'histoire des Pays-Bas, mais bien peu pour celle de la France ; on y trouve quelques lettres, en petit nombre, signées par Louis XII ; il n'y en a aucune dictée par lui, et qui aide à le connoître. Le secret, le mystère sur les affaires d'État avoit commencé peut-être en même temps que l'imprimerie : au moment où une opinion publique s'étoit pour la première fois manifestée, les rois avoient voulu lui dérober entièrement leur conduite, et comme aucun n'étoit plus puissant que le roi de France, aucun ne réussissoit mieux que lui à imposer un silence absolu sur la direction de son gouvernement.

M. Rœderer a publié récemment des mémoires pour servir à l'histoire de Louis XII, dans lesquels il s'efforce, par des inductions tirées de circonstances très insignifiantes, de reconnoître sous le règne de ce monarque la constitution qui régit aujourd'hui la France. Nous ne trouvons pas, nous l'avouons, le plus léger fondement à la comparaison de ces deux époques. Non seulement la nation ne se gouvernoit pas elle-même sous Louis XII, elle n'avoit pas même la plus légère connoissance de ses affaires ; elle étoit en dehors de tout ; désintéressée de tout, et tellement privée de vie, qu'en faisant son histoire, il n'y a jamais moyen de parler d'elle : toute histoire provinciale a cessé, toute existence hors de la cour et de l'armée s'efface. Au reste nous saurions mauvais gré à celui qui réussiroit à nous persuader que dans ces temps de honteuse mémoire que nous avons si péniblement traversés, la France possédoit déjà les garanties d'un peuple libre. Si la séparation des pouvoirs que M. Rœderer croit deviner aux États de Tours suffisoit pour que la France eût une constitution, il falloit que cette constitution fût bien mauvaise, car elle avoit en soi les germes de bien peu de durée.

Nous sommes donc réduits à trouver toute l'histoire des Français à cette époque dans leur action sur le reste de l'Europe, et pour comprendre cette action, à recourir le plus souvent aux historiens étrangers, surtout aux Italiens, qui avoient alors la liberté de penser et la liberté d'écrire, et qui nous donnent seuls l'intelligence de mouvemens qui, dans les historiens français contemporains, ne sont que le jeu de forces aveugles et brutales. Ils présentent Louis XII sous un jour bien désavantageux : en effet aucun règne n'est souillé par des transactions plus honteuses, dans les rapports de la France avec les autres peuples. Nous avons vu Louis XII acheter la trahison de Novarre, signer le perfide traité de Grenade; nous l'avons vu s'allier à César

Borgia, et le seconder dans tous ses crimes. Dans un autre ouvrage, nous avons fait voir comment il trahit les Florentins, les Pisans, les Bolonais, tous les petits peuples, tous les petits princes qui s'étoient fiés à lui (1) ; nous passons ici rapidement sur ces détails, et nous arrivons à une transaction plus honteuse encore, à une transaction marquée par une plus noire perfidie, méditée pendant quatre ans, au traité de Cambrai, qui n'étoit que l'accomplissement du traité de Blois signé dès le 22 septembre 1504.

Il est probable que Louis XII, dont on rapporte des mots assez heureux dénotant en même temps de la bonhomie et une certaine malice dans l'esprit (2), n'avoit point cependant la capacité des affaires, qu'il s'en mêloit peu lui-même, et se donnoit peu la peine de les comprendre. Ses ministres, et surtout le cardinal d'Amboise, sembloient ne pas même songer que les rapports de peuple à peuple fussent soumis aux lois de la probité. De leur côté, les écrivains français de cette époque ne se demandent jamais si une alliance est honorable, si une guerre est juste, si une inimitié est motivée. Quiconque étoit dénoncé aux soldats comme ennemi, ils le traitoient en ennemi ; les historiens, avec le même acharnement, applaudissent à leur rage; et, quand

---

(1) Républ. ital. T. XIII, c. 101 à 104.
(2) *Arnoldi Ferronii.* L. III, p. 57 et suiv.

ils portent un jugement sur un peuple ou sur un prince étranger, ils ne songent point à ses intérêts ou à ses droits ; mais ils l'appellent bon ou mauvais Français, selon qu'il est disposé à les servir ou à leur nuire aveuglement.

Soit que Louis XII considérât le droit des traités, la reconnoissance pour les services rendus, ou son intérêt propre, il auroit dû s'attacher à maintenir dans toute sa puissance, dans toute son indépendance, la république de Venise. Cette république se considéroit comme alliée de tout temps à la France ; et quoiqu'elle se fût départie un moment de cette alliance, treize ans auparavant, lorsqu'elle avoit voulu empêcher Charles VIII de bouleverser entièrement l'Italie, et qu'elle l'avoit combattu à Fornovo, elle avoit la même année fait la paix avec lui. Elle s'étoit alliée le 15 avril 1499 avec Louis XII, et elle lui avoit facilité la conquête du Milanez. Dèslors elle lui avoit toujours été fidèle dans les revers comme dans les succès, et elle venoit, au commencement de l'année 1508, d'affronter pour lui toutes les forces de l'Empire, afin de le conserver dans la possession du Milanez. Louis XII se déclara mécontent de ce que la république avoit terminé cette courte guerre sans le consulter ; mais le traité même par lequel elle la terminoit remplissoit tous ses engagemens envers la France. La république s'étoit conduite avec cette loyauté, quoiqu'elle eût non seulement des soupçons, mais la preuve des projets hostiles de Louis XII contre elle. Elle croyoit qu'un juste sentiment de ses intérêts ramèneroit à elle le roi de France. En effet, il suffisoit à Louis XII de cultiver l'amitié des Vénitiens et des Suisses, pour demeurer assuré de la possession du Milanez. Ce n'étoit pas de ces deux républiques qu'il pouvoit avoir rien à craindre, mais des seuls Allemands, auxquels elles fermoient l'entrée de l'Italie.

Les empereurs prétendoient toujours être souverains de l'Italie; ils devoient prendre successivement la couronne de fer de Lombardie à Monza, la couronne d'or de l'Empire à Rome. Depuis deux siècles leur pouvoir s'étoit assez affoibli pour qu'ils ne gouvernassent plus cette contrée; mais ses souverains réels, et surtout les ducs de Milan, les marquis de Montferrat et de Mantoue; les princes d'Este, pour les duchés de Modène et Reggio, s'étoient montrés empressés à acheter d'eux des titres et des investitures. La république de Gênes, et celles de Toscane avoient montré le même respect pour les droits impériaux, qu'elles étoient toujours empressées de racheter à prix d'argent. La cupidité des Allemands étoit sans cesse excitée par le désir de piller la riche Italie, ou d'y lever des contributions; aussi les empereurs les plus foibles chez eux trouvoient aisément à se faire suivre par une armée formidable, quand ils annonçoient qu'ils vouloient aller prendre les couronnes de Monza et de Rome : leur cavalerie égaloit celle des Français : leur infanterie étoit la meilleure de l'Europe. Les rois de France, pour conserver la possession de Milan et de l'État de Gênes, la suprématie sur le reste de l'Italie, devoient donc sur toute chose en fermer l'entrée aux Allemands, et s'attacher à effacer le souvenir des droits de l'Empire. L'empressement de Louis XII à recevoir l'investiture de Maximilien ; le serment honteux qu'il lui prêta par procureur à Haguenau, compromettoient sans avantage un pouvoir dont il étoit déjà en possession. Mais il étoit bien plus absurde encore d'aider un empereur d'Allemagne à forcer les portes de l'Italie, de le mettre en possession des riches plaines du Véronais et du Friuli, en deçà des Alpes ; de renouveler la faute du traité de Grenade, après avoir été éclairé par l'expérience ; de partager un État foible avec un voisin puissant, pour que ce voisin, aussitôt que vous l'aviez mis en possession de sa part, vous chassât de celle que vous vous étiez réservée à vous-même.

Cette politique devenoit plus absurde encore, lorsque c'étoit Maximilien que Louis XII appeloit à partager les États de la puissance gardienne de l'Italie, Maximilien, grand-père de Charles d'Autriche, souverain des Pays-Bas. Ce Charles, qui, encore enfant, avoit si vivement excité la jalousie des États de Tours, étoit l'héritier reconnu des divers duchés d'Autriche, des royaumes de Bohême et de Hongrie, de ceux de Sicile et de Naples, de ceux de Castille et d'Aragon; il étoit le successeur probable à l'empire d'Allemagne. C'étoit pour son profit que, par le traité perfide de Grenade, Louis XII avoit introduit dans le royaume de Naples les Espagnols, qui l'en avoient chassé lui-même; ce seroit pour son profit qu'il amèneroit les Allemands jusqu'à l'Adige, pour que ceux-ci, à leur tour, chassassent les Français au-delà des Alpes. On auroit dit que Louis XII appeloit du nord et du midi tous les ennemis de la France, pour qu'ils se rencontrassent autour de ses possessions les plus exposées; s'il avoit voulu trahir la France, livrer l'Italie à ses ennemis, et s'en faire chasser lui-même avec opprobre, il n'auroit pas agi autrement qu'il ne fit.

Les Vénitiens venoient d'arrêter l'invasion de Maximilien, et de mettre en sûreté le Milanez, par la trève signée le 7 juin 1508; mais Louis XII restoit toujours en guerre avec l'empereur élu : il pouvoit encore être attaqué en Bourgogne par la Franche-Comté, ou en Picardie par les Pays-Bas. Il savoit que ce prince nourrissoit toujours contre lui le même profond ressentiment, qu'il n'oublioit aucune des offenses qu'il avoit reçues de la France, depuis son épouse que Charles VIII lui avoit enlevée, et sa fille qu'il avoit répudiée, jusqu'à la promesse de mariage en faveur de son petit-fils, que Louis XII venoit de fausser. De son côté, Louis ne cessoit point de fournir des secours au duc de Gueldre, pour qu'il continuât à porter la guerre dans les Pays-Bas. Ce fut dans ces circonstances que Louis XII proposa à Marguerite d'Autriche, fille de Maximilien, qui, comme gouvernante des Pays-Bas, étoit fort intéressée à la paix, de prendre pour base de la réconciliation à laquelle elle s'offroit de travailler, le traité de Blois, par lequel le partage de tous les États de la république de Venise avoit déjà été arrêté quatre ans auparavant. De cette manière, on feroit disparoître un gouvernement qui blessoit l'orgueil des rois, et qui enseignoit aux peuples que les gouvernans pouvoient se proposer pour but le bien-être des gouvernés et non l'éclat des trônes. Une trêve de six semaines, entre la France, l'Empire, la gouvernante des Pays-Bas, le duc de Gueldre, l'évêque de Liége et le seigneur de Sédan, fut signée au commencement d'octobre. Le cardinal d'Amboise et Marguerite d'Autriche convinrent de se rencontrer à Cambrai, munis de pleins-pouvoirs pour traiter ; et les rois d'Angleterre et d'Aragon furent invités à y envoyer aussi des ambassadeurs. (1)

Le cardinal d'Amboise étoit archevêque de Rouen ; le roi et la reine vinrent le rejoindre dans cette ville, où ils firent une entrée solennelle ; ils lui donnèrent leurs dernières instructions, avant son départ pour Cambrai, et ils revinrent ensuite à Blois (2). Dans le même temps, René II, duc de Lorraine, mourut à Fains, près de Bar-le-Duc, le 10 décembre 1508, âgé de cinquante-sept ans. Son fils Antoine lui succéda, et s'attacha toujours plus à la cour de France. Son autre fils Claude fut duc de Guise, et devint la tige des princes de ce nom. (3)

Le traité que le cardinal d'Amboise étoit chargé de négocier sembloit devoir régler la destinée et les rapports de tous les États de l'Europe. La querelle entre Maximilien et Ferdinand pour la régence de Castille demandoit la première à être terminée : elle étoit liée avec la question de l'hérédité du royaume de Naples pour Germaine de Foix et pour ses enfans. Les ambassadeurs d'Angleterre, jaloux de l'union de Ferdinand avec la France, insistoient alors pour qu'elle fût décidée d'une manière favorable à

---

(1) Lettres de Louis XII. T. I, p. 120, 122. — *Fr. Belcarii*. L. XI, p. 311.

(2) Saint-Gelais, p. 206.

(3) D. Calmet, Hist. de Lorraine. L. XXX, p. 1117.

Maximilien (1). D'autre part, Louis XII vouloit porter sur le trône de Navarre son neveu, Gaston de Foix, auquel il avoit donné, le 19 novembre précédent, le duché de Nemours en échange contre la vicomté de Narbonne. Gaston étoit frère de Germaine, seconde femme du roi d'Aragon, et fils de Marie, sœur de Louis XII. Il prétendoit que son père, Jean de Foix, auroit dû hériter de la Navarre, de préférence à la fille de son frère aîné, Catherine, qui avoit porté cette couronne dans la maison d'Albret. Louis XII avoit montré une longue inimitié contre la maison d'Albret. Du reste, toute l'histoire de la Navarre prouvoit que cette couronne passoit aux filles, de préférence aux agnats plus éloignés. (2)

Mais Louis XII et son ministre étoient si acharnés à l'anéantissement de la république de Venise, qu'ils laissèrent en suspens tous leurs autres intérêts pour s'occuper de celui-là seul. Rien ne fut plus stipulé sur la régence de Castille; les droits sur la Navarre furent laissés indécis; seulement Louis XII s'engagea à ne point attaquer d'une année la reine Catherine et son mari, Jean d'Albret. Aucune garantie ne fut assurée à Charles d'Egmont, duc de Gueldre,

---

(1) Lettres de Louis XII. T. I, p. 124.
(2) Lettres de Louis XII, p. 133. — Hist. de Languedoc. L. XXXVI, p. 102.

que Louis avoit excité à reprendre les armes. Son 1508.
droit sur l'héritage dont il s'étoit mis en possession, fut référé à des arbitres nommés par l'empereur et le roi de France, à la décision desquels il devroit se soumettre. Tous les anciens différends entre la France et la maison d'Autriche, au sujet de la succession de Bourgogne, demeurèrent également en suspens, Maximilien se réservant de faire valoir ses droits dans un temps plus opportun; seulement il consentit, pour le prix de cent mille écus d'or, à renoncer au traité de mariage entre son petit-fils et la princesse Claude, et à accorder à Louis et à sa fille une nouvelle investiture du duché de Milan. Ce fut l'objet du premier traité signé à Cambrai, le 10 décembre, entre le cardinal d'Amboise et Marguerite. C'étoit le seul qui devoit être publié, et l'on se proposoit de donner à entendre que seul il avoit été le motif du congrès (1). Cependant, le même jour, 10 décembre, Marguerite et le cardinal d'Amboise signèrent le second traité, qui porte spécialement le titre de *ligue de Cambrai*. Ils déclaroient que le doge et la seigneurie de Venise ne pourroient point être nommés parmi les alliés de l'une ou de l'autre partie au traité précédent, mais au contraire qu'une ligue seroit formée entre le

(1) Recueil des Traités de Paix. T. II, p. 20. — Dumont, Corps diplom. T. IV, P. 1, p. 109.

1508. pape et les rois des Romains, de France et d'Aragon, pour recouvrer les terres et les provinces que la seigneurie étoit accusée d'avoir ravi à tous les quatre. Le roi de France s'engageoit à attaquer le premier la seigneurie, le 1ᵉʳ avril 1509, et à lui faire la guerre jusqu'à ce qu'il eût recouvré Brescia, Crème, Bergame, Crémone, et la Ghiara d'Adda, qui seroient réunies au duché de Milan. Dans les quarante jours qui suivroient, le pape, qui n'étoit point représenté au congrès, mais pour lequel le cardinal d'Amboise se faisoit fort, fulmineroit une excommunication contre la république, réclameroit d'elle Ravenne, Cervia, Faenza, Rimini, Imola et Céséna, invoqueroit l'aide de l'empereur, comme avoué de l'Église, et le délieroit du serment qu'il venoit de prêter pour l'observation du dernier traité. L'empereur, à son tour, attaqueroit alors Venise, pour recouvrer, au nom de l'empire, Padoue, Vicence et Vérone, et au nom de la maison d'Autriche, Rovérédo, Trévise et le Friuli. Quant au roi d'Aragon, qui n'avoit pas été représenté non plus au congrès, il étoit invité à s'emparer aussi des villes de Trani, Brindisi, Otrante, Gallipoli, et des autres places que les Vénitiens possédoient dans la Pouille; et pendant cette guerre, et six mois après, tout débat entre lui et Maximilien, sur la régence de Castille, devoit être laissé en suspens, après quoi il seroit référé à des arbitres. 1508. Ladislas, roi de Hongrie; le duc de Savoie, qui se disoit roi de Chypre; le duc de Ferrare et le marquis de Mantoue, seroient, s'ils le vouloient, admis dans la ligue, pour réclamer, chacun de leur côté, ce qu'ils croiroient avoir à répéter de la république de Venise. (1)

Lorsque ce traité, dans lequel le cardinal d'Amboise prenoit, au nom du pape, des engagemens si graves, sans l'avoir consulté, fut communiqué à Jules II, celui-ci, quoiqu'il eût le premier exhalé sa haine contre les Vénitiens, montra beaucoup de répugnance à y prendre part. Il en communiqua lui-même la copie à la république de Venise, que les Français avoient compté prendre par surprise, et il lui offrit de se détacher de la ligue, si le sénat vouloit lui restituer Faenza et Rimini (2). Il représenta, d'autre part, à Maximilien que, puisque les Français méditoient une trahison, il étoit plus naturel de croire que c'étoit contre leurs ennemis que contre leurs alliés et leurs vrais soutiens. Qu'ainsi donc il étoit probable que les troupes qu'ils faisoient passer en Italie, attaqueroient par surprise l'empereur ou le pape, dont

---

(1) Recueil des Traités de Paix. T. II, p. 25. — Dumont, Corps diplom. T. IV, P. 1, p. 113. — Godefroy, à la suite de Saint-Gelais. T. I, p. 277.

(2) *Petri Bembi Hist. Venetæ.* T. VII, p. 158.

ils connoissoient la jalousie, et non les Vénitiens, dont ils n'avoient qu'à se louer (1). Mais les Vénitiens, menacés par tant d'ennemis à la fois, et craignant moins le pape que tous les autres, ne voulurent pas lui céder sans combat tout ce qui pouvoit être le fruit de sa victoire. Ils aimèrent mieux faire tête à l'orage; leur richesse mettoit tous les condottieri de l'Italie à leur disposition. Ils rassemblèrent sur l'Oglio deux mille cent lances fournies, ce qui supposoit à chacune quatre ou même six chevaux; quinze cents chevau-légers italiens, dix-huit cents Stradiotes, dix-huit mille fantassins soldés, et douze mille hommes de leurs propres milices. Ils se flattèrent qu'avec des forces si considérables, s'ils pouvoient soutenir le premier choc, la ligue formée contre eux ne tarderoit pas à se dissoudre. (2)

Louis n'avoit pas une armée si nombreuse : elle ne passoit pas trente mille hommes. Depuis long-temps il éprouvoit l'inconvénient de n'avoir point de bonne infanterie française à opposer aux Espagnols et aux Allemands, dont il avoit reconnu la supériorité. Les Suisses, auxquels il étoit forcé d'avoir recours, lui faisoient éprouver chaque jour davantage leur cupidité et leur

(1) Lettre de Maximilien à sa fille, du 22 mars 1509. — Lettres de Louis XII. T. I, p. 161.

(2) Républ. ital., c. 105, p. 441.

insolence. Il demanda donc aux meilleurs capitaines de ses compagnies d'ordonnance, à Pierre Bayard, Molart, Richemont, la Crote, Roussillon, Vendenesse, Odet d'Aydie, Durfort, et à d'autres, de laisser à leurs lieutenans le commandement de leurs gendarmes, et de lever dans leurs provinces les aventuriers français qui leur paroîtroient le plus propres à former une bonne infanterie. Ceux-ci lui rassemblèrent, en effet, quatorze mille fantassins, qu'ils conduisirent dans le duché de Milan, pendant les deux premiers mois de l'année 1509. Ils y furent joints par six mille Suisses, et par deux mille lances françaises des compagnies d'ordonnance. (1)

Louis XII, qui étoit à Bourges au mois de février, en partit pour Lyon, où il fit ses pâques, le 8 avril, et le lendemain il se mit en route pour l'Italie. Avant son arrivée, M. de Chaumont, gouverneur du Milanez, commença les hostilités le 15 avril, en passant l'Adda, avec trois mille chevaux, six mille fantassins et quelque artillerie. Il s'empara du château de Triviglio, à deux milles au-delà de cette rivière. Sur quatre autres points de la frontière, les Français attaquèrent également les Vénitiens avec succès; mais après avoir ainsi engagé la guerre,

(1) Mém. de Bayard. T. XV, c. 29, p. 67. — Saint-Gelais donne des nombres quelque peu différens, p. 211.

et pris date, pour que quarante jours après Maximilien l'engageât aussi de son côté, comme il l'avoit promis, les Français se retirèrent, et Chaumont revint à Milan pour y attendre le roi. (1)

Le pape, informé que les hostilités avoient commencé, fulmina, le 27 avril, une excommunication effroyable dans ses dénonciations. Si, avant vingt-quatre jours écoulés, les Vénitiens ne restituoient pas au saint-siége toutes les terres que Jules II les accusoit d'avoir usurpées, avec tous les fruits qu'ils en avoient perçus, il les déclaroit criminels de lèse-majesté divine, ennemis perpétuels du nom chrétien, et il engageoit chacun à leur courir sus, à s'emparer de leurs personnes et de leurs biens, et à les vendre comme esclaves. (2)

Le 8 mai, l'armée vénitienne s'étoit avancée jusqu'au bord de l'Adda, et elle avoit repris Triviglio, qu'elle avoit pillé. Mais le même jour, Louis XII étoit arrivé avec toute son armée sur la rive droite de l'Adda. Il avoit jeté trois ponts, au-dessous de Cassano, sur cette rivière, sans que les Vénitiens, occupés au pillage de Trivi-

---

(1) Rapport au Roi sur la prise de Triviglio. — Lettres de Louis XII, p. 172. — *Fr. Guicciardini.* L. VIII, p. 421. — *Franc. Belcarii.* L. XI, p. 316. — *Jacopo Nardi.* L. IV, p. 205.

(2) Républ. ital., c. 105, p. 447.

glio, s'en fussent aperçus, et il avoit transporté, sans rencontrer de résistance, toute son armée sur la rive gauche. (1)

Les Vénitiens avoient, à la tête de leur armée, deux généraux, tous deux de la maison Orsini, Barthélemi d'Alviano, et Nicolas, comte de Pitigliano. Mais, malgré leur parenté, une parfaite harmonie ne régnoit pas entre eux. L'impétuosité et la valeur bouillante de l'Alviano lui faisoient toujours préférer les partis les plus hardis. Il auroit voulu, au commencement de la guerre, prévenir les Français, occuper la Lombardie, et attaquer ensuite, à mesure qu'ils voudroient y entrer, les corps ultra montains, qui devroient passer séparément les montagnes. Pitigliano, au contraire, étoit naturellement précautionneux, et son courage étoit encore glacé par un âge avancé. Il avoit proposé d'occuper avec son armée le camp retranché d'Orci, défendu par l'Oglio et le Serio, et d'attendre, pour attaquer les Français, qu'ils se fussent épuisés par les siéges des forteresses de la Ghiara d'Adda. Le sénat, comme il arrive trop souvent aux gens foibles ou ignorans, avoit rejeté les deux partis extrêmes pour en adopter un mi-

(1) *Fr. Belcarii.* L. XI, p. 317. — Victoire d'Aignadel, par Claude de Seyssel; édit. de Théod. Godefroy, *in-4. Paris*, 1615, p. 241-336, panégyrique de mauvaise foi, qui ne nous apprend rien du tout.

toyen, qui n'avoit les avantages ni de l'un ni de l'autre. (1)

Depuis que les Français se trouvoient vis-à-vis des Vénitiens, sur la gauche de l'Adda, ceux-ci se tenoient enfermés dans un camp retranché autour de Triviglio, que les Français n'avoient point osé forcer. Louis XII, après avoir passé un jour, à un mille de distance d'eux, résolut, pour les engager à sortir de leurs retranchemens, de s'étendre au midi, comme s'il vouloit couper leurs communications avec Crème, où étoient leurs magasins. Il prit donc sa route par Rivolta et Agnadel, tandis que les Vénitiens, devinant son mouvement, se dirigèrent sur Vaila, où ils comptoient, dans une position également forte, lui couper de nouveau le chemin. Dans cette marche des deux armées, les Français parcouroient l'arc du cercle dont les Vénitiens suivoient la corde. De hautes broussailles qui les séparoient, ne leur permettoient point de se voir. Tout à coup, le 14 mai, vers midi, l'avant-garde française, conduite par Charles d'Amboise et Jean-Jacques Trivulzio, reconnut qu'elle avoit devant elle l'arrière-garde de l'armée italienne, qui l'avoit devancée, et qui, commandée par l'Alviano, se portoit sur Vaila. La bataille s'engagea entre elles, sans que, de

(1) *Fr. Guicciardini.* L. VIII, p. 420. — *Fr. Belcarii.* L. XI, p. 315.

part et d'autre, on en eût formé le dessein. Le 1509.
combat entre ces deux divisions n'étoit point
inégal ; mais, comme les deux armées marchoient
dans le même sens, Pitigliano, qui commandoit
l'avant-garde vénitienne, s'éloignoit toujours
plus de l'Alviano, tandis que Louis XII, avec
son corps de bataille, s'approchoit toujours plus
d'Amboise, qui conduisoit son avant-garde.
L'Alviano envoya en hâte dire à son collègue
qu'il étoit attaqué, et qu'il le prioit de rebrousser aussitôt chemin, pour venir à son secours;
mais Pitigliano, qui savoit que son parent cherchoit une occasion d'engager la bataille, ne crut
point qu'il fût pressé autant qu'il le disoit, et lui
fit dire de continuer sa retraite en bon ordre,
car la seigneurie avoit ordonné d'éviter une action. (1)

Ainsi, l'Alviano se trouva bientôt aux mains
avec toute l'armée française, tandis qu'il n'avoit
lui-même que la moitié de ses bataillons. Il avoit
sous ses ordres une excellente infanterie italienne, nouvellement formée en Romagne,
qu'on appeloit *des Brisighella*, et qu'on reconnoissoit à ses casaques mi-parties blanches et

(1) *Fr. Guicciard*. L. VIII, p. 425. — *Fr. Belcarii*. L. XI,
p. 318. — *Arnoldi Ferronii*. L. IV, p. 67. — Saint-Gelais,
p. 212. — Claude de Seyssel, Victoire d'Aignadel, p. 302. —
Simphorian Champier, Triomphe de Louis XII, à la suite de
Seyssel, p. 337.

rouges. Il la plaça sur une digue, et la soutint par six pièces d'artillerie. La gendarmerie française, qui l'avoit attaqué dans un terrain embarrassé par des vignes, s'étoit rompue en voulant les franchir. L'Alviano l'avoit repoussée et poursuivie jusque dans un lieu plus ouvert ; là, il avoit été entouré par toute l'armée française, et accablé par le nombre. Les Brisighella, après sa déroute, s'étoient encore défendus quatre heures avec une admirable constance, et ils avoient laissé six mille morts sur le champ de bataille. Barthélemi d'Alviano, blessé au visage, fut amené prisonnier au roi ; vingt pièces d'artillerie tombèrent aux mains des Français vainqueurs. Pendant ce temps, Pitigliano, avec son corps d'armée, acheva sa retraite sans avoir vu l'ennemi. (1)

Cette bataille, que les Italiens nommèrent *de Vaila*, et les Français *d'Aignadel*, répandit la terreur dans toutes les provinces vénitiennes. Dès le 17 mai, Bergame envoya les clefs de ses portes à Louis XII, et sa citadelle ne tint que deux ou trois jours de plus. Caravaggio fut pris

(1) *Fr. Guicciardini.* L. VIII, p. 425. — *Petri Bembi Hist. Ven.* L. VII, p. 170. — *Fr. Belcarii.* L. XI, p. 318. — *Arn. Ferronii.* L. IV, p. 68. — Saint-Gelais, p. 214. — Mém. du chev. Bayard. T. XV, c. 29, p. 71. — Mém. de La Trémoille. T. XIV, c. 13, p. 177. — Mém. de Fleuranges. T. XVI, p. 40. — Républ. ital., c. 105, p. 453.

d'assaut, et Louis XII en fit pendre aux créneaux tous les habitans. Peschiera essaya aussi de se défendre, et Louis XII fit de même passer au fil de l'épée les habitans et la garnison; mais on vint lui dire qu'il se trouvoit dans cette place un gentilhomme vénitien, nommé André de Riva, avec son fils, qui offroit au roi cent mille écus de rançon, pour obtenir qu'on leur laissât à tous deux la vie sauve. « Que je meure, ré- « pondit le roi, si je bois ni mange jamais, qu'ils « ne soient pendus et étranglés. » Ils le furent, malgré les sollicitations de la plupart des officiers français, qui, fort indifférens sur le sort des roturiers, trouvoient qu'il y avoit *grande cruauté* à traiter ainsi des gentilshommes (1). Aucune injure reçue, aucun ressentiment, n'excusoient cette barbarie envers de braves gens, qui, attaqués sans provocation, se défendoient dans leur patrie. Louis XII se proposoit seulement par ces actes féroces, dont il parloit un jour en riant avec Macchiavel (2), de frapper de terreur ses ennemis. De plus, dans toutes les places dont il s'emparoit, il faisoit arrêter tous les gentilshommes vénitiens, et il leur arrachoit, par ses menaces, des rançons exorbitantes. Il savoit qu'il falloit

---

(1) Mém. de Bayard. T. XV, c. 50, p. 75. — Mém. de Fleuranges. T. XVI, p. 49.

(2) *Macchiavelli*, *Legazioni*. T. VII, p. 343. Lettre de Blois, du 29 juillet 1510.

les ruiner pour les empêcher de sacrifier leur fortune entière au service de leur patrie. Malheureusement, cette odieuse politique fut couronnée par le succès : Brescia, Crème, Crémone, la forteresse de Pizzighettone, ouvrirent leurs portes; la citadelle de Crémone se défendit quinze jours seulement après la reddition de la ville. Avant la fin de mai, Louis XII s'étoit mis en possession de toute la partie du territoire vénitien qui lui étoit attribuée par le traité de Cambrai. Ces provinces devoient augmenter de deux cent mille ducats les revenus royaux du duché de Milan. (1)

Après avoir accompli en quinze jours la tâche qu'il s'étoit imposée, Louis XII demeura encore à peu près deux mois en Italie, pour voir les combats de ses associés, et l'agonie de la république, qu'il avoit abandonnée à leurs coups. Le pape, après avoir reçu la nouvelle de la bataille de Vaila, avoit fait attaquer les Vénitiens en Romagne par son neveu François-Marie de la Rovère, duc d'Urbin, lequel, en peu de jours, s'étoit rendu maître de Faenza, Rimini, Ravenne et Cervia (2). Le duc de Ferrare étoit entré en campagne le 30 mai, et s'étoit emparé

---

(1) *Fr. Guicciardini.* L. VIII, p. 428. — *Fr. Belcarii.* L. XI, p. 319. — *Arnoldi Ferronii.* L. IV, p. 68.

(2) *Fr. Guicciardini.* L. VIII, p. 429. — *Petri Bembi Hist. Venet.* L. VIII, p. 176. — *Jacopo Nardi.* L. IV, p. 207.

sans résistance du Polésine de Rovigo, d'Este, Montagnana et Monsélice, ancien patrimoine de sa maison. Le marquis de Mantoue s'étoit mis en possession d'Asola et Lunato, qui lui avoient été attribués en partage (1); Ferdinand enfin avoit fait entreprendre le siége de Trani à la fin de mai, et les Vénitiens, au lieu de s'obstiner à défendre cette ville, avoient ordonné à leurs commandans de remettre, sans combat, aux Espagnols tout ce qu'ils possédoient encore dans le royaume de Naples (2). Maximilien seul n'avoit nulle part d'armée; après avoir reçu des subsides de Flandre, des subsides de ses États d'Allemagne, cent mille ducats que le pape lui avoit permis de prendre sur les fonds de la croisade, cinquante mille qu'il lui avoit envoyés en espèces, cent mille que Louis XII lui avoit payés pour sa seconde investiture du duché de Milan, il avoit tout dissipé : il étoit également sans argent et sans soldats. En même temps, toujours mystérieux, toujours croyant que la plus sublime politique consistoit à ne pas se laisser deviner, il n'admettoit absolument personne au secret de ses affaires; et comme il étoit hors d'état de les faire toutes lui-même, il les laissoit toutes en désordre et en souffrance. Il couroit cependant

---

(1) Républ. ital., c. 105, p. 461.
(2) Mariana, *Histor. de Esp.* L. XXIX, c. 19, p. 297. — P. Bembi. L. VIII, p. 175.

sans cesse d'une frontière à l'autre avec la rapidité d'un courrier, sans annoncer jamais d'avance ni son départ ni son retour. (1)

Les vassaux de Maximilien, sur la frontière de l'Empire et sur celle des États d'Autriche, avoient commencé en son nom, mais sans ordre et sans argent, la guerre contre Venise. Les Véronais avoient offert à Louis XII de se rendre à lui, mais il les avoit renvoyés aux ambassadeurs de Maximilien; ce fut l'évêque de Trente qui reçut les clefs de leur ville ainsi que de Vicence; des partisans impériaux furent ensuite introduits à Feltre, Bellune, Trieste, Fiume, et enfin à Padoue le 4 juin. La noblesse des États vénitiens de terre-ferme se déclaroit avec empressement pour l'empereur, et se mettoit déjà en possession des avantages d'un ordre de choses monarchique, en traitant avec la dernière arrogance les plébéiens dont elle avoit jusqu'alors été forcée de respecter les droits. Son insolence arrêta les prospérités du parti qu'elle avoit embrassé. La république ne pouvant résister à tant de désastres, et voyant son armée découragée, affoiblie par la désertion, et réfugiée au bord des lagunes, avoit pris le parti généreux de délier tous ses sujets du serment de fidélité, et de leur permettre de traiter avec les ennemis, aux meil-

(1) *Macchiavelli*, *Legazioni*. T. VII, p. 206 et suiv. — Républ. ital., c. 105, p. 469.

leures conditions qu'ils pourroient obtenir. Trévise, en conséquence, avoit, comme les autres villes, envoyé des députés à Léonard Trissino, émigré vicentin, qui prenoit, au nom de l'empereur, possession des provinces de terre-ferme. Mais le peuple, indigné contre la noblesse, ferma ses portes aux Allemands qui arrivoient, pilla les palais des traîtres à leur patrie, et s'engagea à demeurer fidèle à la république, malgré sa mauvaise fortune. (1)

1509.

Louis XII, spectateur presque indifférent de ces mouvemens, après avoir reçu, vers le milieu de juin, la capitulation de la citadelle de Crémone, se trouvoit maître de tout ce qui devoit lui échoir en partage, et avoit licencié la plus grande partie de son armée. Il avoit cependant envoyé le cardinal d'Amboise à Maximilien, pour convenir avec lui d'une conférence entre les deux souverains. Ce prélat avoit trouvé, le 13 juin, l'empereur à Trente, et il étoit convenu avec lui que les deux monarques se rencontreroient au château de Garda, sur le lac de ce nom. Louis XII vint en effet l'attendre au lieu du rendez-vous; mais Maximilien étant arrivé jusqu'à Riva di Garda, qui en est à huit lieues, s'y arrêta deux heures, puis repartit brusquement

(1) *Fr. Guicciardini.* L. VIII, p. 435. — *Petri Bembi.* L. VIII, p. 180. — *Fr. Belcarii.* L. XI, p. 322. — Claude de Seyssel, *Victoire d'Aignadel,* p. 321.

pour le Friuli. Il envoya cependant son secrétaire confidentiel, Matthieu Langen, évêque de Gurck, faire des excuses à Louis, et lui proposer une nouvelle conférence à Crémone. Louis XII, assez piqué de ce manque d'égards, ne parut point la désirer (1). Le roi étoit entouré de gens qui cherchoient à réveiller sa juste défiance contre l'empereur. Étienne Poncher, alors évêque de Paris, depuis archevêque de Sens, s'étoit toujours opposé à la ligue de Cambrai; il avoit insisté auprès de Louis sur l'importance de maintenir la puissance des Vénitiens pour fermer l'Italie aux Allemands (2); il faisoit ressortir désormais l'inconséquence et le manque de foi de l'allié que Louis s'étoit donné, et un ambassadeur de Maximilien écrivoit le 2 juillet, à Marguerite d'Autriche, que le roi étoit encore la personne de France qui avoit la meilleure opinion de Maximilien, ou le plus d'affection pour lui, et après lui le cardinal d'Amboise (3). Louis XII promit à l'évêque de Gurck, que cinq cents lances françaises iroient rejoindre l'armée impériale, dès qu'elle auroit paru en Italie; et avant la fin de juillet, il repassa les monts pour retour-

(1) *Fr. Guicciardini.* L. VIII, p. 436. — Mém. du chevalier Bayard. T. XV, c. 30, p. 76. — Mém. de Fleuranges. T. XVI, p. 50. — Claude de Seyssel, p. 324.

(2) *Arnoldi Ferronii.* L. IV, p. 67.

(3) Lettre d'André de Burgo, de Milan, 2 juillet. — Lettres de Louis XII, p. 175.

ner en France, sans se laisser arrêter par la nouvelle d'un événement prospère pour les Vénitiens, qui dérangeoit les projets de son allié. Avant de quitter la Lombardie, il apprit que le vénitien André Gritti avoit surpris Padoue le 17 juillet, et en avoit chassé le petit corps autrichien qui l'occupoit. Il se contenta de laisser sur les confins du Véronais la Palisse, avec cinq cents lances françaises ; Bayard se joignit à lui avec deux cents gentilshommes volontaires. Le roi leur donna l'ordre de secourir Maximilien au besoin, dans l'espoir que l'empereur, pressé d'argent, lui vendroit Vérone et son territoire jusqu'aux bords de l'Adige, qu'il jugeoit nécessaire d'acquérir pour donner une bonne frontière au duché de Milan. (1)

Après le départ du roi, la guerre continua entre Maximilien et les Vénitiens, mais les Français n'y prirent plus de part que comme auxiliaires du premier. L'empereur avoit enfin mis en mouvement son armée : c'étoit même la plus nombreuse qu'on eût vue depuis des siècles en Italie ; car on y comptoit de quatre-vingt à cent mille hommes. Il entreprit, le 15 septembre, le siége de Padoue ; trois parcs d'artillerie se trouvoient réunis sous ses ordres, et contenoient ensemble deux cents pièces de canon ; les Allemands

---

(1) *Fr. Guicciardini.* L. VIII, p. 441. — *Fr. Belcarii.* L. XI, p. 324.

avoient fourni le premier, les Français le second, et le duc de Ferrare le troisième. Tous les alliés de la ligue de Cambrai furent, pour cette seule fois, réunis sous les étendards de l'empereur : on y voyoit les Français de la Palisse et de Bayard, six mille Espagnols, les troupes de l'Église, celles du duc de Ferrare, et celles du marquis de Mantoue (1). Dans cette occasion, l'empereur se montra à ces soldats de toutes nations, sous un jour plus avantageux qu'il ne l'avoit fait jusque-là. Son intrépidité étoit unie à une grande intelligence militaire ; son activité, si souvent fatigante, étoit tout entière dirigée vers le succès de l'armée, et ses manières franches et chevaleresques, son adresse dans tous les exercices, et sa libéralité charmoient le soldat. Cependant tous ses efforts furent rendus vains par l'opiniâtre valeur des Vénitiens, qui avoient rassemblé une armée tout entière dans Padoue. Maximilien fut repoussé dans plusieurs assauts, il perdit ses plus braves soldats par l'explosion d'une mine, au moment où il venoit d'emporter un bastion, et il fut enfin obligé de lever le siége le 3 octobre, et de licencier une armée qu'il n'avoit plus aucun moyen de payer (2). Après son départ, les Vé-

(1) Mém. de Bayard, c. 32, p. 84. — Mém. de Fleuranges. T. XVI, p. 57. — *Franc. Guicciardini.* L. VIII, p. 450. — *P. Bembi.* L. IX, p. 198.

(2) Mém. de Bayard, c. 32 à 38, p. 84. — Mém. de Fleu-

nitiens recouvrèrent Vicence le 26 novembre, et avant la fin de l'année, ils regagnèrent à peu près tout ce que les Impériaux leur avoient enlevé jusqu'à l'Adige, ou à la frontière des conquêtes françaises. Leur flotte fut, il est vrai, brûlée dans le Pô, le 22 décembre, par l'artillerie du duc de Ferrare ; toutefois la campagne se termina pour eux avec des avantages qu'ils étoient loin d'espérer à son commencement. (1)

Le roi avoit laissé la reine à Lyon avec le chancelier, et les sires de Saint-Vallier, de Montmorency et du Bouchage, pour l'assister de leurs conseils, tandis qu'il avoit conduit avec lui à l'armée à peu près tous les princes du sang, les ducs d'Alençon, de Bourbon, de Nemours ; les comtes de Vendôme et de Nevers, aussi-bien que le nouveau duc Antoine de Lorraine (2). A son retour, la reine vint au-devant de lui jusqu'au-delà de Grenoble, conduisant avec elle le jeune François, comte d'Angoulême, son héritier présomptif et son gendre futur. Ce jeune prince avoit alors quinze ans ; sa sœur Marguerite étoit de deux ans plus âgée que lui : elle fut mariée au mois de décembre suivant, à Blois,

ranges. T. XVI, p. 57, 58. — *P. Bembi Hist. Ver.* L. IX, p. 198-203. — *Fr. Guicciardini.* L. VIII, p. 450.

(1) Républ. ital. T. XIV, c. 106, p. 35.

(2) Saint-Gelais, p. 210. — D. Calmet, *Hist. de Lorraine.* L. XXXI, p. 1134.

1509. où la cour étoit revenue, avec Charles, duc d'Alençon, le dernier de cette branche royale. Il mourut le 11 avril 1525, et sa veuve se remaria, deux ans plus tard, à Henri II, roi de Navarre. C'est elle qui s'est rendue célèbre par des contes écrits avec plus de grâce que de modestie. (1)

Louis XII sembloit éviter le séjour de Paris : de loin en loin il y passoit sept ou huit jours; mais il préféroit habiter Blois, ville qui lui appartenoit déjà quand il n'étoit que prince du sang, ou bien Tours, Bourges, et même Lyon. Il visitoit quelquefois aussi la Normandie ou la Bretagne. Il est probable qu'en se dérobant habituellement aux regards de la capitale, il évita aussi l'observation de ceux qui auroient pu nous le faire connoître; en sorte que le mouvement des esprits, qui recommençoit durant son règne, ne se tourna point vers l'histoire, et ne nous a presque rien appris sur lui. Si nous cherchons à combler cette lacune par les actes du gouvernement qui nous ont été conservés, l'information qu'ils nous donnent demeure également incomplète. De très longues ordonnances furent publiées, vers cette époque, sur l'administration de la justice. Les juges, plus instruits, sentoient eux-mêmes le besoin de donner plus

(1) Saint-Gelais, p. 221. — Manuscrit publié par Godefroy, à la suite de Seyssel, p. 377.

de régularité à leur pratique; à peine ajoutoient-ils cependant ainsi aux garanties des justiciables, et ces innovations dans les lois n'étoient remarquées de personne en dehors des tribunaux. Une ordonnance rendue à Blois, le 14 novembre 1501, soumit la Normandie aux lois et ordonnances qui avoient été rendues pour les autres provinces, et qui n'avoient pas encore été enregistrées à l'Échiquier de Rouen (1). Ce fut probablement un des derniers ouvrages du chancelier Gui de Rochefort, qui mourut la même année, et qui fut remplacé par Jean de Gannay, premier président au parlement de Paris (2). Celui-ci rendit à son tour des ordonnances fort prolixes sur les biens domaniaux, que les rois ne cessoient de donner à leurs courtisans, puis de reprendre par la main de leurs juges (3); sur l'affiche et la publication annuelle des ordonnances de police, et sur l'obligation de juger gratuitement en matière de police (4); sur la nomination et les fonctions des élus, et des officiers des tailles et gabelles en Languedoc (5); enfin sur la publication de la coutume de la prévôté et vicomté de Paris. Celle-ci est la seule

(1) Isambert, Lois françaises. T. XI, p. 464.
(2) *Ibid.*, p. 515.
(3) Rouen, 20 octobre 1508. *Ibid.*, p. 517.
(4) Rouen, 20 octobre 1508. — Isambert. T. XI, p. 525.
(5) Paris, 11 novembre 1508. *Ibid.*, p. 533.

que l'on puisse considérer comme un progrès de quelque importance fait dans la législation du royaume. Le roi ordonna « que toutes les « coutumes du royaume fussent accordées en « l'assemblée des trois États de chaque bailliage « et sénéchaussée, rédigées et mises par écrit ; « et ce fait, rapportées par-devers les commis- « saires sur ce par nous députés, pour icelles « coutumes voir, et icelles vues, faire publier, « pour être d'ores en avant gardées comme lois, « sans ce qu'il soit métier faire preuves des « dites coutumes, autrement que par l'extrait « du registre en nos cours de parlement, et cha- « cun de nos bailliages » (1). Par cette sage mesure, les coutumes, mal connues, souvent vagues, souvent contradictoires, furent fixées et réformées. Dès l'année 1515, un premier recueil des coutumes générales de France fut imprimé et publié, et la nation non seulement put connoître les lois auxquelles elle étoit soumise, mais elle put prendre part, dans ses assemblées de bailliages, à leur rectification.

A peine Louis XII étoit de retour en France, qu'il éprouva les embarras nouveaux et les inquiétudes qu'attiroit sur lui l'exécution du traité de Cambrai. Il avoit détruit l'équilibre et l'indépendance de l'Italie, en mettant les Espagnols

(1) Blois, 21 janvier 1510. *Ibid.*, p. 560.

en possession de Naples, et les Allemands en possession de la Vénétie; il l'avoit livrée aux mains des ultramontains, que les Italiens n'avoient que trop de raison de nommer barbares; il avoit surtout compromis la liberté de l'Église.

Le pape Jules II, qu'il avoit en quelque sorte contraint à seconder ses projets, en avoit conservé un extrême ressentiment. Orgueilleux, irascible, fougueux, il ne montroit ni ménagement ni pitié à ceux qui contrarioient ses vues; il n'épargnoit pas plus le sang que les anathêmes ou les excommunications. Cependant, au milieu de tous ses emportemens, il conservoit un sentiment de droiture et de devoir dans sa politique : il se croyoit obligé, comme gardien de la puissance temporelle des papes, à recouvrer pour l'Église toutes les parties de son domaine que le népotisme de ses prédécesseurs avoit aliénées, et il s'abstenoit religieusement d'agrandir sa propre famille aux dépens du Saint-Siége. Les usurpations des Vénitiens en Romagne, durant la première année de son pontificat, avoient allumé son ressentiment : il avoit invoqué contre eux l'aide des étrangers, et il avoit été ainsi la cause première de leur ruine : mais il se reprochoit l'appel de ces alliés par lesquels il avoit été trop bien servi; il sentoit que la puissance de Venise étoit nécessaire à l'indépendance du Saint-Siége. Il se proposoit déjà de rompre la ligue de Cambrai, de brouiller les uns avec les autres ceux qu'il nommoit les barbares, et après les avoir affoiblis en les mettant aux prises, de les chasser tous ensemble de l'Italie. Il en vouloit surtout aux Français, qu'il regardoit comme ayant causé tous les maux qu'éprouvoit sa patrie. Après l'avoir eux-mêmes ravagée à la première expédition de Charles VIII, c'étoient encore eux qui y avoient appelé les Espagnols et les Allemands. Il ne pouvoit prendre aucune confiance dans leur gouvernement, puisqu'il s'étoit montré non moins aveugle sur ses intérêts qu'incapable de foi ; aussi, pour fonder un ordre stable dans la chrétienté, surtout pour arriver à l'affranchissement de l'Italie, il jugeoit qu'il falloit avant tout en expulser les Français.

Un nouveau traité avoit cependant été conclu à Biagrasso, entre Jules II et Louis XII, avant que celui-ci quittât l'Italie ; mais il contenoit une condition insidieuse, qui hâta la brouillerie de la France avec l'Église. Le roi avoit promis de n'accorder sa protection à aucun feudataire médiat ou immédiat du Saint-Siége, de la retirer même à ceux qui en jouissoient déjà. La clause étoit dirigée contre le duc de Ferrare, fidèle allié de la France, que Louis XII auroit dû rougir d'abandonner ainsi (1) : mais il ne comp-

---

(1) *Fr. Guicciardini.* L. VIII, p. 440. — *Fr. Belcarii.* L. XI, p. 324. — *Raynaldi Ann. eccles.* 1509, §. 22.

toit pas d'être appelé si tôt qu'il le fut à en faire la sacrifice. Vers le milieu de septembre, la mort de l'évêque d'Avignon à la cour de Rome donna occasion à Jules de montrer combien peu il ménageoit le roi; il le remplaça par un homme qu'il savoit lui être désagréable. (1)

Ce commencement de querelle s'aigrit bien davantage l'année suivante. Louis apprit avec étonnement que Jules II, par sa bulle du 24 février 1510, avoit réconcilié les Vénitiens à l'Église. Il s'en plaignit comme d'une violation du traité de Cambrai (2). Non seulement le pape fit valoir son droit et son devoir comme père des fidèles, de pardonner aux pécheurs repentans; il reprocha au roi d'avoir violé le traité de Cambrai, et le traité plus récent de Biagrasso, en recevant sous sa protection le duc Alphonse de Ferrare, feudataire du Saint-Siége; et aussitôt il commença à instruire le procès de celui-ci. (3)

Jules II avoit déjà pu reconnoître que les alliés de Cambrai étoient remplis de défiance les uns contre les autres; dès-lors il travailloit à rompre leur ligue, et il se tenoit pour assuré qu'il réussiroit à les tourner tous contre les Français. Une profonde défiance, une haine mal réprimée, divisoit Maximilien et Ferdinand, les

---

(1) *Raynaldi Annal. eccles*, 1509, §. 20.
(2) *Ibid.*, 1510, §. 2.
(3) *Ibid.*, §. 14.

deux grands-pères du jeune Charles, qui se disputoient sa tutelle : Maximilien attribuoit à Ferdinand les échecs qu'il avoit reçus devant Padoue ; il l'accusoit d'être secrètement dans les intérêts des Vénitiens, et de leur avoir fait passer du royaume de Naples les blés avec lesquels ils avoient ravitaillé Padoue. Louis travailloit de bonne foi à les réconcilier ; il avoit même dressé des articles pour régler entre eux la régence de Castille, afin de réunir ensuite toutes leurs forces contre Venise, comme si la destruction de cette république étoit le premier intérêt de sa couronne. (1)

Sans s'être encore ouvertement brouillé avec la France, Jules II cherchoit de toutes parts à lui susciter des ennemis. Il faisoit sentir à Ferdinand combien l'union de Louis XII avec Maximilien seroit dangereuse pour lui, combien il devoit se défier de la médiation que la France lui proposoit, et combien il étoit intéressé à soutenir sous main les Vénitiens, dont l'indépendance faisoit la garantie de son royaume de Naples. (2)

En même temps, le pape cherchoit à s'attacher le roi d'Angleterre. Henri VII étoit mort, le 22 avril 1509, d'une maladie de langueur.

(1) Lettres des ambassadeurs de Maximilien à Marguerite, de Blois, octobre 1509. — Lettres de Louis XII, p. 184.
(2) Mariana, *Hist. de Esp.* T. X, L. XXIX, c. 23, p. 323.

Pendant tout son règne, il sembloit ne s'être proposé que deux choses : s'affermir sur un trône auquel il sentoit lui-même qu'il avoit peu de droit, et accumuler de nouveaux trésors; aussi il avoit exercé peu d'action sur la politique générale de l'Europe : l'état de sa santé l'avoit fait renoncer au mariage accordé en 1506 entre lui et Marguerite, gouvernante des Pays-Bas; il avoit remplacé cette union par une autre avec la même famille. Le 17 décembre 1508, il avoit fiancé Marie, sa fille cadette, avec Charles d'Autriche, prince héréditaire de Castille (1). D'autre part, le nouveau roi Henri VIII étoit déjà fiancé avec Catherine d'Aragon, troisième fille de Ferdinand et Isabelle, qui avoit auparavant été mariée avec Arthur son frère, mort avant son père. Le mariage de Henri VIII avec Catherine fut célébré moyennant des dispenses du pape, le 7 juin 1509. (2)

Le nouveau roi Henri VIII avoit trouvé dans les coffres de son père un million huit cent mille livres sterling; aucun roi de l'Europe n'avoit encore accumulé un si immense trésor. Il n'a-

---

(1) Rymer. L. XIII, p. 236. — *Lord Bacon's History of Henry the VII*, p. 108. — Rapin Thoyras. T. V, L. XIV, p. 354.

(2) Rymer. T. XIII, p. 249 et suiv. — *Polydori Vergilii Hist. Angl.* L. XXVII, p. 619. — Rapin Thoyras. T. VI, L. XV, p. 8.

voit que dix-huit ans, il étoit bien affermi sur son trône, et il commandoit à une nation belliqueuse. Quoiqu'il parût alors tout occupé de plaisirs et de fêtes, l'amour de la gloire militaire pouvoit tout à coup enflammer son jeune cœur et le porter à troubler l'Europe; tous les souverains se montrèrent également empressés à rechercher son alliance. Louis XII renouvela avec lui, le 23 mars 1510, le traité d'Étaples, qui avoit été conclu avec son père (1). Le pape lui envoya à Pâques, le 9 avril, la rose bénite, présent que la cour de Rome faisoit chaque année à celui des souverains dont elle estimoit le plus l'amitié et auquel elle vouloit conférer le plus grand honneur. Enfin Ferdinand d'Aragon signa avec lui, le 24 mai, une alliance défensive, par laquelle les deux rois se promettoient de se secourir mutuellement, même contre leurs propres alliés. Si l'un d'eux étoit attaqué par la France, l'autre promettoit même d'envahir ce royaume en personne avec une puissante armée (2). Ce traité étoit probablement l'ouvrage de Jules II, déjà d'accord avec Ferdinand pour former secrètement une nouvelle alliance contre la France.

Mais c'étoit surtout sur les Suisses que Jules II

(1) Rymer. T. XIII, p. 270. — Rapin Thoyras. T. VI, L. XV, p. 21.

(2) Rymer. T. XIII, p. 284. — Rapin Thoyras. L. XV, p. 22.

comptoit pour chasser les Français, et même 1510. tous les barbares de l'Italie. Il admiroit leur valeur, il les regardoit comme formant la force principale des armées françaises, et, après les avoir vu défendre si vaillamment leur liberté chez eux, il croyoit pouvoir les intéresser à défendre aussi celle de la péninsule, dont ils fermoient la principale entrée. Leur cupidité, passion qui sembloit alors dominer chez eux par-dessus toutes les autres, pouvoit être aisément satisfaite par la riche Italie ; leur enthousiasme religieux pouvoit être enflammé lorsqu'ils se sentiroient les défenseurs du Saint-Siége, et la plus sage politique devoit leur enseigner que leur liberté ne pouvoit trouver de meilleure garantie que dans leur union avec l'Italie, terre de liberté, qui avoit donné l'exemple de la conquérir à la moderne Europe.

La ligue de Cambrai pouvoit alors même leur faire voir que l'alliance des monarques avec les peuples libres n'est point pour ceux-ci une garantie, et qu'au milieu de la paix, même au moment où les rois ont reçu un bienfait d'une république, s'ils entrevoient une chance de succès, ils s'uniront à l'instant pour anéantir un gouvernement national, dont l'existence seule est pour eux une injure et un danger. Louis XII sembloit ressentir plus qu'aucun autre roi cette haine contre les peuples libres. Venise, Florence, Pise, Gênes, n'avoient pas seules éprouvé sa mauvaise foi et ce ressentiment qu'excitoit en lui un peuple quand il ne reconnoissoit point de maître. Les Suisses eux-mêmes, dont il avoit sans cesse besoin, dont il achetoit l'amitié à haut prix, n'étoient à ses yeux que des paysans révoltés dont l'orgueil lui étoit insupportable. Au lieu d'augmenter les pensions qu'en conformité avec ses traités la France faisoit aux gouvernemens cantonnaux, il distribuoit secrètement ses présens dans les conseils des diverses républiques, pour y gagner des créatures, et il sembloit se complaire à ce que son alliance fût en même temps un germe de corruption pour la Suisse. (1)

Après avoir employé Mathias Schinner, évêque de Sion en Valais, à négocier, en 1503, pour lui le traité d'Arona et de Locarno, par lequel il cédoit aux Suisses le comté de Bellinzona, il avoit offensé cet homme actif, adroit, ambitieux et implacable, soit en lui refusant à lui-même la récompense qu'il demandoit, soit en affectant du mépris pour toute sa nation (2). Schinner, qui se concilioit le respect par l'austérité de ses mœurs, qui gagnoit le peuple par ses manières insinuantes, et qui dominoit les conseils par son éloquence, réussit à exciter dans

(1) Mallet, Hist. des Suisses. T. II, c. 6, p. 357.
(2) *Josiæ Simleri Vallesiæ et Alpium descriptio.* L. II, p. 159; *editio Elzev.* — Mallet. T. II, c. 6, p. 354.

les divers cantons une réprobation universelle contre ceux qui recevoient des pensions de France (1). D'autre part, Jules II l'avoit employé, en 1505, à lever pour lui en Suisse une garde de deux cents hallebardiers, qui dès-lors ont toujours été attachés à la personne des papes. Ayant reconnu dans cette petite négociation l'habileté de cet homme et son crédit auprès de ses compatriotes, Jules II le nomma, en 1510, son légat en Suisse, et l'envoya à une diète assemblée à Schwitz, dans laquelle les Suisses contractèrent avec le Saint-Siége une alliance pour cinq ans, et promirent de fournir à Jules II six mille hommes pour la défense de l'Église. (2)

L'alliance des Suisses avec la France venoit d'expirer. Elle avoit été conclue, en 1499, pour dix ans, et les cantons ne vouloient la renouveler qu'autant que Louis XII porteroit de 60 à 80,000 fr. la pension qu'il payoit pour partager entre eux, en même temps qu'il supprimeroit les traitemens qu'il faisoit à des particuliers pour exercer sur leurs conseils une dangereuse influence. Les conseillers de Louis lui représentoient que, pour une différence de 20,000 francs ou 10,000 écus, il ne devoit pas, entouré d'ennemis comme il étoit, exposer encore le Mila-

---

(1) Mallet. T. II, c. 6, p. 363.
(2) *Josiæ Simleri Vallesiæ descriptio.* L. II, p. 151. — Mallet. T. II, c. 6, p. 364.

nez à l'invasion de ces redoutables voisins ; mais Louis répondit qu'il ne soumettroit point la couronne de France à l'insolence d'un rassemblement de paysans et de montagnards ; et ce propos, rapporté à la diète, acheva de l'aigrir contre la France. Pour compenser jusqu'à un certain point le vide que les Suisses alloient laisser dans ses armées, Louis, par l'entremise de George de Supersax, chef du parti opposé à Schinner, signa un traité d'alliance et de subsides avec les Valaisans et les Grisons. (1)

Cependant l'homme qui jusqu'alors avoit soulagé Louis XII de presque tous les soins du gouvernement, le cardinal d'Amboise, accablé de goutte, et fort malade dès l'année précédente, étoit mort le 25 mai 1510 à Lyon, où la cour s'étoit transportée pour veiller de plus près sur les affaires d'Italie. Le cardinal laissoit une scandaleuse fortune : il avoit accumulé pendant son ministère onze millions de livres; tous ses parens avoient été élevés aux plus hautes dignités, et son neveu, le grand-maître Chaumont, étoit gouverneur du Milanez. Florimond Robertet, qui lui succéda dans la direction des finances et des affaires étrangères, sous le titre de secrétaire d'État, ne lui étoit probablement point infé-

---

(1) *Fr. Belcarii.* L. XI, p. 337. — *Fr. Guicciardini.* L. XI, p. 469. — *Josiæ Simleri de Republ. Helvet.* L. I, p. 277. — *Ejusd. Descriptio Vallesiæ et Alpium.* L. II, p. 151.

rieur en talent ; mais il avoit beaucoup moins de crédit sur son maître. Louis XII, à la mort de son premier ministre, résolut de gouverner par lui-même ; toutefois il n'en étoit pas capable ; il n'avoit ni connoissance des affaires, ni suite dans l'esprit ; il ne pouvoit s'arracher aux plaisirs ou à l'indolence pour s'occuper de politique, et l'administration dépérit bientôt entre ses mains. (1)

Sans connoître toute la portée des menées de Jules II contre lui, Louis XII avoit cependant conçu de l'inquiétude par tout ce qu'il en avoit découvert. Il crut devoir se mettre en garde en resserrant son alliance avec Maximilien, et il résolut de l'aider à achever la conquête de l'État de Venise, pour que cette affaire du moins fût terminée et ne donnât pas lieu à de nouveaux débats. Le prince d'Anhalt commandoit l'armée impériale, réduite à deux cents hommes d'armes et trois mille fantassins allemands. Elle se tenoit enfermée dans Vérone, sous la protection de trois cents lances françaises. M. de Chaumont marcha à son secours avec quinze cents lances et dix mille fantassins. Il reconquit d'abord le

(1) *Macchiavelli*, *Legazioni*. T. VII, p. 380. Lettre de Blois, du 2 septembre 1510. — Mém. de Bayard. T. XV, c. 40, p. 151. — *Fr. Belcarii*. L. XI, p. 335. — Lettres de Louis XII. T. I, p. 233, 237. etc. — Flassan, Hist. de la Diplomatie. T. I, p. 293.

Polésine de Rovigo, et il se dirigea ensuite vers Vicence (1). Les Vénitiens avoient perdu, à la fin de février, leur général Nicolas Orsini, comte de Pitigliano, mort, à l'âge de soixante-huit ans, des suites de ses fatigues à la défense de Padoue. Ils l'avoient remplacé par Jean-Paul Baglioni, auquel ils n'avoient pu donner que six cents hommes d'armes, quatre mille chevau-légers et huit mille fantassins. Baglioni, avec si peu de troupes, ne put tenir la campagne contre Chaumont, secondé par les Allemands et les troupes du duc de Ferrare; il prit aux Brentelles une forte position, couverte par trois rivières, et il renonça à défendre le Vicentin. Les habitans de Vicence envoyèrent au prince d'Anhalt pour offrir de capituler : celui-ci répondit qu'il n'avoit point de grâce à accorder à des rebelles, et qu'il vouloit faire d'eux un exemple terrible pour l'instruction du monde : heureusement les habitans, craignant d'avance sa férocité, avoient emporté à Padoue presque tous leurs effets, et purent encore s'enfuir avant son arrivée. Il trouva la ville ouverte et déserte, et le pillage ne satisfit point l'avidité des vainqueurs. Il consentit ensuite, à la persuasion de Chaumont, à ne pas brûler les maisons, moyen-

---

(1) *Fr. Guicciardini.* L. IX, p. 471. — *P. Bembi.* L. X, p. 228. — *Fr. Belcarii.* L. XII, p. 339.

nant 50,000 ducats que lui firent payer les propriétaires (1). En même temps, les habitans de la campagne se réfugièrent dans les vastes carrières souterraines, nommées la grotte de Masano. Ils y étoient au nombre de six mille : les hommes se tenoient à l'entrée, qui étoit fort étroite, pour la défendre au besoin. Au fond de la caverne, ils avoient placé leurs femmes et leurs enfans avec leurs richesses. Un capitaine d'aventuriers français, nommé l'Hérisson, découvrit l'ouverture de la grotte de Masano. Il ne put y pénétrer de vive force ; mais quelques gentilshommes, qui s'y trouvoient mêlés avec les paysans, se laissèrent effrayer, et lui offrirent une rançon. Il apprit ainsi qu'au fond de la grotte on avoit accumulé des richesses considérables ; il conçut alors l'atroce projet d'étouffer à la fois tous ceux qui s'y trouvoient, pour les dépouiller ensuite. Il employa sa compagnie à construire un immense bûcher à l'entrée de la caverne ; la direction de celle-ci étoit telle que la fumée la parcouroit tout entière. Avec sa troupe, il resta de garde autour du feu, insensible aux cris et aux gémissemens qui partoient de cette horrible fournaise, jusqu'à ce que tout eût péri, que la fumée fût dissipée, et qu'il pût

---

(1) *Fr. Guicciardini.* L. IX, p. 477. — *Fr. Belcarii.* L. XII, p. 339. — *P. Bembo.* L. X, p. 225.

entrer dans la caverne pour partager le butin acquis par cette scélératesse. (1)

L'horreur qu'éprouvèrent ces soldats eux-mêmes, en sortant les cadavres pour les dépouiller, se communiqua aux chefs de l'armée; et Bayard fit pendre à l'entrée de la grotte, les aventuriers qui avoient allumé le feu. Mais les supplices ne suffisoient point pour contenir dans la discipline ces soldats barbares, de nations différentes, qui rivalisoient entre eux de cruauté, et que le besoin poussoit aussi quelquefois aux excès; car leurs chefs les laissoient souvent sans paie et sans vivres. Fleuranges, en effet, vit piller trois fois dans une semaine la ville de Vérone par les landsknechts (2). Maximilien cependant s'arrêtoit à Augsbourg, sans qu'on pût savoir pourquoi, et ses ambassadeurs écrivoient à sa fille qu'il en résultoit pour lui autant de déshonneur que de dommage. (3)

A la fin de mai, Chaumont attaqua les deux places de Porto et de Légnago, bâties des deux côtés de l'Adige : toutes deux furent emportées

(1) Mém. du chev. Bayard, c. 40, p. 152. — Mémoires de Fleuranges. T. XVI, p. 55. — *Fr. Guicciardini.* L. IX, p. 477. — *Fr. Belcarii.* L. XII, p. 340. — *P. Bembi.* L. X, p. 225. — *Gio. Cambi Istor. Fior.*, p. 239. — Républ. ital. T. XIV, c. 106, p. 49.

(2) Mém. de Fleuranges. T. XVI, p. 63.

(3) Lettres de Louis XII. T. I, p. 241.

d'assaut (1). Il avoit ordre de congédier ensuite son infanterie, et de ramener la gendarmerie à Milan, mais sur les instances des envoyés de l'empereur, le service de cette troupe auxiliaire fut prolongé encore quelque temps. Louis XII se flattoit toujours d'obtenir de Maximilien la cession de Vérone, en retour pour les sommes qu'il lui avançoit et les secours qu'il lui donnoit. Il écrivit donc à Chaumont de continuer encore pendant tout le mois de mai la guerre pour son compte; et l'armée française s'empara pendant ce mois de Cittadella, de Marostica, de Bassano, de la Scala, et de Covolo (2). Plus tard Chaumont s'empara encore de Monsélice, et il traita cette riante bourgade avec la plus effrayante cruauté : il fit passer au fil de l'épée sept cents stradiotes qui la défendoient, aussi-bien que tous les habitans. Cependant cette atroce manière de faire la guerre commençoit à porter son fruit; elle redoubloit l'attachement des paysans pour la république, par opposition et aux Français, et aux Allemands, plus féroces encore. L'évêque de Trente en ayant fait un grand nombre prisonniers, voulut leur faire crier *vive l'empereur!* ils répondirent *vive saint Marc!* quoi-

---

(1) Républ. ital., c. 106, p. 50. — Lettres de Louis XII, p. 243.

(2) *Fr. Guicciardini*. L. IX, p. 470. — *P. Bembi*. L. X, p. 229.

qu'ils fussent pendus aussitôt qu'ils avoient proféré ce cri. Ils s'empressoient à rendre toute espèce de service à la cavalerie vénitienne ; ils la tenoient avertie de tous les mouvemens des Français et des Impériaux ; ils enlevoient les vedettes, les partis détachés, les convois. Bientôt les vivres commencèrent à manquer ; et Chaumont, fatigué de faire la guerre pour un empereur qui ne le secondoit point, qui manquoit à toutes ses promesses, et qui sembloit se plaire à déjouer les efforts qu'on faisoit pour lui, laissa Précy avec quatre cents lances, et quinze cents fantassins espagnols à l'armée impériale, et revint en hâte à Milan, où des dangers inattendus réclamoient sa présence. (1)

Le pape en effet avoit réussi à réunir contre les Français tous les ennemis par lesquels il avoit résolu de les faire attaquer ; et il avoit combiné leur agression simultanée avec l'habileté d'un général d'armée. Le 7 juillet, il avoit accordé à Ferdinand-le-Catholique l'investiture du royaume de Naples, qu'il lui avoit refusée jusqu'alors ; mais en même temps il avoit annulé de sa seule autorité la clause du traité de Blois qui assuroit la reversion de l'Abruzze et de la Campanie à la couronne de France, si Ferdinand mouroit sans

(1) Mém. de Bayard, c. 40, p. 157. — *Fr. Belcarii.* L. XII, p. 342. — *Fr. Guicciardini.* L. IX, p. 481.

laisser d'enfans de Germaine de Foix (1). Tandis que Louis XII s'étonnoit encore de l'audace avec laquelle un souverain étranger lui enlevoit des droits garantis par les traités, Jules II fulmina, le 9 août 1510, contre Alphonse d'Este, duc de Ferrare, une bulle dans laquelle il l'accusoit d'ingratitude envers le Saint-Siége, de désobéissance, de rébellion en se mettant sous la protection du roi de France, pour laquelle il payoit 30,000 écus par année. Il le nommoit fils d'iniquité, et nourrisson de perdition; il le déclaroit déchu de toutes les dignités, de tous les honneurs, et de tous les fiefs qu'il tenoit du Saint-Siége; il délioit enfin tous ses sujets de leur serment de fidélité : tous ses soldats de celui d'obéissance (2). Peu de jours après, le pape fit jeter en prison le cardinal d'Auch, sur le soupçon qu'il vouloit s'échapper de Rome; et il obligea le cardinal de Bayeux à reconnoître que, s'il s'éloignoit de la cour pontificale, il seroit déchu par ce fait seul du cardinalat. Jules II regardoit ces deux prélats comme des otages qui lui répondoient de tout le clergé français. En même temps il renvoyoit avec colère les

(1) *Raynaldi Annal. eccles.*, 1510, §. 25. — Mariana, *Hist. de Esp.* T. X, L. XXIX, c. 24, p. 328. — *Fr. Guicciardini.* L. IX, p. 484.

(2) *Raynaldi Annal. eccles.*, 1510, §. 15. — Paolo Giovio, *Vita di Alfonso da Este*, p. 41.

ambassadeurs du roi qui se présentoient à lui. Il ne paroît pas cependant qu'il fît suivre toutes ces manifestations d'inimitié, d'une déclaration de guerre contre la France. (1)

Il vouloit en effet surprendre l'armée française, et il se flattoit qu'elle seroit attaquée à l'improviste de tous les côtés à la fois. Une flotte vénitienne devoit paroître devant Gênes, et y exciter un soulèvement contre les Français; une armée de quinze mille Suisses qu'il avoit prise à sa solde, devoit descendre des montagnes et s'emparer de Milan. Son neveu, le duc d'Urbin, devoit entrer dans le Ferrarois, avec l'armée de l'Église, renforcée par un corps espagnol; en même temps enfin, les Vénitiens devoient s'avancer du côté de Vérone. Mais, quelque bien combiné que fût le plan du pontife, il échoua, parce qu'il ne put réussir à faire agir des confédérés éloignés, qui se défioient les uns des autres, avec la simultanéité et la précision qu'il auroit pu à peine attendre de ses propres généraux. Les attaques se succédèrent, au lieu d'être faites toutes à la fois, selon les instructions qu'il avoit données.

La première attaque se fit sur Gênes. Octavien Frégoso, avec un corps d'émigrés génois, fut transporté dès les premiers jours de juillet, sur

(1) *Raynaldi Annal. eccles.*, 1510, §. 18 et 19. — *Fr. Belcarii.* L. XII, p. 343. — *Fr. Guicciardini.* L. IX, p. 484.

onze galères vénitiennes et une du pontife, dans le golfe de Chiavari et Rapallo. En même temps, Marc-Antoine Colonna, général au service du pape, ayant rassemblé une petite armée dans l'État de Lucques, s'avança tout à coup jusque dans la vallée de Bisagno. Jules II avoit compté que la vue seule des émigrés génois soulèveroit tout leur parti; qu'une émeute éclateroit dans Gênes, pour venger le parti populaire si cruellement traité par Louis XII. Mais ou la haine contre les Vénitiens, ou la peur, eurent plus de puissance que ces souvenirs. Les Fieschi armèrent leurs vassaux en faveur de la France; six galères provençales entrèrent dans le port, conduites par M. de Prégent, et l'armée et la flotte du pontife ne trouvant aucun appui dans le pays, furent obligées de se retirer avec honte et avec dommage. (1)

La seconde attaque étoit dirigée par le duc d'Urbin, commandant de l'armée pontificale, contre la Romagne ferraroise. Il s'empara de Lugo et de Bagna Cavallo; et, tandis qu'il attiroit sur lui l'attention du duc de Ferrare, Modène ouvrit ses portes, le 19 août, au cardinal de Pavie. Reggio, dont il devoit s'emparer aussi, fut sauvé par l'arrivée de deux cents lances,

---

(1) *Barth. Senaregæ de Rebus Genuens.*, p. 602. — *P. Bizarri.* L. XVIII, p. 427. — *Uberti Folietæ Genuens. Hist.* L. XII, p. 707.

qui y furent envoyées par M. de Chaumont. (1)

Ce ne fut qu'au commencement de septembre que les Suisses passèrent le Saint-Gothard, et arrivèrent à leur tour en Italie. Ils étoient alors au nombre de six mille hommes seulement, avec à peine quatre cents chevaux. Entrés à Varèse, ils s'y arrêtèrent jusqu'à ce qu'un second corps de quatre mille hommes fût descendu de leurs montagnes et les eût rejoints. Beaucoup de bons officiers s'étoient formés dans leurs longues guerres; mais, soit qu'ils n'eussent point de généraux, soit que la jalousie de canton à canton les empêchât de se soumettre à un chef, le seul évêque Mathias Schinner marchoit à la tête de leur armée, encore étoit-il fort mal obéi de ses soldats, les connétables de chaque canton n'en faisant qu'à leur tête. Chaumont étoit accouru au-devant d'eux avec cinq cents lances et quatre mille fantassins; mais il étoit bien résolu à ne pas leur livrer la bataille qu'ils cherchoient. Il les suivoit de loin seulement, pour gêner leurs convois, et les arrêter au passage des rivières. Les Suisses ne se laissèrent jamais entamer; mais leurs mouvemens étoient lents et embarrassés; ils sembloient marcher au hasard; car, après avoir traversé les monts de Brianza, et occupé

(1) *Fr. Guicciard.* L. IX, p. 286. — *Fr. Belcarii.* L. XII, p. 344. — *Paolo Giovio*, *Vita di Alfonso*, p. 44. — *Macchiavelli*, *Legazioni*. T. VII, p. 368.

les faubourgs de Como, ils rentrèrent tout à coup dans leurs montagnes, sans avoir gagné, par aucune action d'éclat, l'argent qu'ils avoient coûté au pape. Aussi assure-t-on, qu'après avoir reçu de Jules II 70,000 écus pour entrer en Lombardie, ils s'en étoient fait payer tout autant par Chaumont pour en ressortir. (1)

Cependant les Vénitiens profitèrent de toutes ces diversions, et de l'obligation où s'étoient trouvés les Français de se séparer de l'armée impériale, pour reprendre sur celle-ci, Este, Monsélice, Bassano, Vicence, et pour planter même leurs batteries devant Vérone; mais après avoir éprouvé un léger échec, les Vénitiens retirèrent, le 12 septembre, leurs canons de ces batteries, et ils retournèrent dans leur camp retranché de Saint-Martin, où ils demeurèrent tranquilles pendant le reste de la campagne. Les Français qui leur étoient opposés ne firent plus de leur côté aucun mouvement. (2)

Quand la nouvelle de ces violentes attaques du pape fut portée à Louis XII, il sentit combien il seroit dangereux pour lui de faire de cette querelle politique une querelle religieuse,

---

(1) *Fr. Guicciardini.* L. IX, p. 489. — *Fr. Belcarii.* L. XII, p. 344. — Mém. du chev. Bayard, c. 41, p. 159. — Républ. ital., c. 107, p. 72.

(2) *Fr. Guicciardini.* L. IX, p. 489. — *P. Bembi.* L. XI, p. 238.

et combien il lui importoit d'arrêter la fermentation populaire que les prêtres pourroient exciter dans son royaume. D'après plusieurs de ses propos qui se sont conservés, il semble qu'il n'étoit point lui-même courbé sous le joug de la superstition; mais Anne de Bretagne, sa femme, croyoit qu'on ne pouvoit avoir le pape pour ennemi, sans se mettre en révolte contre la religion et contre l'Église; et elle regardoit comme le plus grand des malheurs une guerre avec le pontife, qui exposeroit le roi à l'excommunication. Toutefois, on put remarquer à cette occasion combien l'autorité de la cour de Rome étoit affoiblie et dans le clergé et dans le peuple; soit que la fermentation des esprits qui devoit, au bout de bien peu d'années, faire éclater la réformation, eût déjà fait de grands progrès; soit que le clergé, tout occupé de ses intérêts temporels, se prêtât avec une déférence presque servile à ce que lui demandoit l'autorité. En effet, Louis XII convoqua une assemblée du clergé de France, d'abord à Orléans et ensuite à Tours. Les prélats réunis le 14 septembre dans cette dernière ville, répondirent, à ce qu'il semble, sans hésitation, sans discussion, selon les vœux de la cour, à huit questions qui leur furent posées. Ils autorisèrent le roi à faire la guerre au pape, soit pour se défendre lui-même, soit pour défendre le duc de Ferrare, son confédéré; à occuper dans ce but Bologne; à rompre ses relations avec le pontife, quant aux choses temporelles, et à faire exécuter les décrets du concile de Bâle (1). Mais d'autre part, tout le clergé de Bretagne qui se trouva à cette assemblée, se conformant aux désirs de la reine, comme le clergé de France se conformoit aux désirs du roi, protesta, le 26 septembre, qu'il ne faisoit point partie de l'Église gallicane; qu'il étoit étranger à la défense de ses libertés, et qu'il se refusoit à toute conclusion contraire à l'honneur du Saint-Siége, ou favorable aux doctrines du concile de Bâle. (2)

Jules II avoit eu à peine le temps d'apprendre le résultat des délibérations du clergé de France, lorsque, la veille des ides d'octobre, il fulmina de Bologne une excommunication contre les chefs principaux de l'armée française. Il nomma spécialement Charles de Chaumont d'Amboise, lieutenant du roi dans le duché de Milan; Galéaz et Marc-Antoine Palavicino; Théodore, George et Alexandre Trivulzio; Bayard, Fontrailles, Châtillon et Gaston de Foix. (3)

(1) *Raynaldi Annal. eccles.*, 1510, §. 20. — *Concilia generalia Labbei.* T. XIII, p. 1481. — Isambert, Anc. Lois françaises. T. XI, p. 604. — Macchiavelli, *Legaz.* T. VII, p. 386.

(2) Lobineau, Hist. de Bretagne. L. XXII, p. 831. — Protestation, Actes de Bretagne. T. III, p. 896.

(3) *Raynaldi Annal. eccles.*, 1510, §. 16.

Jules II avoit fait son entrée à Bologne, le 22 septembre, avec toute sa cour, en même temps que son armée s'étoit jointe à celle des Vénitiens pour ravager le Ferrarois. Cependant la discorde avoit éclaté, dans ses conseils, entre le duc d'Urbin son général et son neveu, et le cardinal de Pavie son confident et son principal ministre. Le pape étoit trompé sur le nombre des troupes qu'il payoit; leurs forces n'étoient point suffisantes pour les entreprises qu'il méditoit, et Alphonse Ier, duc de Ferrare, qui possédoit la plus belle artillerie de l'Europe, continuoit à se défendre avec valeur contre les deux armées de la république et du pape; d'ailleurs Chaumont, n'ayant plus rien à craindre des Suisses, étoit revenu à son aide, et le 12 octobre il avoit tracé son camp à Crespolano, à dix milles de Bologne. (1)

Le pape se trouvoit alors sans troupes, dans une grande ville peu susceptible de défense, et d'où il avoit chassé les Bentivoglio. Le parti de ces princes étoit toujours nombreux, il s'agitoit autour de lui, et il étoit prêt à tendre la main aux Français. Sa cour étoit frappée de terreur, et lui adressoit les plus vives instances pour l'engager à accepter la paix. Les ambassadeurs de l'empereur, du roi catholique, de l'Angleterre,

---

(1) *Fr. Guicciardini.* L. IX, p. 497. — *Fr. Belcarii.* L. XII, p. 350. — Républ. ital., c. 107, p. 82.

le sollicitoient d'entrer en négociation ; lui-même il étoit sur son lit, accablé par un accès de fièvre ; mais seul il conservoit son courage et sa fermeté au milieu de cette troupe tremblante. Il fit venir les ambassadeurs vénitiens, et il leur déclara que s'ils ne faisoient pas avancer de leur camp de la Stellata un renfort de troupes qui entrât dans Bologne avant la fin de la journée du lendemain, il traiteroit avec les Français. Il dépêcha en effet le comte de la Mirandole à Chaumont, pour entrer en négociations. Celui-ci avoit voulu effrayer le pape ; mais il savoit combien son maître désiroit se réconcilier à lui, et il ne le désiroit pas moins vivement lui-même. Il demanda l'abolition de toutes les censures prononcées contre lui-même et ses généraux, contre Alphonse d'Este, Bentivoglio, et leurs adhérens ; la restitution aux Bentivoglio de leurs biens, sous condition qu'ils s'établiroient à quatre-vingts milles de distance de Bologne ; le renvoi à des arbitres des difficultés entre le pape et le duc de Ferrare ; le dépôt de Modène entre les mains de l'empereur, et une suspension d'armes pour six mois, durant laquelle chacun retiendroit ce qu'il possédoit. Quoique ces conditions fussent fort modérées, Jules II se récria cependant sur l'arrogance des Français ; il appela, contre son usage, les cardinaux à délibérer avec lui, et il fit naître des retards, tantôt par ses emportemens, tantôt par les accidens de sa maladie. Ainsi se consuma toute la journée du 13 octobre ; et avant la nuit, Chiappino Vitelli entra dans Bologne avec six cents chevau-légers vénitiens, et un corps de cavalerie turque que la république avoit pris à son service. Aussitôt le pape reprit sa confiance et sa hauteur accoutumées. (1)

Chaumont s'étoit avancé jusqu'à trois milles de Bologne, mais de tous côtés s'approchoient aussi des troupes vénitiennes, pontificales ou espagnoles, qui se disposoient à l'envelopper. Le pape lui fit dire qu'il n'entendroit à aucune négociation, si au préalable Ferrare n'étoit pas remise entre ses mains. Il sentit avec dépit qu'il avoit été la dupe d'un vieux pontife qu'il croyoit mourant, et il fut obligé de faire sa retraite, tandis que Jules étoit en effet si malade, que le 24 octobre on désespéra de sa vie. (2)

L'armée française avoit besoin de repos ; l'argent et les munitions manquoient à M. de Chaumont, aussi-bien qu'au duc de Ferrare, et ils avoient distribué leurs troupes en quartiers d'hiver : mais pendant ce temps, l'armée pontificale s'étoit rassemblée ; et dès que Jules II fut entré

---

(1) *Franc. Guicciardini.* L. IX, p. 502. — *Fr. Belcarii.* L. XII, p. 352.

(2) *Fr. Guicciardini.* L. IX, p. 503. — *Parisii de Grassis, Diarium curiæ Romanæ, apud Raynald.*, 1510, §. 23.

en convalescence, il assura que le meilleur régime pour achever de rétablir sa santé, c'étoit de châtier ses ennemis. Il poussa en conséquence son armée au siége de la Mirandole et de Concordia. Ces deux châteaux formoient la petite principauté du comte Louis Pic de la Mirandole, qui avoit épousé une fille du maréchal Trivulzio, et qui, s'étant mis sous la protection de Louis XII, avoit fait de ses deux châteaux des places d'armes françaises. (1)

Concordia ne put résister que peu d'heures au feu des batteries de Jules II; la place fut prise au milieu de décembre. L'armée passa aussitôt devant la Mirandole; et comme cette place, beaucoup plus forte, faisoit une plus longue résistance, le pape crut que ses soldats, et son propre neveu le duc d'Urbin, qui les commandoit, n'agissoient qu'avec mollesse. Impatienté, se défiant de tout le monde, le vieux pontife voulut presser lui-même le siége. On le vit avec étonnement et avec scandale arriver à son armée dans les premiers jours de janvier 1511, faire pointer les canons sous ses yeux, et encourager les soldats en leur promettant qu'il n'accorderoit aucune capitulation aux assiégés, et qu'il abandonneroit la ville au pillage. Plus intrépide qu'au-

(1) *Fr. Guicciardini.* L. IX, p. 507. — Mém. de Bayard. T. XV, c. 42, p. 173.

cun de ses guerriers, il se logea sous le feu même de la Mirandole, en sorte que deux de ses domestiques furent tués dans sa cuisine. Il ne s'exposoit guère moins dans les courses qu'il faisoit pour hâter l'arrivée de ses renforts. Le chevalier Bayard, qui étoit alors au camp du duc de Ferrare sur le Pô, dit un jour à celui-ci : « Demain au matin, quand le pape délogera de « San-Felice, je suis informé qu'il n'a que ses « cardinaux, évêques et pronotaires, et bien « cent chevaux de sa garde. Je sortirai de mon « embûche (dans quelques maisons ruinées sur « la route de la Mirandole), et il n'y aura nulle « faute que je ne l'empoigne. » Il échoua cependant; une forte neige ayant fait rebrousser chemin au pape au moment où le bon chevalier attaqua son escorte. Toutefois, ajoute le *loyal serviteur* qui a écrit ses Mémoires, « s'il eût « autant demeuré qu'on mettroit à dire un *Pater* « *noster*, il étoit croqué. » (1)

Alexandre Trivulzio, qui commandoit dans la Mirandole, fut forcé de capituler le 20 janvier, et le pape consentit à recevoir une somme d'argent, qu'il distribua à ses soldats pour leur tenir lieu du pillage de la Mirandole : mais il monta lui-même par une échelle sur la brèche, pour prendre possession d'une conquête due plus

(1) Mém. de Bayard, c. 43, p. 175-180.

encore à son obstination qu'au courage de ses soldats. (1)

Louis XII, irrité des violences du pape, se croyoit du moins assuré de l'appui de l'empereur pour les réprimer. Celui-ci lui avoit envoyé son secrétaire intime, Matthieu Langen, évêque de Gurck, pour resserrer leur alliance, et cet ambassadeur avoit signé à Blois, le 7 novembre 1510, un nouveau traité par lequel Maximilien s'engageoit à concourir de toutes ses forces au rassemblement d'un concile œcuménique, qui réformeroit l'Église dans son chef et dans ses membres (2). Se reposant sur cette alliance, Louis ordonna à Chaumont d'attaquer le pape à son tour, et de lui faire sentir quelle étoit la puissance d'un roi de France. Mais Chaumont, élevé par le crédit de son oncle le cardinal d'Amboise, n'étoit pas de force à porter le fardeau dont il étoit chargé : il étoit sans talent pour la guerre, et il ressentoit une extrême jalousie contre le vieux maréchal Trivulzio, l'un des bons capitaines formés en Italie par l'étude de la science militaire : il suffisoit presque toujours à Chaumont que ce maréchal,

(1) *Fr. Guicciardini.* L. IX, p. 510. — Mém. de Bayard, c. 43, p. 180. — Mém. de Fleuranges, p. 71. — Républ. ital., c. 107, p. 93.

(2) Recueil des Traités de Paix. T. II, p. 31. — Dumont, Corps diplom.. T. IV, P. 1, p. 132. — Flassan. T. I, p. 460. — Coxe, Maison d'Autriche. T. II, c. 24, p. 137.

qui lui étoit associé dans le commandement, proposât un plan de campagne, pour qu'il en adoptât un tout contraire. Trivulzio conseilloit de marcher sur Modène et Bologne, pour forcer l'armée vénitienne à venir défendre ces deux villes; se croyant sûr que s'il pouvoit une fois la faire sortir de la forte position qu'elle occupoit au Bondéno, dans l'État de Ferrare, il pourroit lui livrer bataille et la détruire. Chaumont résolut, au contraire, de marcher droit au Bondéno, le long des digues des rivières, au travers de plaines inondées. Il reconnut pourtant, après avoir suivi quelque temps ce chemin dangereux, à quel point il compromettoit la sûreté de son armée, et il l'abandonna. Il essaya alors de reprendre le premier projet, et de s'emparer de Modène; mais, dans l'intervalle, l'ambassadeur d'Aragon avoit déterminé le pape à remettre cette ville en dépôt entre les mains de Witfrust, ambassadeur de Maximilien à la cour de Rome. En arrivant devant Modène, Chaumont vit flotter sur ses tours les drapeaux de son allié, et il dut renoncer à une conquête dont il se croyoit assuré. (1)

Ces mauvais succès, joints à des symptômes que Chaumont ne pouvoit méconnoître du peu de confiance que lui accordoient les troupes, et

---

(1) *Fr. Guicciardini.* L. IX, p. 515. — *Fr. Belcarii.* L. XII, p. 558. — *Paolo Giovio, Vita di Alfonso da Este,* p. 49.

du déclin de sa faveur à la cour, le jetèrent dans une profonde mélancolie. Il étoit bourrelé de remords de devoir faire la guerre au pape, et l'excommunication dont il étoit frappé le glaçoit de terreur. Il étoit déjà bien malade de chagrin, lorsqu'un jour qu'il étoit fort échauffé, un accident le renversa d'un pont dans l'eau. Sa maladie fit dès-lors des progrès rapides. Il se fit transporter à Correggio, d'où il envoya solliciter le pape de lui accorder son pardon : mais avant que l'absolution qu'il attendoit fût arrivée, il mourut le 11 mars 1511, à l'âge de trente-huit ans. (1)

A la mort de Chaumont, Jean-Jacques Trivulzio prit le commandement de l'armée française ; il crut toutefois devoir la tenir en repos jusqu'à ce qu'il eût reçu de nouveaux ordres de la cour. D'ailleurs Maximilien et Louis étoient convenus d'ouvrir un congrès à Mantoue, pour travailler à la pacification de l'Italie et de l'Église. Le duc de Gueldre avoit rompu la paix avec la gouvernante des Pays-Bas, en s'emparant par surprise, le 6 février, de la place de Hardwick ; et cet acte d'hostilité pouvoit brouiller de nouveau la France avec Maximilien (2). Louis désiroit,

---

(1) Mémoires de Fleuranges. T. XVI, p. 70. — Lettres de Louis XII. T. II, p. 121. — Républ. ital., c. 107, p. 100.

(2) Lettre d'un envoyé de l'Empereur. Lettres de Louis XII. T. II, p. 116.

au contraire, resserrer ses liens avec l'empereur. Il avoit envoyé l'évêque de Paris en Italie, pour s'entendre avec Matthieu Langen, secrétaire de Maximilien, sur l'ouverture du congrès qui devoit se tenir à Mantoue : l'un étoit déjà arrivé à Correggio, l'autre à Riva, sur le lac de Garda. Les hostilités furent donc suspendues, pour laisser le champ plus libre aux négociations. (1)

(1) Lettre d'André di Burgo, ambassadeur de l'Empereur, à Marguerite d'Autriche. T. II, *ibid.*, p. 125.

CHAPITRE XXXII.

Louis XII ne pouvant obtenir la paix de Jules II, fait attaquer son armée, et convoque contre lui un concile à Pise. — Le pape forme contre la France une ligue qu'il nomme sainte. — Victoire et mort de Gaston, duc de Nemours. — Les Français chassés d'Italie. — La Navarre conquise par les Aragonais. — Les ennemis de la France se divisent entre eux. — 1511-1513.

Louis XII et Maximilien avoient invité les principaux États de l'Europe à envoyer des ambassadeurs, au printemps de l'année 1511, à Mantoue, pour y ouvrir un congrès. On doit supposer que l'annonce de ce congrès fit germer en France l'espoir de la paix; et comme il seroit impossible de découvrir un but national dans les guerres entreprises sous le règne de Louis XII, comme elles coûtèrent beaucoup de sang et de trésors à la France, et qu'elles furent signalées par plus de revers que de succès, il est bien probable que le peuple en désiroit la fin. Nous devons dire cependant qu'aucun des écrivains français qui nous restent de cette époque ne laisse voir de traces de ce désir, et que, s'il

1511.

existoit, apparemment du moins il n'étoit pas bien vif. Depuis la fin du règne de Louis XI, le territoire français n'avoit plus vu d'ennemis, et les vieillards seuls conservoient le souvenir de ces jours de deuil, de souffrance et d'humiliation, où presque toutes les provinces avoient été parcourues par les Anglais ou les Bourguignons, les villages brûlés, les paisibles habitans maltraités ou tués, les villes ruinées par les contributions de guerre qu'imposoient coup sur coup les vainqueurs. C'étoit là l'état de guerre qui inspiroit de l'effroi, et dont le peuple demandoit à sortir, même au prix des plus douloureux sacrifices. Mais, depuis que Charles VIII et Louis XII avoient porté la guerre au-dehors des frontières, les Français, en sûreté chez eux, se trouvoient comparativement heureux. Il n'y avoit besoin d'aucune rigueur pour lever des soldats; la noblesse, ennuyée de son oisiveté, tourmentée du désir d'aventures, étoit toujours empressée de servir, et la gendarmerie d'ordonnance pouvoit à peine admettre dans ses cadres tous ceux qui se présentoient pour y entrer. Les compagnies d'aventuriers, qui depuis peu de temps formoient l'infanterie nationale, pouvoient moins encore suffire à recevoir tous les roturiers que le goût des hasards de la guerre, celui du pillage, et l'habitude de la débauche, rendoient peu propres aux occupations sédentaires. Rarement trente mille hommes d'infanterie avoient été sur pied en même temps ; à peine sur ce nombre la moitié étoient Français de naissance ; la paie étoit considérable ; la licence extrême ; les soldats ne s'engageoient qu'au mois, ou tout au plus pour une seule campagne : aussi les volontaires ne manquoient jamais.

Au reste, aucune opinion publique n'étoit éveillée en France : la nation ne connoissoit point la conduite de son gouvernement, et n'y prenoit aucun intérêt. En effet, il n'y avoit ni tribunes, ni journaux, qui pussent l'initier dans ses propres affaires. Une seule fois, pendant tout ce règne, en 1506, les États-Généraux avoient été assemblés à Tours, mais leur session avoit duré seulement trois jours, durant lesquels ils n'avoient pas abordé une seule question d'intérêt public. Des États provinciaux avoient été, il est vrai, assemblés fort régulièrement en Languedoc, et peut-être dans quelques autres provinces ; mais ils s'occupoient uniquement de l'impôt qu'ils accordoient chaque année, avec quelques *crues* pour les dépenses de guerre. Toutefois, pour éviter des discussions avec les députés qui défendoient les intérêts de leurs provinces, on chargeoit bien moins les pays d'États que les autres. En effet, la France, dans laquelle on ne comprenoit point encore le Dauphiné, la Provence, la Bourgogne et la Bretagne, toujours traités comme des gouvernemens étrangers, se divisoit, pour la perception de l'impôt, en six généralités, savoir : la Langue d'oc et la Langue d'oïl, le pays d'outre Seine, le Forez, Lyonnais et Beaujolais, la Normandie et la Picardie. Entre ces six divisions, on devoit répartir, en 1511, pour l'aide et l'octroi, un million et demi de francs; et sur cette somme, on ne demanda aux États assemblés à Montpellier, le 17 janvier 1511, que cent quarante-cinq mille livres; de même, la crue de guerre, imposée sur tout le royaume, étoit de trois cent mille livres; le roi demanda au Languedoc, pour sa part dans cette somme, trente mille cinq cent quatre-vingt-une livres. Les États prétendirent que, dans leur proportion avec le reste du royaume, ils devoient donner seulement vingt-neuf mille neuf cent seize livres, et ils finirent par refuser même cette somme. Ainsi, il étoit convenu que le Languedoc devoit payer moins du dixième des impôts de l'ancienne France, quoique, comme étendue ou comme richesse, il équivalût à peu près au sixième de la monarchie. (1)

Les députés aux États provinciaux n'avoient donc pas manqué de zèle lorsqu'il s'étoit agi de

---

(1) Hist. génér. de Languedoc. T. V, L. XXXVI, p. 105.

défendre les intérêts des contribuables qu'ils représentoient; ils avoient aussi dénoncé avec courage, dans leurs cahiers de doléances, les abus locaux dont leur province avoit à souffrir; mais ils ne s'étoient jamais élevés jusqu'à l'administration générale, moins encore jusqu'à la politique du royaume, dans ses rapports avec les étrangers. D'ailleurs, loin de chercher un appui dans l'opinion publique, ils se figuroient qu'ils défendroient mieux les intérêts de leur province à l'aide du secret; et les États de Languedoc, en octobre 1514, s'imposèrent le serment « de ne rien dire ou révéler de ce qui s'y « seroit passé; à peine, contre les contreve- « nans, d'être déclarés infâmes et parjures, et « d'être privés pour toujours de l'entrée aux « États. » (1)

Outre les États provinciaux, il n'y avoit guère dans le royaume d'autres corps constitués que les parlemens; ceux de Paris, Toulouse, Grenoble, Bordeaux et Dijon étoient antérieurs au règne de Louis XII, et il avoit institué ceux d'Aix en Provence et de Rouen. Le progrès de l'instruction avoit fait passer toujours plus l'administration de la justice, des seigneurs aux hommes de loi; les gentilshommes, lorsqu'ils essayoient de siéger dans les tribunaux, s'y

---

(1) Hist. de Languedoc. L. XXXVI, p. 107.

trouvoient embarrassés, dépendans des gens de robe, et humiliés de leur ignorance, encore qu'ils affectassent de mépriser ceux dont ils étoient forcés de prendre les conseils. Cependant, le roi nommoit toujours des baillis d'épée, pour rendre la justice dans les grands bailliages ressortissans des parlemens ; mais ces baillis nommoient en pleine assemblée, « en l'audi-« toire de leurs siéges », des lieutenans gradués, auxquels ils laissoient la charge de juger, en leur abandonnant le quart de leurs gages. Louis XII, par ce qu'on nomma l'ordonnance générale de Blois, au mois de mars 1499, avoit réglé « que « dorénavant les lieutenans généraux des baillifs, « sénéchaux et juges, ne pourroient être élus « ou commis, sinon qu'ils soient docteurs ou « licenciés, *in altero jurium*, en université fa-« meuse (1) », et il avoit attribué de plein droit à ces lieutenans le quart du traitement des juges qu'ils remplaçoient, sauf le cas où ces juges seroient non seulement résidens, mais lettrés et gradués (2). Cette ordonnance, en confirmant un changement que les mœurs avoient déjà établi, et en écartant tout-à-fait la noblesse des emplois de judicature, favorisa sans doute les progrès de la jurisprudence, et sépara davantage le droit de la force. Mais les hommes de loi

---

(1) Ordonn. génér., §. 48. Isambert. T. XI, p. 347.
(2) *Ibid.*, §. 49. — Rœderer, Louis XII, c. 21, p. 237 s.

n'arrivèrent pas de sitôt à sentir l'indépendance et la dignité de leur profession. Jaloux des seigneurs qu'ils avoient remplacés, ils cherchoient leur appui dans l'autorité royale, dont ils se déclaroient les plus ardens défenseurs, et ils ne se permettoient jamais de juger le gouvernement, ou même d'exprimer des vœux sur sa conduite politique.

Les parlemens se bornoient à l'administration de la justice, et ne prétendoient aucune part dans les affaires de l'État. Les juges, sur leurs tribunaux, se gardoient d'y faire aucune allusion; étrangers au monde, en rivalité avec la noblesse et avec le clergé, ils s'enfonçoient dans l'étude des lois, et ils ne s'exprimoient le plus souvent que dans une langue savante, qui achevoit de leur ôter toute action sur le peuple.

Le clergé, qui attendoit de la cour son avancement, étoit devenu fort servile; toutes les fois que le roi, dans ses débats avec la cour de Rome, crut devoir recourir à son aide, il le trouva obéissant, et prêt à suivre l'impression qu'il lui donnoit. Rien n'indique que dans aucune occasion les prêtres, à cette époque, aient parlé dans les chaires des affaires politiques, ou aient tenté d'éveiller aucune passion populaire.

Ainsi, on ne trouve nulle part la trace d'aucune communication de vive voix à aucune assemblée sur les affaires d'État. Il n'y avoit non plus aucune communication par écrit, car le gouvernement n'avoit senti jusqu'alors aucun besoin de diriger l'opinion populaire, qui ne s'occupoit pas de ses actes. Aucune gazette d'aucune espèce n'existoit en Europe; aucune circulaire n'étoit adressée de la capitale aux provinces; aucun manifeste, aucune proclamation n'instruisoit les sujets des motifs de la paix ou de la guerre, ne les félicitoit sur les victoires, ou ne leur demandoit une coopération plus active après les défaites. Aussi, les historiens français de cette époque, quoiqu'ils soient souvent riches en détails naïfs ou dramatiques sur la guerre, détails qu'ils recueilloient de la bouche de ceux qui avoient combattu, manifestent-ils la plus absolue ignorance de la politique de leur gouvernement, de ses droits, de ses intérêts, de ses négociations. Les historiens de l'Italie jettent seuls quelque lumière sur la diplomatie de la France, accoutumés qu'ils sont, sous des gouvernemens libres, et au milieu d'un peuple penseur, à étudier les intérêts nationaux. Il paroît que ces historiens, que Guicciardini surtout, firent un effet prodigieux en France, en enseignant aux Français leurs propres affaires. Aussi les deux meilleurs historiens français qui écrivirent en latin, peu de temps après la publication de l'histoire de Guicciardini, Belcarius et Ferronius, ne firent-ils le plus souvent que le copier. L'invention récente de l'imprimerie facilita l'introduction en France des exemplaires de cet ouvrage, et de ceux de Giovio et de Bembo, qui racontoient de même les guerres des Français en Italie ; mais elle excita bientôt en même temps la défiance du gouvernement. La censure des livres, instituée par Alexandre VI, devint une affaire d'État. Le délit de publier des vérités offensantes étoit devenu bien autrement grave que celui de consigner ces mêmes vérités dans un manuscrit qui ne pouvoit pas circuler ; il fut poursuivi par les princes avec beaucoup plus de vigilance. Les historiens devinrent plus timides et plus flatteurs ; et s'il y avoit une opinion populaire, ils se gardèrent de lui donner aucun essor.

Ainsi, nous ignorons si l'annonce du congrès de Mantoue excitoit par avance en France aucune fermentation. Il n'en étoit pas de même en Italie, où les ravages de la guerre s'étoient exercés avec une férocité dont les autres siècles n'avoient pas produit d'exemple : les barbares étoient arrivés du Nord et du Midi, sans avoir été provoqués en aucune façon ; ils avoient dépouillé et massacré les Italiens, pour le seul plaisir d'abuser de leur force, et l'avenir menaçoit ces peuples de plus grands malheurs encore, si les princes étrangers, qui disposoient de leur sort, ne réussissoient pas à s'accorder. Aussi attendoit-on dans toute l'Italie, avec la plus craintive impatience, l'ouverture du congrès de Mantoue.

Louis XII désiroit sincèrement la paix. Il avoit conquis dans la Vénétie tout ce qu'il pouvoit espérer d'y garder, et il commençoit à mesurer avec inquiétude toutes les inimitiés qu'il avoit provoquées contre lui. Il se laissoit aussi affecter par les remords et la désolation de sa femme, Anne de Bretagne, qui croyoit qu'il s'exposoit à la damnation éternelle, en faisant la guerre à l'Église. Anne avoit donné au roi, le 25 octobre 1510, une seconde fille, qu'elle nomma Renée. Pendant sa grossesse, elle étoit persuadée que ses couches seroient malheureuses, si Louis n'obtenoit pas auparavant sa réconciliation avec le Saint-Siége. Après la naissance de l'enfant, elle pressoit de nouveau son mari, en lui annonçant que Renée périroit dans sa première enfance, comme ses fils avoient déjà péri, s'il continuoit à offenser le vicaire de Dieu sur la terre. (1)

Mais Jules II étoit bien loin d'avoir des intentions si pacifiques. C'étoit lui qui avoit appelé l'évêque de Gurck en Italie, en promettant de le faire cardinal; et au lieu de vouloir l'employer à traiter de la paix avec la France, il comptoit

---

(1) Lobineau, Hist. de Bretagne. L. XXII, p. 832.

réussir, par son entremise, à ébranler l'empereur, à le détacher de Louis XII, et à le faire entrer dans une ligue, avec le roi d'Espagne, le roi d'Angleterre, les Vénitiens et les Suisses, pour chasser les Français d'Italie (1). Il offroit à Maximilien, au nom des Vénitiens, les concessions les plus amples ; il s'engageoit à ce que la république lui laissât Vérone et Vicence; à ce qu'elle tînt en fief de lui Padoue et Trévise, sous une redevance très considérable ; enfin, à ce qu'elle lui abandonnât, en quelque sorte, tout ce qu'il se proposoit d'obtenir par la guerre (2). Maximilien étoit si inconstant que Louis n'avoit aucun motif de se fier à ses précédens engagemens, et l'on voit par les dépêches de son ambassadeur à la cour de France que celui-ci ne pouvoit ni le comprendre ni le prévoir, et que n'osant pas, en écrivant à sa fille, accuser l'empereur de gâter ses propres affaires, il en accusoit presque dans chaque lettre *le grand diable d'enfer.*

Étienne Poncher, évêque de Paris, en qui Louis XII mettoit une grande confiance (3),

(1) Lettre d'André de Burgo à Marguerite d'Autriche, du 14 janv. T. II, p. 92.

(2) Lettre de Jules II à l'évêque de Gurck, du 11 février. T. II, p. 112.

(3) Étienne Poncher fut successivement président des enquêtes au parlement de Paris, évêque de Paris en 1503, chancelier du duché de Milan, chancelier de France le 6 janvier

étoit arrivé à Mantoue au mois de mars, peu de jours après l'évêque de Gurck. Bientôt ils y furent suivis par don Pédro de Urréa et Jérôme de Vich, ambassadeurs de Ferdinand, l'un auprès de l'empereur, l'autre auprès du pape. Mais ceux-ci, au lieu d'ouvrir des conférences à Mantoue, ne travaillèrent qu'à engager le secrétaire de l'empereur à se rendre avant tout auprès du pape pour entendre de sa bouche ses propositions. Jules II, pour le rencontrer, vouloit bien s'avancer jusqu'à Bologne. Avant de partir pour cette ville, il fit en plein consistoire une nomination de huit cardinaux, au nombre desquels étoit Matthieu Schinner, évêque de Sion, l'ennemi le plus actif de la France, et il annonça qu'il se réservoit une neuvième nomination *in petto* (1). C'étoit, en quelque sorte, promettre le chapeau, objet des vœux d'un ecclésiatique, à l'évêque de Gurck, s'il se montroit complaisant. Celui-ci partit en effet de Mantoue, et il arriva à Bologne le mercredi 9 avril, trois jours après le pape; mais sa vanité immodérée le mit à l'abri des séductions que Jules vouloit employer contre lui. Comme représentant de l'empereur, il voulut que le pape

1513, et archevêque de Sens en 1519. *Gallia Christ.* T. VII, p. 157.

(1) *Fr. Guicciardini.* L. IX, p. 521. — *Parisii de Grassis Diarium curiæ Rom.*, apud *Raynald. Ann. eccles.* 1511, §. 47.

traitât d'égal à égal avec lui. Il ne daigna pas s'aboucher avec trois cardinaux que le pape avoit nommés pour conférer avec lui, et il leur envoya trois de ses gentilshommes pour le représenter. Toutes ses demandes, toutes ses démarches furent si insolentes que Jules II, malgré tout son désir de le gagner, ne put les supporter. De son côté, il étoit incapable de modérer ses transports de colère ou sa haine contre la France. Le jour de Pâques, quoique les négociations fussent ouvertes, il comprit nominativement dans les excommunications de la bulle *in cœna Domini* tous les adhérens de la France; il désigna même Louis XII, mais sans le nommer (1). Le 25 avril, il eut une nouvelle conférence avec l'évêque de Gurck. Celui-ci annonça que Louis XII, pour avoir la paix, consentiroit à abandonner quelques uns des intérêts les plus chers de la maison d'Este; mais Jules s'écria que quelques concessions ne pouvoient pas le contenter, qu'il falloit un entier abandon : en même temps, il insista pour que Maximilien ne songeât plus qu'à se venger de la France, avec les moyens que l'Église et ses alliés étoient prêts à lui fournir. Ces deux hommes impétueux s'échauffèrent dans leur conférence; la dispute devint enfin si vive qu'en sortant du palais l'évê-

(1) *Bulla data Bononiæ*, 16 kal. maii. Annal. ecclesiast., 1511, §. 50.

que de Gurck partit à l'instant pour Modène, et somma les ambassadeurs d'Espagne de faire retirer les troupes auxiliaires que leur maître fournissoit au pape. Tout espoir de pacification fut abandonné, et le congrès de Mantoue fut rompu avant d'avoir été ouvert. (1)

Louis XII ne fut point fâché de cette rupture de négociations qu'on cherchoit à faire tourner contre lui. Il ne cessoit de dire à l'ambassadeur de l'empereur que le seul moyen d'amener Jules II à des conditions raisonnables, c'étoit de détruire ses troupes et celles des Vénitiens dans une grande bataille; qu'il avoit de son côté l'avantage du nombre et de la valeur, et qu'il falloit en profiter. Il avoit convoqué à Lyon un concile de l'Église gallicane, et il s'y rendit lui-même le 11 avril; mais il y remarqua, avec surprise et défiance, qu'il n'y étoit arrivé aucun évêque des Pays-Bas; bientôt il apprit que Marguerite leur avoit défendu, par une proclamation, de s'y rendre. Il regarda cet acte comme une entreprise sur sa souveraineté en Flandre, et il déclara que son parlement de Paris ne le souffriroit pas (2). Sa défiance de Marguerite

(1) Lettre de l'évêque de Gurck à Étienne Poncher, évêque de Paris. — Lettres de Louis XII. T. II, p. 137. — *Fr. Guicciardini.* L. IX, p. 524. — *Raynaldi Annal. eccles.*, 1511, §. 57. — Républ. ital., c. 107, p. 108.

(2) Lettres d'André de Burgo à Marguerite et à l'Empereur, des 11 et 12 avril. T. II, p. 142, 146.

étoit fondée, car celle-ci travailloit secrètement à faire entrer son père dans une ligue qu'elle vouloit former contre la France, avec les rois d'Aragon et d'Angleterre ; et elle assuroit que, de son côté, Louis XII étoit entré dans une ligue contre elle, avec les ducs de Gueldre, de Clèves, de Juliers et avec l'archevêque de Cologne (1). Louis XII jugeoit sans doute qu'une victoire éclatante confondroit toutes ces intrigues et affermiroit l'empereur dans son parti.

Pendant la durée des négociations, Trivulzio avoit repris Concordia ; il avoit enlevé Manfroni, capitaine distingué des Vénitiens, et il avoit déjoué à Gênes les intrigues de l'évêque de Vintimille, que Jules II y avoit envoyé pour y opérer une révolution (2). Dès qu'il reçut la nouvelle de la retraite de l'évêque de Gurck, il s'avança vers Bologne, et il vint se loger, entre Castel-Franco et la Samogia, en face de l'armée pontificale, qui étoit retranchée à Casalecchio. Jules II voulut d'abord persuader au duc d'Urbin son neveu d'attaquer les Français ; mais celui-ci lui représenta si vivement combien il étoit inférieur en forces que Jules fut tout à coup frappé de terreur, et se retira à Ravenne, après avoir confié au cardinal de Pavie son confident le commandement de Bologne. La retraite du

(1) Lettres de Marguerite. T. II, p. 154, 157.
(2) Républ. ital., c. 107, p. 109.

pape, qu'on avoit vu jusqu'alors se signaler par son audace, découragea ses partisans et redoubla l'ardeur de ses adversaires. A son tour, le cardinal de Pavie se laissa troubler par la fermentation qu'il observa dans le parti des Bentivoglio, à Bologne, la désobéissance de la milice et l'approche des Français. Le 21 mai, il s'enferma dans la forteresse, et peu d'heures après, ne s'y croyant plus en sûreté, il en partit, avec sa garde, pour Imola. Dès que sa fuite fut connue, le même jour, toute la ville se souleva, et les Bentivoglio, accompagnés par cent lances françaises, y entrèrent en triomphe. La position du duc d'Urbin, dont le camp s'étendoit des portes de la ville jusqu'à Casalecchio sur le Réno, devenoit fort dangereuse. D'un côté, il avoit l'armée française; de l'autre, une ville insurgée. La terreur gagna le général et les soldats; dès le commencement de la nuit, le duc d'Urbin ordonna la retraite, mais elle se changea bientôt en fuite, d'autant que les paysans descendoient des montagnes, et que les bourgeois s'élançoient des portes de Bologne avec des cris menaçans. Une tête de pont sur le Réno avoit été vaillamment défendue par Raphaël des Pazzi, et avoit retardé la poursuite des Français; mais, quand cette position fut forcée, la cavalerie atteignit bientôt les bagages de l'armée pontificale, qui fuyoit; et comme on vit le matin tous les chevaliers rentrer au camp chassant devant eux des ânes chargés de riches équipages, la déroute de Casalecchio ne fut connue dans le camp français que sous le nom de *journée des âniers* (1). Le dépit et la douleur que cette déroute causoit au pontife furent aggravés encore par une catastrophe qui en fut la suite, sous ses yeux mêmes, à Ravenne. Son neveu le duc d'Urbin, rencontrant à sa cour le cardinal de Pavie, à la lâcheté ou à la trahison duquel il attribuoit sa défaite, le poignarda au milieu de ses gardes ; et Jules II, dans une agonie de douleur, repartit de Ravenne le jour même pour retourner à Rome. (2)

Si les Français, après la victoire de Casalecchio, avoient poursuivi l'armée pontificale, ils auroient pu la détruire tout entière, et ils n'auroient plus rencontré d'obstacle jusqu'à Rome. Mais Louis XII, qui étoit d'abord venu à Lyon, puis à Grenoble, pour diriger de plus près les affaires de l'Italie, ne voulut pas avoir l'air de s'acharner contre l'Église, et fournir ainsi un prétexte aux déclamations hypocrites de Ferdinand ; il ordonna donc à Trivulzio de ramener ses troupes dans le duché de Milan, sans célébrer par aucune

---

(1) *Fr. Guicciardini.* L. IX, p. 529. — Mém. de Bayard, c. 46, p. 208. — Mém. de Fleuranges, p. 82. — Lettre de Trivulzio au Roi, du 22 mai. T. II, p. 233.

(2) Républ. ital., c. 107, p. 119. — Lettre de Caroudelet à Marguerite. T. II, p. 243. — Lettre d'André de Burgo à la même, p. 247.

réjouissance la victoire qu'il venoit de remporter sur le pape ; bientôt il fit licencier cette armée, en ne retenant sous les armes que cinq cents lances et treize cents fantassins allemands. (1)

Louis XII se sentoit sans cesse gêné ou contrarié par les bizarreries inexplicables de Maximilien, en même temps qu'il conservoit pour cet empereur un respect, une déférence que Louis croyoit devoir au chef temporel de la chrétienté, et qu'on n'avoit point vus encore dans aucun autre roi de France. Maximilien menaçoit toujours d'écraser les Vénitiens avec l'armée de l'Empire ; il ne vouloit se relâcher d'aucune des prétentions qu'il avoit d'abord annoncées contre eux, ni leur laisser aucune parcelle du territoire qui lui avoit été attribué en partage par le traité de Cambrai. Cependant il n'avoit encore rien conquis par lui-même ; il n'envoyoit point d'armée en Italie, point d'argent à ses ambassadeurs ; il ne répondoit pas même aux lettres qu'on lui écrivoit, et il restoit à Munich, sans qu'on pût savoir ce qui l'y retenoit. (2)

Louis XII, impatienté de ne plus faire la guerre que pour le compte d'un allié qui se négligeoit tellement lui-même, essaya s'il ne pour-

(1) *Fr. Guicciardini.* L. X, p. 535.
(2) Lettre d'André de Burgo à Marguerite, du 6 juin. T. II, p. 254.

roit pas effrayer le pape en l'attaquant désormais
avec des prêtres et non plus avec une armée.
Cinq cardinaux s'étoient séparés de Jules II,
qu'ils accusoient de mettre le trouble et le désordre dans l'Église. Ils étoient venus chercher
un refuge en Toscane, d'où ils s'étoient ensuite
rendus à Milan pour s'y mettre à la tête d'un
parti d'opposition formé contre le pape (1).
Louis XII et Maximilien commencèrent par
sommer le pape d'assembler un concile œcuménique, lui rappelant que le concile de Constance
avoit imposé aux papes futurs l'obligation de
rassembler tous les dix ans ces comices généraux de l'Église, et que lui-même, au moment
de son élection, s'y étoit engagé par serment.
Comme Jules II ne tint aucun compte de cette
sommation, l'empereur et le roi eurent recours
aux cardinaux réfugiés à Milan, et ceux-ci, le
16 mai, adressèrent à l'Église des lettres encycliques pour convoquer à Pise un concile qui
devoit s'y réunir le 1er septembre. Pise, ville
demeurée presque déserte depuis que les Florentins en avoient fait la conquête, avoit été,
un siècle auparavant, le lieu choisi pour y rassembler le concile qui avoit commencé à porter
remède au grand schisme d'Occident. Les Florentins ne crurent pas pouvoir refuser l'usage de

---

(1) Républ. ital., c. 108, p. 127.

cette ville aux deux plus puissans souverains de la chrétienté ; ils furent cependant fort alarmés lorsque, le 1er septembre, ils ne virent paroître que trois personnes pour ouvrir le concile. C'étoit pour eux la preuve que le clergé lui-même de France et d'Allemagne réprouvoit l'entreprise des deux souverains, qui tendoient à renouveler le schisme. (1)

D'autre part, Ferdinand-le-Catholique, qui donnoit toujours à sa politique le masque de la religion, adressoit à Louis XII et à Maximilien de fortes remontrances contre une tentative qui troubloit le repos de l'Église. Bientôt il fut secondé par Henri VIII, et il étoit facile de reconnoître que Marguerite, gouvernante des Pays-Bas, s'attachoit au même parti. La reine Anne de France étoit tourmentée de remords et d'effroi en voyant la carrière dans laquelle s'engageoit son mari. Celui-ci l'avoit laissée à Blois, pour se soustraire à ses remontrances ; mais elle ne tarda pas à venir le rejoindre à Lyon (2). De son côté, le pape, par une bulle du 18 juillet, convoqua un concile général à Saint-Jean-de-Latran, pour l'année suivante, et par là il ôta

---

(1) *Raynaldi Annal. eccles.*, 1511, §. 1. — *Labbei Concilia general.* T. XIII, p. 1486. — Républ. ital. T. XIV, c. 108, p. 138.

(2) Lettre d'André de Burgo à Marguerite, du 20 mai. T. II, p. 229.

aux cardinaux séparatistes le seul prétexte sur lequel ils pussent se fonder pour en convoquer un sans son consentement. Aussi le clergé de France, sans oser résister ouvertement au roi, montroit une extrême répugnance à se rendre à Pise.

Tandis que les prêtres hésitoient, et que les rois étoient tout occupés de leurs négociations, Jules II fut saisi d'une maladie subite, qui le réduisit, du 17 au 22 août, à toute extrémité. Tous les cardinaux, même ceux qui avoient convoqué le concile de Pise, ne songèrent plus qu'au conclave et au danger qu'ils couroient d'en être repoussés comme schismatiques (1). Bientôt, il est vrai, ils apprirent que le pape avoit recouvré toute sa première vigueur, mais, d'autre part, les nouvelles de Pise devenoient inquiétantes. Tous les prêtres italiens avoient quitté la ville dès que les commissaires de Louis XII et de l'empereur s'y étoient présentés. Ce fut bien pis lorsque les cardinaux schismatiques y arrivèrent le 1er novembre, avec quelques prélats français : le peuple ameuté leur ferma les portes des églises ; ils eurent beaucoup de peine à en trouver une où ils pussent dire leur première messe ; chaque jour ils étoient insultés dans les rues ; enfin, leurs domestiques

---

(1) *Fr. Guicciardini.* L. X, p. 543. — *Raynaldi Ann. eccles.* 1511, §. 34.

1511. prirent querelle avec de jeunes Pisans pour des filles publiques, et les prélats saisirent ce prétexte peu honorable, pour quitter Pise le 13 novembre, et s'ajourner à Milan. (1)

Pendant que le concile de Pise se décrioit ainsi toujours plus, les ennemis de la France s'enhardissoient. Jules II, par l'entremise du cardinal Schinner, évêque de Sion, s'étoit assuré des Suisses, que Louis XII avoit eu l'imprudence d'offenser de nouveau par ses mépris (2). Les ambassadeurs réunis, d'Angleterre et d'Aragon, firent à Louis d'énergiques représentations tant sur la protection qu'il accordoit au concile de Pise, que sur la faveur qu'il montroit aux Bentivoglio. Louis chercha d'abord vainement quelque accommodement, puis, pressé sur les Bentivoglio, qu'on qualifioit de sujets rebelles du pape, il répondit enfin que son honneur ne lui permettoit pas plus d'abandonner la protection de Bologne que celle de Paris. Cette réponse ayant été rapportée à Rome, une ligue entre le pape, le roi catholique et le sénat de Venise, pour préserver l'Église d'un schisme, et lui faire recouvrer les fiefs qui lui appartenoient, y fut

(1) *Legazioni di Macchiavelli.* T. VII, p. 394-401. — *Fr. Guicciardini.* L. X, p. 559. — *Fr. Belcarii.* L. XIII, p. 374. — Républ. ital., c. 108, p. 150.

(2) *Guicciardini.* L. X, p. 547. — *Fr. Belcarii.* L. XIII, p. 370.

solennellement proclamée le 5 octobre : elle prit le titre de sainte, comme ayant été formée pour la protection de l'Église. Bientôt après, le 24 octobre, le pape déposa les cardinaux qui avoient convoqué le concile de Pise, et il excommunia les Florentins pour l'avoir souffert sur leur territoire. (1)

Dès que Louis XII reçut la nouvelle de la publication de la sainte ligue, il ordonna à M. de la Palisse d'assembler de nouveau l'armée française, de solder des fantassins, et d'attaquer la Romagne avant que l'armée espagnole, commandée par D. Raymond de Cardone, vice-roi de Naples, y fût parvenue. Mais la Palisse n'avoit pas encore réuni les treize cents lances et les deux cents gentilshommes volontaires qui devoient former sa gendarmerie, lorsque la Lombardie fut alarmée, au commencement de novembre, par l'apparition d'une armée suisse qui descendoit du Saint-Gothard. La confédération helvétique, offensée par le ton que Louis XII avoit pris avec elle, sembloit résolue à lui faire sentir sa puissance. Elle avoit donné à ses soldats le drapeau déployé à Nancy, en 1477, contre Charles-le-Téméraire, comme pour proclamer qu'il s'agissoit cette fois d'une guerre nationale;

---

(1) *Fr. Guicciardini.* L. X, p. 550. — *Raynaldi Ann. eccles.* 1511, §. 66. — *Mariana Hist. de Esp.* T. X, L. XXX, c. 5, p. 366.

elle avoit demandé des canons et de la cavalerie aux Vénitiens, et seize mille fantassins étoient en marche de Varèse à Galérata (1). Une offense récente, l'arrestation de trois messagers d'État, de Berne, Schwitz et Fribourg, que les Français avoient conduits dans les prisons de Milan et soumis à beaucoup de mauvais traitemens, avoit donné lieu à cette dernière explosion de colère (2). Gaston de Foix, duc de Nemours, neveu de Louis XII, jeune homme âgé de vingt-deux ans, qui servoit depuis une année en Italie, n'avoit, pour résister aux Suisses, que trois cents gendarmes et deux mille fantassins. Il recula donc devant eux; il fit garnir le château de Milan; et les Suisses, arrivés jusqu'aux portes de cette ville, s'en seroient rendus maîtres si leurs chefs l'avoient voulu. Mais ceux-ci traitoient sans cesse avec des négociateurs français; le baron de Hohensax étoit l'intermédiaire de ces marchés; bientôt il fit répandre le bruit parmi les Suisses, que les Vénitiens et le pape, leurs alliés, les avoient trahis, qu'ils avoient promis de l'argent qui n'arrivoit pas, tandis que les Français leur offroient un mois et demi de

---

(1) *P. Bembi.* L. XII, p. 270. — *Fr. Guicciardini.* L. X, p. 563. — Mém. de Bayard, c. 47, p. 216. — *Fr. Belcarii.* L. XIII, p. 375.

(2) Mallet, Hist. des Suisses. T. II, c. 6, p. 372. — *Josiæ Simleri Valles. descriptio.* L. II, p. 153.

solde pour les engager à se retirer. Tous finirent par accepter cette offre, et le 21 décembre ils repartirent pour Bellinzona, trahis non par leurs alliés, mais par leurs capitaines, qui s'étoient vendus à prix d'argent (1). L'Italie fut étonnée et indignée de cette retraite, et en Suisse le ridicule poursuivit les soldats qui avoient marché à cette expédition. On racontoit d'eux, qu'arrivés aux portes ouvertes de Milan, leurs hallebardes, qu'ils tenoient hautes, s'étoient accrochées contre le seuil, et que ne songeant pas qu'ils pouvoient les baisser, ils avoient déclaré ne pouvoir entrer, et s'en étoient retournés dans leurs montagnes.

Vers la fin de décembre seulement, don Raymond de Cardone arriva en Romagne avec douze cents hommes d'armes, mille chevau-légers et dix mille fantassins espagnols formés par le comte Pietro Navarro, et qui s'étoient signalés avec lui dans ses aventureuses expéditions sur les côtes des royaumes d'Alger et de Tunis (2). Cardone avoit été reconnu comme général en chef de toutes les forces de la ligue, et en effet, dans le mois de janvier 1512, l'armée de l'Église,

---

(1) *Fr. Guicciardini.* L. X, p. 564. — *P. Giovio, Vita di Alfonso d'Este,* p. 77. — *Anonimo Padovano presso Muratori, Annali d'Italia.* T. XIV, p. 85. — Mallet, Hist. des Suisses. T. II, c. 6, p. 374.

(2) *Mariana.* L. XXIX, c. 25, p. 333.

conduite par le cardinal légat Jean de Médicis, dans laquelle on comptoit huit cents hommes d'armes, huit cents chevau-légers et huit mille fantassins, vint se ranger sous ses ordres. Le plus ardent désir du pape étoit de reconquérir Bologne ; aussi fit-il entreprendre le siége de cette ville dès le 26 janvier, quoique la terre fût encore couverte de neige. Odet de Foix et Yves d'Allègre la défendoient avec deux cents lances françaises et deux mille fantassins allemands. La milice de la ville avoit aussi pris les armes, mais elle inspiroit peu de confiance ; l'enceinte de Bologne étoit bien vaste, et ses murs bien foibles pour résister à la puissance nouvelle de l'artillerie. (1)

D'autre part, Raymond de Cardone, instruit par le souvenir tout récent de la défaite de Casalecchio, n'osoit pas hasarder son armée entre une grande ville et l'armée française. Gaston de Foix avoit pris le commandement de celle-ci, et quoique Cardone comptât sur la diversion qu'André Gritti étoit chargé de faire, du côté de Brescia, avec l'armée vénitienne, il hésitoit, malgré les instances du cardinal de Médicis, à mettre ses canons en batterie. Enfin, lorsqu'il se crut assuré que Nemours se dirigeoit contre les Vénitiens, il commença son attaque du côté de la porte de

---

(1) *Fr. Guicciardini.* L. X, p. 568. — *Paolo Giovio, Vita di Leon X.* L. II, p. 105. — *Mém. de Fleuranges.* T. XVI, p. 85. — *Mariana.* L. XXX, c. 6, p. 373.

Bologne qui mène en Toscane, en même temps que Pietro Navarro faisoit attaquer les mêmes murailles par la mine. Déjà les murs étoient entr'ouverts, et l'on croyoit pouvoir, avec succès, livrer un assaut, lorsque, dans la nuit du 4 au 5 février, Nemours conduisit toute son armée de Finale à Bologne, et grâce à un vent effroyable et à une neige qui tomboit en abondance, il eut le bonheur presque inconcevable d'entrer à Bologne sans être aperçu des assiégeans ; aussi auroit-il pu les surprendre et les mettre en pièces le lendemain, et même le surlendemain matin ; mais il ne se figuroit point lui-même qu'il eût si complétement dérobé son mouvement aux ennemis, et il donna à ses troupes un second jour de repos, dont, après une telle marche, elles avoient grand besoin. Dans la journée du 6 seulement, Cardone fut enfin averti de l'arrivée des Français, et dès la nuit suivante, du 6 au 7 février, il se retira à Imola. (1)

Nemours avoit de justes motifs de balancer entre les deux attaques auxquelles les Français étoient en même temps exposés ; car le 3 février, les Vénitiens s'étoient rendus maîtres de la ville de Brescia, et ils en assiégeoient la citadelle. Le peuple, soit dans la ville, soit dans les

(1) *Fr. Guicciardini.* L. X, p. 573. — Mém. de Fleuranges, p. 85. — *Mariana.* L. XXX, c. 7, p. 382. — Républ. ital. T. XIV, c. 108, p. 168.

campagnes, s'étoit déclaré avec enthousiasme pour la république à laquelle il appartenoit depuis un siècle; et le comte Louis Avogaro, qui avoit entraîné ses compatriotes dans l'insurrection, avoit hasardé sa tête, celles de ses enfans, et tous ses biens, pour la délivrance de sa patrie. Gaston reçut le lendemain de la retraite des Espagnols de devant Bologne, la nouvelle de ce soulèvement, qui s'étendoit avec rapidité. Déjà il avoit gagné Bergame, et tous les châteaux du Bressan et du Bergamasque, et il menaçoit Crème et Crémone. Le général français, avec une promptitude qui peut-être est son plus beau titre à la gloire militaire, repartit aussitôt de Bologne, traversa l'État neutre de Mantoue, sans la permission du souverain, surprit en chemin Jean-Paul Baglioni, qui ne s'attendoit point à une telle diligence; et après avoir mis en déroute l'armée vénitienne que Baglioni commandoit, il arriva devant Brescia le neuvième jour. Il fut aussitôt admis dans la citadelle, où du Lude et Hérigoie commandoient une garnison française. Le lendemain, 19 février, jour du jeudi-gras, il descendit dans la cour du château, pour attaquer les retranchemens qu'André Gritti avoit élevés en hâte, afin de le séparer de la ville (1). Bayard conduisit cette attaque, à la tête de sa compagnie de cent cinquante gendar-

(1) *Fr. Guicciardini.* L. X, p. 575. — *P. Bembi.* L. XII,

mes. Tous ces gentilshommes, à l'exemple du duc de Nemours, avoient ôté leurs chaussures, pour s'affermir mieux avec leurs pieds nus sur le terrain glissant. Ce fut à grand'peine qu'ils franchirent le rempart, lequel fut vaillamment défendu. Aussitôt que Bayard eut pénétré au-delà, il fut frappé à la hanche d'un coup de pique qu'il crut mortel. « Compagnon, dit-il au « sire de Molart, faites marcher vos gens, la « ville est gagnée ; de moi je ne saurois tirer ou- « tre, car je suis mort. » Deux de ses archers, détachant une porte, le posèrent dessus, et l'emportèrent dans une des maisons de meilleure apparence, que la présence du bon chevalier sauva du pillage. (1)

La ville étoit gagnée en effet, encore qu'il fallût livrer un second combat sur la place du Broletto. Mais les Français déjà vainqueurs refusoient toujours tout quartier. Yves d'Allègre gardoit la porte par laquelle les fuyards auroient pu s'échapper; en sorte qu'aucun ne put se dérober à son sort. Toute l'armée vénitienne d'André Gritti, et tous les bourgeois qui avoient pris les armes pour leur patrie, furent massacrés dans les rues. Le carnage continua sans interruption pendant toute la journée, quoiqu'il n'y eût

p. 274. — *Fr. Belcarii.* L. XIII, p. 381. — Mém. de Bayard, c. 49, p. 235. — Mém. de Fleuranges, p. 87.

(1) Mém. de Bayard, c. 50, p. 245.

plus nulle part de résistance. Guicciardini ne fait monter le nombre des morts qu'à sept ou huit mille; mais Nardi en compte quatorze mille; le serviteur de Bayard vingt-deux mille, et Fleuranges quarante mille. Le pillage dura deux jours, et fut aussi atroce que la boucherie qui l'avoit précédé; car les soldats, après avoir tout pris aux malheureux habitans, les exposoient à des tortures horribles, pour leur faire révéler leurs richesses cachées. Tous les sanctuaires furent pillés comme les maisons privées; et le butin fait par les soldats fut estimé à trois millions d'écus. Le duc de Nemours, plusieurs jours après, et lorsque sa fureur devoit être assouvie, envoya au supplice le comte Avogaro et ses deux fils, dont tout le crime étoit de s'être montrés fidèles à leur patrie. L'odieux pillage de Brescia fut fatal cependant à l'armée française, et au jeune prince qui la commandoit. Tous les soldats, enrichis par ce brigandage, ne songèrent plus qu'à mettre en sûreté leur butin; les uns se hâtèrent de demander leur congé; d'autres, ne pouvant l'obtenir, désertèrent; plusieurs, par suite de leurs débauches, languirent dans les hôpitaux; et l'armée qui, en moins de douze jours, avoit délivré Bologne, battu Baglioni et repris Brescia, cessa bientôt après d'être redoutable. (1)

(1) Mém. de Bayard, c. 50, p. 245-258. — Mém. de Fleu-

En même temps, la France, qui jusqu'alors 1512. avoit tourné tous ses regards vers l'Italie, se trouvoit tout à coup menacée par de nouveaux ennemis. Henri VIII, dans l'espoir de reconquérir la Guienne, avoit accédé, le 17 novembre 1511, à la sainte ligue formée par le pape (1). Il avoit tenu ce traité secret, pour recevoir encore, le 9 décembre, le dernier terme d'un subside que Louis XII lui payoit pour le maintien de la paix. Mais dès qu'il eut reçu cet argent, il communiqua, le 4 février 1512, à son parlement, le projet qu'il avoit formé d'attaquer la France, pour dissoudre le concile de Pise, et faire restituer Bologne au Saint-Siége (2). Le parlement lui accorda en effet dans ce but des subsides, qui le mirent en état de transporter, au commencement de juin, huit ou dix mille hommes dans le Guipuscoa. Il étoit convenu avec Ferdinand que les Anglais et les Espagnols agiroient de concert pour attaquer les Français sur toute la frontière des Pyrénées. Mais tel n'étoit point le but réel du monarque aragonais. Il vouloit s'emparer du royaume de Navarre, sur le-

ranges, p. 88. — *Jacopo Nardi.* L. V, p. 233. — *Fr. Guicciardini.* L. X, p. 577. — Républ. ital., c. 108, p. 177.

(1) Dans Dumont, le traité de Burgos est sous la date du 20 décembre. Corps diplom. T. IV, P. 1, p. 137.

(2) Rymer. T. XIII, p. 310. — *Polyd. Verg. Hist. Angl.* L. XXVII, p. 624. — Rapin Thoyras. L. XV, p. 44. — Hume. T. V, c. 27, p. 112.

quel Jean d'Albret régnoit depuis 1494, avec sa femme Catherine de Foix. Louis XII avoit longtemps disputé son titre, au nom de sa sœur, mariée au vicomte de Narbonne, et de ses neveux Gaston de Nemours, et Germaine de Foix, qu'il avoit mariée à Ferdinand. Il flattoit Nemours qu'après ses conquêtes en Italie il l'éleveroit sur le trône de Navarre. Cependant, pour se mettre en garde contre l'Espagne, il avoit commencé à se rapprocher du roi de Navarre; et celui-ci, ébloui par les victoires des Français, signa avec empressement, à Blois, le 17 juillet 1512, un traité d'alliance avec la France, par lequel il s'engageoit à refuser le passage, soit aux Anglais, soit aux Aragonais qui voudroient l'attaquer (1). Il ne paroît point que Jean d'Albret eût reconnu le concile de Pise, ou qu'il y eût envoyé aucun prélat; mais Jules II n'étoit pas scrupuleux sur la manière de récompenser ses alliés; aucun ne lui étoit plus précieux que Ferdinand-le-Catholique, aussi il lui accorda, le 18 février, une bulle d'excommunication contre le roi et la reine de Navarre, comme fauteurs des schismatiques, les privant de la dignité royale, et accordant leurs terres au premier occupant. Ferdinand tint cette bulle secrète, jusqu'à ce qu'il pût en faire usage; et la cour

---

(1) Recueil des Traités de Paix. T. II, p. 32. — Dumont, Corps diplom. T. IV, P. 1, p. 147.

de Rome, qui ne pouvoit guère la justifier, ne l'a point consignée dans ses registres, ensorte qu'on a douté qu'elle ait jamais existé. (1)

En même temps que les Anglais unis aux Aragonais menaçoient ou la Navarre ou la Guienne, les Suisses, sans cesse excités par le pape, et par son légat le cardinal Schinner, évêque de Sion, menaçoient tour à tour la Bourgogne et le Milanez. La gouvernante des Pays-Bas, soit par zèle religieux, soit par politique, s'unissoit avec ardeur à tous les ennemis de la France, et prenoit part à toutes les intrigues formées contre elle. Son père, Maximilien, qui se déclaroit toujours l'allié de Louis, et pour le compte duquel seul celui-ci faisoit la guerre aux Vénitiens, continuoit à promettre des efforts qu'il ne tentoit jamais, des envois de troupes qu'on ne voyoit point arriver. En même temps il faisoit des demandes exorbitantes ; il annonçoit des projets aussitôt abandonnés que formés ; il ne répondoit point aux lettres qu'il recevoit, et il sembloit se plaire à déjouer toute attente qui reposoit sur lui ; il partoit tout à coup de la ville où il résidoit, tantôt en annonçant une nouvelle guerre, tantôt seulement pour une partie de chasse. Cependant Louis XII ressentoit une extrême inquiétude de ce que Maximilien traitoit

(1) Mariana. L. XXX, c. 8, p. 389.

toujours avec ses ennemis; de ce qu'il n'avoit envoyé aucun évêque au concile de Pise, et de ce qu'il rejetoit sur la cour de France tout l'odieux de cette guerre religieuse, à laquelle il avoit eu d'abord autant de part que son allié. Les peuples étoient plus éclairés et moins superstitieux que dans les siècles précédens; mais ils n'en avoient peut-être que plus de répugnance pour un concile assemblé sans aucun motif religieux, et uniquement pour diviser l'Église par un schisme. Aussi, quand les prélats s'étoient retirés de Pise à Milan, ils s'étoient trouvés honnis par l'opinion dans cette seconde ville autant que dans la première. Tous les prêtres milanais s'étoient conformés à l'interdit lancé par Jules II, et ils avoient suspendu le service divin dans une ville qu'ils regardoient comme souillée par la présence d'une assemblée de schismatiques. (1)

Averti par tant de symptômes menaçans, Louis XII pressoit son neveu Gaston, duc de Nemours, de marcher contre l'armée de la ligue, et de s'efforcer de la détruire dans une grande bataille, pour amener enfin le pape, par la terreur, à des sentimens pacifiques. Ses exhortations n'étoient pas nécessaires avec le bouillant Gaston de Foix, qui à l'âge de vingt-trois ans avoit déjà fait preuve de la rapidité de son coup

(1) *Guicciardini*. L. X, p. 560, 581. — *Fr. Belcarii*. L. XIII, p. 385. — *Jac. Nardi*. L. V, p. 233.

d'œil militaire, de l'ardeur par laquelle on entraîne les troupes, de l'active persévérance par laquelle on met à profit leurs succès. Après avoir laissé son armée se gorger de sang et de pillage à Brescia, il l'avoit remise en route vers Finale et Modène; et resté quelques jours en arrière pour se livrer aux plaisirs du carnaval de Milan, il la rejoignit en poste, dès qu'elle eut atteint les frontières de Bologne. Mais autant il avoit d'impatience de livrer une bataille, autant Raymond de Cardone mettoit d'art à l'éviter. S'appuyant aux bases de l'Apennin, tandis que l'armée française s'avançoit par les plaines, il y trouvoit une suite de positions où l'on n'auroit pu, sans témérité, essayer de le forcer. (1)

Sur ces entrefaites Gaston de Foix fut averti par Bayard que le capitaine de son infanterie allemande, Jacob Empser, avoit reçu le 8 avril un courrier de l'ambassadeur de Maximilien à Rome, qui lui portoit un ordre adressé à tous les Allemands au service de France, de se retirer immédiatement de l'armée, et de se refuser à combattre contre les troupes du pape ou du roi d'Aragon. C'étoit la conséquence d'une trêve de dix mois que ce même ambassadeur avoit signée à

(1) *Fr. Guicciardini.* L. X, p. 581. — *Fr. Belcarii.* L. XIII, p. 385. — Mém. de Bayard, c. 50, p. 257. — *Mariana, Hist. de Esp.* L. XXX, c. 8, p. 387, 390. — Républ. ital. c. 109, p. 190.

Rome le 6 avril, avec les Vénitiens : cinquante mille ducats étoient promis à son maître, pour le déterminer à abandonner ainsi lâchement son allié. Maximilien, voyant qu'il s'agissoit de son honneur, ne voulut pas ratifier la trève, si on ne lui donnoit pas dix mille florins de plus (1). Gaston et Bayard obtinrent du capitaine Jacob Empser la promesse qu'il ne publieroit point cet ordre, et comme celui-ci fut tué trois jours après, le secret fut en effet gardé quelque temps. Cependant Gaston sentoit qu'il n'y avoit plus un moment à perdre; un second courrier pouvoit lui enlever tous les Allemands, qui formoient le tiers de son armée, et le livrer ainsi à la discrétion de ses ennemis ; il tourna donc brusquement sur Ravenne, se flattant que Cardone, plutôt que de laisser prendre sous ses yeux une ville aussi importante, accepteroit enfin la bataille. (2)

En effet le vice-roi espagnol détacha d'abord Marc-Antonio Colonna pour défendre Ravenne, puis apprenant que Nemours avoit déjà donné un premier assaut aux murs de cette place, il fit ses dispositions pour s'en rapprocher. Il auroit pu entrer dans la ville, sans que les Français eussent le moyen de l'en empêcher, il aima mieux

(1) Coxe, Hist. de la Maison d'Autr. T. II, c. 24, p. 146.
(2) Mém. de Bayard. T. XV, c. 52, p. 258. — Républ. ital., c. 109, p. 493.

prendre position derrière eux, pour les mettre entre deux feux. Il appuya sa droite à la rivière Ronco, et il couvrit son front par un large fossé. Nemours sentit combien il étoit dangereux de le laisser ainsi derrière lui; dans la nuit il jeta des ponts sur le Ronco, et le matin du dimanche de Pâques, 11 avril 1512, il passa avec toute son armée de la gauche à la droite de cette rivière; il commença l'attaque sur les Espagnols, par une vive canonnade, dès qu'il fut arrivé à quatre cents pieds du fossé qui couvroit le front de ses ennemis. On n'avoit point encore vu l'artillerie employée d'une manière aussi meurtrière qu'elle le fut dans cette bataille. L'infanterie française demeura long-temps exposée, presque à découvert, à un feu si terrible, que de quarante de ses capitaines, il y en eut trente-huit de tués. L'artillerie du duc de Ferrare, qui combattoit pour les Français, étoit plus redoutable encore; quand il eut réussi à la mettre en batterie à l'extrémité de l'aile gauche française, il enfiloit toute la ligne de l'armée espagnole, et plusieurs de ses boulets la traversant tout entière, alloient atteindre jusqu'à l'aile droite française; car l'armée de Gaston étoit disposée comme un arc, dont l'armée espagnole faisoit la corde. Pendant ce feu meurtrier, Pietro Navarro, qui comptoit uniquement, pour la victoire, sur son infanterie espagnole, qu'il avoit formée lui-même, et dont il étoit très fier, la tenoit couchée à plat ventre, en sorte qu'elle n'éprouvoit aucune perte; et il s'amusoit à voir la gendarmerie italienne qui lui étoit associée hachée par le canon ennemi. Il supposoit que les Français ne souffroient pas moins, et il comptoit, quand la cavalerie auroit disparu des deux parts, remporter avec ses fantassins espagnols une victoire facile sur les fantassins allemands et français. Mais la patience échappa enfin à Fabrizio Colonna, qui se voyoit sacrifié avec tant de braves gens, au calcul cruel de celui qu'il nommoit le *Marrano,* ou Maure mécréant. Malgré les ordres de son chef, il fit ouvrir les râteaux qui fermoient l'enceinte espagnole, et avec toute sa cavalerie il s'élança sur les Français; il étoit déjà trop tard, les rangs de sa gendarmerie étoient déjà trop affoiblis, la supériorité des Français étoit décidée, et le combat ne fut pas long-temps douteux; Fabrizio Colonna fut fait prisonnier par Alphonse d'Este, qui lui sauva la vie et la liberté; le cardinal de Médicis fut aussi fait prisonnier; le marquis de la Palude et le jeune Pescara le furent également; Cardone, Carvajal et Antonio de Leyva prirent la fuite, et, de toute l'armée espagnole, il ne resta bientôt plus que l'infanterie du comte Pietro Navarro.

Mais celle-ci n'étoit pas si facile à vaincre: couverte d'une complète armure défensive, et combattant seulement avec l'épée pointue et le poignard, elle s'avançoit contre les piques des Allemands, longues de seize à dix-huit pieds, et si elle réussissoit à les écarter, et à pénétrer entre elles, elle égorgeoit sans rencontrer de résistance des hommes qui n'avoient ni cuirasses, ni armes pour combattre de près. Toute la cavalerie française fut obligée de venir à l'appui de l'infanterie; elle détermina enfin les Espagnols à se retirer lentement et en bon ordre, mais elle ne put les entamer. Yves d'Allègre en conduisant une charge contre ce bataillon serré, vit tuer sous ses yeux le seul fils qui lui restoit; il voulut le venger, et il fut tué à son tour. Gaston de Foix, furieux d'avoir vu tomber tant de braves, vint après lui charger ces terribles fantassins. Il fut renversé par un Espagnol, qui lui plongea son épée dans le sein, encore que les Français lui criassent: « Faites-le prisonnier, « c'est notre vice-roi, c'est le frère de votre « reine. » Jamais, dans ce siècle, champ de bataille ne fut couvert de plus de morts que celui de Ravenne. Les plus modérés affirment que l'armée française perdit six mille hommes, et l'armée espagnole douze mille. (1)

(1) *Fr. Guicciardini.* L. X, p. 592. — Mém. de Bayard, c. 54, p. 301. — Mém. de Fleuranges, p. 93. — *Paolo Giovio, Vita di Leone X*, p. 121, *di Alfonso da Este*, p. 83, *e di Pescara*, p. 278. — Républ. ital., c. 109, p. 200.

Ce n'est pas tout ; une si effroyable effusion de sang fut sans résultat. Après la mort de Gaston de Foix l'armée française ne se trouva plus avoir de chef qui eût assez de crédit pour recueillir les fruits de la victoire. Son plus ancien capitaine étoit La Palisse ; mais le cardinal de San-Séverino, qui portoit à l'armée le titre de légat du concile, lui disputa son autorité, et le força à demander de nouveaux ordres à la cour. Pendant ce temps, Thomas Bohier, qui portoit le titre de général de Normandie, comme chargé des finances de cette province, et qui avoit été envoyé à Milan pour faire face aux dépenses de l'armée, crut qu'une si grande victoire pouvoit permettre un redoublement d'économie, et il licencia toute l'infanterie italienne, et la plus grande partie de l'infanterie française. Aussi, quoique les fugitifs de l'armée de la ligue, qui avoient pris la route de Césène, fussent poursuivis et dépouillés par les paysans, de sorte qu'ils furent obligés d'abandonner toute la Romagne, La Palisse ne put point se mettre à leurs trousses ; il auroit voulu sauver Ravenne, qui avoit capitulé ; mais, malgré tous ses efforts, les aventuriers de son armée y entrèrent par surprise, et la pillèrent. Imola, Forli, Césène et Rimini lui avoient envoyé leur soumission ; mais il fut obligé de laisser seulement un petit corps d'armée au cardinal de San-Séverino pour occuper ces villes, et de retourner en hâte à Milan, pour se prémunir contre une invasion des Suisses. (1)

Jules II, d'abord frappé de terreur par la nouvelle de la défaite de Ravenne, s'étoit rassuré en voyant les prélats de toute la chrétienté accourir à Rome pour le concile qu'il avoit convoqué à Saint-Jean-de-Latran. Il avoit adressé un monitoire aux prélats, chapitres et nobles de France, qui approuvoit la pragmatique-sanction, pour les sommer de comparoître, sous soixante jours, au concile de Latran (2). Il ne paroît pas, d'après les actes de ce concile, qu'aucun prélat français ait osé désobéir si ouvertement à Louis XII, que de s'y rendre. Mais, à la séance d'ouverture du 3 mai, quatre-vingt-trois évêques des autres parties de la chrétienté s'y trouvèrent présens, et reconnurent Jules II pour chef de l'Église universelle (3), tandis que Louis XII, par ses lettres publiées à Blois, le 16 juin, acceptoit une bulle, du 20 avril, du concile de Pise transféré à Milan, par laquelle Jules II étoit suspendu de l'administration de la

(1) *Fr. Guicciardini.* L. X, p. 592. — *Fr. Belcarii.* L. XIII, p. 390. — *P. Bembi.* L. XII, p. 278. — Mém. de Fleuranges, p. 100. — Mém. de Bayard, c. 55, p. 316. — Républ. ital., c. 109, p. 212 et 217.

(2) Dumont, Corps diplom. T. IV, P. 1, p. 142.

(3) *Concilia generalia Labbei.* T. XIV, p. 27. — Raynaldi Annal. eccles., 1512, §. 42.

papauté. Louis ordonnoit de l'observer dans tout son royaume; il interdisoit de recourir au pape pour aucune provision, ou de publier aucune bulle de lui qu'on auroit impétrée (1). Cette ordonnance montre assez le degré de dépendance à laquelle Louis avoit réduit son clergé, et la souplesse de conscience des prélats français. Mais Louis XII lui-même étoit toujours plus troublé de remords ou tout au moins de doutes. Loin d'être enorgueilli de sa victoire, il ne se montroit que plus empressé d'obtenir la paix. Jules II, refusant tout traité avec lui, écrivit au cardinal de Sion, qui étoit à Venise, de ne pas se contenter de lever six mille Suisses, comme il lui en avoit d'abord donné la commission, mais d'en lever douze mille, ou même tout autant qu'il s'en présenteroit. (2)

L'évêque de Sion, en effet, sut profiter du ressentiment que les paroles méprisantes de Louis XII avoient inspiré aux cantons pour rassembler à Coire vingt mille hommes, partie à la solde du pape, partie à celle des Vénitiens; il ne leur donnoit cependant qu'un florin d'or d'engagement par homme, ce qui étoit bien moins que n'auroient fait les Français. Il réussit en même temps dans une négociation plus importante encore; il obtint de Maximilien la permission de

---

(1) Isambert. T. XI, p. 631.
(2) *Paolo Giovio*, *Vita di Leone X*. L. II, p. 131.

faire traverser à ce corps puissant d'infanterie l'évêché de Trente et le Véronais, pour l'amener à Jean-Paul Baglioni, général de l'armée vénitienne; afin que les Suisses, au lieu de marcher à l'aventure, comme dans leurs précédentes expéditions, fussent conduits par un habile capitaine, et appuyés par un corps suffisant de gendarmerie et une artillerie formidable. (1)

Au moment où Maximilien accordoit le passage sur son territoire aux Suisses qui alloient joindre les Vénitiens pour attaquer les Français, il étoit encore l'allié de la France et l'ennemi des Vénitiens, et il n'avoit renoncé à aucune de ses prétentions contre ces derniers en leur accordant à prix d'argent une trève de dix mois. Mais avec un prince aussi capricieux, aussi inconsidéré que Maximilien, on ne pouvoit compter ni sur des traités, ni sur des promesses, et Louis XII, après avoir négocié avec lui le traité de Cambrai, n'avoit plus le droit de reprocher à personne sa mauvaise foi. Jules II cependant, qui vouloit à tout prix armer Maximilien contre la France, travailloit avec zèle à trouver un arrangement entre lui et la république de Venise. Il promettoit de lui faire recouvrer toutes

(1) *Fr. Guicciardini.* L. X, p. 600. — *P. Bembi.* L. XII, p. 280. — *Fr. Belcarii.* L. XIII, p. 393. — Républ. ital., c. 109, p. 222.

les prérogatives que l'Empire avoit exercées autrefois en Italie, de rendre le duché de Milan à Maximilien Sforza, fils de Louis-le-Maure et cousin de la dernière impératrice. Mais l'empereur prétendoit toujours que tout le territoire de Venise avoit été originairement usurpé sur l'Empire; et comme il vouloit le recouvrer en entier, tout arrangement définitif étoit impossible. (1)

Jean-Paul Baglioni prit le commandement des Suisses à Villafranca, près de Vérone, et il leur donna l'appui de quatre cents hommes d'armes, huit cents chevau-légers, six mille fantassins et une bonne artillerie. La Palisse au contraire, à qui Louis XII avoit été obligé de retirer partie de ses troupes pour les opposer aux Anglais, n'avoit plus que treize cents lances françaises et dix mille hommes d'infanterie, disséminés dans toute l'Italie supérieure. Il n'en put réunir qu'une partie à Pont'oglio et ensuite à Pontevico, où il essaya quelque temps de faire tête aux Vénitiens et aux Suisses, tandis que le duc d'Urbin, avec les soldats de l'Eglise et les Espagnols, rentroit en Romagne et menaçoit Bologne. Mais lorsque La Palisse connut mieux la force de ses ennemis, il jugea impossible de tenir contre eux la campagne; il mit des garnisons à Brescia, à

(1) *Fr. Guicciardini.* L. X, p. 600. — Schmidt, Hist. des Allem. T. V, p. 461. — Coxe, Hist. de la Maison d'Autriche. T. II, c. 24, p. 147.

Crémone, à Bergame, et il recula de nouveau jusqu'à Pizzighettone sur l'Adda. Là, il fut abandonné par quatre mille hommes d'infanterie allemande, qui servoient à sa solde, et que l'empereur menaça de traiter en rebelles s'ils demeuroient plus long-temps sous les drapeaux français. La Palisse fut contraint, par leur retraite, de renoncer à la défense du duché de Milan. Les pères du concile schismatique s'étoient séparés peu de jours auparavant, et les Français, qui, après eux, étoient demeurés à Milan, s'enfuirent en Piémont. Le 5 juin, les Suisses entrèrent dans Crémone ; le 18, ils parurent devant Pavie, et forcèrent La Palisse à évacuer également cette ville, après avoir livré dans ses rues mêmes un combat obstiné, et avoir perdu son arrière-garde, qui demeura coupée par la rupture d'un pont sur un des bras du Pô. Cet accident mit cependant un terme à la poursuite. L'armée française put dès-lors accomplir sa retraite sans être inquiétée. Mais toute l'Italie fut perdue pour elle. Gênes recouvra son indépendance sans l'aide des Suisses vainqueurs, et proclama un nouveau doge le 29 juin ; les autres alliés de la France éprouvèrent toutes les misères réservées aux vaincus. Les villes du duché de Milan furent soumises à d'énormes contributions de guerre pour payer les Suisses (1). Les

(1) *Guicciardini.* L. X, p. 601. — *Fr. Belcarii.* L. XIII,

1512. Bentivoglio durent s'enfuir de Bologne; Alphonse d'Este fut obligé de se rendre à Rome le 4 juillet, pour demander pardon au pape, et de se soumettre aux cérémonies humiliantes d'une absolution; la Toscane enfin fut envahie par Raymond de Cardone, et les Espagnols courbèrent, le 16 septembre, la république de Florence sous le joug des Médicis, pour la punir de l'attachement qu'elle avoit toujours montré à Louis XII. (1)

Les places où les Français avoient laissé des garnisons ne firent pas une longue résistance : la première à capituler fut Ravenne; mais l'évêque de Città di Castello, qui en prit possession au nom du pape, après avoir garanti à la garnison la liberté de se retirer avec ses bagages, non seulement viola sa promesse, mais eut l'atrocité de faire enterrer vivans quatre des officiers prisonniers (2). D'Aubigny rendit Brescia et Peschiéra à Raymond de Cardone; Légnago ouvrit ses portes à l'évêque de Gurck, représentant de Maximilien, et Crême aux Vénitiens. Il ne resta plus entre les mains des Français que les citadelles de Milan, de Novarre, de Crémone,

---

p. 393. — *Paris de Grassis Diarium apud Raynaldi*, §. 65. — *Mariana*. L. XXX, c. 11, p. 415. — Rép. ital., c. 109, p. 23.

(1) Républ. ital., c. 110, p. 241-272.

(2) *Fr. Belcarii*. L. XIII, p. 390. — *Petri Bembi*. L. XII, p. 279.

le château de Trezzo et la lanterne de Gênes (1). 1512.
Même au pied des Alpes, les anciens alliés de
la France furent contraints d'abandonner son
parti. Charles III, duc de Savoie, qui, au mois
de mai, avoit signé avec les Suisses une alliance
défensive, et le marquis de Saluces cherchèrent,
par leur entremise, à se réconcilier avec la sainte
ligue. (2)

En même temps que l'Italie étoit perdue, la
France étoit de toutes parts menacée. Lorsque
Henri VIII avoit déclaré la guerre à Louis XII,
celui-ci s'étoit attendu à une attaque du côté de
Calais, et il avoit rassemblé des troupes en Picardie. Bientôt il apprit que Thomas Gray,
marquis de Dorset, avoit débarqué, le 8 juin,
sept mille Anglais à Passage, dans le Guipuscoa,
en même temps qu'Édouard Howard parcouroit avec une flotte anglaise les côtes de Bretagne, et y commettoit quelques ravages (3). Le
maréchal de Rieux, lieutenant-général en Bretagne, fut chargé de la défense de cette province (4), et il obtint pour cet objet des subsides
des États. Jean de Dunois, que Louis XII avoit
créé, au mois de mai 1505, duc de Longue-

(1) Républ. ital., c. 110, p. 241, 272, 277.
(2) Guichenon, Hist. de Savoie. T. II, p. 196.
(3) *Polydori Vergilii Angl. Hist.* L. XXVII, p. 626. —
Rapin Thoyras. L. XV, p. 45.
(4) Lobineau. L. XXII, p. 832. — D. Morice. L. XVII,
p. 241.

ville (1), étoit alors gouverneur de la Guienne : le roi envoya pour le seconder Charles, duc de Bourbon Montpensier, jeune prince âgé de vingt-quatre ans, qu'il nomma, au mois de septembre, gouverneur du Languedoc. L'armée de ces deux ducs devoit se composer de huit cents lances de compagnies nouvelles, que le roi faisoit armer en France, et d'un corps d'infanterie qu'il faisoit lever dans les provinces voisines de la Gueldre, parmi les Allemands ennemis de la maison d'Autriche. Cependant ces troupes n'arrivoient que lentement, et, avant d'avoir une armée, les deux ducs avoient déjà manifesté leur manque d'accord entre eux (2). Heureusement pour eux, ils ne furent point attaqués à Bayonne, comme ils devoient s'y attendre. Ferdinand, qui depuis long-temps convoitoit la conquête de la Navarre, crut avoir trouvé un nouveau prétexte pour l'attaquer dans la mort de Gaston, duc de Nemours, frère de sa femme Germaine de Foix : celle-ci représentoit seule désormais les droits très peu légitimes de Jean de Foix, vicomte de Narbonne, son père. Louis XII cependant et le parlement de Paris les avoient précédemment appuyés. Ferdinand n'en fit aucune mention, non plus que de la bulle que Jules II lui avoit

(1) D. Godefroy, Historiens de Charles VII, p. 815.
(2) Hist. de Languedoc. L. XXXVI, p. 106. — *Guicciardini.* T. II, L. XI, p. 23.

accordée; mais il demanda au roi et à la reine de Navarre de remettre entre ses mains, ou le prince de Viane leur fils, ou toutes les forteresses de leurs États, comme garantie qu'ils ne donneroient pas de secours aux Français contre la sainte ligue. Jean d'Albret connoissoit assez Ferdinand pour ne pas se fier à lui; aussi le roi de Navarre protestoit en vain qu'il vouloit demeurer neutre entre ses deux puissans voisins; le duc d'Albe s'avançoit, avec l'armée d'Aragon, dans son royaume, où il n'étoit pas en état de faire résistance. De son côté, le marquis de Dorset, avec les Anglais, étoit à Logrogno, d'où il le menaçoit également, quoique sans commettre d'hostilités. Jean d'Albret fit passer en Béarn la reine Catherine; il resta lui-même à Pampelune aussi long-temps qu'il put espérer s'y défendre, mais aucun Français n'arrivoit à son aide; les Navarrois alarmés, loin de prendre les armes pour leur patrie, ne parloient que de se rendre; il fut donc contraint de se réfugier à son tour au-delà des Pyrénées, et, dès qu'il fut parti, Pampelune ouvrit, le 21 juillet, ses portes au duc d'Albe; toutes les places de la Navarre espagnole suivirent, au bout de peu de jours, son exemple. (1)

Pendant que Ferdinand achevoit la conquête

(1) *Mariana Hist. de Esp.* T. X, L. XXX, c. 11 et 12, p. 417-424.

de la Navarre, le marquis de Dorset, qui avoit refusé d'y prendre aucune part, pressoit le roi d'Aragon de se joindre à son armée, selon ses promesses, et d'attaquer Bayonne avant que les Français eussent mis la province de Guienne à l'abri de leurs armes, mais il ne put jamais en obtenir de réponse ; s'apercevant enfin qu'il étoit joué, et que la campagne étoit perdue, pour lui du moins, il se rembarqua pour l'Angleterre au mois de novembre, sans attendre les ordres de son maître (1). L'armée française, en Béarn, étoit enfin devenue formidable, et Louis XII, averti de la rivalité entre les ducs de Bourbon et de Longueville, y avoit envoyé François d'Angoulême, duc de Valois, héritier présomptif de la couronne, pour que la supériorité reconnue de son rang mît fin à toute contestation. (2)

Les Aragonais ne s'étoient pas contentés d'occuper la Navarre espagnole, ils avoient passé les Pyrénées, et le colonel de Villalva s'étoit emparé de Saint-Jean-Pied-de-Port, où le duc d'Albe vint ensuite prendre position avec toute son armée. Les soldats qui venoient d'évacuer l'Italie étoient arrivés à l'armée du duc de Valois, et La Palisse, leur chef le plus expéri-

---

(1) *Polyd. Verg. Hist. Angl.* L. XXVII, p. 627. — Rapin Thoyras. L. XV, p. 46-49.
(2) Mém. de Martin Du Bellay. T. XVII, p. 5.

menté, étoit son conseil. Il jugea la position du
duc d'Albe à Saint-Jean-Pied-de-Port trop forte
pour qu'il fût prudent de l'attaquer ; mais elle
ne défendoit que l'un des deux passages qui
communiquent de la Navarre au Béarn. La Palisse se saisit de l'autre, le Val de Roncal, et,
au milieu d'octobre, il conduisit par ce défilé
l'armée française jusqu'à deux lieues de Pampelune ; le roi Jean d'Albret étoit venu la rejoindre, le maréchal de Navarre l'attendoit, et tous
les Navarrois, déjà fatigués du joug des Aragonais, prenoient les armes pour leur roi. Mais
la célérité du duc d'Albe, qui occupa Roncevaux peu d'heures avant La Palisse, et qui,
par cette route, rentra dans Pampelune, fit
échouer le projet qu'on avoit conçu de le couper. Le siége de cette ville fut entrepris trop
tard ; les vivres étoient rares, la terre couverte
de neige, des partis aragonais s'approchoient de
toutes parts pour combattre les Français. Le
30 novembre, La Palisse fut obligé de retirer
les canons qu'il avoit mis en batterie, et de s'acheminer pour repasser les Pyrénées ; il ne put
cependant ramener en France toute son artillerie et tous ses bagages ; treize canons, durant
sa retraite, lui furent enlevés par les Espagnols. (1)

(1) *Mariana.* L. XXX, c. 15, p. 439-446. — Mém. de Du
Bellay. T. XVII, p. 6. —Mém. de Bayard, c. 55, 56, p. 328,

Ainsi l'année qui avoit commencé, pour les Français, par des succès éclatans, à Bologne, à Brescia et à Ravenne, se terminoit par des revers tels qu'ils n'en avoient de long-temps éprouvés de semblables : l'Italie entière étoit perdue, tous les alliés de la France étoient écrasés, le duc de Ferrare réduit à implorer sa grâce de son plus ardent ennemi, les Bentivoglio en exil, les Florentins asservis sous un maître, le roi de Navarre dépouillé de ses États ; il n'y avoit pas une frontière qui ne fût menacée par l'empereur, par les Suisses, par la gouvernante des Pays-Bas, par l'Angleterre et par le roi d'Espagne. Aucun historien français ne donne à entendre qu'on pût distinguer à l'intérieur du royaume aucun signe de mécontentement ; toutefois l'annaliste de l'Église affirme que le roi avoit été contraint de faire saisir les revenus de plusieurs prélats pour les forcer à reconnoître le concile de Pise, et que l'anathème que Jules II avoit prononcé en plein consistoire contre Louis XII, mais qu'il n'avoit pas encore publié, étoit attendu comme le signal de la rébellion. (1)

Mais déjà la victoire avoit divisé la ligue formée contre Louis, et c'étoit du milieu de ses

---

329. — *Guicciardini.* L. XI, p. 25. — *Fr. Belcarii.* L. XIV, p. 404.

(1) *Raynaldi Annal. eccles.*, 1512, §. 2 et 63.

ennemis qu'il devoit désormais attendre quelque
secours. Les conquêtes faites sur les Français
avoient si fort dépassé l'attente des souverains
qui s'étoient ligués contre eux qu'ils ne pouvoient éviter de se disputer sur leur partage.
Les Suisses s'attribuoient principalement l'honneur de la libération de l'Italie, et ils vouloient
la rendre à son indépendance. Il leur importoit
que le duché de Milan, qui confinoit avec eux,
ne demeurât pas à un prince qui pût menacer
leur liberté. Ils commencèrent par s'emparer,
pour eux-mêmes, de Locarno et de son district,
tandis que les Grisons se rendirent maîtres de
Chiavenna et de la Valteline; ils prirent possession, au nom de Maximilien Sforza, de toutes
les autres places du duché de Milan; mais leur
affection pour cet allié ne les empêcha point
d'accabler la Lombardie de contributions (1).
Le pape avoit le même intérêt que les Suisses;
il vouloit aussi que le duché de Milan fût rendu
à Maximilien Sforza; mais en même temps il
prétendoit en détacher Parme et Plaisance, qu'il
affirmoit être d'anciens fiefs de l'Église, quoiqu'on ne puisse pas découvrir dans l'histoire du
moyen âge même un prétexte pour cette prétention. Il s'étoit emparé de ces deux villes et
de leur territoire; il comptoit enlever à la mai-

---

(1) Républ. ital., c. 109, p. 231.

son d'Este Modène et Reggio, et réunir à la souveraineté de l'Église toute la Lombardie cispadane. (1)

L'empereur Maximilien, qui avoit fait à tous les partis tant de promesses, sans jamais en exécuter aucune, continuoit à prétendre à tout, en raison de sa dignité impériale, et des droits de Charlemagne et d'Othon, qu'il comptoit faire tous revivre. Il vouloit aller prendre à Rome la couronne impériale; il refusoit à Sforza, quoiqu'il fût son cousin, l'investiture du duché de Milan, parce qu'il vouloit le garder pour lui-même. Il insistoit pour que les Vénitiens lui restituassent tous leurs États de terre-ferme, parce qu'ils relevoient tous de l'Empire au temps de Frédéric II ou de Henri VII; et lorsque Jules II représentoit que les Vénitiens avoient eu une part principale à la victoire, et qu'il étoit juste de les rétablir dans des provinces qu'ils avoient possédées plus d'un siècle, à charge de payer un tribut à l'empereur, comme ceux qui avoient possédé les mêmes provinces avant eux, il demandoit un cens exorbitant pour Padoue, Trévise, Bergame et Brescia, qu'il consentoit à leur laisser; mais il se réservoit en même temps Vérone et Vicence, de manière à couper en deux leur territoire, et à en rendre

---

(1) *Raynaldi Annal. eccles.*, 1512, c. 70.

la défense impossible (1). Raymond de Cardone enfin, qui avoit conduit l'armée espagnole en Toscane, moins dans un but politique que pour satisfaire, aux dépens de la riche république de Florence, la cupidité de ses soldats, avoit pris sous la protection de son maître Ferdinand les Médicis, Lucques, Sienne, le seigneur de Piombino, et enfin les Colonna; il menaçoit de là l'indépendance du Saint-Siége, et il commençoit à faire craindre à Jules II qu'en chassant les Français, il eût seulement changé de maître. (2)

Il y avoit eu, aux mois de juillet et d'août, un congrès à Mantoue, entre les ministres des puissances victorieuses, et c'est là que leurs prétentions opposées s'étoient pour la première fois manifestées. Ce congrès fut interrompu par l'expédition de Raymond de Cardone en Toscane : mais au mois de novembre, Jules II réunit à Rome les mêmes ambassadeurs ; il y fit l'accueil le plus flatteur à l'évêque de Gurck, secrétaire de Maximilien ; il lui accorda le chapeau de cardinal, qu'il lui avoit destiné depuis une année ; et il l'engagea à signer, le 25 novembre, une nouvelle alliance plus intime entre l'empereur et le pape, à laquelle les ambassa-

---

(1) *Fr. Guicciardini.* L. XI, p. 21. — *P. Bembi.* L. XII, p. 285. — *Fr. Belcarii.* L. XIV, p. 402.

(2) *Fr. Guicciardini.* L. XI, p. 20. — *Jacopo Nardi Histor. Fiorent.* L. VI, p. 266.

deurs d'Angleterre et d'Aragon refusèrent de prendre part. Maximilien, par ce traité, désavouoit le concile de Pise, et promettoit de ne donner aucun secours à la maison d'Este ou aux Bentivoglio; tandis que Jules II sacrifioit les Vénitiens ses alliés, et promettoit d'employer ses armes spirituelles et temporelles à mettre l'empereur en possession de toutes les provinces de la Vénétie qui lui avoient été attribuées par le traité de Cambrai. (1)

La sainte ligue, comme le pape avoit voulu que fût nommée la ligue qui avoit chassé les Français d'Italie, fit encore, le 29 décembre 1512, un acte solennel. Il semble qu'elle vouloit prouver qu'elle existoit toujours. Le cardinal de Gurck, le cardinal de Sion et le vice-roi de Naples, se rendirent à Milan pour mettre Maximilien Sforza en possession de sa capitale. Le cardinal de Sion lui en consigna les clefs au nom de la confédération helvétique (2). Cependant, en réalité, la sainte ligue n'existoit plus; Ferdinand-le-Catholique avoit atteint son but; il s'étoit affermi dans le royaume de Naples, il

(1) *Fr. Guicciardini.* L. XI, p. 21. — *Raynaldi Annal. eccles.* 1512, §. 91. — Lettre de Maximilien, de Cologne, 1er sept., pour renoncer aux conciles schismatiques. — Dumont. T. IV, P. 1, p. 149.

(2) *Josiæ Simleri descriptio Vallesiæ.* L. II, p. 155. — *Ejusd. de Republica Helvetior.* L. I, p. 277. — Répub. ital., c. 110, p. 276.

avoit conquis le royaume de Navarre, et il ne désiroit pas de continuer la guerre. Il ne savoit pas si Maximilien ne lui disputeroit point de nouveau l'administration de la Castille, au nom de leur commun petit-fils; et il ne vouloit pas le rendre plus orgueilleux et plus obstiné qu'il ne l'étoit déjà, en lui procurant de nouveaux succès. Il se défioit davantage encore du pape; car celui-ci ne dissimuloit plus son projet de chasser tous les barbares d'Italie, et il avoit tout récemment annoncé au cardinal Grimani que, si Dieu lui prêtoit vie, il ne tarderoit pas à affranchir aussi les Napolitains du joug qui pesoit sur eux (1). Aussi Ferdinand commençoit à se rapprocher de la France, et il avoit secrètement ouvert quelques négociations avec Louis. D'autre part, les Vénitiens, voyant que l'empereur ne se relâchoit d'aucune des prétentions qu'il avoit formées contre eux, et que le pape lui avoit promis de les appuyer, sentoient qu'ils étoient ruinés par leurs alliés eux-mêmes. Ils accueillirent donc avec le plus vif empressement quelques ouvertures qui leur furent faites par un secrétaire du maréchal Jean-Jacques Trivulzio, pour les réconcilier avec la France. Un projet de traité fut même arrêté entre eux, par lequel Louis XII et les Vénitiens se seroient

(1) *Paolo Giovio, Vita di Alfonso d'Este*, p. 93.

1512. alliés contre tous leurs ennemis; Louis auroit garanti à la république tout son territoire, plus, Crémone et la Ghiara d'Adda, comme par le traité de Blois du 15 avril 1499; et les Vénitiens auroient garanti au roi tout le reste du Milanez. Mais en même temps que tous les articles du traité étoient arrêtés, il étoit convenu de part et d'autre que rien ne seroit regardé comme conclu jusqu'à ce que les ratifications du roi fussent arrivées. (1)

1513. Ces négociations contradictoires entre toutes les puissances qui avoient pris part à la guerre, continuèrent pendant les premiers mois de l'année 1513. Louis XII répugnoit à s'allier de nouveau avec les Vénitiens, malgré les instances de Robertet et de Trivulzio; il lui sembloit que c'étoit reconnoître trop ouvertement l'injustice de la ligue qu'il avoit formée contre eux. Malgré tout ce qu'il avoit souffert de l'inconséquence et de la mauvaise foi de l'empereur, son inclination l'entraînoit toujours vers lui. Il sembloit ébloui par l'éclat de la dignité impériale; il avoit le cœur d'un duc de Milan, vassal de l'Empire, plutôt que d'un roi de France. La reine Anne ambitionnoit pour Renée, sa seconde fille, comme elle avoit fait pour l'aînée, le mariage de Charles d'Autriche, en qui elle voyoit un

---

(1) *Guicciardini.* L. XI, p. 29.

futur empereur. Un traité pour cet objet avoit été proposé au cardinal de Gurck ; Renée auroit porté pour dot à Charles les droits de la France sur le royaume de Naples, le duché de Milan et la république de Gênes. (1)

Maximilien parut agréer cette proposition, mais il exigea, comme préliminaires, que la jeune princesse lui fût livrée pour être élevée à sa cour. Il étoit suffisamment autorisé à prendre cette précaution, par la manière dont son propre mariage avec Anne de Bretagne, celui de sa fille Marguerite, et celui de son petit-fils Charles, avoient été rompus par la France. Toutefois la cour de France hésita à remettre entre ses mains un otage dont il pourroit tirer un dangereux parti, et Anne ne se sentit pas le courage de se séparer de sa fille. (2)

Ferdinand travailloit d'autre part à réconcilier Maximilien avec les Vénitiens, pour attaquer la France de concert. Il vouloit que l'empereur rendît à la république Vérone aussi-bien que Vicence, sous condition que Venise lui payeroit 250,000 ducats le jour de l'investiture, et ensuite 50,000 ducats par année. Il lui représentoit que cet argent lui suffiroit pour reconquérir sur la France le duché de Bourgogne, héritage

(1) Lobineau, Hist. de Bretagne. L. XXII, p. 832.
(2) *Fr. Guicciardini.* L. XI, p. 27. — *Fr. Belcarii.* L. XIV, p. 405.

de sa première femme. Maximilien étoit tenté par l'appât d'une si grosse somme ; il consentit à signer une trêve jusqu'à la fin de mars, pour se donner le temps de négocier avec Venise ; mais il ne sut jamais se résoudre à conclure. (1)

Louis XII avoit consenti à rechercher une alliance qui coûtoit bien plus encore à son orgueil. Il sentoit que c'étoient ces Suisses qu'il avoit traités avec tant de dédain qui lui avoient enlevé l'Italie, et que seuls ils pouvoient la lui rendre ; qu'il n'y avoit aucune sûreté à les remplacer dans son armée par des landsknechts, que l'empereur pourroit lui enlever au moment du besoin, comme il venoit de le faire à la dernière campagne. Il sollicita donc les Suisses, par l'entremise des ducs de Savoie et de Lorraine, de lui rendre leur amitié. Il voulut leur envoyer des ambassadeurs, et il consentit à payer 22,000 écus pour obtenir que la diète accordât des sauf-conduit à La Trémoille, à Claude de Seyssel, évêque de Marseille, et à Villeneuve, président du parlement de Dijon, qu'il vouloit faire passer en Suisse. Bientôt il voulut les faire seconder par le maréchal Trivulzio, qui demanda de son côté à la diète permission de venir réclamer auprès d'elle ses terres de Lombardie, que le cardinal de Sion avoit confisquées. Il vint

---

(1) *Fr. Guicciardini.* L. XI, p. 30.

en effet à Lucerne; mais les Suisses ne lui permirent pas d'avoir la moindre communication avec les ambassadeurs français; et quant à ceux-ci, ils leur proposèrent les conditions les plus humiliantes : ils demandèrent non seulement que Louis XII renonçât à l'Italie, mais qu'il fît serment de n'y rentrer jamais; que, de plus, il obéît au monitoire du pape qui venoit d'abolir les libertés de l'Église gallicane. Après ces préliminaires seulement, ils lui permettroient de lever des troupes en Suisse. (1)

Ainsi la guerre étoit suspendue, mais il devenoit probable qu'elle se renouvelleroit au printemps avec plus de violence que jamais, encore qu'on ne pût prévoir quels seroient les alliés, quels seroient les ennemis dans la prochaine campagne. Le bouillant Jules II étoit l'âme de toutes les négociations dirigées contre la France; en même temps il menaçoit tour à tour le duc de Ferrare, les Vénitiens, Ferdinand-le-Catholique, les républiques de Sienne, de Lucques et de Gênes, les Médicis à Florence, les Baglioni à Pérouse, qu'il ne trouvoit pas encore assez souples, assez dépendans de ses volontés. Mais au milieu de tous les projets qui fermentoient dans sa tête, et qui troubloient l'Europe, il fut saisi d'une petite fièvre, bientôt suivie de dy-

(1) Mallet, Hist. des Suisses. T. II, c. 6, p. 390.

senterie, qu'il reconnut presque aussitôt devoir être mortelle. Il fit ses dispositions pour la mort avec la même vigueur d'âme qu'il avoit montrée dans les traverses de sa vie : il rassembla autour de lui les cardinaux en consistoire, pour leur faire confirmer une bulle qu'il avoit fulminée contre la simonie; et après avoir assuré autant qu'il étoit en lui l'indépendance du conclave qui devoit nommer son successeur, il expira dans la nuit du 21 février 1513. (1)

(1) *Fr. Guicciardini.* L. X, p. 31. — *Paolo Giovio, Vita di Leone X.* L. III, p. 151.—*Jacopo Nardi.* L. VI, p. 270.—*Raynaldi Annal. eccles.* 1513, §. 1-9. — *P. Bembi, Hist. Ven.* L. XII, p. 286.—Cette dernière finit à la mort de Jules II. — Répub. ital., c. 110, p. 284.

CHAPITRE XXXIII.

Revers des Français; ils rentrent dans le Milanez, qu'ils perdent de nouveau par la bataille de Novarre. — Journée des Éperons à Guinegatte. — Invasion de la Bourgogne par les Suisses. — Trève avec toutes les puissances. — Mort de la reine Anne. — Troisième mariage, et mort de Louis XII. — 1513-1514.

Au moment de la mort de Jules II, la situation de la France étoit extrêmement critique. Affoiblie déjà par une longue guerre, où elle avoit éprouvé de nombreux revers, elle se trouvoit appelée à faire tête à l'Europe presque entière. Un seul prince se déclaroit ouvertement son allié; c'étoit Charles d'Egmont, duc de Gueldre, qui, secondé par l'affection de ses peuples, et par la configuration de son pays, avoit soutenu, presque toujours avec avantage, la guerre contre la gouvernante des Pays-Bas. Il étoit dévoué à la France, qui n'avoit cessé de lui faire passer des secours secrets; mais celle-ci le faisoit agir sans aucun égard pour son avantage personnel, tantôt le poussant à l'attaque, tantôt le retenant, selon qu'il lui convenoit d'inquiéter ou de tran-

1513.

quilliser Marguerite, et toujours prête à le sacrifier lorsqu'elle viendroit à traiter de la paix définitive.

Il y avoit eu, il est vrai, une ligue conclue le 22 mai 1512, entre Louis XII et Jacques IV, roi d'Ecosse (1). Mais, quoique ce roi se fût toujours montré le fidèle allié de la France, et que, depuis le commencement des guerres nées de la ligue de Cambrai, il eût à plusieurs reprises offert sa médiation, et fait de vains efforts pour réconcilier Louis XII avec le Saint-Siége, il ne paroît point qu'il se crût obligé par cette alliance à attaquer les Anglais; il avoit un autre traité également précis qui le lioit avec l'Angleterre; et, lorsque Jacques IV avoit été sommé par Henri VIII de s'expliquer, et que les troupes anglaises s'étoient approchées de ses frontières, il avoit répondu que, lié d'amitié avec l'un et l'autre roi, il se croyoit obligé à demeurer neutre entre eux. (2)

La mort de Jules II avoit délivré Louis XII d'un ennemi passionné, qui sembloit employer toute l'activité de son esprit, tout son talent pour l'intrigue, tout le crédit attaché à ses fonctions, uniquement à lui nuire. Cependant on

---

(1) Rapin Thoyras. T. VI, p. 56.
(2) *Polidori Vergilii*. L. XXVII, p. 629. — Rapin Thoyras, T. VI. L. XV, p. 57. — *Buchanani Rer. Scoticar*. L. XIII, p. 422. — Rymer. T. XIII, p. 332, 339, 346.

pouvoit douter que le successeur qui lui fut donné, au bout de peu de jours, n'étoit pas aussi défavorable à la France. Les cardinaux s'étoient enfermés en conclave, le 4 mars, et, dès le 10, leurs suffrages se réunirent en faveur du cardinal Jean de Médicis, qu'ils proclamèrent, le 11 mars, sous le nom de Léon X, mais qui ne se fit couronner à Saint-Jean-de-Latran que le 11 avril. On remarqua qu'il choisissoit pour son couronnement l'anniversaire du jour où il avoit été fait prisonnier par les Français à la bataille de Ravenne, et qu'il voulut monter le même cheval qui l'avoit porté à cette funeste journée (1). Il n'avoit point dû sa liberté au respect des Français pour son sacré caractère. Trivulzio et le général de Normandie, quand ils évacuèrent Milan, au mois de juin précédent, voulurent l'emmener prisonnier; mais des paysans insurgés l'enlevèrent, au passage du Pô, et le remirent en liberté (2). La révolution qui avoit rendu à sa famille la domination sur Florence, s'étoit faite en haine des Français; aussi on le considéroit comme un homme de parti, et c'étoit comme tel qu'on l'avoit choisi, en

(1) *Parisii Diarium curiæ Romanæ, apud Raynald. Annal.* 1513, §. 13, 14, 15. — *Paolo Giovio, Vita di Leone X.* L. III, p. 152. — Répub. ital., c. 111, p. 292.

(2) *Fr. Guicciardini.* L. X, p. 602. — Mém. de Bayard, c. 55, p. 318. — Répub. ital., c. 109, p. 227.

1513. se confiant à ses talens et à sa vigueur de jeunesse, car il n'avoit que trente-sept ans. Un de ses premiers actes montra qu'il n'avoit point contre le duc de Ferrare les mêmes ressentimens que son prédécesseur; car il le choisit pour porter, à son couronnement, le gonfalon de l'Église. Un autre fut de réclamer la restitution des villes de Parme et de Plaisance, que Raymond de Cardone avoit enlevées aux garnisons pontificales, et rendues au duc de Milan, au moment où il avoit appris la mort de Jules II. (1)

Louis XII désiroit vivement se réconcilier avec le Saint-Siége : il n'avoit lui-même aucune foi dans le concile qu'il avoit convoqué à Pise, et qui, de Milan, s'étoit réfugié à Lyon. On assure qu'il avoit dit expressément à Jérôme Cavanilla, ambassadeur du roi d'Espagne, que ce n'étoit qu'une comédie, un jeu inventé pour effrayer le pontife (2). Déjà les cardinaux qui avoient convoqué ce concile ne vouloient plus jouer un rôle dans cette comédie. En apprenant la mort de Jules II, ils s'étoient mis en route pour assister au conclave : ils arrivèrent trop tard; mais deux d'entre eux, Carvajal et San-Séverino, se

---

(1) *Lettere di Macchiavelli*, 12 juillet, p. 63. — *Fr. Guicciardini.* L. XI, p. 31. — *Paolo Giovio, Vita di Alfonso*, p. 99.

(2) *Petri Anglerii epistolæ*, 469, 477, 484. — *Raynaldi Annal. eccles.* 1512, §. 11.

hâtèrent d'abjurer leur propre concile, de se soumettre à celui de Latran, et d'implorer de Léon X leur réconciliation à l'Église : elle eut lieu le 27 juin (1). La reine Anne étoit, bien plus encore que son mari, désireuse de faire sa paix avec l'Église. Depuis ses dernières couches, sa santé ne s'étoit plus rétablie, et elle croyoit que c'étoit elle qui étoit punie ainsi des offenses faites par son mari au Saint-Siége. D'autre part, sa jalousie de Louise de Savoie, mère de François, héritier présomptif de la couronne, avoit redoublé : elle n'avoit point encore permis que le mariage de ce dernier avec sa fille Claude, qui avoit été l'objet des vœux des États, fût effectué (2). Elle avoit toujours la même prédilection pour la maison d'Autriche. C'étoit à elle que Ferdinand s'étoit adressé, par l'entremise de deux moines, pour lui proposer de réconcilier Louis XII avec l'empereur, et de marier Charles d'Autriche avec Renée sa seconde fille. Mais il n'est point improbable qu'Anne aussi-bien que Ferdinand ne parloient de Renée que pour amuser Louis XII, tandis qu'ils comptoient en revenir au projet précédemment formé, de marier Charles avec Claude de France. Celle-ci seule étoit un parti convenable pour Charles d'Autriche ; elle lui ouvroit la voie à la monarchie uni-

---

(1) *Raynaldi Annal. eccles.* 1513, §. 44.
(2) *Mém. de Martin du Bellay.* T. XVII, p. 28.

verselle, tandis que Renée ne lui apportoit réellement aucun avantage. De son côté Louis XII avoit toujours de la prédilection pour Maximilien, et sans cesse trompé par lui, il étoit encore prêt à acheter à haut prix son alliance.

Cependant le moment étoit venu de se décider sur la négociation entamée par un secrétaire de Trivulzio avec les Vénitiens. Ceux-ci avoient accrédité auprès de Louis XII ce même André Gritti que Nemours avoit fait prisonnier à Brescia, l'année précédente. Ils offroient d'entrer en campagne, au milieu de mai, avec huit cents hommes d'armes, quinze cents chevau-légers, et dix mille fantassins, pourvu que de son côté Louis XII envahît la Lombardie avec une puissante armée. Ils devoient faire en commun la conquête du Milanez, qui resteroit à la France, à la réserve du Crémonais et de la Ghiara d'Adda; encore consentoient-ils à recevoir en échange de ces deux districts, les États du marquis de Mantoue, que Louis XII offroit de leur sacrifier; toutefois ce prince, qui s'étoit maintenu neutre pendant la dernière guerre, n'avoit donné aux Français aucun sujet d'offense. Comme les négociations de Louis XII avec la maison d'Autriche n'avoient eu aucun résultat, il signa le 24 mars à Blois le traité que lui offroit André Gritti, et il rendit la liberté à ce sénateur, aussi-bien qu'à Barthélemi d'Alviano, que les Vénitiens se proposoient de mettre à la tête de leurs armées. (1)

1513.

Odet de Foix, sire de Lautrec, lieutenant-général de Louis XII en Guienne, n'avoit probablement pas encore connoissance de ce traité, lorsqu'il signa à Orthez en Béarn, le 1er avril, une trève d'une année avec Ferdinand-le-Catholique. Ce dernier avoit conclu cette trève, non seulement en son propre nom, et celui de sa fille Jeanne, reine de Castille, mais encore au nom de l'empereur Maximilien, de Charles d'Autriche, souverain des Pays-Bas, son petit-fils, et de Henri VIII, roi d'Angleterre, son gendre, quoiqu'il ne fût nullement autorisé par eux, et qu'il n'eut pas même l'intention de les engager à poser les armes. Louis XII, de son côté, s'étoit fait fort pour Jacques IV, roi d'Écosse, et pour Charles, duc de Gueldre. Les hostilités devoient être suspendues dans toute l'Europe, excepté en Italie, qui étoit nommément exclue de la trève (2). Ferdinand avoit probablement le but d'employer cette année de repos à s'affermir dans la conquête de la Navarre, tandis que les autres puis-

---

(1) *Fr. Guicciardini*, L. XI, p. 36. — *Pauli Jovii Histor.* L. XI, p. 160. C'est là que recommence la narration, après la lacune des six livres perdus au sac de Rome. — *Lettere Famigliari di Macchiavelli.* T. VIII, p. 42. — Répub. ital., c. 111, p. 299.

(2) Le traité est dans Rymer. T. XIII, p. 350.

sances, qu'il supposoit bien ne pas devoir poser les armes au signal qu'il leur donnoit, continueroient à s'épuiser par leurs combats, et que Raymond de Cardone, son vice-roi à Naples, seroit maître, en s'avançant dans la Haute-Italie, de prendre part à la guerre quand il voudroit, et de faire vivre son armée aux dépens de ses voisins. (1)

La ratification de Ferdinand devoit arriver un mois après la signature du traité d'Orthez. Celles de ses alliés ne devoient être échangées qu'au bout de deux mois : mais Ferdinand savoit fort bien qu'elles ne le seroient jamais; car, au lieu de les demander, il pressoit dans ce temps même son gendre Henri VIII d'attaquer la France. Henri VIII étoit jeune, présomptueux, despotique de caractère; il possédoit les immenses trésors que son père avoit accumulés, et il étoit entouré de jeunes gens qui lui parloient sans cesse des souvenirs glorieux des anciennes guerres de France, qui exprimoient l'ardeur avec laquelle ils soupiroient pour recueillir des lauriers et du butin aux mêmes lieux où s'étoient illustrés leurs ancêtres. Ils s'arrogeoient une supériorité incommensurable sur les guerriers de la France, et ils donnoient pour

(1) Correspondance de Macchiavelli et Vettori. T. VIII, p. 41 et suiv. — *Fr. Guicciardini.* L. XI, p. 33. — *Mariana.* L. XXX, c. 18, p. 463. — Répub. ital., p. 299.

preuve de la terreur qu'inspiroit l'Angleterre, les efforts qu'avoient faits les rois de France, depuis plusieurs règnes, pour conserver la paix avec elle. Henri VIII croyoit que la gloire de reconquérir la Guienne, la Normandie, l'Anjou, le Poitou, lui étoit réservée; et en même temps qu'il désiroit ardemment la guerre, la nation anglaise, qui n'en pouvoit cependant retirer aucun avantage, ne la désiroit guère moins. (1)

1513

Profitant de ces dispositions, les ambassadeurs d'Aragon engagèrent les Anglais à signer à Malines, le 5 avril, un traité diamétralement opposé à celui que leur maître avoit signé, peu de jours auparavant, à Orthez. C'étoit une ligue entre le pape, l'empereur, le roi d'Aragon, le roi d'Angleterre et la reine de Castille, pour attaquer la France partout, excepté dans les Pays-Bas; car la gouvernante, Marguerite d'Autriche, demeuroit étrangère à cette alliance qui se formoit sous ses yeux. Chacun des confédérés devoit, sous trente jours, déclarer la guerre à Louis XII, et, sous deux mois, la commencer avec une armée suffisante. Le pape devoit fulminer des excommunications contre lui, et en même temps envahir le Dauphiné; le roi d'Angleterre devoit attaquer la Guienne, la Normandie ou la Picardie, à son choix; le roi d'Aragon, le Béarn, la Guienne ou le Languedoc; l'empe-

(1) *Polydori Vergilii Hist. Angl.* L. XXVII, p. 634.

reur, la Bourgogne. Henri VIII devoit payer à l'empereur cent mille écus d'or, pour commencer la guerre, et la ligue entre eux devoit demeurer obligatoire, lors même que le pape et Ferdinand ne la ratifieroient pas. En effet, leurs ambassadeurs avoient signé les premiers; ceux d'Aragon accédèrent au traité le 18 avril, au nom de leur maître et de la reine de Castille. (1)

Par ces traités contradictoires, le roi d'Aragon s'étoit mis dans la nécessité de tromper ou le roi d'Angleterre, ou le roi de France; il paroît qu'il prit le parti de les tromper tous deux. Loin de travailler à la paix, comme il l'avoit promis à Louis, il poussa toutes les autres puissances à la guerre; mais au lieu de seconder Henri, il se tint à l'écart, content de lui voir prodiguer sans fruit son argent et ses soldats. Louis XII n'avoit pas mis plus de bonne foi dans son traité avec les Vénitiens: il se montroit toujours également empressé à les sacrifier à l'empereur et au roi d'Aragon. Mais comme ceux-ci se refusoient à tout arrangement avec lui, il résolut de tenter, avec l'aide de la république, d'opérer une révolution en Italie. Les peuples de cette contrée trouvoient leurs nouveaux maîtres plus cruels encore que les anciens. Les Milanais, après avoir accueilli avec enthousiasme le fils de Lu-

(1) Rymer. T. XIII, p. 354 et 358.—Rapin Thoyras. L. XV, p. 63.

dovic Sforza, s'apercevoient avec douleur que ce n'étoit point lui qui régnoit, mais les Suisses, dont la brutalité et la rapacité les réduisoient au désespoir. Pour profiter de l'impatience des Italiens sous ce joug barbare, et pour éviter de réveiller l'idée des anciennes factions, Louis ne voulut pas donner le commandement de l'armée au maréchal Trivulzio, en qui on auroit toujours vu le chef du parti guelfe (1). Il lui préféra Louis de La Trémoille, le même qui, quatorze ans auparavant, avoit conquis le Milanez, et fait prisonnier Ludovic Sforza. Il lui donna douze cents hommes d'armes, huit cents chevau-légers, huit mille landsknechts, conduits par Robert de La Mark, seigneur de Sedan, et ses deux fils, Fleuranges et Jametz; enfin huit mille aventuriers français. Les sires de Brandecque et de Tavannes devoient encore amener quatre mille landsknechts de l'armée de Guienne, mais ils n'arrivèrent point à temps. (2)

L'armée française se trouva réunie à Suse au commencement de mai; de là elle s'avança dans l'Astesan; en même temps une flotte française armée en Provence se rendit devant Gênes, où les Adorni et les Fieschi prirent les armes pour

(1) Mém. de Fleuranges. T. XVI, p. 116.
(2) Mém. de Fleuranges, p. 118. — Mém. de Du Bellay. L. I, p. 4 et 15. — *Fr. Guicciardini.* L. XI, p. 36. — Répub. ital., c. 111, p. 300.

la seconder; et Barthélemi d'Alviano, avec l'armée vénitienne, s'approchoit de Vérone. L'impatience des peuples, sous le joug de leurs nouveaux maîtres, éclata bientôt de toutes parts : le sire de Fleuranges fut introduit dans Alexandrie; Tortone et Voghéra se soulevèrent, sans appui étranger, et arborèrent les drapeaux de France; Sacramoro Visconti, qui assiégeoit le château de Milan, toujours occupé par les Français, se déclara pour eux, et fit entrer des vivres dans cette forteresse (1). Gênes se souleva contre son doge, et ouvrit, le 24 mai, ses portes aux Adorni et aux Fieschi, se soumettant à Antoniotto Adorno, qui fut proclamé gouverneur au nom du roi de France (2). Pendant ce temps, Raymond de Cardone reculoit avec l'armée espagnole jusqu'à Firenzuola, comme s'il avoit craint d'être entraîné à quelque hostilité contre les Français; et Léon X n'osoit point accepter la ligue de Malines, ou renoncer à sa neutralité. Son prédécesseur avoit conclu avec les Suisses un traité de subsides. Pour l'exécuter sans offenser la France, il refusa le subside; mais il fit passer une somme égale au cardinal de Sion, prétendant qu'il ne faisoit ainsi qu'acquitter une dette privée. (3)

(1) Fleuranges, p. 120.
(2) *Barth. Senar. de Rebus Genuens.* T. XXIV, p. 622.
(3) *Fr. Guicciardini.* L. XI, p. 38. — *Pauli Jovii, Histor.* L. XI, p. 163.

Les Suisses seuls n'hésitoient pas sur le parti qu'ils avoient à prendre ; ils mettoient leur gloire à la conquête du duché de Milan, et leur sûreté à en éloigner les Français. La diète, assemblée à Lucerne, ordonna aussitôt à cinq mille hommes de passer le Saint-Gothard. Comme des volontaires accouroient de toutes parts pour se joindre à eux, ils étoient déjà huit mille quand ils arrivèrent à Bellinzona (1). Ils se dirigèrent sur Novarre, et Maximilien Sforza, effrayé des soulèvemens qui éclatoient de toutes parts dans ses États, vint s'y mettre sous leur protection. En effet, Soncino et Lodi avoient arboré les drapeaux français, Milan demandoit à capituler, Valeggio, Peschiéra, Crémone et Brescia avoient ouvert leurs portes aux Vénitiens ; Cardone avoit restitué Parme et Plaisance aux officiers du pape, pour empêcher que les Français ne s'en emparassent ; Como et Novarre enfin étoient seules demeurées au pouvoir de Maximilien Sforza, et celui-ci étoit déjà assiégé dans la dernière de ces villes par les mêmes généraux qui y avoient arrêté son père ; il y étoit gardé par les mêmes Suisses qui l'avoient vendu. La Trémoille ne doutoit point qu'il ne fût appelé à recommencer des transactions semblables, et il écrivit à Louis XII qu'il ne tarderoit pas à lui envoyer

---

(1) Mallet, Hist. des Suisses. T. II, c. 6, p. 394.

le fils comme il lui avoit envoyé le père. (1)

Mais les Suisses qui avoient trahi Louis Sforza ne servoient qu'en mercenaires, indifférens à tous les partis, et faisant déjà de leur vie un commerce qui les préparoit à commercer aussi de leur honneur; ceux qui défendoient Maximilien, au contraire, s'étoient armés pour la gloire et la sûreté de leur pays. Ils firent dire à La Fayette, grand-maître de l'artillerie, qui battoit en brèche les murailles de Novarre, d'épargner sa poudre, et d'entrer, s'il l'osoit, par les portes, car ils ne les fermeroient pas plus que la brèche que les Français venoient de pratiquer. En effet, ils se contentèrent de tendre des rideaux devant chacune de ces ouvertures. (2)

La Trémoille, averti que deux autres corps suisses avoient passé les montagnes, que l'un arriveroit dans quelques heures à Novarre, et l'autre au bout de peu de jours, crut imprudent de donner l'assaut auquel les Suisses le provoquoient; il recula de deux milles en arrière, et vint prendre position, le 5 juin au matin, entre la Riotta et Trecase, dans un lieu marécageux, fortifié par des canaux et des fossés d'irrigation. Toutefois, voulant répondre par une bravade

(1) *Guicciardini.* L. XI, p. 42. — *Mariana, Hist. de España.* L. XXX, c. 20, p. 473.

(2) *Fr. Guicciardini.* L. XI, p. 42. — *Pauli Jovii Hist.* L. XI, p. 165. — Fleuranges, p. 126.

analogue à celle des Suisses, il ne fit point dresser autour de son armée un parc mobile en bois, que le sieur de Sedan avoit fait faire, et qu'on avoit porté jusque là, à grands frais, sur des chariots. (1)

La Trémoille ne supposoit pas, il est vrai, que les Suisses songeassent à l'attaquer jusqu'à ce que toute leur armée fût réunie. Ceux-ci, au contraire, étoient résolus de hâter le moment de la bataille pour éviter de partager la gloire et le butin qu'ils espéroient gagner avec un corps de cinq mille hommes de Zurich et de Berne, que leur amenoit le capitaine Alt-Sax. Aussi, le lendemain matin, 6 juin, ils se mirent en marche avant le jour, en trois colonnes, l'une de dix mille hommes, et chacune des autres de cinq mille ; ils arrivèrent en silence jusqu'en vue du camp français ; un petit bois les couvroit, et les brouillards qui s'élevoient d'une terre marécageuse avoient dérobé leur marche aux Français. Aussitôt que Robert de la Mark les aperçut, il les chargea vigoureusement à la tête de trois cents gendarmes ; mais la colonne des Suisses, hérissée de longues piques, ne put pas être entamée par les cavaliers. Le sire de La Fayette

(1) Mém. de Fleuranges. T. XVI, p. 119, 129, 130. — Mém. de Martin Du Bellay. T. XVII. L. I, p. 17, 18. — Mém. de Louis de La Trémoille. T. XIV, c. 14, p. 183, 190. — Républ. ital. T. XIV, c. 111, p. 309.

ouvrit ensuite contre eux le feu de ses batteries ; des files entières de Suisses étoient emportées, mais ils serroient les rangs et avançoient toujours d'un pas égal, la pique basse. Ils marchoient droit sur les batteries ; ils écrasèrent les canonniers qui les servoient, et demeurant maîtres des pièces, ils les tournèrent contre les Français. Les deux fils de Robert de la Mark avoient été renversés de leurs chevaux, et laissés par les Suisses derrière eux, couverts de blessures. Leur père rassembla tout ce qu'il put de cavalerie, vint fondre sur la place que leurs écuyers lui désignèrent, les releva, et les emporta loin du champ de bataille. Mais ce fut la dernière charge de la gendarmerie française, elle se retira ensuite précipitamment vers la Sésia, et avant d'avoir atteint cette rivière, presque tous les cavaliers avoient jeté leurs lances pour fuir plus rapidement. L'infanterie restoit seule exposée à la fureur des Suisses ; les Gascons prirent la fuite, les vainqueurs ne les poursuivirent pas, mais ils tombèrent avec un acharnement effrayant sur les landsknechts, objet de leur jalousie. Ils ne pardonnoient pas à ces fantassins allemands de les avoir remplacés dans les armées françaises. Cinq mille de ces malheureux furent tués sur la place ; le reste se rendit. Cinq mille Français périrent aussi, soit dans la bataille, soit dans la fuite ; car les paysans se jetèrent avec fureur sur les fantassins gascons que les Suisses avoient épargnés. Ceux-ci n'ayant pas de cavalerie, ne poursuivirent pas l'armée française; une heure et demie avoit suffi à la mettre en déroute; les vainqueurs passèrent encore quelques heures sur le champ de bataille, après quoi ils ramenèrent en triomphe à Novarre vingt-deux pièces de canon qu'ils avoient conquises à l'arme blanche, ainsi que tous les chevaux de trait et tous les bagages de l'armée. (1)

Les Français ne s'arrêtèrent point en Piémont; malgré les instances d'André Gritti, le provéditeur vénitien, qui suivoit leur armée; ils repassèrent immédiatement les Alpes : leur retraite fut bien plus funeste à leurs alliés que n'auroit pu être leur seule défaite, parce qu'elle annonçoit qu'ils abandonnoient la partie. Toutes les villes du Milanez envoyèrent leur soumission à Maximilien Sforza, et s'efforcèrent d'apaiser les Suisses par d'énormes contributions de guerre. Raymond de Cardone, dès qu'il apprit la déroute de Novarre, passa le Pô le 13 juin, et conduisit l'armée espagnole dans l'État vénitien, pour rançonner les villes et vivre à discrétion dans les campagnes. Quoique son maître ne fût pas même en guerre avec la république, il traita ses sujets avec cette cupidité et cette férocité

---

(1) Mém. de Fleuranges. T. XVI, p. 131-136. — *Fr. Guicciard.* L. XI, p. 44. — *Paolo Paruta, Hist. Venet.* L. I, p. 39.

qui signaloient partout la marche des Espagnols. Il prétendit n'agir que comme lieutenant de l'empereur et d'après les ordres de son secrétaire le cardinal de Gurck. En même temps, la flotte génoise, qui s'étoit retirée dans le golfe de la Spezia au moment de la révolution, rentra dans le port de Gênes, que M. de Préjan avoit abandonné avec les vaisseaux français. Les Génois se soulevèrent le 17 juin, chassèrent les Français, et élevèrent Octavien Frégoso à la dignité de doge. Les seules forteresses de Milan, de Crémone et de la lanterne de Gênes, dans toute l'Italie, restèrent aux Français jusqu'au milieu de l'été suivant. (1)

Dans le temps même où la France perdoit tout ce qu'elle possédoit en Italie, elle étoit aussi envahie par toutes ses frontières, et le danger étoit assez pressant pour justifier Louis XII d'avoir rappelé les débris de son armée battue à la Riotta. Malgré la trêve d'Orthez, il ne pouvoit se reposer sur la foi du roi d'Aragon ; aussi il chargea le duc de Bourbon, gouverneur du Languedoc, de pourvoir à la défense de cette province, ainsi que de la Guienne, avec l'arrière-ban et les milices du pays (2). Il crai-

(1) *Fr. Guicciardini.* L. XI, p. 45. — *Pauli Jovii, Hist. sui temporis.* L. XI. p. 173. — *Uberti Folictæ Genuens. Hist.* L. XII, p. 713. — Républ. ital. c. 111, p. 314.

(2) Hist. de Languedoc. T. V, L. XXXVI, p. 106.

gnoit une attaque des Anglais sur la Normandie; J. Bouchet, dans ses Mémoires de La Trémoille, assure que son héros y fut d'abord envoyé pour mettre la province en état de défense, et que de là il retourna en Bourgogne, établissant son quartier à Dijon (1). Il semble toutefois plus probable qu'il se rendit en droiture dans cette dernière ville, car il venoit, à la mort d'Engilbert de Clèves, duc de Nevers, d'être nommé son successeur dans le gouvernement de Bourgogne (2). Fleuranges, qui avoit été couvert de blessures à la bataille de Novarre, et qui étoit obligé de se faire porter en litière, eut ordre d'amener ses landsknechts en Picardie (3). Préjan, que d'autres appellent Pierre-Jean le Bidoulx, gascon, qui avoit commandé la flotte devant Gênes, la ramena, par le détroit de Gibraltar, dans les mers de Bretagne, afin d'arrêter au passage les Anglais, dont on craignoit le débarquement sur toute la côte occidentale. (4)

Malgré l'économie de Louis XII, le trésor étoit épuisé. L'expédition d'Italie avoit coûté des sommes considérables; la levée des landsknechts et l'envoi de troupes sur toutes les fron-

(1) Mém. de La Trémoille. T. XIV, c. 15, p. 191.
(2) Hist. de Bourgogne. T. IV, L. XXII, p. 531.
(3) Fleuranges, p. 136.
(4) Mém. de Du Bellay. T. XVII, p. 18; et note, p. 423.

tières exigeoient de nouveaux sacrifices. L'aide et l'octroi avoient été portés, pour l'année, à 3,300,000 livres (1). Cette somme ne suffisoit point encore : le roi demanda des dons gratuits aux principales villes de son royaume. Leur répartition se fit cependant avec tant de modération que cette ressource produisit assez peu de chose. Paris avoit été taxé à 40,000 liv.; mais les conseillers des cours supérieures ayant refusé de supporter aucune part de cette charge, le don gratuit de la capitale fut réduit à 20,000 livres (2). Louis se détermina enfin à engager une partie de ses domaines jusqu'à la concurrence de 400,000 livres. Des lettres, à cet effet, furent enregistrées au parlement le 8 juin, sur la demande des trésoriers et généraux des finances de France, qui exposèrent la détresse où se trouvoit le trésor. Louis Mallet, sire de Graville, amiral de France, auquel diverses baronnies furent alors engagées pour 80,000 francs, fit don au roi, par son testament, de cette somme. (3)

Tandis que le roi demeuroit encore dans l'in-

(1) Hist. de Languedoc. L. XXXVI, p. 106.
(2) Félibien, Hist. de Paris. L. XVIII, p. 911. — Pièces justificatives. *Id.* T. III, p. 573.
(3) Registres du parlement vus par Garnier. T. XI, p. 502. Déclaration du 27 janvier, relatant ce qui avoit précédé. — Isambert. T. XI, p. 658. — Félibien, Hist. de Paris. L. XVIII, p. 919.

certitude sur le point où il seroit attaqué, il séjournoit tour à tour à Paris ou à Blois, ville où il étoit né et qu'il aimoit beaucoup; mais lorsqu'il apprit que les Anglais arrivoient en force à Calais, quoiqu'il fût malade de la goutte, il se fit transporter en litière à Amiens, pour être plus à portée de Louis de Hallwin, seigneur de Piennes, son lieutenant général en Picardie (1). Il avoit été impossible à la flotte française d'empêcher le transport de l'armée de Henri VIII des côtes d'Angleterre à Calais, peu d'heures suffisant pour faire un trajet si court dans des vaisseaux isolés, qui saisissoient tous les momens favorables. La flotte ne resta pas oisive cependant : les marins français se signalèrent par deux combats, où l'avantage leur demeura, le 25 avril et le 10 août. Dans le premier, l'amiral anglais, Édouard Howard, fut tué devant Brest, comme il vouloit aborder une galère française. Dans le second, son frère Thomas Howard, qui lui avoit succédé, périt à son tour. Il montoit le vaisseau *la Régente;* il mit le feu au vaisseau amiral français *la Cordelière,* qui s'accrocha à lui, de manière à lui communiquer l'incendie. Les deux vaisseaux brûlèrent en effet ensemble au milieu des eaux, et coulèrent ensuite à fond. Mais les exploits de la marine, étrangers aux

---

(1) Mém. de Bayard. T. XV, c. 57, p. 340. — Mém. de Fleuranges, p. 142.

gens de la cour, n'excitoient qu'un médiocre intérêt en France. Aussi ces deux combats ne sont racontés que très confusément, et il est difficile de décider auxquels, de Préjan, de Primoguet et de Jean Harvey, l'honneur en appartient. (1)

L'armée anglaise avoit commencé dès le mois de mai à passer à Calais, et chaque jour il y arrivoit de nouvelles troupes. Lorsqu'au mois de juin, Henri VIII apprit que son beau-père Ferdinand avoit signé une trêve avec la France, il lui en adressa de vifs reproches; mais il n'en persista pas moins dans l'attaque qu'il méditoit, et qui étoit combinée avec Maximilien et les Suisses. Il avoit fait passer au premier cent mille écus pour l'aider à mettre sur pied son armée, et Maximilien, selon son usage, les avoit aussitôt dissipés : au lieu d'une armée, il n'avoit qu'un petit corps de cavalerie; aussi écrivoit-il à Henri qu'il ne pouvoit se résoudre d'attaquer la Bourgogne de concert avec les Suisses, s'associant ainsi à de vils paysans, comme il en étoit convenu d'abord, et qu'il aimoit mieux venir s'unir à un jeune et noble roi, son allié;

(1) Mém. de Du Bellay. T. XVII, L. I, p. 19. — Mém. de Bayard. T. XV, c. 56, p. 339. — *Arn. Ferronii*, p. 84. — *Fr. Belcarii*. L. XIV, p. 421. — *Polyd. Vergilii*. L. XXVII, p. 630. — Rapin Thoyras. L. XV, p. 69. — Lobineau, Hist. de Bretagne. L. XXII, p. 533. — D. Morice. L. XVII, p. 241.

que, pour éviter toute discussion sur le commandement, il recevroit les ordres de Henri, et accepteroit même sa solde, qu'il fixoit à cent écus d'or par jour. Henri VIII reçut cette lettre comme il étoit déjà arrivé à Calais, et il se félicita de pouvoir compter parmi ses soldats le premier monarque de la chrétienté. (1)

Henri VIII n'avoit passé la mer que le 30 juin, et il séjourna à Calais tout le mois de juillet; mais George Talbot, comte de Shrewsbury, qui l'avoit précédé, étoit venu, dès le 17 juin, avec une première division anglaise, mettre le siége devant Térouanne. François de Téligny, sénéchal de Rouergue, et Antoine de Créqui, seigneur de Pondormy, deux braves capitaines, défendoient Térouanne avec deux cents hommes d'armes et deux mille fantassins : la ville étoit forte, mais malheureusement elle étoit très mal approvisionnée (2). L'armée française, commandée par M. de Piennes et le duc de Longueville, se rassembloit à Blangy en Ternois, près de Hesdin. On y vit arriver successivement La Palisse, Imbercourt, Bayard, Aymar de Prie, Bonnivet, Bonneval, La Fayette, Fontrailles, avec la ca-

---

(1) *Polyd. Vergilii*, Hist. Angliæ. L. XXVII, p. 637. — Rapin Thoyras. L. XV, p. 70. — Coxe, Hist. de la Maison d'Autriche. T. II, c. 24, p. 150. — Schmidt, Hist. des Allem. T. V, c. 35, p. 466.

(2) Mém. de Du Bellay, p. 9. — Mém. de Bayard, c. 57, p. 341. — Mém. de Fleuranges, p. 141 et 145.

valerie albanaise que la France avoit levée, à l'exemple des Vénitiens; Fleuranges, avec ses landsknechts, et on attendoit encore ceux du duc de Suffolk de la Rose-Blanche, qui servoit la France parce qu'il regardoit Henri VIII, meurtrier de son frère, comme un Lancaster et un usurpateur. Louis, qu'une attaque de goutte retenoit à Paris, avoit donné l'ordre précis à ses généraux de ne point hasarder de bataille; car, dans les circonstances où il se trouvoit, une défaite pourroit causer la ruine du royaume. Cet ordre cependant sauva Henri VIII d'un grand danger. Celui-ci partit de Calais le 1er août, avec neuf mille hommes d'infanterie anglaise, pour rejoindre son armée, qui assiégeoit Térouanne. Toute la gendarmerie française, forte de douze cents lances, rencontra cette colonne d'infanterie à Tournehen; Bayard demandoit avec instance qu'on tentât une charge sur elle. Il représentoit que si l'on pouvoit enfoncer le bataillon des Anglais, ils étoient perdus; que si l'on n'y réussissoit pas, comme les Français n'avoient point d'infanterie et les Anglais point de chevaux, les premiers se seroient bientôt mis hors de portée de leurs ennemis. Pour donner plus de poids à ses paroles, avec sa compagnie de gendarmerie, il fit une trouée dans l'arrière-garde anglaise, et lui enleva un des douze canons que Henri VIII nommoit ses *douze apôtres*. Mais M. de Piennes, opposant à son ardeur les ordres positifs de Louis XII, ne laissa point engager l'action. (1)

Henri VIII, arrivé le 2 août au camp devant Térouanne, y fut joint le 9 par l'empereur. Celui-ci lui amenoit quelques milliers de cavaliers allemands et hennuyers; bientôt des gentilshommes flamands et des autres provinces des Pays-Bas vinrent se ranger sous ses ordres en volontaires, malgré la neutralité à laquelle Marguerite s'étoit engagée. Alors l'armée se trouva forte de trente mille fantassins, presque tous Anglais, et cinq ou six mille cavaliers. Quoique Maximilien déclarât qu'il y venoit combattre comme volontaire et comme lieutenant du roi son allié, c'étoit lui qui commandoit en effet; car chacun reconnoissoit que, malgré son inconséquence, une fois à l'armée, il y montroit l'expérience et le coup d'œil d'un bon capitaine.

Cependant les assiégés de Térouanne avoient fait avertir Louis XII qu'ils étoient à bout de leurs vivres, et celui-ci, tout en ordonnant à ses généraux de continuer à éviter une bataille, les chargea de faire passer quelques secours à la garnison. Le sire de Piennes et le duc de Longueville résolurent donc de porter, le 16 août, quatorze cents gendarmes sur les hauteurs de

(1) Du Bellay, p. 8. — Bayard, c. 57, p. 342. — Fleuranges, p. 142.

Guinegatte, pour attirer de ce côté l'attention des ennemis, tandis que Fontrailles, avec ses chevau-légers albanais, s'approcheroit rapidement par un autre côté des fossés de la ville, dans lesquels chaque cavalier jetteroit la charge qu'il portoit sur le cou de son cheval, consistant en porc salé et en barils de poudre. Les Albanais réussirent à jeter leurs munitions dans les fossés; mais les gendarmes qui s'étoient dirigés sur Guinegatte, en arrivant sur la hauteur, virent derrière eux dix mille archers anglais, quatre mille landsknechts et huit pièces d'artillerie. Maximilien avoit été averti par des espions de leur marche, et les avoit prévenus. Les soldats français savoient qu'ils étoient venus pour attirer l'attention de l'ennemi, non pour combattre. D'ailleurs leurs capitaines commandèrent aussitôt la retraite. Or un mouvement rétrograde en présence de l'ennemi trouble presque toujours les soldats : ils doublèrent le pas; bientôt ils prirent le galop, et se jetèrent en désordre sur une arrière-garde de cavalerie que commandoient Longueville et La Palisse. Malgré les efforts de ceux-ci, ils la renversèrent, et continuèrent à fuir jusqu'à Blangy, où étoit l'infanterie. Peu s'en fallut que celle-ci ne fût à son tour entraînée tout entière dans la déroute. Quelques capitaines firent tête avec une poignée de soldats à la cavalerie allemande, qui poursuivoit les fuyards. Leur vaillance sauva l'armée française ; mais ce fut à leurs dépens, car presque tous furent faits prisonniers ; entre autres, Longueville, La Palisse, Bayard, La Fayette, Clermont d'Anjou et Bussy d'Amboise. Telle fut la triste journée qu'on nomma *des éperons*, parce que ce fut la seule arme qu'y employât la gendarmerie française. Elle laissa à peine quarante morts sur la place ; mais le nombre des prisonniers auroit été immense si Henri VIII avoit eu assez de cavalerie pour la poursuivre. Les commandans de Térouanne, n'espérant plus désormais d'être secourus, se rendirent le 22 août à Maximilien, qui fit raser leurs murailles, et ensuite la ville même. (1)

Fleuranges assure qu'il arriva au camp de Blangy ce soir-là même avec les quatorze mille landsknechts qu'il avoit levés, et qu'il alla au-devant des fuyards. Ceux-ci couroient toujours, encore que les Allemands eussent cessé de poursuivre ; et toute l'armée étoit perdue si Henri et Maximilien l'avoient attaquée dans ce moment. Les capitaines français vouloient, dans la nuit même, repasser la Lys et continuer leur mouvement rétrograde. Fleuranges s'y opposa en

---

(1) Mém. de Bayard, c. 57, p. 345. — Mém. de Du Bellay, p. 21. — Mém. de Fleuranges, p. 145. — *Arnoldi Ferronii*, p. 86. — *Fr. Belcarii*. L. XIV, p. 423. — *Polydori Vergilii* L. XXVII, p. 638.

représentant que, dans le trouble d'une retraite nocturne, une terreur panique suffisoit pour faire que la moitié des soldats abandonnassent leurs drapeaux (1). Louis XII, en recevant la nouvelle de la journée des éperons, se fit transporter en litière à Amiens, et il envoya François, duc de Valois, à l'armée, pour en prendre le commandement. Celui-ci la ramena vers la Somme, et l'établit à Ancre ; bientôt il fut tranquillisé sur les projets ultérieurs des ennemis, en apprenant qu'ils avoient entrepris le siége de Tournai. (2)

Mais, dans le même temps, la Bourgogne étoit exposée au plus grand danger. Cette province, que Maximilien ne cessoit de réclamer comme l'héritage de Marie de Bourgogne, sa première femme et la mère de ses enfans, avoit en général des sentimens français ; toutefois, dans la noblesse surtout, plusieurs, par d'antiques affections, par vanité, par intérêt pécuniaire, regrettoient leur indépendance ou la domination de leurs anciens ducs. Le duché et le comté de Bourgogne souffroient aussi de ne plus appartenir au même souverain. Quoique l'un relevât du royaume de France, l'autre de l'Empire, les Bourguignons se regardoient comme un seul peuple, et leurs intérêts étoient entre-

(1) Fleuranges, p. 147-148.
(2) Du Bellay, p. 23.

lacés. La Franche-Comté étoit demeurée à Marguerite, gouvernante des Pays-Bas, qui prenoit le titre de comtesse de Bourgogne et de Charolais. Quoique cette princesse fût peu favorable à la France, elle avoit voulu d'abord éviter la guerre, et le seigneur de Vergi son plénipotentiaire avoit signé à Saint-Jean-de-Lône, le 28 août 1512, un traité par lequel la neutralité de la Franche-Comté étoit garantie pendant trois ans. Les Français et les Comtois s'engageoient réciproquement à ne point donner passage à ceux qui voudroient faire la guerre aux uns ou aux autres (1). Marguerite, croyant l'occasion favorable pour attaquer la Bourgogne au moment où son père, avec Henri VIII, attaquoit la Picardie, ne tint aucun compte de ce traité, et chargea le même sire de Vergi, qui l'avoit signé, de faire prendre les armes aux Comtois, et de les réunir aux Suisses. Ces derniers, profondément offensés du mépris de Louis XII, enflammés par les ressentimens personnels du cardinal de Sion, cédant à l'impulsion qu'ils avoient reçue de Jules II, et se regardant toujours comme les défenseurs du Saint-Siége, encore que Léon X n'eût point confirmé la sainte ligue, à laquelle son prédécesseur les avoit appelés, mettoient leur gloire à humilier

---

(1) Hist. de Bourgogne. T. IV, L. XXII, p. 532.

une couronne qui les avoit traités avec dédain. Une ligue héréditaire entre les Suisses et la maison d'Autriche avoit été signée le 17 janvier 1512. Maximilien, toutefois, n'avoit pas voulu attaquer la Bourgogne à la tête de ces braves, en qui il ne vouloit voir que des paysans; mais il avoit chargé Ulrich de Wirtemberg et Guillaume de Furstemberg de les joindre, avec un corps nombreux de cavalerie allemande et une bonne artillerie. Henri VIII leur avoit promis en même temps de leur payer leur solde, et ses trésors étoient toujours représentés comme inépuisables. Quelques troubles avoient éclaté en Suisse; les magistrats accusoient des agens français de les avoir excités; il est plus probable qu'ils étoient seulement la conséquence de la richesse, de la débauche et de l'insubordination des soldats, corrompus par le service mercenaire. La diète helvétique voulut distraire les esprits brouillons par une expédition lointaine, et satisfaire leur cupidité par le pillage de la France. Dix-huit mille Suisses, choisis avec soin dans tous les cantons, passèrent la revue de départ le 9 août à Zurich, et se mirent en marche le lendemain, sous les ordres de Jacques de Watteville, avoyer de Berne, secondé par un conseil formé des chefs de tous les contingens. Ils traversèrent la Franche-Comté : à Gray, ils rencontrèrent, le 27 août, Ulrich de Wirtemberg, avec la cavalerie allemande et comtoise, qui les attendoit ; le 7 septembre, ils parurent devant Dijon. (1)

La ville de Dijon étoit alors une très mauvaise place de guerre : La Trémoille avoit travaillé avec soin, mais avec peu de succès, à la mettre à l'abri d'un coup de main. Il n'avoit avec lui que trois ou quatre compagnies d'hommes d'armes, commandées par du Lude, Mézières et Bussy d'Amboise. Il avoit aussi trois ou quatre mille fantassins, sous les ordres de Chandieu; mais il les avoit en partie distribués dans Auxonne, Beaune et le château de Talant (2). En arrivant, les Suisses creusèrent une tranchée, et mirent immédiatement leurs canons en batterie. Dès le lendemain, ils avoient déjà ouvert une large brèche. Les bourgeois effrayés, et n'attendant aucune merci de vainqueurs cruels et cupides, pressoient La Trémoille de capituler. Leur terreur s'accrut lorsque, le 9 septembre, une seconde brèche fut ouverte entre la porte Guillaume et celle d'Ouche. La Trémoille envoya en effet, au camp des Suisses, son neveu le baron de Mézières, avec Humbert de Villeneuve,

(1) Hist. de Bourgogne. T. IV, L. XXII, p. 534. — Mallet, Hist. des Suisses. T. III, p. 1.
(2) Mém. de Fleuranges. T. XVI, p. 138. — Mém. de La Trémoille, p. 192. — Mém. de Du Bellay, p. 24-25. — Mém. de Bayard, c. 57, p. 355. —*Fr. Belcarii.* L. XIV, p. 424.

premier président du parlement de Dijon, pour demander une trêve et offrir de traiter. Les Suisses refusèrent d'abord de les admettre; ils ne leur voulurent accorder ensuite que des conditions inacceptables, et, le 10 septembre, ils tentèrent un assaut. Mais, après avoir franchi la brèche, ils furent arrêtés par un large fossé, garni de barricades, dont ils ne soupçonnoient pas l'existence. Dans l'espace étroit où ils étoient entassés, ils furent foudroyés par l'artillerie, et forcés enfin de se retirer avec une grande perte. D'autre part, La Trémoille, qui avoit une longue habitude des Suisses, commença à pratiquer secrètement avec leurs capitaines, qui avoient autrefois servi sous lui : il leur envoya des présens, et il disposa, eux et leurs troupes, à rouvrir les négociations. (1)

Les armées des Suisses étoient toutes démocratiques; c'étoient les soldats qui y faisoient la loi à leurs officiers, et leurs déterminations étoient bien plus dirigées par la passion que par le raisonnement. Ils avoient marché en Bourgogne, remplis de fureur contre la France, par laquelle ils se croyoient méprisés. Les égards que leur témoignoit La Trémoille, la générosité avec laquelle il avoit renvoyé quelques prisonniers qu'il leur avoit faits, les avoient déjà ama-

(1) Hist. de Bourgogne. L. XXII, p. 536.—Mallet, Hist. des Suisses. T. III, p. 4.

doués. D'autre part, ils s'indignoient contre Maximilien et Henri VIII de ce qu'ils ne voyoient point encore arriver l'argent de leur solde. Ils oublioient que, partis de chez eux depuis moins d'un mois, il n'y avoit que trois jours qu'ils étoient devant Dijon. Il est vrai que s'ils avoient attendu davantage, c'auroit été en vain. Tout l'argent que Henri VIII remettoit à Maximilien, celui-ci le dissipoit aussitôt, sans en faire passer un écu à ses armées. Regnaud de Moussi, agent de La Trémoille, sut, dans les journées du 11 et du 12 septembre, accroître la fermentation qu'il remarquoit parmi les Suisses, au sujet de leur solde. On crut qu'il avoit en même temps fait accepter aux chefs de l'armée des présens considérables. Le 12 au soir, un armistice fut conclu, et, le 13 au matin, les conférences commencèrent. La Trémoille, qui avoit d'abord envoyé quatre commissaires au camp des Suisses, s'y rendit bientôt lui-même, et, à dix heures du soir, le traité fut signé. Ce n'étoit point une capitulation pour la ville assiégée, ou une suspension d'armes pour la province, mais un traité définitif, dans lequel non seulement les rapports de la France avec la Suisse, mais les intérêts du reste de l'Europe étoient réglés. Il rend fort suspecte la conduite de l'avoyer de Watteville, qui devoit bien savoir qu'un général d'armée n'a pas des pouvoirs suffisans pour accepter de telles conditions.

Par le traité de Dijon, du 13 septembre 1513, M. de La Trémoille promettoit que, si le roi tenoit quelques villes, châteaux ou pays sujets de l'Église, il les restitueroit sans délai au pape; que le roi évacueroit sans aucun retard les châteaux de Milan, Crémone et Asti; qu'il ne formeroit plus de prétentions, non plus qu'aucun de ses successeurs, sur le duché de Milan et les seigneuries de Crémone et d'Asti; qu'il ne feroit souffrir aucun dommage, dans les propriétés qu'ils pourroient avoir en France, à ceux qui auroient suivi les Suisses dans leur expédition de Bourgogne. A ces conditions, il devoit y avoir paix et amitié entre le roi, les ligues des Suisses, la Franche-Comté, le duc de Wirtemberg et le sire de Vergy. Le pape pouvoit, s'il le vouloit, accéder au traité, aussi-bien que l'empereur et le Saint-Empire romain. Le roi ne pourroit, malgré la paix, lever des fantassins dans la Suisse sans le consentement de la majeure partie des cantons. La Trémoille enfin promettoit aux confédérés, pour leur retour dans leur pays, 400,000 écus à la couronne, payables à Zurich, moitié dans quatorze jours, moitié à la Saint-Martin suivante. Il promettoit, en outre, 8,000 écus au duc de Wirtemberg et 2,000 aux capitaines d'artillerie. Il réservoit aux militaires suisses le droit de réclamer en justice les arrérages que le roi leur devoit encore. (1)

La Trémoille ne put rassembler à Dijon que vingt mille écus; les Suisses les acceptèrent à compte de paiement. Pour le reste de la somme, ils emmenèrent comme otages le baron de Mézières, neveu de la Trémoille, Rochefort, bailli de Dijon, et quatre bourgeois de cette ville. Mézières, averti sans doute par son oncle que le traité ne seroit pas exécuté, trouva bientôt moyen de s'évader. A la rentrée de cette armée en Suisse, la diète qui s'assembla à Zurich ne douta point que ses capitaines ne se fussent laissés corrompre par des présens, et elle les traduisit en jugement (2). De son côté, Louis XII, quand il reçut la copie du traité, en éprouva une vive indignation contre La Trémoille. Il lui écrivit qu'il trouvoit ce traité *merveilleusement étrange*. « Par ma foi, sire, aussi est-il, lui répondit La « Trémoille ; mais j'ai été contraint de le faire, « par la mauvaise provision qui étoit par-deçà, « pour garder votre pays et royaume. » La clause qui blessoit le plus Louis XII, étoit la renonciation au duché de Milan et au comté d'Asti. La Trémoille lui fit remarquer qu'il en avoit déjà fait faire l'offre par le duc de Lorraine ; qu'au reste

(1) Traduction du traité donnée par le baron de Zur Lauben, Académie des inscript. T. XLI, p. 729.
(2) Mallet, Hist. des Suisses. T. III, p. 8.

il avoit bien lui-même renoncé à Crémone et à la Ghiara d'Adda, par son traité avec les Vénitiens, ce qui ne l'avoit pas empêché de les reprendre ensuite. « Ainsi pourrez-vous faire de « ceci ; car je ne suis aucunement obligé de le « vous faire ratifier ; par quoi pourrez-vous toujours prendre querelle et action, sur ce que « je n'avois de vous pouvoir ne puissance. » Mais en même temps qu'il lui suggéra ainsi de ne pas garder sa foi, il l'avertit que : « Si les Suisses « connoissent que on ne leur veuille tenir promesse, ils se rejoindront avec l'empereur, et « retourneront plus puissans qu'auparavant. Ne « puis-je voir que on puisse entrer avec eux en « dissimulation, que on ne leur envoie quelque « argent. » La Trémoille lui dit encore en finissant sa lettre : « Sire, je vous ai détrappé d'un « aussi gros fait que jamais gentilhomme vous « détrappa. Mais tant que je vive, je ne ferai « autre chose sans vous en avertir; dussé-je « perdre votre pays et la vie avec; car je vois « bien que je suis en votre male grâce sans l'avoir « desservi, et pour vous avoir fait, et à votre « dit royaume, plaisir et profit. » (1)

Il paroît que Louis XII finit par juger cette affaire comme La Trémoille. Il ne ratifia pas le traité, mais il chercha cependant à satisfaire les

(1) Lettre de la Trémoille à Louis XII, du 23 septembre. Académie des Inscript. T. XLI, p. 742.

Suisses. Il chargea La Trémoille, auquel il rendit sa faveur, d'emprunter cinquante mille écus aux villes de Bourgogne, pour donner aux Suisses ; il dissimula, il chercha à gagner du temps, mais il ne put empêcher que les Suisses ne sentissent qu'ils étoient trompés, et leur ressentiment coûta cher à la France dans le règne suivant. (1)

De toutes parts la fortune se déclaroit contre Louis XII : il reçut en même temps que la nouvelle du traité de Dijon, celle de la bataille de Flowden. Jacques IV, roi d'Écosse, avoit voulu faire une puissante diversion en faveur de la France, en envahissant le Northumberland avec une nombreuse armée; il avoit écrit, le 16 juillet, à Henri VIII, une lettre qui équivaloit à une déclaration de guerre, et le 22 août il avoit franchi la frontière ; mais le comte de Surrey, que Henri VIII avoit chargé de veiller en son absence à la sûreté des comtés du nord, eut bientôt rassemblé assez de monde pour tenir tête à Jacques. Ce dernier voulut l'attendre, malgré le conseil de ses principaux capitaines, qui le pressoient de mettre son butin en sûreté. Les deux armées se rencontrèrent à Flowden le 9 septembre ; la bataille fut acharnée et se prolongea jusqu'à la nuit,

(1) Mém. de Zur Lauben. Académie des Inscript. T. XLI, p. 726-760. — Hist de Bourgogne. L. XXII, p. 539. — Mém. de La Trémoille, p. 196. — Mém. de Fleuranges, p. 140. — Mém. de Du Bellay, p. 25. — Mém. de Bayard, p. 356. — *Arn. Ferronii*, p. 85. — *Belcarii*. L. XIV, p. 424.

mais elle fut fatale aux Écossais. Leur roi ayant vu un bataillon anglais prendre la fuite, crut leur armée entière en déroute, et se mit à la tête d'une charge qu'il croyoit devoir achever de la rompre. Il y fut tué ; douze comtes, treize lords et sept ou huit mille soldats Écossais restèrent sur ce funeste champ de bataille, où les Anglais laissèrent de leur côté cinq mille hommes. (1)

Après la déroute des Français à Guinegatte et la prise de Térouanne, Maximilien et Henri VIII s'étant résolus à raser la dernière ville, étoient restés trois semaines campés auprès, occupés à la détruire. Après quoi, le 15 septembre, ils étoient venus mettre le siége devant Tournai. Cette ville, enclavée dans les Pays-Bas, se gouvernoit à peu près en république sous la protection de la France. Elle regardoit comme un de ses plus précieux priviléges, de ne point recevoir de garnison, et lorsque Louis XII, au commencement de la campagne, lui avoit offert quelques troupes, les bourgeois avoient répondu : « Que Tournai n'avoit jamais tourné, « ni encore ne tourneroit » (2). Mais la guerre ne se faisoit plus comme au temps dont les bourgeois rappeloient le souvenir ; leurs murailles,

(1) *Polydori Vergilii.* L. XXVII, p. 640. — *Buchanani rerum Scoticar.* L. XIII, p. 429. — *Robertson's Hist. of Scotland.* B. I, p. 38. — Rymer. T. XIII, p. 382. — Rapin Thoyras. T. XV, p. 79.

(2) Mém. de Fleuranges, p. 151.

qui avoient résisté au choc du bélier et aux assauts à l'arme blanche, furent en peu d'heures entr'ouvertes par l'artillerie, et les habitans de Tournai furent heureux d'obtenir, le 24 septembre, une capitulation par laquelle Henri VIII leur promettoit le maintien de leurs priviléges. Maximilien avoit compté que Henri VIII feroit présent de cette conquête ou à lui-même ou à sa fille Marguerite. Il s'offensa de la lui voir garder pour lui-même, et sans expliquer ni ses motifs ni ses projets, il repartit tout à coup pour l'Allemagne. Marguerite, au contraire, vint à Tournai avec son neveu, le jeune Charles d'Autriche, rendre visite au monarque anglais. Elle passa trois semaines avec lui dans les fêtes; elle le conduisit à Lille; et en enivrant sa vanité, elle réussit à lui faire signer, le 15 octobre, un traité par lequel il promettoit à Maximilien deux cent mille écus, pour qu'il défendît, pendant l'hiver, les conquêtes qu'ils avoient faites en commun. Au printemps suivant, Maximilien, Henri et Ferdinand se promettoient d'attaquer de nouveau la France de trois côtés à la fois. En attendant, Henri avoit la liberté de repasser en Angleterre avec son armée. Il partit en effet de Lille le 17 octobre, et il fut de retour le 24 à son palais de Richmond. (1)

(1) Rymer. T. XIII, p. 379. — *Polydori Vergilii, Hist. Angliæ.* L. XXVII, p. 638. — Rapin Thoyras. T. VI, L. XV,

Quelque cruelle qu'eût été pour la France la campagne qui venoit de se terminer; quelque humiliation qu'eussent éprouvée ses guerriers à Novarre, à Guinegatte, à Dijon, ses frontières étoient à peine entamées, ses ressources étoient encore entières, et ses ennemis, au contraire, commençoient à se sentir épuisés. Le pape Léon X n'étoit plus, comme son prédécesseur, le chef de leur ligue. Tout récemment parvenu au pontificat, il hésitoit sur la ligne politique qu'il lui convenoit de suivre. Il aimoit avec passion les arts, les lettres, la pompe, les plaisirs, et il paroissoit beaucoup plus empressé à jouir de sa grandeur qu'à la compromettre par des entreprises guerrières. On le croyoit encore sans ambition. Plus tard, il donna à connoître qu'il n'en avoit pas moins que son prédécesseur, et qu'elle étoit d'une moins noble nature. Ce n'étoit pas la grandeur de l'Église et l'indépendance de l'Italie qu'il se proposoit, mais son pouvoir personnel et l'établissement de sa famille. Pour accomplir les projets qu'il rouloit en secret dans son esprit, l'appui de la France pouvoit lui être avantageux; aussi il laissa entrevoir quelque disposition à se réconcilier avec elle. De son côté, Louis XII désiroit d'autant plus ardemment faire sa paix avec le Saint-Siége, que Léon X ne l'avoit pas

p. 75. — Mém. de Fleuranges, p. 152. — Mém. de Du Bellay, p. 26. — *Fr. Belcarii.* L. XIV, p. 425.

blessé personnellement comme Jules II, et n'avoit point manifesté de haine contre lui. Il sentoit qu'il ne pouvoit plus soutenir le concile de Pise, réfugié à Lyon, qui étoit tombé dans le dernier discrédit. Il y renonça donc, par un acte signé à Corbie le 26 octobre, et qui fut lu au concile de Latran le 17 décembre dans sa huitième session. Il promit que six prélats, d'entre ceux qui avoient siégé parmi les schismatiques, viendroient à Rome faire la même abjuration au nom de toute l'Église gallicane. (1)

En effet, au printemps de l'année 1514, les évêques de Lisieux, d'Angoulême, d'Amiens, de Châlons et de Laon, se mirent en chemin pour se rendre à Rome. Le duc de Milan essaya d'abord de leur refuser le passage. Les prélats arrêtés près de Suse envoyèrent à Rome l'acte notarié par lequel ils avoient abjuré le schisme; les archevêques d'Arles et de Lyon en agirent de même, et le pape, de concert avec le concile, prit ces prélats sous sa protection : il écrivit d'abord à Octavien Frégoso, doge de Gênes, ensuite au duc de Milan, pour les sommer d'accorder à ces évêques un libre passage. (2)

(1) *Raynaldi Annal. eccles.* 1513, §. 61 et 83. — Fleury, *Hist. ecclés.* L. CXXIII, et 128. — *Pauli Jovii Hist. sui temp.* L. XI, p. 191. — *Fr. Guicciardini.* L. XII, p. 65. — *Fr. Belcarii.* L. XIV, p. 416.

(2) Sa lettre au premier, du 1er janvier; au second, du 15 février. — *Raynaldi Ann. eccles.* 1514, §. 3 à 10.

1514.

Ferdinand avoit envoyé un ambassadeur à Lille pour prendre part à la nouvelle alliance que Maximilien et Henri se proposoient d'y conclure contre la France. Cela ne l'empêcha pas de renouveler, pour une autre année, la trêve qu'il avoit conclue à Orthez, non sans augmenter ainsi le ressentiment de son gendre, le roi d'Angleterre, qu'il n'avoit cessé de tromper. (1)

Maximilien ne pouvoit faire la guerre sans subsides étrangers : il avoit dissipé ceux que Henri VIII lui avoit payés. De nouveaux projets sur la Hongrie et la Bohême l'occupoient alors; il invitoit à Vienne Uladislas, qui portoit ces deux couronnes, et Sigismond, roi de Pologne; et il cherchoit, en unissant la famille du premier à la sienne, par un double mariage, à s'assurer de sa succession (2). Il ne vouloit point renoncer à son inimitié contre la France, à ses projets de conquête sur Venise; tous les efforts de Léon X pour le réconcilier avec cette république, avant qu'elle ne succombât sous ses calamités, avoient échoué; mais Maximilien, qui n'abandonnoit jamais aucun de ses projets, étoit toujours prêt à les ajourner. Il autorisa Marguerite à négocier pour lui une trêve. Henri VIII commençoit enfin à s'apercevoir qu'il avoit été

(1) *Mariana Hist. de España*, L. XXX, c. 22, p. 493.
(2) Schmidt, Hist. des Allemands. T. V, c. 36, p. 469.

constamment joué par ses alliés, et qu'après avoir fort diminué les trésors que lui avoit laissés son père, il étoit aussi loin que jamais de la conquête de la France. Dans cette disposition commune à toutes les parties, le secrétaire du roi d'Aragon, Pierre de Quintana, trouva peu de difficulté à suspendre, au nom de toutes, les hostilités. Il avoit été envoyé en ambassade à Louis XII, auquel il demandoit, de restituer à Germaine de Foix, reine d'Aragon, le duché de Nemours et le vicomté de Narbonne, héritage de son frère, Gaston de Foix (1). Il se fit fort pour l'empereur Maximilien, Henri VIII d'Angleterre, la reine Jeanne de Castille et Charles d'Autriche, souverain des Pays-Bas; le duc de Valois, chargé de traiter avec lui, agit pour les rois de France et d'Écosse. Au nom de tous ces souverains, une trève d'une année fut signée à Orléans, le 13 mars 1514. Chacun devoit rester en possession de ce qu'il occupoit; le commerce et le passage des courriers étoient rétablis entre toutes les puissances. (2)

Les Suisses, qui n'étoient point compris dans ce traité, avoient posé les armes en conséquence de celui de Dijon. Il est vrai que Louis XII

(1) *Mariana*, Hist. de Esp. L. XXXII, c. 22, p. 490.
(2) Recueil des Traités de Paix. T. II, p. 36. — Rymer. T. XIII, p. 395. — Dumont, Corps diplom. T. IV, P. 1, p. 179.

n'avoit point encore envoyé sa ratification, et n'avoit point accompli les paiemens promis à l'époque convenue; mais il leur faisoit passer des à-comptes qui suffisoient à les tenir tranquilles. D'ailleurs, la clause du traité de Dijon qui avoit le plus offensé Louis XII, s'accomplissoit sans qu'il s'y fût résigné. Il avoit satisfait aux demandes du pape, et il ne possédoit plus rien en Italie. Les châteaux de Milan et de Crémone capitulèrent au mois de juin, et la lanterne de Gênes le 26 août 1514. (1)

A la fin de la campagne précédente, Louis XII, après avoir distribué son armée dans les places de la Picardie, étoit revenu à Blois pour y passer l'hiver. Il y trouva la reine Anne dans un état de souffrance et de dépérissement qui annonçoit sa fin prochaine. Depuis long-temps elle étoit tourmentée par la gravelle: elle en eut une attaque plus violente que les précédentes, le 2 janvier, et elle y succomba le 9 (2). Sa mort eut une influence immédiate sur la politique générale: Anne de Bretagne, par son caractère entier, impérieux, vindicatif, avoit presque toujours dominé le roi. Celui-ci connoissoit ses

(1) Républ. ital. c. 111, p. 336.
(2) Mém. de Bayard, c. 58, p. 358. — Mém. de Fleuranges, p. 154. — Mém. de Du Bellay, p. 27. — Lobineau, Hist. de Bretagne. L. XXII, p. 834. — Morice, Hist. de Bretagne. L. XVII, p. 242. — Daru, Hist. de Bretagne. T. III, p. 249.

défauts, et l'en railloit en l'appelant sa Bretonne et en cherchant à lui faire sentir sa place par des traits fins et spirituels; car, autant que nous pouvons le reconnoître dans Arnoldus Ferronius, qui a traduit ses réparties en latin, il avoit beaucoup de l'esprit de conversation et de la gaîté qu'on vit plus tard se développer en France (1). Mais Louis étoit foible; il craignoit les disputes, et il finissoit toujours par céder. Anne de Bretagne ne renonçoit point encore au projet qu'elle avoit conçu de marier ses filles dans la maison d'Autriche. Elle avoit engagé Louis XII à faire donation, le 16 novembre 1513, à Renée, sa seconde fille, de tous ses droits sur Milan, Asti et Gênes, pour qu'elle les portât en dot à celui des deux archiducs d'Autriche qu'elle épouseroit, au choix de leur aïeul, Ferdinand d'Aragon (2). Il est probable qu'elle vouloit la donner au plus jeune, tandis qu'elle réservoit toujours sa fille Claude à l'aîné. Dans les derniers jours de sa vie, elle appela encore auprès d'elle Fleuranges, fils du seigneur de Sedan, qui avoit beaucoup de relations en Allemagne. « C'étoit, dit-il, pour quelque menée qu'elle

---

(1) *Arnold. Ferronius*, p. 57 et suiv. Ces traits, qui ont perdu une partie de leur mérite, en étant traduits du français en latin, ne supporteroient pas d'être traduits de nouveau du latin en français.

(2) Dumont, Corps diplom. T. IV, P. I, p. 82-83.

« vouloit faire avec le roi de Castille et toute la « maison d'Autriche; et avoit le cœur merveil- « leusement affectionné à faire plaisir à cette « maison de Bourgogne » (1). D'autre part, elle avoit toujours empêché le mariage de François d'Angoulême, duc de Valois, et héritier pré- somptif de la couronne, avec Claude, sa fille aînée, encore qu'il eût été demandé par les États-Généraux, et que les deux jeunes gens fussent fiancés depuis huit ans. « Lequel ma- « riage, dit du Bellay, ne s'étoit su faire du vi- « vant de la dite reine Anne, parce qu'elle aspi- « roit plutôt au mariage de Charles d'Autriche, « pour cette heure empereur, dont avoit été « pourparlé long-temps avant, qu'à celui du duc « d'Angoulême; et disoit-on que l'occasion qui « à ce la mouvoit, étoit pour la haine qu'elle « portoit à madame Louise de Savoie, mère du « duc d'Angoulême. » (2)

La première conséquence de la mort de la reine fut l'accomplissement de ce mariage, de François avec Claude, si ardemment désiré par les bons Français; car, outre qu'il assuroit à la couronne l'héritage de la Bretagne et de la mai- son d'Orléans, il sauvoit la France d'une tenta- tive que n'auroit pas manqué de faire la maison d'Autriche pour faire prévaloir le droit à la

(1) Mém. de Fleuranges, p. 154.
(2) Mém. de Du Bellay. T. XVII, p. 28.

couronne de la fille du roi sur celui de la ligne masculine. On auroit toujours trouvé des courtisans et des ministres pour soutenir cette prétention subversive de la constitution et de l'indépendance nationale, comme la même maison en trouva plus tard pour porter Marie-Thérèse sur les trônes de Hongrie et de Bohême, d'où les femmes avoient toujours été exclues. Au moment de la mort de la reine Anne, François étoit à Cognac, auprès de sa mère, Louise de Savoie, qui y étoit retenue dans une espèce d'exil. Il se hâta d'accourir auprès du roi, et dès que la décence put le permettre, le 18 mai 1514, il fut marié à Saint-Germain-en-Laye avec madame Claude de France; le 27 octobre suivant, Louis donna à François, son gendre, non seulement le titre, mais la complète administration du duché de Bretagne, d'après la demande qui en fut faite par les trois États de la province. (1)

Cependant le parti autrichien qui s'étoit formé autour de la reine Anne, et qui craignoit peut-être l'ascendant futur de Louise de Savoie, lorsqu'elle seroit mère du roi, ne se regardoit pas comme perdu sans espoir. Ne pouvant empêcher le mariage de François d'Angoulême avec Claude de France; il pressa Louis XII de se re-

---

(1) Mém. de Louise de Savoie. T. XVI, p. 417. — Mém. de Du Bellay. T. XVII, p. 28. — Actes de Bretagne. T. III, p. 925. — Daru, Hist. de Bretagne. T. III, p. 251.

marier lui-même, pour avoir la chance d'avoir un fils et un successeur. On lui proposa d'abord Marguerite d'Autriche, gouvernante des Pays-Bas. Louis XII avoit toujours eu du goût pour cette princesse, qui avoit été élevée à la cour de France, et à laquelle il avoit adressé par son ambassadeur quelques plaisanteries assez lestes. Mais Marguerite, alors âgée de trente-quatre ans, n'avoit point eu d'enfans du prince de Castille et de Philibert II de Savoie, qu'elle avoit successivement épousés. Louis XII, qui étoit âgé de cinquante-trois ans, désiroit surtout avoir un fils. Ferdinand lui offrit alors Éléonore d'Autriche, nièce de Marguerite, et sœur de l'archiduc Charles, qui étoit dans la première fleur de la jeunesse. Ce mariage devoit être le gage d'une réconciliation intime entre Maximilien, Louis XII et Ferdinand ; et ces monarques, qui dressèrent entre eux un projet de traité, s'entendoient déjà aux dépens de leurs anciens alliés, le roi d'Angleterre, les Vénitiens et les Suisses. (1)

Henri VIII conçut quelque soupçon de ce traité, d'après les retards qu'apportoit Maximilien au mariage de son petit-fils Charles avec Marie, sœur du monarque anglais. Dans le même temps, il avoit admis à sa familiarité le

(1) Manuscrits de Béthune, cités par Garnier, Hist. de France, p. 522.

duc de Longueville, fait prisonnier à Guinegatte; il jouoit habituellement à la paume avec lui, et il lui laissa regagner à ce jeu sa rançon, fixée à 50,000 écus. Longueville profita de cette familiarité pour insinuer à Henri l'avantage qu'il trouveroit à s'unir intimement à la France, au lieu de s'attacher plus long-temps à Maximilien et Ferdinand, qui n'avoient cessé de le tromper. Dès le milieu de mars, deux mois environ après la mort de la reine Anne, il lui demanda pour Louis XII cette même sœur, Marie d'Angleterre, que Charles d'Autriche, fiancé depuis long-temps avec elle, négligeoit d'épouser (1). D'autre part, Louis, voyant que Henri n'avoit point encore ratifié la trêve conclue à Orléans l'automne précédente, crut devoir le presser par quelques démonstrations hostiles. Dans les derniers jours d'avril, il fit avancer huit mille hommes, avec un train d'artillerie, contre le château de Guines, près de Calais. Mais peu s'en fallut qu'il ne rompît ainsi toute négociation. L'orgueil de Henri VIII s'enflamma, et il annonça qu'il avoit vingt mille hommes prêts à passer la mer pour le défendre. (2)

Longueville cependant revint à la charge au-

---

(1) Lettres de Louis de Longueville et Thomas Bohier, à l'évêque de Lincoln, du 16 mars, dans Rymer. T. XIII, p. 399.

(2) Lettre de Henri VIII, du 5 mai dans Rymer. T. XIII, p. 403.

près de Thomas Wolsey, évêque de Lincoln, que Henri VIII avoit admis à sa plus intime confidence, qu'il avoit fait administrateur de l'évêché de Tournai, et son premier ministre (1). Autorisé par Louis XII, qui préféroit la princesse anglaise à l'autrichienne, il offrit d'acheter la paix avec l'Angleterre par un paiement annuel qu'il porta même à 100,000 écus, pour un nombre limité d'années. C'étoit ainsi que Charles VI avoit traité, en 1396, avec Richard II; Louis XI, en 1475, avec Édouard IV, et Charles VIII, en 1492, avec Henri VII. Mais ces paiemens annuels n'avoient que trop l'apparence d'un tribut, ou d'une reconnoissance du droit des monarques anglais à la couronne de France : c'étoit toujours ainsi, en effet, que ceux-ci l'avoient considéré. Ces conditions étant à peu près arrêtées, Louis XII donna, le 29 juillet 1514, de pleins pouvoirs au duc de Longueville, à Jean de Selve et à Thomas Bohier, pour conclure avec Henri VIII trois traités différens, qui furent signés à Londres le 7 août. Par le premier, le traité de paix entre la France et l'Angleterre, signé à Étaples en 1492, étoit renouvelé aux mêmes conditions (2). Par le second, un mariage étoit conclu entre Louis XII

(1) Rapin Thoyras, T. VI, L. XV, p. 67 et 87. — Rymer. T. XIII, p. 390 et 584.
(2) Dumont, Corps diplom. T. IV, P. I, p. 183.

et Marie d'Angleterre, qui lui apportoit une dot de 400,000 écus, et qui avoit renoncé, par acte authentique du 29 juillet, aux fiançailles contractées pour elle, pendant qu'elle étoit encore dans l'enfance, avec Charles d'Autriche (1). Par le troisième, Louis XII s'engageoit à payer au roi d'Angleterre 100,000 écus par année, pendant dix ans, pour acquitter, soit le résidu des sommes dues par la France en raison du traité d'Étaples, soit les dettes du duc d'Orléans à Marguerite de Sommerset, aïeule de Henri VIII. (2)

Le mariage objet de toutes ces négociations fut célébré d'abord à Greenwich, le 13 août, par procureur : le duc de Longueville y représentoit le roi de France. La jeune princesse ayant ensuite débarqué à Boulogne, le roi vint l'attendre à Abbeville, où le mariage fut célébré de nouveau le 11 octobre (3). Il terminoit une guerre dangereuse avec l'Angleterre, et des négociations plus dangereuses encore avec l'Autriche; et sous l'un et l'autre rapport, il étoit utile à la France ; mais il fut fatal à son roi. Marie d'Angleterre, alors âgée de seize ans,

(1) Dumont, T. IV, P. I, p. 188.
(2) Dumont, *Ib.* p. 195. — Rymer. T. XIII, p. 403, 405, 406, 407, 409-434.
(3) Mém. de Du Bellay, p. 38. — De Fleuranges, p. 160. — De Bayard, c. 58, p. 361.

avoit perdu sa mère à l'âge de cinq ans, et n'avoit pas été élevée dans la retenue qui convient aux femmes. Avant son mariage, elle avoit prêté l'oreille aux propos d'amour de Charles Brandon, favori de son frère, d'une naissance peu illustre, mais qu'il venoit de faire duc de Suffolk, et qu'il chargea d'accompagner Marie en France, avec beaucoup de grands seigneurs (1). D'autre part, la santé de Louis XII, quoiqu'il n'eût que cinquante-trois ans, étoit depuis longtemps altérée par la goutte. Il ne voulut pas moins se conduire en jeune homme. La cour de France étoit sans cesse en fêtes pour le couronnement de la reine à Saint-Denis, pour son entrée à Paris, pour les tournois offerts à tous ces gentilshommes anglais arrivés avec elle. Dans ces tournois, François d'Angoulême fut un des principaux combattans. Il s'efforçoit de ne point montrer d'humeur de ce mariage, qui ne laissoit pas que de lui causer beaucoup d'alarme ; car il perdoit, si le roi venoit à avoir un fils, cette couronne de France qu'il paroissoit si près de recueillir. La langueur et l'épuisement où l'on vit tomber le roi, presque aussitôt après son mariage, le rassurèrent bientôt sur une succession légitime ; mais ni lui ni sa mère ne se fioient à la chasteté de la jeune reine. Deux jours après

---

(1) *Polydori Vergilii*. L. XXVII, p. 642.

les noces, à Abbeville même, il prit Fleuranges à part, en revenant du logis du roi, et lui dit : « Adventureux, je suis plus joyeux et plus aise « que je fus passé vingt ans, car je suis sûr, ou « on m'a bien fort menti, qu'il est impossible « que le roi et la reine puissent avoir enfans, « qui est fort à mon avantage. » « Et avoit tant « fait le dit sieur, que madame Claude sa femme « ne bougeoit de la chambre de la reine, et lui « avoit-on baillé madame d'Aumont pour sa « dame d'honneur, laquelle couchoit dans sa « chambre. » (1)

Bientôt cependant, si l'on peut en croire Brantôme, le danger qu'il ne naquît un successeur à Louis XII, qui ôteroit la couronne à François, se renouvela, pour celui-ci, par sa propre imprudence. « Il étoit alors un jeune « prince, beau et très agréable, à qui la reine « faisoit très bonne chère, l'appelant toujours « monsieur mon beau fils ; et de fait en étoit « éprise; et lui, la voyant, en fit de même. » M. de Grignaud, gentilhomme de Périgord, qui étoit chevalier d'honneur de la reine, l'avertit de la faute qu'il alloit faire, et des conséquences qu'elle auroit pour lui. Comme ce danger ne suffit point pour le rendre sage, il en avertit encore Louise de Savoie sa mère, afin qu'elle

(1) Mémoires du jeune adventureux maréchal de Fleuranges. T. XVI, p. 165.

veillât sur les deux jeunes gens (1). Toutes ces précautions auroient probablement été inutiles si le roi avoit vécu : mais son mariage avec une très jeune épouse avoit détruit tout ce qu'il lui restoit de forces. Le changement de toutes ses habitudes le minoit rapidement; il dépérissoit à vue d'œil : on ne le voyoit plus que couché sur un lit de repos. La dysenterie vint encore ajouter à sa foiblesse. Il expira enfin à son palais des Tournelles, à Paris, le 1er janvier 1515, vers minuit. (2)

(1) Brantôme, Dames illustres, Vie de Louise de Lorraine. T. V, p. 335.

(2) Mém. de Bayard. T. XV, c. 58, p. 362.—Mém. de Fleuranges. T. XVI, p. 168.—Mém. de Du Bellay. T. XVII, p. 39. Mém. de La Trémoille. T. XIV, p. 199. — *Arnoldi Ferronii.* L. IV, p. 87. — *Belcarii.* L. XIV, p. 429-433. — *Pauli Jovii Hist. sui temp.* L. XIV, p. 287.

FIN DU TOME QUINZIÈME.

TABLE CHRONOLOGIQUE

ET ANALYTIQUE

DU TOME QUINZIÈME.

SUITE DE LA SIXIÈME PARTIE.

CHAPITRE XXIII. *Administration d'Anne de Beaujeu. — Efforts du duc d'Orléans pour recouvrer le pouvoir. — Révolutions en Bretagne et en Angleterre. — Guerre en Flandre. — Ligue des princes contre Anne de Beaujeu. — Défaite et captivité du duc d'Orléans. — 1484-1488*................................ page 1

 Les premiers six mois après la mort de Louis XI furent une sorte d'interrègne.............*ibid.*

 Pouvoir dont s'empare Anne de Beaujeu, en opposition aux droits les plus évidens..... 2

 Les intrigues d'Anne, la légèreté du duc d'Orléans, appartiennent à une période obscure de l'histoire.................................... 3

1484. 7 avril. Conjuration des barons de Bretagne contre Landois; le duc d'Orléans en Bretagne.................................... 5

 30 mai. Sacre de Charles VIII; fêtes à la cour pendant l'été; liaison d'Orléans avec le roi. 6

 Fin septembre. Retraite d'Anne avec Charles VIII à Montargis; alliances qu'elle contracte.................................... 7

1485. 17 janvier. Plaintes du duc d'Orléans au parlement sur cette retraite; ses alliances. *page* 9
Le parlement n'ose prendre un parti entre les
princes, non plus que l'université........ 11
Anne de Beaujeu s'assure de partisans déterminés, et veut faire enlever le duc d'Orléans. 13
5 février. Anne de Beaujeu ramène le roi à
Paris, d'où le duc d'Orléans s'étoit enfui... 14
Le duc d'Orléans revient auprès du roi; il le
quitte de nouveau, et s'allie aux ennemis de
l'État............................... 15
Alliance d'Orléans avec Maximilien; troubles
apaisés par celui-ci dans les Pays-Bas...... 16
Orléans recherche l'alliance de Richard III;
crimes et succès de celui-ci............. 18
22 août. Bataille de Bosworth, où Henri VII,
secondé par Anne de Beaujeu, défait Richard III............................ 20
24 juin. Landois veut faire attaquer les barons
bretons; ses ennemis à Ancenis.......... 22
25 juin. Landois arrêté dans la chambre du
duc, et pendu le 19 juillet.............. 23
Bourbon et Angoulême arment en faveur du
duc d'Orléans; celui-ci se soumet de nouveau................................ 25
1486. 16 février. Maximilien est élu roi des Romains. 26
Maximilien attaque la Picardie; d'Esquerdes
et de Gié lui tiennent tête.............. 27
Mécontentement que témoigne le duc de Bourbon; il revient à Paris avec le roi........ 28
Octobre. Le duc de Lorraine mécontenté par
Anne de Beaujeu; ligue nouvelle des princes
contre elle.......................... 30

1486. Le duc de Bretagne d'accord avec ses sujets pour maintenir l'indépendance de la Bretagne............................... *page* 31

13 décembre. Ligue générale des princes pour faire respecter la décision des États sur le gouvernement.................... 33

1487. 11 janvier. Le duc d'Orléans part de Blois pour se réfugier en Bretagne............ 35

9 février. Marche d'Anne de Beaujeu dans le Midi; elle enlève la Guienne au comte de Comminges........................ 36

Soumission de tous les seigneurs du Midi à Anne de Beaujeu................... 38

4 mai. Entrée de l'armée royale en Bretagne; ligue des Bretons contre leur duc......... 40

Dunois offre la fille aînée du duc de Bretagne à plusieurs princes à la fois............. 42

Efforts d'Alain d'Albret pour soutenir la Bretagne; il est arrêté dans l'Angoumois...... 43

Secours envoyé aux Bretons par Maximilien; siége de Nantes levé le 6 août........... 44

30 novembre. Soulèvement à Nantes pour chasser les princes étrangers de Bretagne...... 45

1488. Succès obtenus par les Bretons pendant l'hiver; Alain d'Albret arrive à leur secours.. 47

Février. Les princes ajournés devant le parlement; leurs adhérens déclarés criminels... 48

28 février. Anne de Beaujeu conduit le roi à Tours; nouvelle invasion en Bretagne..... 50

1er avril. Mort du connétable duc de Bourbon; le sire de Beaujeu lui succède......... 51

15 avril. Entrée de La Trémoille en Bretagne; il soumet plusieurs places............. 52

TOME XV. 43

1488. 27 juillet. Bataille de Saint-Aubin du Cormier entre les Français et les Bretons...... *page* 53
Défaite des Bretons; le duc d'Orléans et le prince d'Orange prisonniers............ 55

CHAPITRE XXIV. *Mort du duc de Bretagne. — Captivité de Maximilien à Bruges. — Nouvelle guerre en Bretagne. — Paix de Francfort. — Mariage de Maximilien avec Anne de Bretagne. — Les Français rentrent en Bretagne. — Le duc d'Orléans mis en liberté. — Mariage de Charles VIII avec Anne de Bretagne. — 1488-1491...* 57

1488. Le gouvernement d'Anne de Beaujeu avoit été assez prospère et assez populaire......... *ibid.*
Elle n'avoit tenu aucun compte des décisions des États-Généraux.................. 58
La Trémoille met à mort les chevaliers prisonniers; les deux princes sont enfermés...... 59
La Trémoille poursuit ses conquêtes en Bretagne; résistance de Rennes............. 62
Anne veut réunir la Bretagne à la France; le chancelier Rochefort s'y oppose.......... 63
20 août. Traité de Sablé avec la Bretagne. 9 septembre, mort de François II, duc de Bretagne................................. 64
La guerre recommence en Bretagne; Maximilien ne peut soutenir les Bretons......... 65
1er février. Soulèvement de Bruges contre Maximilien; les Gantois se soulèvent aussi..... 67
Danger de Maximilien; supplice de ses ministres; alliance de la France et des Flamands................................. 68
16 mai. Traité de Bruges; Maximilien, remis en liberté, le viole aussitôt............. 70

1489. Les Français attaquent la Bretagne; discorde dans les conseils de la duchesse........*page* 72

Albret et Rieux ne veulent pas recevoir à Nantes la duchesse accompagnée de Dunois......... 74

10 février. Traité de Henri VII avec la Bretagne, qu'il s'engage à protéger........... 75

La duchesse de Bourbon passe en Bourbonnais; les affaires du roi en souffrent........ 76

Mai. Arrivée de deux mille Espagnols en Bretagne; Ferdinand redemande le Roussillon à Charles VIII........................ 77

Hostilités entre les Français et les Espagnols le long des Pyrénées..................... 78

La politique de l'Europe se lie en un seul système; première idée de la balance des pouvoirs............................. 80

Dispute entre la France et la Savoie sur l'hommage du marquisat de Saluces; mort du duc de Savoie............................. 81

Continuation de la guerre de Flandre; succès des Flamands et des Français contre Maximilien............................... 83

11 février. Saint-Omer enlevé par escalade aux Français, par le complot de quelques bourgeois................................ 84

22 juillet. Traité de Francfort pour rendre la paix aux Pays-Bas et à la Bretagne........ 85

Les Français sacrifient les Flamands par ce traité; il est aussi favorable à la Bretagne.. 86

30 octobre. Prononcé de Charles contre les Flamands............................. 88

1490. 20 mars. Procuration de Maximilien pour épouser Anne de Bretagne.............. 91

1490. Leur mariage célébré avec le plus grand mystère, à une époque inconnue........ *page* 92

9 août. Réconciliation du maréchal de Rieux avec la duchesse Anne et son chancelier... 93

Charles VIII toujours plus indépendant de sa sœur; ses nouveaux favoris................ 95

1491. 2 janvier. Alain d'Albret réconcilié au roi; 19 février, il lui livre la ville de Nantes...... 96

Mars. Anne de Bretagne prend le titre de reine des Romains; son mari en Hongrie à cette époque............................. 98

Mai. Charles VIII tire le duc d'Orléans de prison sans consulter sa sœur................ 100

4 septembre. Réconciliation du duc et de la duchesse de Bourbon avec le duc d'Orléans. 101

Commencement des négociations pour marier Charles VIII à Anne de Bretagne......... 102

Octobre. Traité secret négocié par le prince d'Orange entre Charles et Anne.......... 104

6 décembre. Leur mariage célébré à Langeais; réunion de la Bretagne à la France....... 106

CHAPITRE XXV. *Traité de paix de Charles VIII avec l'Angleterre, l'Espagne et le roi des Romains; ses projets sur l'Italie; son alliance avec Louis Sforza. — Mort de Ferdinand de Naples. — Marche de l'armée française des Alpes jusqu'à Rome. — 1492-1494*............. 108

1492. La réunion de la Bretagne rend la sûreté aux provinces limitrophes...................*ibid.*

Protection accordée à la province par la nouvelle reine; confirmation des priviléges.... 110

Grâces accordées aux villes de Bretagne; défaveur d'Alain d'Albret.................... 111

1492. Charles VIII veut imiter Charlemagne; ses favoris..................................... *page* 112
Maximilien distrait par les affaires de Hongrie, de son ressentiment contre Charles..... 114
Nouveaux soulèvemens en Flandre; Henri VII d'Angleterre menace d'une descente..... 115
Henri ne désiroit pas la guerre, et n'avoit pas de motif de la désirer................. 117
Les Français avoient fait plus de progrès que les Anglais dans l'art militaire......... 119
Henri VII demande des subsides à son parlement, et rassemble à Londres une nombreuse armée.................................... 120
Il mène son armée au siége de Boulogne, et cherche à dégoûter les Anglais de la guerre. 121
Succès des lieutenans de Maximilien en Flandre; ils ne peuvent cependant seconder Henri VII................................ 122
Les Anglais comptoient sur l'assistance de Ferdinand et d'Isabelle, qui venoient de soumettre Grenade............................ 124
Négociations et traité de Barcelonne, du 19 janvier 1493, entre les rois d'Espagne et la France................................... 125
3 novembre. Traité d'Étaples entre Charles VIII et Henri VII............................ 127
4 novembre. Surprise d'Arras, livré par quelques bourgeois aux soldats de Maximilien. 129
Traitement cruel qu'éprouvent les bourgeois, même ceux qui avoient livré la ville..... 131
1493. Maximilien toujours en Autriche, où son père meurt le 19 août..................... 132
23 mai. Traité de Senlis, entre Charles VIII et

Maximilien; restitution de l'Artois et de la
Franche-Comté.................... *page* 133
1493. Justification de ce traité, qui a été reproché à
Charles VIII...................... 135
Guerres d'Italie populaires en France, comme
les guerres de France étoient populaires en
Angleterre........................ 136
Le roi Louis XI avoit lui-même préparé les
conquêtes de son successeur en Italie...... 137
Futilité des droits de Charles VIII sur Naples;
la Lombardie et le Piémont ouverts aux
Français.......................... 139
Fréquentes révoltes des Napolitains contre Ferdinand d'Aragon; René II de Lorraine les
seconde mal....................... 140
Louis-le-Maure, administrateur du duché de
Milan, est menacé par Ferdinand d'Aragon. 141
Louis-le-Maure sollicite l'alliance de Charles VIII, et s'allie aussi à Maximilien...... 143
Les courtisans français avides des richesses
d'Italie; aventures du sultan Gem, fils de
Mahomet II....................... 144
Gem réfugié à Rhodes, conduit en France,
renvoyé à Rome; par de honteux traités... 145
Traité d'alliance signé à Paris entre Charles VIII
et Louis-le-Maure.................. 147
Opposition de la duchesse de Bourbon; hésitation du roi....................... 148
1494. Ambassade envoyée à tous les États d'Italie;
réponses de Venise, de Florence, du pape. 150
Dispositions de Ferdinand pour résister aux
Français; sa mort, le 25 janvier.......... 152
Alphonse II lui succède; il charge son frère de

	commander sa flotte, son fils de défendre la Romagne................................*page* 153
1494.	Flotte préparée à Gênes dont on ne fait point usage; le duc d'Orléans passe en Italie.... 154
	Avril. Le roi arrive à Lyon; il y passe quelques mois dans la débauche.................. 156
	22 août. Le roi, s'étant fait prêter de l'argent, part de Vienne pour passer les Alpes...... 157
	4 septembre. Débarquement des Napolitains à Rapallo, tandis que le duc d'Orléans vient à Gênes.. 159
	8 septembre. Ils sont battus par le duc d'Orléans; massacre des prisonniers; férocité des Suisses....................................... 160
	5 septembre. Charles VIII arrive à Turin, après avoir passé le mont Genièvre................ 162
	9 septembre. Il arrive à Asti; son entrevue avec Louis-le-Maure; ses débauches et sa maladie....................................... 163
	Les Français veulent s'en retourner; Louis-le-Maure détermine Charles à persister...... 165
	14 octobre. Charles à Pavie; son entrevue avec Jean Galeaz Sforza et sa femme............. 166
	20 octobre. Mort de Jean Galeaz; soupçon de poison; Louis-le-Maure duc de Milan...... 167
	28 octobre. Charles arrive à Pontrémoli après avoir passé les Apennins.................... 169
	Nombre de l'armée française; danger qu'elle auroit couru si elle avoit été arrêtée dans la Lunigiane..................................... 170
	Cruauté des Français; effroi de Pierre de Médicis; il livre aux Français toutes ses forteresses.. 171

1494. 9 novembre. Entrée du roi à Pise; les Pisans
lui demandent la liberté, qu'il leur promet. 173
17 novembre. Charles entre dans Florence;
fière réponse de Pierre Capponi au roi.... 174
31 décembre. Charles arrive devant Rome sans
avoir combattu nulle part................ 176
Ferdinand de Calabre recule devant d'Aubigny et abandonne la Romagne.......... 177

Chapitre XXVI, *Entrée de Charles VIII à Rome, puis à
Naples. — Mécontentement qu'il cause. — Ligue formée
contre lui. — Sa retraite. — Bataille de Fornovo. — Traité
de Verceil. — Il repasse les Alpes. — Le royaume de
Naples perdu par son lieutenant Gilbert de Montpensier.*
1495–1496............................... 178

Charles VIII n'avoit encore traversé en Italie
que des États amis; effroi qu'il avoit causé. *ibid.*
Excessive cruauté qu'avoient montrée les Français et les Suisses dans plusieurs petits combats................................... 180
Louis-le-Maure et Alexandre VI trompés par
l'ignorance même des Français.......... 181
Inimitié d'Alexandre contre le cardinal de La
Rovère et les Colonna, fatale à ses alliés.. 182
31 décembre. Irrésolution du pape; tout l'État
de l'Église se soumet aux Français; il leur
ouvre les portes de Rome............... 184
1495. 11 janvier. Traité entre Charles VIII et le pape
Alexandre VI........................... 185
23 janvier. Abdication et fuite d'Alphonse II,
roi de Naples; son fils Ferdinand lui succède................................... 187
Marche de Charles sur Naples; massacre des

habitans de deux châteaux; retraite de l'armée de Ferdinand.................... page 188

1495. Sédition dans l'armée napolitaine à Capoue; dans la populace à Naples.............. 190

21 février. Ferdinand II s'embarque à Naples et se retire à Ischia...................... 191

22 février. Charles VIII fait son entrée à Naples; grâces qu'il promet aux habitans..... 192

Soumission de tout le royaume aux Français; terreur des Turcs en Épire............... 193

Gouvernement imprudent de Charles VIII; ses prodigalités........................... 194

Emploi des journées du roi; tournois du 22 avril au 1er mai.......................... 196

Danger de Louis-le-Maure; il recherche l'alliance des Vénitiens..................... 198

Nombreux ambassadeurs réunis à Venise; Comines surveille leurs négociations...... 199

7 février. L'ambassadeur d'Espagne Fonseca déchire le traité de ses maîtres avec Charles VIII............................. 201

31 mars. Ligue signée à Venise contre les Français, pour assurer l'indépendance italienne. 203

Charles VIII déterminé à repartir pour la France; sa nouvelle entrée à Naples, le 12 mai................................... 204

20 mai. Charles part de Naples pour rentrer en France, laissant Gilbert de Montpensier pour vice-roi........................... 206

Charles, ayant traversé Rome et la Toscane, arrive le 29 juin à Pontrémoli; pillage de cette ville............................. 207

Les Vénitiens et Milanais hésitent à attaquer

Charles tandis qu'il traverse les montagnes. *p.* 209

1495. 11 juin. Louis d'Orléans s'empare d'Asti; les Milanais et Vénitiens réunis sous le marquis de Mantoue.......................... 210

5 juillet. Le roi tente de négocier avec les Vénitiens, pour obtenir un libre passage...... 212

6 juillet. Marche de l'armée française, qui passe le Taro au-dessus de Fornovo; elle est attaquée.......................... 213

Bataille de Fornovo; bravoure des troupes qui répare les fautes des généraux.......... 214

Défaite des Italiens; grand nombre des morts; l'armée italienne ne quitte point son quartier. 216

Les Français continuent leur retraite, poursuivis mollement par les Italiens.......... 218

Le duc d'Orléans assiégé par le duc de Milan à Novarre............................ 220

Approche d'une nouvelle armée suisse; paix de Verceil, le 10 octobre, entre la France et le duc de Milan......................... 221

Le roi renvoie les Suisses, repasse les Alpes, et arrive le 7 novembre à Lyon............ 223

Mai. Ferdinand II, avec Gonzalve de Cordoue, attaque les Français laissés dans le royaume de Naples........................... 224

24 juin. Massacre de Gaëte; défaite des Napolitains à Séminara; Ferdinand reparoît devant Naples........................... 226

7 juillet. Ferdinand rentre dans Naples, et assiége Montpensier dans les trois châteaux.. 227

Novembre. Montpensier capitule, puis viole sa capitulation, et s'échappe des châteaux de Naples............................. 230

1496. Mai. Montpensier et Ferdinand, se disputant
le péage de la Pouille, en détruisent les
troupeaux................................page 231
Mutinerie des Suisses dans l'armée de Montpensier; il se laisse, le 18 juin, enfermer à
Atella.. 233
20 juillet. Montpensier capitule à Atella; les
Français évacuent le royaume de Naples... 234
7 septembre. Mort de Ferdinand II; 5 octobre,
mort de Montpensier; destruction de l'armée
française....................................235

CHAPITRE XXVII. *Dernières années de Charles VIII; son
incapacité; sa mort. — Succession de Louis XII; son
divorce d'avec Jeanne de France; son mariage avec Anne
de Bretagne; ses divers traités. — Il fait la conquête du
Milanez. — 1496-1499*................... 238
La conquête de l'Italie par les Français occupa
toutes les nations d'un seul intérêt........ibid.
1495. Séjour de Charles VIII à Lyon; il abandonne
tout soin des affaires..................... 240
Mort du premier fils du roi; la reine blessée
de la gaîté du duc d'Orléans.............. 241
1496. Injuste conduite du roi envers les Florentins,
qui s'étoient dévoués pour lui............ 242
Offres faites à Charles, par divers condottieri,
de secourir Montpensier dans le royaume de
Naples..................................... 244
La noblesse de France presse Charles d'envoyer
une nouvelle armée en Italie.............. 425
Les embarras des finances et la frivolité du roi
font manquer l'occasion de secourir Naples. 246
Entreprises manquées sur Milan, Gênes et Savonne....................................... 248

Hostilités avec l'Espagne en Roussillon; prise
et massacre de Salsa........................ page 249
1497. Perfide traité contre Naples proposé par les
rois catholiques; négociations............. 250
La négociation suspendue par la mort de deux
enfans des rois catholiques................ 253
24 mai. Traité de Boulogne avec Henri VII
pour supprimer la piraterie................ 254
Automne. Liaison des ducs de Bourbon et
d'Orléans, qui donne de la jalousie au roi. 255
1498. Réforme dans les principes et la conduite de
Charles VIII.............................. 257
7 avril. Mort subite, à Amboise, de Charles VIII, frappé d'apoplexie; douceur de son
caractère................................ 258
La mort de Charles annoncée au duc d'Orléans,
qui est aussitôt reconnu pour roi.......... 261
Douleur un peu théâtrale du duc d'Orléans et
de la reine Anne......................... 262
La reine Anne s'empresse de retourner en Bretagne et de s'y conduire en souveraine.... 264
Louis XII, en montant sur le trône, ne trouve
plus de rivaux parmi les princes du sang.. 265
Premiers actes du règne de Louis XII; pardon
accordé à La Trémoille................... 266
Institution du grand conseil; réforme de l'uni-
versité; résistance de celle-ci............. 268
Négociations avec Anne pour empêcher que la
Bretagne ne se séparât de la France....... 269
Ce qu'on doit croire des amours de Louis XII
et d'Anne de Bretagne................... 270
Convenance d'un divorce entre Louis XII et
Jeanne de France; Louis le demande au pape. 272

1498.	Traité entre Louis XII et le pape pour faciliter ce divorce............................ *page*	273
	Traité entre Louis XII et Anne de Bretagne, du 19 août...............................	275
	Procès scandaleux pour obtenir le divorce; Jeanne s'y oppose........................	276
	17 décembre. Cassation du mariage, 7 janvier 1499; mariage de Louis XII avec Anne....	278
	Séjour de Louis XII à Paris; il assiste au parlement et étudie la législation.............	280
	Assemblée des notables de Blois qui prépare une ordonnance de réformation..........	281
	Hostilités de Maximilien en Bourgogne; traité et hommage de Philippe son fils..........	283
	14 juillet. Nouveau traité entre Louis XII et Henri VII.................................	284
1499.	15 avril. Traité de Blois avec les Vénitiens pour le partage du Milanez.................	286
	Louis Sforza laissé sans alliés; remises d'impôts faites par Louis XII à la France......	287
	Armée rassemblée à Lyon, et conduite en Italie par Ligny et d'Aubigny................	290
	13 août. Attaque des Français sur Arazzo et Annone, au passage du Tanaro...........	291
	Terreur qu'inspire la cruauté des Français et des Suisses; les Italiens ne résistent pas....	292
	25 août. L'armée de San Séverino, rassemblée à Alexandrie, se dissipe sans combat......	293
	2 septembre. Louis-le-Maure sort de Milan et se retire à Inspruck.....................	294
	2 octobre. Entrée de Louis XII à Milan; grâces qu'il accorde aux Milanais; son retour en France..	296

Chapitre XXVIII. *Soulèvement du Milanez. — Sforza trahi par les Suisses et livré aux Français. — Assistance donnée par les Français aux Florentins contre Pise, à César Borgia, contre les princes de Romagne. — Traité de Grenade. — Massacre de Capoue. — Seconde conquête de Naples, et partage de ce royaume avec les Espagnols.* 1500-1501.................................page 298

1500. Qualités qu'on découvre dans Louis XII et
    qu'on n'attendoit pas de lui................ *ibid.*
Il rétablit l'ordre dans les finances, et la disci-
    pline parmi ses troupes.................. 299
Il gouverne l'Italie avec plus de dureté; mé-
    contentement qu'il y cause.............. 301
Ses prétentions à la souveraineté du Milanez
    n'avoient aucun fondement.............. 302
Diplomatie perfide des ministres de Louis XII;
    alliance avec César Borgia............... 303
Conquête d'Imola et de Forli par César Borgia,
    et Yves d'Allègre........................ 304
3 février. Révolte du Milanez; retraite des
    Français à Novarre; retour des Sforza à Milan. 306
14 février. Louis fait lever treize mille hommes
    en Suisse; il envoie la Trémoille en Italie.. 308
Les Suisses corrompus par le service étranger;
    des Suisses opposés aux Suisses.......... 309
5 mars. Louis Sforza, avec trente mille hom-
    mes, met le siége devant Novarre........ 310
Les Français évacuent Novarre le 22 mars; La
    Trémoille arrive à Mortara le 24, et les
    Suisses le 3 avril........................ 311
Conférences entre les Suisses des deux armées;
    8 avril, ceux de Sforza refusent de se battre. 312
9 avril. Honteux traité des Suisses pour livrer

aux Français leurs compagnons d'armes et le prince qu'ils servoient............*page* 314

1500. 10 avril. L'armée sort de Novarre; la cavalerie est massacrée en présence des Suisses..... 315

Louis Sforza, désigné par deux Suisses, est arrêté; indignation générale contre les Suisses.................................. 317

Retraite et mutinerie des Suisses; ils surprennent Bellinzona........................ 320

Extrême dureté de Louis XII envers Louis Sforza, son captif...................... 321

17 avril. Entrée du cardinal d'Amboise dans Milan; contribution de guerre imposée à la ville............................. 322

Le cardinal met son armée à la solde des Florentins et de Borgia, et retourne à Lyon le 23 juin............................. 323

Engagemens contradictoires des Français à l'égard de Pise...................... 325

Affection et confiance que les Pisans montrent aux Français, qui arrivent le 24 juin devant Pise.............................. 326

Prières des jeunes filles; les chevaliers français émus en leur faveur.................. 327

30 juin. Assaut repoussé; 6 juillet, levée du siége; les blessés français soignés par les Pisans............................. 329

Indignation que causent les secours donnés par Louis XII à César Borgia............... 331

Borgia s'empare de Pésaro et de Faenza; ses cruautés............................. 332

Les historiens français se taisent sur les négociations et sur la politique intérieure..... 333

1500.	Fêtes de la cour; voyages du roi; États de Blois indiqués par un seul mot......*page*	334
	11 novembre. Traité de Grenade pour le partage du royaume de Naples; perfidie des monarques espagnols........................	335
	Impolitique de Louis XII en introduisant les Espagnols en Italie.....................	337
1501.	2 juin. Louis s'établit à Lyon, et fait partir son armée pour Naples.......................	338
	25 juin. L'armée arrive devant Rome; Gonzalve introduit en Calabre par D. Frédéric.	340
	Frédéric, en apprenant la trahison des Espagnols, enferme son armée dans Capoue et dans Naples............................	341
	6 juillet. Les Français somment Capoue; ils passent le Vulturne et s'étendent jusqu'à Naples.	342
	25 juillet. Les Français entrent dans Capoue pendant que la ville capituloit, et en massacrent les habitans.....................	344
	Capitulation de D. Frédéric qui se retire à Ischia; Ravestein ne veut pas la reconnoître.	345
	Frédéric se rend en France; il y meurt au bout de trois ans, dans une honnête captivité...	347
	16 août. Ravestein conduit la flotte française à Zanthe pour combattre les Turcs.........	349
	23 octobre. Ravestein assiége Métélin; indiscipline des chevaliers; il est repoussé........	350
	Désastre de la flotte de Ravestein; il revient aigri contre ses alliés....................	351
	Mortalité des chefs de l'armée à Naples; Borgia de retour à Rome, et ses crimes..........	352
	Le duc de Nemours nommé vice-roi de Naples; discorde entre les Français...............	355

1501. Gonzalve de Cordoue soumet lentement la Calabre et la Pouille..................*page* 356

Dispute entre Gonzalve et Nemours sur le sens du traité de Grenade; premières hostilités à l'Atripalda......................... 357

CHAPITRE XXIX. *Administration de Louis XII en France et en Italie; perfidies de son allié César Borgia. — Guerre du duc de Nemours contre Gonzalve de Cordoue; sa défaite et sa mort. — Jules II succède à Alexandre VI. — Destruction d'une nouvelle armée française au Garigliano. — 1501-1503*.............................. 359

Les Français ignorant les motifs des guerres d'Italie, les faisoient avec férocité et cupidité. *ibid.*

Cependant ces mêmes guerres firent avancer leur civilisation....................... 360

Ordre mis dans les finances; diminution des charges malgré la guerre................. 361

Ordonnances organisatrices de Louis XII; parlemens de Normandie et de Provence..... 363

Les Vaudois réconciliés à l'Église; établissement de la censure des livres............. 364

10 août. Promesse de mariage entre Charles d'Autriche et Claude de France, enfans nouveau-nés............................ 366

Fermentation en Suisse, causée par le service étranger............................ 367

Août. Descente de sept mille Suisses en Italie; ils entrent à Lugano..................... 369

12 septembre. Entourés et harcelés par les Français, ils retournent dans leurs montagnes................................. 370

Suite du mécontentement des Suisses; Louis

TOME XV. 44

leur cède enfin Bellinzona par le traité de
  Lorcano, 11 avril 1503............*page* 371
1501. 13 octobre. Traité de Trente entre Louis XII
  et Maximilien, sur le Milanez............ 372
  14 novembre. L'archiduc Philippe entre en
  France et la traverse pour se rendre en Espagne....................................... 374
  12 décembre. Il jure à Blois la paix au nom de
  son père et de son beau-père............ 375
1502. 3 février. Le roi vient à Paris; chute du pont
  Notre-Dame; réforme des ordres religieux. 377
  Liberté des Parisiens; Louis visite ses provinces; il passe en Italie................ 379
  Irritation croissante entre les Français et les
  Espagnols dans le royaume de Naples..... 380
  19 juin. Premières hostilités à l'Atripalda; la
  guerre est dénoncée........................ 382
  12 juillet. Nemours entre dans la Pouille; il
  assiége Canosa............................. 383
  Capitulation de Canosa; Gonzalve de Cordoue
  se fortifie à Barlette..................... 385
  Manque d'accord entre les généraux français;
  défaite de Grigny et d'Humbercourt...... 386
  Succès d'Aubigny en Calabre; Nemours moins
  habile et moins heureux en Pouille....... 387
  Louis XII en Lombardie; plaintes universelles
  qui lui sont adressées contre César Borgia.. 388
  6 août. César Borgia arrive à Milan auprès de
  lui, et regagne sa faveur.................. 390
  26 août. Entrée de Louis XII à Gênes avec
  Borgia; accueil que lui fait cette ville..... 391
  3 septembre. Le roi retourne en France; Borgia
  revient en Romagne......................... 393

1502. Octobre. Confédération contre Borgia à la Magione; danger qu'il court à Imola.... page 395

31 décembre. Borgia trompe ces confédérés, les attire à Sinigallia et les fait mourir..... 396

1503. Janvier. Refroidissement entre Louis XII et Borgia; discorde des capitaines français en Pouille.................................... 397

Opérations militaires d'Aubigny en Calabre, de La Palisse devant Barlette............ 398

Trois combats en champ clos, livrés pendant l'hiver près de Barlette................. 399

La Palisse attaqué à Ruvo par Gonzalve, et fait prisonnier; 21 avril, défaite d'Aubigny à Séminara................................. 401

28 avril. Défaite de Nemours par Gonzalve à Cérignola................................. 403

Retour de Philippe d'Autriche, d'Espagne au travers de la France................... 405

5 avril. Traité de Lyon signé par Philippe avec Louis XII, pour les affaires de Naples..... 406

Gonzalve ne veut pas reconnoître ce traité, et chasse les Français du royaume de Naples. 407

Les rois d'Espagne rejettent le traité de Lyon; Louis prépare contre eux trois nouvelles armées.................................... 408

Manque de succès des deux armées qui attaquent l'Espagne par Fontarabie et par le Roussillon................................. 410

Marche de l'armée française sur Rome; 18 août, mort d'Alexandre VI; soulèvemens dans l'État de l'Église........................ 412

Le marquis de Mantoue, à la tête des Français, s'arrête à Népi; Borgia s'unit à Amboise... 413

1503. 22 septembre au 18 octobre. Court pontificat de Pie III; l'armée française arrive au Garigliano.................................*page* 415

31 octobre. Élection de Jules II; ruine de César Borgia.. 416

5 novembre. Les Français jettent un pont sur le Garigliano.................................... 417

Les Français, maîtres du passage, arrêtés par Gonzalve dans la plaine de Sessa........ 418

Indiscipline des Français; voleries des commissaires; le marquis de Mantoue quitte l'armée... 419

27 décembre. Gonzalve passe le Garigliano et attaque les Français; leur retraite........ 421

Arrivée à Mola di Gaeta, l'armée française prend la fuite.................................... 422

1504. 1er janvier. Gaëte ouvre ses portes à Gonzalve; le royaume de Naples perdu............. 423

CHAPITRE XXX. *Traités de Blois. — Mariage projeté de la fille du roi avec Charles d'Autriche; il compromet l'indépendance de la France; il est rompu par les États de Tours. — Révolte et punition des Génois. — Maximilien menace le Milanez; il est arrêté par les Vénitiens. —* 1504-1508................................... 425

1504. Gonzalve, faute d'argent, ne peut poursuivre les Français dans l'Italie supérieure....... *ibid.*

25 février. Trêve de trois ans entre la France et l'Espagne....................................... 427

Négociations pour brouiller les rois d'Espagne avec leur gendre, sous prétexte de traiter la paix.. 428

La reine Anne, ne songeant qu'à la grandeur

	de sa fille Claude, veut la marier à Charles d'Autriche.................................*page* 429
1504.	22 septembre. Trois traités signés à Blois pour ce mariage et pour une ligue contre Venise. 430
	Le mariage de Claude avec Charles auroit assuré à celui-ci la monarchie universelle.... 431
	Fréquentes maladies du roi; on s'attend à sa mort prochaine.................................. 432
1505.	Avril. Danger du roi; la reine fait partir ses effets pour la Bretagne........................ 434
	Le maréchal de Gié fait arrêter les effets de la reine; procès intenté contre lui............ 435
1506.	9 février. Condamnation du maréchal de Gié par le parlement de Toulouse............ 437
1505.	6 avril. Investiture accordée par Maximilien à Louis XII; serment de celui-ci pour Milan. 439
	Querelle suscitée à dessein avec Philippe de Castille sur les régales de Flandre......... 440
	25 octobre. Accord que signe Philippe pour conserver la paix................................ 442
	Négociations pour la succession de Philippe à Isabelle de Castille, morte le 26 novembre 1504... 443
	12 octobre. Germaine de Foix, mariée à Ferdinand, lui porte les droits de la France sur Naples... 445
	Secrète résolution de Louis de rompre le mariage de sa fille avec Charles............... 446
	Révolte du duc de Gueldre contre Philippe; trève de deux ans entre eux................. 449
1506.	10 janvier. Départ de Philippe pour la Castille; il est jeté sur la côte d'Angleterre........ 450
	Philippe retenu trois mois en Angleterre;

Louis XII en profite pour rompre le traité
de Blois.............................. page 451
1506. 14 mai. États de Tours; ils donnent à Louis XII
le titre de père du peuple.................. 452
Les États supplient le roi de marier sa fille à
François d'Angoulême...................... 453
Le roi leur accorde ce mariage, et en donne
avis au gouverneur des Pays-Bas.......... 454
21 mai. Fiançailles de Claude avec François;
préparatifs de guerre en Flandre........... 457
28 avril au 25 septembre. Philippe trop occupé
en Castille pour ressentir ce manque de foi.. 458
Ferdinand à Naples; mort de Philippe; état
de foiblesse des Pays-Bas.................. 459
La France s'unit avec Ferdinand, et s'éloigne
de la maison d'Autriche................... 461
Folie de Jeanne, veuve de Philippe; discussion
sur la régence de Castille................. 462
Silence des historiens sur l'intérieur de la
France; santé chancelante du roi.......... 464
27 août. Jules II commence les hostilités contre
les feudataires de l'Église................ 465
13 septembre. Jules II soumet Pérouse à la directe du Saint-Siége...................... 467
2 octobre. Il chasse de Bologne les Bentivoglio, secondé par les Français, qui avoient
promis de les protéger.................... 468
Gouvernement des Français à Gênes; faveur
qu'ils accordent à la noblesse............. 469
8 septembre. Commencement de guerre entre
les nobles et les plébéiens à Gênes........ 470
1507, 7 février. Le gouverneur du Castelletto arrête

  les bourgeois dans l'église et bombarde la

  ville............................... *page* 473

1507. 3 avril. Louis XII part de Grenoble avec une

  armée pour soumettre Gênes............. 475

 29 avril. Les Génois sont défaits; ils ouvrent

  leurs portes à Louis XII................ 476

 Punition de Gênes par le roi; supplice du doge. 477

 Juin à août. Diète de Constance; menaces de

  Maximilien contre la France............ 478

 Jules II refuse d'avoir une entrevue avec

  Louis XII, et ne peut en avoir une avec

  Ferdinand........................... 480

 Entrevue de Louis avec Ferdinand; leur dé-

  fiance commune de Maximilien.......... 481

 Août. Préparatifs de guerre de Maximilien;

  Louis XII lui suscite des ennemis en

  Flandre............................. 482

 Maximilien demande passage aux Vénitiens;

  ceux-ci restent fidèles à la France......... 484

1508. 3 février. Maximilien attaque sans succès les

  Vénitiens et les Français................ 486

 7 juin. Trêve de trois ans pour l'Italie, signée

  par Maximilien et les Vénitiens.......... 487

CHAPITRE XXXI. *Ligue de Cambrai. — Premiers succès des Français contre les Vénitiens. — Le pape se réconcilie aux derniers; ses efforts pour susciter des ennemis à la France. — Louis XII est forcé de lui faire la guerre. — 1508-1511*........................ 489

1508. Revue des historiens du règne de Louis XII;

  combien ils sont incomplets............. *ibid.*

 Système de M. Rœderer sur ce règne, destitué

  de fondement........................ 491

1508. Honte et perfidie à cette époque dans les relations diplomatiques................*page* 492

Louis XII lié à la république de Venise par les traités et par la reconnoissance.......... 494

La France, pour conserver le Milanez, devoit surtout fermer l'Italie à l'empereur....... 495

Danger futur d'agrandir Charles d'Autriche, petit-fils de Maximilien et de Ferdinand ... 496

Louis XII propose à l'empereur une ligue contre Venise; conférences de Cambrai.... 497

10 décembre. Premier traité de Cambrai sur la Gueldre et la Navarre................ 499

Second traité secret de Cambrai; ligue contre Venise; partage convenu de ses États..... 501

Le pape offre aux Vénitiens de s'unir à eux; sur leur refus, il entre dans la ligue...... 503

1509. Louis XII fait lever un corps d'infanterie française qu'il envoie en Italie............... 504

15 avril. Premières hostilités à Triviglio; 27 avril, bulle du pape contre Venise........ 505

8 mai. Louis XII passe l'Adda; sa manœuvre pour tirer les Vénitiens de leur camp..... 506

14 mai. Bataille d'Agnadel ou Vaila; défaite des Vénitiens; grandeur de leur perte...... 508

15 au 31 mai. Conquête de l'État vénitien jusqu'à l'Adda; cruauté de Louis XII........ 510

Succès des autres confédérés, le pape, le roi d'Aragon, le duc de Ferrare............ 512

Maximilien seul n'envoie point d'armée; ses vassaux font la guerre à Venise.......... 513

Mi-juin. Maximilien manque au rendez-vous qu'il avoit donné à Louis XII........... 515

1509. Louis XII retourne en France, laissant une troupe auxiliaire à Maximilien.......*page* 516

15 septembre au 3 octobre. Siége de Padoue par Maximilien; il est forcé de le lever.... 517

Séjour de Louis à Blois; mariage du duc d'Alençon à Marguerite de Valois........... 519

Diverses ordonnances sur la justice, rendues à Blois, à Rouen, etc.................. 520

Recueil, rectification et publication des coutumes................................ 521

Le pape aliéné de la France; ses projets pour affranchir l'Italie.................... 523

1510. 24 février. Jules II réconcilie les Vénitiens à l'Église; il intente un procès au duc de Ferrare... 525

Jules II travaille à armer Ferdinand contre la France............................. 526

Il flatte Henri VIII, qui avoit succédé le 22 avril 1509 à son père Henri VII............... 527

Il veut persuader aux Suisses de prendre sous leur garantie la liberté de l'Italie......... 528

Il emploie Matthieu Schinner, légat en Suisse, à exciter la nation contre les Français...... 530

L'alliance de la France avec la Suisse rompue; les Suisses s'allient au Saint-Siége........ 531

25 mai. Mort du cardinal d'Amboise; Louis XII veut gouverner par lui-même............ 532

Février. Mort de Pitigliano; cruautés des Impériaux et des Français dans le Vicentin... 534

Mai et juin. Conquêtes des Français; ils prennent Légnago, Cittadella, Bassano, Monsélice.. 536

1510. Soulèvemens des paysans vénitiens; Chaumont
ramène les Français à Milan............ *page* 537
7 juillet. Le pape accorde à Ferdinand l'investiture du royaume de Naples; 9 août, bulle
contre Alphonse d'Este..................... 538
Juillet. Le pape fait attaquer Gênes par Octavien Frégoso; il est repoussé............... 540
Août. Le duc d'Urbin attaque les Ferrarois; le
cardinal de Pavie s'empare de Modène...... 541
Septembre. Invasion des Suisses en Lombardie, et leur retraite sans avoir rien fait.... 542
14 septembre. Concile de Tours; il approuve
Louis XII résistant au pape............... 543
Protestation du clergé de Bretagne; les généraux français excommuniés................. 545
13 octobre. Chaumont joué par le pape, qu'il
avoit menacé à Bologne................... 546
Mi-décembre. L'armée pontificale prend Concordia aux Français...................... 548
1511. Janvier. Jules II vient assiéger la Mirandole;
dangers auxquels il s'expose............... 549
Chaumont attaque à son tour le pape; Modène
lui est soustraite par l'empereur.......... 551
Chaumont, découragé, tombe malade, et meurt
le 11 mars................................ 552
Les hostilités suspendues pour recommencer à
négocier.................................. 553

CHAPITRE XXXII. *Louis XII, ne pouvant obtenir la paix de Jules II, fait attaquer son armée et convoque contre lui un concile à Pise. — Le pape forme contre la France une ligue qu'il nomme sainte. — Victoires et mort de Gaston, duc de Nemours. — Les Français chassés d'Italie. — La Navarre conquise par les Aragonais. — Les ennemis de la France se divisent entre eux. — 1511-1513.* . page 555

Les Français ressentoient peu les malheurs de la guerre, et désiroient peu la voir finir... *ibid.*
Point d'États-Généraux ; nullité des États provinciaux. 557
Ils défendent cependant l'argent des provinces ; ils s'astreignent au secret. 558
Les parlemens ; la justice passe des baillis d'épée à leurs lieutenans de robe. 559
Silence observé par tous les corps de l'État sur les affaires publiques. 561
Aucune communication du gouvernement au peuple ; ignorance des historiens du temps. 562
Souffrances en Italie ; attente impatiente du congrès de Mantoue. 563
1511. Jules II veut gagner l'évêque de Gurck, et armer Maximilien contre la France. 564
25 avril. Querelle de l'évêque de Gurck avec le pape à Bologne ; rupture des conférences. 566
11 avril. Concile gallican à Lyon ; il n'y vient aucun évêque des Pays-Bas. 568
Trivulzio reprend Concordia ; il s'approche de Bologne. 569
21 mai. Soulèvement de Bologne ; déroute de l'armée du pape ; journée des âniers à Casalecchio. 570

1511. Louis, voyant que Maximilien ne le seconde pas, licencie son armée............ *page* 571

16 mai. Cinq cardinaux, pour complaire au roi et à l'empereur, convoquent un concile à Pise.................................. 572

1er septembre. Ouverture du concile de Pise; décri dans lequel il tombe............... 574

5 octobre. Signature de la sainte ligue, entre le pape, le roi catholique et les Vénitiens.. 576

Novembre. Invasion des Suisses; ils arrivent aux portes de Milan, et se retirent....... 577

1512. 26 janvier. Cardone, avec les Espagnols et l'armée de l'Église, assiége Bologne........... 579

6 février. Gaston de Foix fait lever le siége de Bologne, où il étoit entré deux nuits auparavant................................. 580

19 février. Gaston reprend Brescia sur les Vénitiens; massacre et pillage dans cette ville. 582

4 février. Henri VIII publie son accession à la ligue contre la France.................. 585

Projet de Ferdinand contre la Navarre; conduite équivoque de Maximilien.......... 586

Gaston veut livrer bataille à Raymond de Cardone, qui l'évite....................... 588

6 avril. Trève signée par Maximilien, qui rappelle ses sujets de l'armée de Gaston...... 589

11 avril. Bataille meurtrière de Ravenne; défaite de l'armée de la ligue............... 591

Résistance de l'infanterie espagnole; Gaston de Foix, duc de Nemours, est tué.......... 592

Les capitaines français, au lieu de profiter de la victoire, se retirent à Milan........... 594

3 mai. Ouverture du concile de Latran; 16 juin,

l'autorité de Jules suspendue en France. *page* 595

1512. Maximilien permet aux Suisses de traverser son territoire pour s'unir aux Vénitiens.... 596

Les Suisses forcent La Palisse et les Français à évacuer la Lombardie.................. 598

29 juin. Révolution à Gênes contre les Français; détresse de tous leurs alliés......... 599

Capitulation des places que les Français tenoient encore en Italie.................. 600

Mesures de défense de Louis XII en Picardie, en Bretagne, en Guienne................ 601

Conquête de la Navarre par Ferdinand; Pampelune ouvre ses portes le 21 juillet....... 603

Octobre. La Palisse entre en Navarre; il force les Espagnols à évacuer le Béarn......... 604

Plusieurs divisions éclatent dans la sainte ligue après ses victoires..................... 606

Prétentions opposées des Suisses, du pape, de Maximilien et de Ferdinand............. 607

25 novembre. Alliance de Jules II et de Maximilien, aux dépens des Vénitiens......... 609

29 décembre. Investiture de Milan donnée à Max Sforza par les Suisses et la sainte ligue................................ 610

1513. Janvier. Rapprochement entre Louis XII et les Vénitiens............................. 611

Projets de traité de Maximilien tour à tour avec Louis XII et les Vénitiens........... 612

Vains efforts de Louis XII pour se réconcilier avec les Suisses....................... 614

21 février. Mort de Jules II au milieu de ces négociations contradictoires............. 615

CHAPITRE XXXIII. *Revers des Français ; ils rentrent dans le Milanez, qu'ils perdent de nouveau par la bataille de Novarre. — Journée des éperons à Guinegatte. — Invasion de la Bourgogne par les Suisses. — Trève avec toutes les puissances. — Mort de la reine Anne. — Troisième mariage et mort de Louis XII. —* 1513-1514...... 617

1513. Louis XII réduit pour tous alliés au duc de Gueldre et au roi d'Écosse............. *ibid.*

11 mars. Élection du cardinal de Médicis, qui venoit de combattre la France, pour pape, sous le nom de Léon X................ 618

Cardinaux réconciliés à l'Église; Louis XII et Anne désirent aussi se réconcilier à elle.... 620

Négociations d'Anne avec la maison d'Autriche, de Louis XII avec les Vénitiens........... 621

24 mars. Alliance de Louis XII avec Venise; 1er avril, traité d'Orthez; trève avec l'Espagne........................... 622

Ferdinand caché le traité d'Orthez à Henri VIII, et le pousse à la guerre................ 624

5 avril. Ligue de Malines, entre Maximilien, Henri VIII, Ferdinand et le pape, contre la France.............................. 625

Mai. Armée française envoyée en Lombardie sous Louis de La Trémoille............. 627

Soulèvement de toute la Lombardie et de Gênes en faveur des Français............ 628

Juin. Max Sforza assiégé à Novarre par La Trémoille, et défendu par les Suisses...... 629

6 juin. Bataille de la Riotta près Novarre; La Trémoille défait par les Suisses........... 631

Les Français repassent les Alpes, abandonnent les Vénitiens, et reperdent toute l'Italie.... 633

1513. Louis XII distribue les débris de son armée
d'Italie sur les frontières de France... *page* 634

Il est forcé d'augmenter les impôts, de demander
des dons gratuits, et d'engager son domaine. 635

25 avril et 10 août. Deux combats sur mer
entre les flottes anglaise et française....... 637

Mai et juin. L'armée de Henri VIII passe à Calais; Maximilien lui annonce qu'il viendra l'y
joindre................................ 638

2 août. Danger que court Henri VIII à Tournehen; siége de Térouanne............. 639

9 août. Maximilien vient servir au camp anglais
comme volontaire..................... 641

16 août. Déroute des Français à Guinegatte;
journée des éperons................... 642

Les Francs-Comtois violent la neutralité à laquelle ils s'étoient engagés envers la Bourgogne................................. 644

17 août. Une armée suisse part de Zurich pour
attaquer la Bourgogne avec les Comtois.... 646

7 septembre. Les Suisses devant Dijon; assaut
qu'ils livrent à cette ville; terreur des bourgeois.................................. 647

Les armées suisses gouvernées en démocratie;
intrigues dans celle devant Dijon......... 648

13 septembre. Traité de Dijon; grandes promesses que La Trémoille fait aux Suisses... 649

Peu de foi de La Trémoille; la diète suspecte
les capitaines suisses de trahison......... 651

Colère de Louis XII; elle s'apaise; il exécute
en partie le traité, sans le ratifier......... 652

9 septembre. Défaite et mort, à Flowden, de
Jacques IV, roi d'Écosse, allié de la France. 653

1513. 15 septembre. Henri VIII et Maximilien assiégent Tournai, qui se rend à eux le 24. *page* 654

15 octobre. Traité de Lille pour continuer la guerre contre la France; retraite de Henri VIII.......................... 655

Hésitation de Léon X à entrer dans la ligue contre la France; Louis XII renonce au schisme........................ 656

1514. 13 mars. Trève d'Orléans, conclue par Ferdinand au nom des autres puissances....... 658

9 janvier. Mort de la reine Anne à Blois; son affection pour la maison d'Autriche....... 660

Ses tentatives pour renouer le mariage de sa fille avec Charles et rompre celui de François................................ 661

18 mai. François d'Angoulême épouse la fille aînée du roi........................ 662

Deux princesses autrichiennes successivement offertes en mariage à Louis XII......... 663

Le duc de Longueville entre en traité avec Henri VIII, et lui demande sa sœur Marie pour le roi........................ 664

7 août. Trois traités de Londres; 13 août et 11 octobre, mariage de Louis avec Marie.. 666

Galanterie de la nouvelle reine; François court risque de perdre la couronne............ 668

1515. 1ᵉʳ janvier. Mort de Louis XII............. 670

FIN DE LA TABLE.

DE L'IMPRIMERIE DE CRAPELET,
RUE DE VAUGIRARD, N° 9.